उत्तरकाल व

राजकुमार गोदारा विशनोई

Made with ♥ on the Notion Press Platform
www.notionpress.com

क्रम-सूची

1. हरिनंद जी	1
2. गोकल जी बैनिवाल	3
3. रासानंद जी थापन	24
4. मुकन जी	26
5. सेवादास जी गोदारा	29
6. चतरदास जी	41
7. सुदामा जी	42
8. हीरानंद जी	44
9. देवो जी	47
10. हरजी बैनिवाल	48
11. परमानंद जी बैनिवाल	62
12. गोविंदराम जी बागड़िया	189
13. दीपो जी	191
14. रामलला जी	193
15. हरचंद जी डऊकिया	214
16. गंगाराम जी	228
17. सुरतराम जी	230
18. खैरातीराम जी मेरठी	232
19. मयारामदास जी	234
20. विष्णुदास जी	246
21. हरिकिशन जी	248
22. पोकरदास जी	250
23. ऊदो जी अडीग	253
24. प्रीतम जी	305
25. मोतीराम जी	306
26. लीलकंठ जी	307

क्रम-सूची

27. गोविंदराम जी गोदारा 310

28. खेमदास जी जाखड़ 322

29. साधु मुरलीदास जी 323

30. पीताम्बरदास जी 324

31. परसराम जी 326

32. केसोदास जी सिंवर 328

33. साहबराम जी राहड़ 332

34. बिहारीदास जी 398

35. लिछमणदास जी सियोल 401

36. स्वामी ईश्वरानंद जी गिरी 403

37. शीतल जी 406

38. स्वामी ब्रह्मानन्द जी 407

39. हिम्मतराय जी गायणा 412

40. मुंशी किशोरीलाल गुप्त 413

41. माधवानंद जी 414

42. अमलख जी 426

43. बद्रीदास जी 428

44. जगमालदास जी 432

45. श्रीरामदास जी गोदारा 433

46. कुंभाराम जी पुनियां 436

47. साधु जगदीशराम जी 438

48. अज्ञात कवि 443

1. हरिनंद जी

-:हरिनंद जी (वि.सं.1700-1790):-

-:रचनाएं:-

1. हरजस- 01

2. फुटकर छंद- 03

-:हरजस-01:- (6 छंदों का, राग सोरठ)

बिड़द किसा दे गांऊ।
इण अवतार प्रवाड़ा कीन्हा, पहला पार न पाऊं।१।टेक।
इसकंदर कूं आंणि जगायौ, करहा की असवारी।
हासम कासम दरजी रोक्या, फिट काफर मुरदारी।२
सतगुरू का एक सिष्य सयाणा, महमंद सूं फुरमाई।
सति परणाम कहिया गुरू मेरे, मरती गऊ छुड़ाई।३
सांतलि सीख सुणी सतगुरू की, ऊंच पदवी मन मानी।
नरपत नहचै सूं निसतरियो, हुयग्यो सील सिनानी।४
सांगै रांणै सतगुरू ओलखियो, चित चोखे चितौड़ी।
झाली राणी जगत पिछाणी, तन की तिरसनां तोड़ी।५
जैसलमेर जगत सोह जाणै, रावल नै परचायौ।
काचो कलस कियौ महमांणी, सतगुरू सरणै आयौ।६

-:कवित्त:-

प्रथम वंदरा पदम अठारै, राम खेड़ रीसांणै।
च्यार हजार छिनवै, पोल लंका प्रवाणै।
तिंहु लील तियालीस, खरब चौणवे उचारा।
तेपन अरब द्वादस कोड़ि, लाख पचास लंगूरा।
हरिनंद कहे रूघनाथ दल हले, गाजी गढ लंका गही।
केता केता बंदरा पोल, पोल लुंब्या सही।१

छपन किरोड़े कंगरा, वंदरा पदम अठारा।
केता केता कांगरै, करो पंडिता विचारा।
तीन अरब इकीस कोड़ि, लख बयालीसुं।
बदव वै सात सै चवदै, लेखो करो जेता लहिया।
हरीनंद कहै रूघनाथ संग, सोले किरोड़ी बाकी रहिया।२

-:दोहा:-

नित रो चोर काचड़ा करतो, नित रो करतो हासा।
भाले कुंभकरण रा भाई, तंबुवा तणा तमासा।१

2. गोकल जी बैनिवाल

-:गोकल जी बैनिवाल (वि.सं.1700-1790):-

गोकल जी बैनिवाल जोलियाली गांव (जोधपुर) के निवासी थे। खेजड़ली गांव में वृक्ष रक्षार्थ हुए खड़ाणे के ये प्रत्यक्ष दृष्टा थे, इन्होने इस खड़ाणे पर आधारित 'साखी खेजड़ली की' की रचना की। 363 विशनोईयों के बलिदान के साक्षी ये महापुरूष लगभग वि.सं.1790 को स्वर्गवासी हुए थे।

-:गोकल जी बैनिवाल की रचनाएं:-

01. इंदव छंद- 32 छंद (30 इंदव, 1 कवित, 1 रेखता)
02. अवतार की विगति- 47 छंद (2 दोहे, 45 मोतीदाम)
03. परची- 37 छंद
04. स्तुति होम की- 10 छंद
05. साखी- 02

-:इंदव छंद:- (32 छंद)

जदि आरंभ कोरंभ इंदन ईश्वर, ईला न अंबर अटल टलूं।
अरि आसिक जीव जवरि नही जोलो, जल पाखाण न पातालुं।
पड़ताल पवंग भवंग नहीं वासिग, भाण न भवण न भूपालूं।
बरियां मन कांम मन दांम मनहुस, मन तां मन ते जन माण मलुं।
तदि हुंतो तुंही त्रिकम अगम अगाध अजोनि सिंभू, अलख निरंजन अकल कलुं।
आकार करण षट वरण निवाजण, भगति उधारण भाव कियो।
सोई जन तारण झांभेसर जुग में, आई चक अवतार लियो।१
जदि अगति न मुकति भगति नहीं भैजल, जखि जोगण वीर न वेतालुं।
जदि वासन वेद वणास न वसुधा, ब्रहमा न बाड़ी फूल फलूं।
जदि रूति न रैण वरण नहीं वासुर, मांड न खंड न खेड़ खजूं।
जदि रीझ न बूझि सलांम न सेवा, धोक न ध्यांन न थांन थलुं।

तदि हुतो तुंही त्रिकम अगम अगाध अजोनि सिंभू, अलख निरंजण अकल कलुं।
आकार करण षट वरण निवाजण, भगत उधारण भाव कियो।
सोई जन तारण झांभेसर जुग में, आई चक अवतार लियो।२
जदि ससिहर सूर सूमेर न सागर, अरण बिंबाण न आकारौं।
जदि इंडज न उरधज न जेरज जाखा, सेतज धात न संसारौ।
सत सुमरण सील संतोष न सजण, मांन अमांन न अंहकारौ।
असतुति न आसत रास न त्रसना, दांन न दुरबल दातारौ।
जदि नाद न वेद उमेद न आरंभ, तदि तुं कायम करतारौ।
आकार करण षट वरण निवाजण, भगत उधारण भाव कियो।
सोई जन तारण झांभेसर जुगि में, आई चक अवतार लियो।३
जदि धरम न ध्यांन करम नहीं करसण, विणज न वाधि वोपारी।
बांणौट न हाट कलोभ न करसण, सकति न सुर नर संसारौ।
उरबार न पार अटक नंही, अरियण सोच विचारण आचारौं।
जदि कागद कलम कुरांण न काजी, तदि तुं निहचल निरकारौ।
आकार करण षट वरण निवाजण, भगत उधारण भाव कियो।
सोई जन तारण झांभेसर जुग में, आई चक अवतार लियौ।४
जदि जीव न काल पताल न पोहमी, परणाम न प्रेम न परवारौ।
जदि पाप न पुन न प्रीत न पारिख, सायर सोभ न सिणगारौ।
सरस मद न सीप चांत नहीं मोती, अरथ न गरथ न आकारौ।
आदेस न वेस गुणेस न गंडासी, तीरथ न बरतन औहारौ।
जदि बादल बीज बणव न बरखा, ताव न सीव न तिणवारौ।
जदि तिथ न वार जुहार न जोतिक, तदि हुंता कायम करतारौ।
आकार करण षट वरण निवाजण, भगत उधारण भाव कियो।
सोई जन तारण झांभेसर जुग में, आई चक अवतार लियो।५
जदि जाति न पांति सुपांति न सुकरत, बात न विगत न औहरणौ।
जदि वेंणा विधि विजोग न वाणिक, दुरबल सबल न कौ सरणौ।
जदि सूंदरि हुरक सूर न हुरमां, कांमण कंत न कौ वरणौ।
जरंणा नही जोग संजोग न संपति, जांमण मरण न अवतरणौ।
विरधा नही बाल जरा नहीं जोबन, जप न तप न कौ करणौ।
करतार तुंही हुंतौ तदि त्रिकम, भवण भवंतो भव हरणौ।

आकार करण षट वरण निवाजन, भगत उधारण भाव कियो।
सोई जन तारण झांभेसर जुग में, आई चक अवतार लियो।६
उर ध्यांन धरियो, मनसा उपरां मांड धरी।
आलां विण अनड़ इला, विन थंभा अलख निरंजण आधारी।
करि ब्रह्मा रूद्र इंदर सुर उडियण, वासिग सेस पवण हारी।
गुरू पति पुरो अगम अजोनी, नाथ निरमल निरहारी।
आकार करण षट वरण निवाजण, भगत उधारण भाव कियो।
सोई जन तारण झांभेसर जुग में, आई चक अवतार लियो।७
सिरजे जिण सात पताल इला, करि आरंभ कोरंभ दृगपाल करे।
जिण सागर सपत तखत नव खंड, कर दीप चक च्यारि धरे।
जिन पांणी पवण भवण करि, भैंजल पिंड ब्रह्मांड वैकुंठ करे।
रिव रतन अमी कर उमति उपाई, सो संभरथलि सांमि हरै।
आकार करण षट वरण निवाजण, भगत उधारण भाव कियो।
सोई जन तारण झांभेसर जुग में, आई चक अवतार लीयौ।८
जिहि का बाण प्रवांण बिंबाण वरण पंच षट दरसण घट निरहारी।
पग में पदम गदा परसी कर चकर, मुकट विराजै मणिधारी।
अघटां घड़ण हड़ण दुख दाता, अरड़ तणै रिप असवारी।
गुरू अदंगा दागण अनुंह नचावण, उनथ नाथण उपगारी।
काटण कंस कवल विमल चख फेरण, नाथ निरमल निरहारी।
आकार करण षट वरण निवाजण, भगत उधारण भाव कियो।
सोई जन तारण झांभेसर जुग में, आई चक अवतार लियो।९
गुरू निहचल अचल नंही बवणौ, जुगां जुगांत्र जागवणौ।
जदि धंधुकार विकार वरतियो, तदि हरि थांणै थिर रहणौ।
उथवण असुर सुरां पति पोषण, सर्ब संखण संसारौ।
जाका पार अपार अजोनी सिंभू, निहचल सांमि निरकारौ।
आकार करण षट वरण निवाजण, भगत उधारण भाव कियो।
सोई जन तारण झांभेसर जुग में, आई चक अवतार लियौ।१०
जिहि का बाण प्रवांण बखाण करौ, समदां जल सोख्यौ रिख रहियो।
मधु कीटक मारि महोर जुध जीतो, लोप्यो जिण सायर लंक लियो।
हडिया दहक धरू सुगंध समाणौ, बल राखो साबति आप दई।
जिण बाल्या वेद विरोल्यो सायर, सो संभरथलि सांमि सही।

आकार करण षट वरण निवाजण, भगत उधारण भाव कियौ।
सोई जन तारण झांभेसर जुग में, आई चक अवतार लियो।११
अहि आदु अंड उरध करि ओपति, जरखैणी करि सेत करि।
सुभियांन धणी परवांण सुणी, जिण मनसा रूपी मांड धरी।
मध कीचक मारियौ मांण मिल्या, निरदलिया दांणु धरणि हरी।
नरकासुरि मारि संघारि अरवर, हरि गोपी सोला सहंस वरी।
सोई थलि संभर आप विसंभर, कलि आयौ कायम कोड़ि तरी।
आकार करण षट वरण निवाजण, भगत उधारण भाव कियो।
सोई जन तारण झांभेसर जुग में, आई चक अवतार लियौ।१२
जिण सिरजे सिव ब्रह्म करण इंद, आरंभ सति प्रथी पति सांभलियो।
मंझ मुलतांण हयो हिरणाकस, दस सिर दांणौ निरदलियौ।
बाली जिण सीत बडा जुध जीतो, लंक विधोंसे भालवियो।
संभराथल सांम मुकाम रच्यौ, मारण मध कीटक मलियौ।
आकार करण षट वरण निवाजण, भगत उधारण भाव कियो।
सोई जन तारण झांभेसर जुग में, आई चक अवतार लियो।१३
गुरू दरस परसे करै तन पावन, अनंत कला करतार तणी।
कसतुरी केमकु सम नहीं कलियां, घट परमल महकार घणी।
सिरजी जिण सिष्ट सगति गत, अंतर धर अंबर भार अठार बणी।
समदां लग साख खंडा लग पारख, मुरधर मांड अवाज सुंणी।
परबांण ऐसो जाकै भांण दरसण, संभराथल सुभियांन धणी।
आकार करण षट बरण निवाजण, भगत उधारण भाव कियो।
सोई जन तारण झांभेसर जुग में, आई चक अवतार लियो।१४
प्रतपाल गुवाल भगत को भीरी, बारा रूप विरोध कियो।
दाणौ दल मलियौ जग भालवियो, रिणधीर रवै ज्युं राखि जीयौ।
मुर दाणौ मारि संघारि सत्रु दल, कर पोहकर परकास दियो।
पहलाद उधारे मुकारि मया करि, संभला थल सांभ सुथांन थियो।
आकार करण षट बरण निवाजण, भगत उधारण भाव कियो।
सोई जन तारण झांभेसर जुग में, आई चक अवतार लियो।१५
गुरू आदि अनादि अरूपा आसण, जोति सरूपी जाप कियो।
सोई जगवैं भेख अलेख अजूंनी, संभराथल म्हेलाण लियो।
दीयो जिण दरसण दया घणी, गुरू माया रूपी महमांणौ।

जोगी जुग मंडण रोर बिहंडण, रिधि सिध राखण रहमांणौ।
दाणौं दल भंजण आप निरंजण, अरि गंजण आदेस करूं।
सिंवरौ हरि नांम सलांम सदा, चित राखुं चरणे सीस धरूं।
आकार करण षट बरण निवाजण, भगत उधारण भाव कियो।
सोई जन तारण झांभेसर जुग में, आई चक अवतार लियो।१६
अंग आतस ठांभण असत नही, विधि जांणी विचखण भेद घणां।
जाकै सांस न मांस न रगत न रूहियो, ऐ आकार अलख तणां।
देवां अति देव सुरांपति सांमि, रसन रटां रहमांण भणां।
जाकै तात न मात न बहन न सजन, भरम चुकावण भय हरणौ।
आकार करण षट बरण निवाजण, भगत उधारण भाव कियो।
सोई जन तारण झांभेसर जुग में, आई चक अवतार लियो।१७
पहलाद अखांड़े धुर प्रवाड़े, कीरत जुग कल्यांण कियो।
करूणा कर साध तेरां सतजुग मां, नैम करे निज नांव लियो।
विरता जन वाड़ै विगति पड़ी साधां, दुख संकट बहोत दीयो।
सिधां सिर सूंपै न मानै संका, बालक विरध जुवांन भई।
पुलि पाप गंठाड़ि तिकां पति राखण, आयो आप अलेख सही।
आकार करण षट बरण निवाजण, भगत उधारण भाव कियो।
सोई जन तारण झांभेसर जुग में, आई चक अवतार लियो।१८
पीपासर वास परगास भयो, दुख दालिद मेटण आप दई।
पति प्रांण आधार पंवार तणौ कुल, आयौ आप अलेख सही।
बिछड़िया बाड़े विगति विसंभर, कोड़िया कारण कोल कियो।
हरि हांसा मात सुपात सुपरसण, लोहट घरि अवतार लियो।
जांका पार अपार गिंवार न जांणै, सार सिरजण हार तणी।
गुरू सोवन धार प्रगटियो, सिंभू संभराथल सुभियांन धणी।
आकार करण षट बरण निवाजण, भगत उधारण भाव कियो।
सोई जन तारण झांभेसर जुग में, आई चक अवतार लियो।१९
अवतरीयौ अलख परगटियौ पौहमी, ओलखिया अहनांण सही।
जाकी जो जन जोति परवरै परमल, दिल परसण हुवा आप दई।
जाकै छांह न जोति खुवाव न खुधिया, वाद विरोध न विसतरीया।
घट काम किरोध नहीं अंग आलस, नांव लीयो सोई निसतरिया।
गुरू पापां खंडण रोर बिहंडण, रैंण घटी रिव परगटियो।

आकार करण षट बरण निवाजण, भगत उधारण भाव कियो।
सोई जन तारण झांभेसर जुग में, आई चक अवतार लियो।२०
अवतरीयो अलख खलक में खालिक, दिल मालिक मिले महमांणौ।
करस्यां गुरू दरसण पेम परसण, सरपर सिंभू सत जांणौ।
नचियां नव पिंड निरंजण नायक, परच्या रा अघ पाप पड़ै।
सुगरा जन समझे कथे सुर वांणी, गुरू भेंटिया सह पाप झड़े।
थलिया सिर थाट वरण षट, परगट जाट कुली जीकार दियो।
आकार करण षट बरण निवाजण, भगत उधारण भाव कियो।
सोई जन तारण झांभेसर जुग में, आई चक अवतार लियो।२१
अवतरियो अलख खलक को खोजी, रिध सिध राखण रहमांणु।
आयो करि महरि मुकत को, मंडण माया रूपी महमांणु।
विछड़िया वागल हरि कागल तैं, आचारे ओलखिया।
सोधि संतोष विरोध विसंभर, परचाये नर पात किया।
आयो सुरपति करण गति गोविंद, तिरिया जांई कतार कियो।
आकार करण षट बरण निवाजण, भगत उधारण भाव कियो।
सोई जन तारण झांभेसर जुग में, आई चक अवतार लियो।२२
आयौ गुरू झंभ अचंभ अजोनि, धर्म करां उ दाखवियो।
संभराथल सांमि अंतरजांमी बोह नांमी, हरि हेत कियो।
चालवियो पंथ सुपंथ सुमारग, तारग मंतर सांभलियो।
तारै नर नारि विकार तजै जी, भाग भले भगवांन मिलियौ।
आकार करण षट बरण निवाजण, भगत उधारण भाव कियो।
सोई जन तारण झांभेसर जुग में, आई चक अवतार लियो।२३
सिर कुलह कुरांण वखांण विसंभर, ओढण अंबर पीतंबर।
थल एकलवाई रह सदाई, ध्यांन सरूपी धरणीधर।
खालक खुर खोज न खेह न खुट कोड़ियो, तिस रूपी झलहलियो।
जगनाथ सुनाथ सुपरसण सिंभू, मया करे मनिखां मिलियौ।
गुरू पांचौ वेद पढै मुख परगट, सो गुरूबांणी सांभलियो।
आकार करण षट बरण निवाजण, भगत उधारण भाव कियो।
सोई जन तारण झांभेसर जुग में, आई चक अवतार लियो।२४
आयौ हरि झंभ अचंभ अजोनि, अलख तणां अहव आकारूं।
आरौगे अंन न पीवै पांणी, नख सख निरमल निरकारूं।

खेलतो जदि खालिक हरि दिल मालिक, मिलियो मोमण मन रलियो।
तदि भलकै भुजा ल्हर सावनियां जुं, इंद बादल बिजलियां।
धरे एक चलण हरि बरण विवरजत, जोति सरूपी झलहलियो।
संभराथल सांमी अंतरजांमी, सति नारायण सांभलियो।
आकार करण षट वरण निवाजण, भगत उधारण भाव कियो।
सोई जन तारण झांभेसर जुग में, आई चक अवतार लियो।२५
सांमी सत भाखण रूंखा राखण, दया धर्म सत दाखवणौं।
गुरू सुगरां सोधण गति परमोधण, पारख पूरो परलहणौ।
परतंग्या पालण पापां टालण गुरू, टांणै सौ नां टलियौ।
किया जिण कोल किरतजुग करता, सौ मधसूदन आय मिलियो।
जपस्यां जुग मंडण रोर बिहंडण, पापां खंडण दया सरूपी आप दई।
इकबीसां बाहरै अनंत उधारै, सो संभराथल सांम सही।
आकार करण षट बरण निवाजण, भगत उधारण भाव कियो।
सोई जन तारण झांभेसर जुग में, आई चक अवतार लियो।२६
सिंवरू हरि सांम निरंजण सिंभू, विसन तणां करि वाखाणूं।
आयो थल संभर आप विसंभर, माया रूपी महमांणु।
तेतीसां तारण विपति विडारण, अनड़ उधारण रहमांणु।
पांणी सर पोहण किया तिण वाहण, तिरिया सो सायर पाखाणुं।
हुकमै दल हेम लंघ्यौ मैणायर, लोप्यो सायर सत जांणौ।
रलबलिया रीछ बलवलिया वनवर, कूदे कपि कोट संके दाणुं।
देव क दोसण लंक विकसण, काटण केवा कोप कियो।
सुर बंध छुटाया मारियो रावण, जेण बभीछण राज दियौ।
आकार करण षट बरण निवाजण, भगत उधारण भाव कियो।
सोई जन तारण झांभेसर जुग में, आई चक अवतार लियो।१७
करि दांतण दांन सिनांन सुपरसण, सत भाखै सुरबांण चवै।
पोह बेलां परसण उतिम करसण, करि देव दरसण दास नवै।
पूजै हरि पावक घीत घंणी, खुवतै खिमां बोह बूंद खिवै।
खरत स्वाल खरो पंथ, परगट धरणीधर सूं ध्यांन धरै।
जिख जोगण वीर विकार परहर, सिंवरौ सत संभु काज सरै।
तेरा जन त्रीकम दास तुहारा, विसन तणां वाखांण करै।
आकार करण षट बरण निवाजण, भगत उधारण भाव कियो।

सोई जन तारण झांभेसर जुग में, आई चक अवतार लियो।२८
वाखाण विसन किसन नारायण, रंग राता रहमांण तणै।
नेकी निरवाहि वदी सुं सारां, नर परचां निज नांव भणै।
भजिये भगवान ग्यांन विचारे, न्यान करे अभिमांन तजै।
तेरा जन त्रीकम दास तुहारा, छाडि भरम भगवंत भजै।
आकार करण षट बरण निवाजण, भगत उधारण भाव कियो।
सोई जन तारण झांभेसर जुग में, आई चक अवतार लियो।२९
भजिये भगवंत अनंत उधारण, कारज सारण किरतारूं।
चरणे चितलाय चितारि चतुरभुज, सिंवरौ दुनपति दातारूं।
दुख दालद भांजण आप निरंजण, आदि पुरूष ऐ आकारूं।
ओलखियो अलख अजोनि सिंभू, कर जौड़े सलांम करूं।
आकार करण षट बरण निवाजण, भगत उधारण भाव कियो।
सोई जन तारण झांभेसर जुग में, आई चक अवतार लियो।३०

-:कवित:-

कर सलांम ले नाम, गरथ गोविंद गुण गांउ।
चरण चित लगाय, परसि दरसण सुख पांउ।
आंनि भरम अभिमांन, म्हेलि अंकार अलगो।
अलख तंणी धरि आस, हेत हरि डोर विलगौ।
सिंवरिये सांम संभु सरण, विषम वाट भौजल तरूं।
केवलनाथ कृपा करौ, हुं चोट तुहारी उबरूं।१

-:रेखता:-

उबरूं आपरी चोट मोटा धणी, आदि सिर ओपमा छाप थारी।
पाप परलै करौ प्रीति पालो, तका करण पैदा तुंही काज सारी।
लाज त्रिकम राख पुरा धंणी, विषम भैजल लंघी वाट भारी।
सर्व सांसौ मिटै प्रभु पायां इसो, सदा राखो सरण गदा धारी।
आदि अनादि आदेस ओप तंही, जिण काज पहलाद संगि कोड़ि तारी।
रहिया वाकी तका वचन पालो विसन, किसन किरपा करो काज सारी।
दास गोपालक है आस पुरो अलख, उबरूं आदि पुरख ओट थारी।१

-:अवतार की विगति:- (47 छंद)

-:दोहा:-

रिधपति सिधपति सिलपति, सुरपति सदा सहाय।
गति दाता गोविंद सुमरि, गोकल हरि गुण गाय।१
सुपहि बतावण सुख दिवण, सांई सिरजण हार।
अलख निरंजण अरि गंजण, आई चक अवतार।२

-:छंद मोतीदाम:-

सही सुरपति सिरजण हार, तको तन आत्म को आधार।
मिलै भगवंत गए भव भांज, आयो थलि कोड़ि दवादस काज।१
किसै पख मास किसी तिथ वार, किसी विधि आप लियो अवतार।
तिका विधि भांति न जाणे कोय, नचिया नव खंड निरंजण तोय।२
भुया केई जुंणि न जांणत भेद, आयो जन तारण आप अछेद।
भलि रूति विरखा भादव मास, कियो कुल पंवार तणौ परकास।३
गिणै तिथ आठंवि पख अंधार, सपुरण साखत सोम सुवार।
सझे पुल गोग नखितर विचार, आयो कलि कायम काया धारि।४
लीये नव निधि निरंजण नाथ, आयो किण भांति न जाणे मात।
न जाणत गोत गिणै परवार, करै उर सुंदरि सोच विचार।५
काया कनमूल विना किण काम, सही अंन आत्म तन आराम।
दीयें गड़सूति यैहू दाक, टिकै कर कांन के थोडी नाक।६
कियो हठ कांमणि बैठि है हारि, न चाखै माखण मुख मुरारि।
दिपै तन उजल इधक उजास, न लावै प्रभु पोहमी पास।७
कला निति भांति अनोप अपार, सही तै सांम सिरजण हार।
न जाणै वोक विचार वमेख, अजोनि सिंभू आप अलेख।८
जको गढ लंका लेवणहार, तको घरि लोहट कै अवतार।
नही मन मोह न माया जाल, रहै वनवास चरावै पाल।९
नही घट काम करोध न अंग, इला पग एक दुजो पग जंघ।
नही तन भूख न तांमत रास, नहीं तन लोही न हाड न मास।१०
खेह न खोज नही छांह न छोति, विराजै जंभ निरमल जोति।
पढै मुख पंचवो वेद पुराण, झणकै जोजन झीणी बांण।११
नहीं अंग आलस न उर आस, जाकै घटि जोजन जोति उजास।
विराजै भांति निरंजण नूर, जोजन एक परमल पूर।१२
जिसी विधि आभै अरण विवाण, इसो हरि दरसण को परवांण।
परसै पांव परातम संत, न दीठि पुठि न पायो अंत।१३

सदा सनमुख सिरजण हार, नमे निज मुरति पार अपार।
संतोषी पोषी सरब जांण, जपै कर बांवै हाथे कुरांण।१४
अपूठे मणिये अंतरि जाप, जपै मुख सिंभू सोई है आप।
कथै सुर बांणि सुरंगै भेख, आयौ थलि संभर आप अलेख।१५
सुपेख्यो स्वामी सोवन वार, नमो निज नाथ जको निराकार।
करो हरि किरति आरति मोही, सदा हरि सांमि चितारूं तोही।१६
मया करि मोही मुचै सह पाप, दया करि दरसण दीन्हो आप।
जकै विधि जोति परसे जीव, तका विधि राखि संगाति सीव।१७
न कीजै न्यारो तहांरो नाम, तकी हरि ओट पायो आराम।
पायौ निज नाम तणो जु निवास, न छाडो प्रभूजी तहांरो पास।१८
तूं ही पति राखण पुरो देव, अता दिन आदि न लाधो भेव।
न धेख्यो अंतरि सोचि विचार, मिल्यो घट भितरी आप मुरार।१९
परस्यौ है पुरबले परवांणि, हुई अब अंतरि आदि पिछांणी।
करौं करि जोड़ि घणां आदेस, दियो मोहि आप देई उपदेस।२०
तुंही दुख दालद भांजण देव, करो नित सांमि तुहारी सेव।
मिटै सहै दोष कटै जम जाल, करो गति गोबिंद कान्ह गवाल।२१
घणा जुग विच गया उरवारि, मया करि मोही उतारो पारि।
दया करि दोषण मेटो मोहि, वांनै पति राख बडाई तोही।२२
आयो मोहि आप तरणै इकतार, तुंही तिंहु लोकां तारण हार।
विछुटा है बाड़ै तणां तिण ताग, विसंभर दाग मिलावो बाग।२३
सरै सह काज तरै तेतीस, मिले सुर देव विसोवा वास।
खीरोदक चीर अमीरस पैंण, चहुं दिस चक विराजै नैंण।२४
करो नित दरसण दालद दूरि, रहुं हरि चरणनि लागि हजूर।
नही जम दरसण जांणौ जेथ, देवो मोहि वास विसंभर तेथ।२५
मया करि मन की भाजै भोल, करै संत सेव सुनि तकि लाल।
कहों कर जोड़ि तुहारो दास, सम्पूर्ण सामि पूरो आस।२६
तरे नर नारि जप्यौ हरि जांह, प्रभू मोहि राखि सदा पग छांह।
पिछाणे पितांबर पार विरंभ, जको जुग मंडि तको पुर झंभ।२७
जठै पग छांहि तठै हरि जोति, जठे रिव चंद न होत उदोत।
जठे हरि जोति जुरा जम नांही, करै सुख संत सुरगां माहि।२८
सदा हरि दरस परसै पात, निरमल जोति निरंजण नाथ।

अखै बड़ पात पवटे आप, जकै दिन कूंण करतो जाप।२९
न जाणै वास्यग तोरा भेव, जको नित प्रत करे हरि सेव।
दया करि देव मया करि मोहि, गूंथे गुण ज्ञान चड़ाऊं तोही।३०
बखाणै जो वासिग सेस भंवग, गिणे मोहि पासंग जेम पतंग।
जको जन तारण आप अलेख, उजालणा छाप उधार भेख।३१
सुधारण पंथ सुपंथ संपूर, तिको नित परत परसां नूर।
करो निरवाह निरंजन नाथ, उलंघा ओघट घाट अजात।३२
अजोनि सिंभू आपै आप, परसां जोति न पौहै पाप।
करौ किरपा सह काज सरै, दरसौं परसौं दुख दोष हरै।३३
सुख मोख मुगति जुगति जठै, जम की गम नांहि न राख तठै।
नव निधि जठै विधि वात घंणी, सुख पावै संसारणि सामि धणी।३४
अरि आवन पुजै सदा सवई, हरि ओट सदा मोहि राखि सही।
रसनां गुण गावै रीझी घणौ, चित लागौ दास तणौ चरणौ।३५
सरब पाप कटै जम वास नहीं, चवता चवरा सिचित तंही।
विध जाण बखांण करौ वरणौ, तिहुं लोकां सांमि तणौ सरणौ।३६
जन तारण सारण काज सही, दुख दालद मेटण आप दई।
कहणी रहणी विन रीझी रहै, तन भीतरि भीनो भेद लहे।३७
भणतां गुणतां सुरपति सुणौ, दिल चाहै दरसण देव तणौ।
दुख में सुख में रूख राखि इसि, नित प्रीत सदा जल मीन जीसी।३८
जगदीस बिरख रीख पात कली, रिख तोरा मीन जिसा मछली।
जल भीतरि अंतरि जीव रजै, भगतां गति भेख अलेख भजै।३९
अंन आत्म भूख हटै तन की, सिंवरिया हरि वाहर है जन की।
जल पियां जेम पियास मिटै, प्रणमिया प्रभू सह पाप कटै।४०
सुत मित मिल्यां नित प्रीत जीसी, निज नांव जप्यां जगदीस खुसी।
नर न्यान विना वड चूक पई, रहता सू राचि गई सु गई।४१
अरि गंजण आसिक राखि ऊदा, निसवा सुर स्वामी सहाय सदा।
सिंवरो करि सरब तही जही, परभू परवाड़े पार नही।४२
तब की तिस मोर झूंगोर करै, घन बूठां तूठां दोष हरै।
सुख सागर स्वांति जिसी पपीयै, मुख मीठी बांणि सदा जपियै।४३
जपस्यौं धरि ध्यान असो करता, दुख दालद दोष सदा हरता।
भनतां भव सागर जीव तरै, सिंवरौ सुरपति विपति हरै।४४

उर अंतर जांण बखांण जसौ, प्रभू परवाड़ै पार किसो।
करता कवि केती सोभ करै, तो तुठे त्रीकम काज सरै।४५

-:परची:- (37 छंद)

सुपेख्यौ स्वामी सोवन धार, नमो निज नाथ जका निराकार।
नरा पत निरख करै मन राव, पिछाण्यो दूदे परस्या पाव।१
परापत गत कहै करतार, परच्यौ पहलू पूल्ह पंवार।
धरे उर ध्यान करै परमोध, नवाया नहवै जालम जोध।२
जको जग पेख्यो जोत समांन, मिल्यो मन सूधै महमंद खान।
मया करि देव छुडाया दास, मिल्यौ इसकंदर पुरी आस।३
जका जंघ एक आया जुल जात, तके पणधारी हुवा पात।
नुरी मुख तापस आया देह, श्रवण सूप पिछाण्यौ जेह।४
जठै बग सांवल काग सपेत, तठे हरि पूजा कीजै हेत।
दया जित देव तथागत राज, जठे रिव किरण सीजै नाज।५
विनासंड़ जेथ वियावै तंब, काया कनमूल उचारण अंब।
ऐसा अंग ओढण पहरण पात, जठै बड़ विरख करै मुख बात।६
थकै अंन भोजन अलप आहार, करै सुख सैन जठे व्यौहार।
सदा वनफूल जठे फलिया, विरखां सुत मांणस सांभलिया।७
सुणिया सिख साध जठे चख एक, ईला उर आवध ओर अनेक।
मिल्यौ जाह मेल्हियो वाद विरोध, तका झंभ देव तणी परमोध।८
पिछाण्यौ राणै मेल्यो दांण, सुण्या सुरपत तणां परवांण।
वखाणै जाणौ रावल रीत, जकै रिध सुंपिया ले प्रीत।९
तिको गढ छाजै बाजै भेर, निवाज्यो जादम जैसलमेर।
मिलो सुत कारण सांतल राव, कहै नित राखै विसंभर भाव।१०
करो हरि जाप तरै तेतीस, मिल्यौ अवतार विसोवा वीस।
सुणी सत वात कथूं करतार, त्रीकम तोरा पार अपार।११
विसंभर वाद न जीते कोई, वीदो वंस आदि असी अंस होई।
किसी कथ और कहिया करतार, करै जल दूध तको अवतार।१२
जको जुग मंडण जोति सरूप, उपावै आके आंब अनूप।
सुवारिया सागर आभ समेर, निपावो निंबड़िए नालेर।१३
निरंजण नाथ जिको निराकार, करो हरि देखां डील हजार।

दुवागर मेल कह्यो जदई, हौर किया डील हजार सई।१४
जग जीवण जाण जेथ जुवा, गिण सहंसे गांवे सहंस हुवा।
सत जांणै सरूप न ओलखियो, घड़ पाखो बीदै वाद कियो।१५
आराध न कियो आप तणौ, अंत ठोगण वांध्यो गांठ घणौ।
घट भीतर अंत्र दूज रही, दुख पायौ गावै गोर सही।१६
वड चूक पई वित वै तन मां, एक वारू वात धरी मनि मां।
तक ताण न चाल्यौ मांण मुवो, मिनखा गत छूटी ऊंठ हुवौ।१७
मनि सा छल लागो छे तरियो, परचंड पदारथ ओतरियो।
एक आस अवगण ओर दहै, दूजां सौ दोढो भार वहै।१८
भवतै चवरासी भेद लह्यौ, पुलतो पैंडे में बल रह्यौ।
झेकियो उत झोक वणाय जठै, झिझकारो सारियो नाह उठै।१९
वह छूट विसंभर एम कहियो, कर हाकिम या कायर होई रह्यौ।
बल बांध ऊठायो बोझ जको, पोहचाय पयाणै भार तकौ।२०
बल बांधियो बोझ उठाय लियो, पोहणचाय पयाणै काल कियो।
कुंण जाणै काया केथ पई, पुल पोंहतो पीहर बाड़ सही।२१
हुवो जो हुंतो जोग जिसो, अब ओलखिये उपदेस किसै।
सुत नाती पूछै लहै परियो, अबकै किण ओदर ओतरियो।२२
रंग राकस रोर रमै रलिया, गढ त्रिकट पोल पिरे गलिया।
विगतालो वारू वाग घणौ, देख्यो दरबाज लक तणौ।२३
वहै भूडण गोत जकै भिलीयो, भंड सुवर साखत सांभलियो।
भरमियो भवसागर मांह पयौ, करताजी जांण किथ गयौ।२४
कुल पुछियो बात कही स कहां, सुरत तम यातैं माघ लहां।
सुण सार्द बाघ अथाघ जका, मुख बोल मया कर बोड़े तका।२५
मह मंडल खंडे खोज लहो, नर नाथ विरता बात कहो।
जुड़ि गोदावरी जात जके, चड़िया चोला री चाड तके।२६
उलटि गत आथस एक तम, संख पुरिया नाद पिरात सम।
हिमटसर आया हाक तके, जुड़िया गोवर जात जके।२७
विद्‌या वल वाद विरोध करे, उणहारां दीठा और डरे।
अंग सींगी सेली सीस जटा, कटरूप कुडेपा कांन कटा।२८
करता किलकारी बाट वहै, रिध लूटा रूठा एम कहै।
रन मां बनवास जके बिता, रण रोपे पगते निरता।२९

विरता वीरां बल वाद चड़िया, पछताणा पाछै आय पड़िया।
नर काडर बोल्या के करस्यां, अर हुं किण आस त उबरस्यां।३०
पग छाड खिसो मुख एम कहै, मुदराला नाठा वाट वहै।
विसास्या आय भीड़ पई, भूतां री आस भूल गई।३१
करता कहियो कुंण घाट घड़ियो, कहै काछ किसी विधि लोह जड़ियो।
जड़ियो जिण वात विचार कही, झड़सी लोह भेंटिया आप दई।३२
अंत आयस ओसर आय अड़ियो, करता कर भेंटियो लोह झड़ियो।
जण भूला जातां घेर लिया, सिर मूंड जटा सह जेर किया।३३
परच्या पहलोका पाप झड़िया, समधा सर मांण पाय पड़िया।
मिलिया मुख दीठा काज सरियौ, रिध सुंपी रूपौ नांव धरियो।३४
हरि हेत करे सिर हाथ दियो, पत राख पिछांणा पात किया।
हंस हुंता वाड़ै वाग तरे, निसतारिया नहचै जाव जके।३५
दुनिया पति आयो देख दया, करता किरपा कर धार कया।
अर गंजण आसिक आप तको, जण तारण जीम जमा जको।३६
जपियो जदि जाप परिदै हरि एक, आयो अघ मोचण आप अलेख।
भणै बड भूप सौण्यौ संसार, निरंजण नाथ उतारिया पार।३७

-:स्तुति होम की:- (10 छंद)

-:छंद:-

परकास जोति पूरा धणी, वनवासी मनरंजन।
पावक मुख पेखतां, दोष मिटै हटे दुरजन।
अर गंजण आदेस, दरसण परसै पणधारी।
होम जाय हरि भेट, करै संत सेव तुहारी।
सुकल गोत रसपत, कपल मात पिता वरण।
विनवै दास परगास होय, वास देव वंदौ चरण।१
आतस इंद्री पांच, धुप ले ध्यांन धरीजै।
ग्यांन घृत मन पोहप, चित चरणांमत लीजै।
परसै पुरष समाध, पुज नित नांव निरंजन।
जथा जुगत परवांण, तथा सिंवरण मन मंजण।
सनमुख सदा सहाय, सत लील जिभ्या लीलंग परै।
दया दरसण धोक धन, प्रांणी पावक होम करै।२

सरै काज रहै लाज, तरै हंस होय निरमल।
धर ध्यांन कर न्यांन, प्रेम प्रगास परमल।
पूरण आस अलेख, दास कहै दरसण चाहुं।
आंबक मोदन चंद सूं, लगन ऐसी लिवलाहुं।
विघन हरण विध दाखवौं, मुखि सुंदर सोभा वरण।
गोकल अकल अलेख भजै, सिंवर नाथ असरण सरण।३
हेत प्रीत हरि नांव, सांव सत सांम तुहारी।
गत दाता पतिनाथ, नेह पाली निसतारी।
औघट घाट अनेक, वाट विषमी जग जाणै।
जम तारण जगदीस, पिसण कोई पलौ न ताणै।
जम जुरा जीव जोख्यौ नही, कौई ताक न सकै औबर अर।
अमर अनुपम आत्मा, राखै असी जित आप हर।४
सुणी साख पारख, सबद सुण अरथ विचारा।
सुण्या सुरग परवांण, तज्या विषै वाद विकारा।
संझियो सील संतोष, भज्यौ भगवांन विसंभर।
कज्यौ मन कौठड़ी, ओटे अंग उतम अंबर।
धर ध्यांन न्यांन खोजो सही, ग्यांन गरथ सत जांणियो।
सनमांन दांन उपदेस, पेस दीदार परवांणि कियो।५
दरसण दीन दयाल, आप राख्या ऊपर अधर।
अंबर इला अध कंप, अरक असमांण अंमी कर।
सिर ब्रह्म संकर सहत, इंद्र उडीयण आकार कर।
देका माया मुकत, सिंवर संपूर्ण नांव हरि।६
सिंवर विसन सत जाण, गिण्यौ वासग बखाणौ।
सिंवर विसन सत जांण, पहलु पहलाद पिछाणियो।
सिंवर विसन सत जांण, वस्यौ षट जतिया हाली।
सिंवर विसन सत जांण, प्रीती पंडवा सु पाली।
ध्रु तारियो तारियौ करन, सिंवर दधीच सुधारिया।
तारसी तोह सौई, सिंवर साध अनेक उधारिया।७
सारीया काज साधां तणौ, दीरघ दैत सीधारिया।
षट दुण देव किया दुरस, जिण मध कीटक मारिया।
धाया रूप भूपां भवण, अलख पुरख अकलां कले।

कर कौरंभ रच्यौ, सौ अवतार झंभ संभराथले।८
न थे घण अहरण धवण, न थे वण दहण अकारा।
न थे करम कौयला, न थे पंच तत पसारा।
न थे सार हथोड़ौ सांडसी, न थे आरण धर अंबर।
न थे आव अध कंप, न थे इंद ईश्वर अडंवर।
घड़ै घाट औघट अगम, निगम नेत जांणै घणी।
मनसा रूप मंडाण कर, जगत जोति सिंभू तणी।९
धीरज वांस ध्यान, ग्यांन गज डौर गिणीजै।
मनसा मेख सधीर, नाद निसांण भणीजै।
अगम लहै गम कुंवण, पुण्य परवांण परसण।
करे रवि चंद चिराक, ख्यांत खट खरा दरसण।
आभ थंभा किम उधरै, जिण रहै गिर सागर।
औट तरे त्रीकमजी तांहरौ तंबु, अधर विराज्यौ ईश्वर।१०

-:साखी-01:- (5 छंदों की, राग धनासी)
बाबो तेतीसां प्रतपाल, धरणीधर आयो धरां।
भव भंजन भव पाल, कायमजी किरपा करो।
कायमजी किरपा करो नै, अड़ बड़ियां आधार।
इक बीसां बारां मिलै, लंघै भव जल पार।
भौ भांजे कीजै भगत, कटे जम का जाल।
जुग चौथे जोड़ मिली, तेतीसां प्रतपाल।१
सतजुग कोल संभाल, म्हारो स्यांम स पीहर आवियो।
आयो छै आप अलेख, भगतां रै मन भावियो।
भगतां रै मन भावियो नै, भला बहोड़ै भेद।
बाड़े हुंता बिछड़िया, उर होती उमेद।
भाव कर जिण भगती कीनी, पीव सोइ पाइयो।
जुग जुग सतगुरू धर्म कारणे, भगतां के हित आइयो।
सतजुग कोल संभाल, म्हारो स्यांम स पीहर आवियो।२
बाबै परच्या पात सुपात, परच्या बांमण बांणियां।
सोध्या जीव सुजीव, सुमंत सुमार्ग आणियां।
सुमंत सुमार्ग आणियां नै, मनो मेली भ्रांत।

रायक राजा भाट भोजग, परच बैठा पांत।
भ्रांत मेल्ही हुवा भाई, जै गुरू ज्ञान पिछाणियां।
परच्या पात सुपात, परच्या बांमण बांणियां।३
कोड़िया रो तारणहार, वाचां पालण आपणी।
पवन छतीसूं पार, पहुंचाओ पुरा धणी।
पहुंचाओ पुरा धणी नै, पवन छतीसूं पार।
एकलवाई थल खड़ो, भगवीं धोती धार।
कुल्है कुरांण पुरांण बखाणो, देव तुठा पार।
अवतरियो इण काम कलूं मां, कोड़िया रो तारणहार।
वाचां पालण आपणी, पवन छतीसूं पार।४
आस करां अरदास, पारब्रह्म सूं दाखियो।
प्रीत पाहल की पाले, पत बानै की राखियो।
पत बानै की राखियो नै, कृतजुग री कांण।
लेखो न लीजै दया कीजै, भेख अपणौं जाण।
सनमुखि न्हालौ कवल पालो, सुरगौ सामि सधीर।
दास गोकल आस तेरी, सति जाणियौ गुरू पीर।
पत वानै की राखियौ, कृतजुग री कांण।५

-:साखी-02:- (11 दोहे एवं 12 छंदों की, राग सिंधु)
-:साखी खेजड़ली की:-
-:दोहा:-
पण पालण पिसणां गंजण, रूंखा राखंणहार।
जोधाणै जालिम तप्यौ, अजमलजी अवतार।१
इंणि कलि मां अजमाल, सो कोई राणा हुवौ न राव।
तप मेटिया तुरकां तणां, किया अमर पसाव।२
वन राख्या बैरी गंज्या, जालिम किया जेर।
पतिसाही ऊपर तज्यौ, थिर थांणौ अजमेर।३
पतिसाही रो पेखणो, पिसणां पुरो साल।
पोहमी में परगट भयो, अरि गंजण अजमाल।४
हाकिम मति हरजी हरी, देखि ज कियौ दाव।
डाकर करि डंड मांगिस्यां, ईणि विधि करो उपाव।५

विरच कह्यौ वन वाढिस्यां, करिस्यां वणी विणास।
पण राखो तो पैसो दो, दाखै गिरधर दास।६
भंडारी भरमे मतै, विण बादर बैकांम।
सिर सौंपा रूंखा सटे, म्हे टुकड़ो न दां दांम।७
दाग लगै जो दांम द्यां, पंथ मां पूणौ होय।
पण राखां तो पांणी चड़े, कलंक न लागै कोय।८
चेल चाल बणीं करी, तसकर घात्यौ तांण।
सिस पड़िया रूंख सूंपस्यां, पैलां किसो बखांण।९
सतरा सै सतियासियै, दसमी मंगलवार।
भादव सुदि साधू खड़िया, खरतर खांडे धार।१०
कुंण पोहमी पंण मेटसी, धरम सह कुंण धीज।
वन राख्या विसनोइयां, राठौड़ां री रीझ।११

-:छंद:-

राजा के मन रीझ, मन में मतो उपायो।
हाकम सूं कर हेत, विध सूं वेग बुलायो।
बुलाय विध सूं बात पुछी, जस कीजै जो सवो।
पाज पुन की बांधियै, नरपति कहे कीजै निवो।
निवेत करस्यां नींव थरपां, ग्यांन खोजो नरपति।
बामण सरवण वियास, भोजग पुछियो जोगी जति।१
पढिया पुस्तक बांच, धोरी धरम बतावो।
हाकम के मन जोर, दिल मै दाय न आवो।
दाय नै आवे दूज राखी, पाप कुल को प्राणियो।
राजकुल की रीत मैटे, करै भूंडी बाणियो।
साधु सुणियो स्यांम साचो, मेहर करे मोटा धणी।
विसन दोसी भसम होयसी, वाद कर वाढै वणी।२
आवो हरि की बार, चेलो चोकस लागो।
बरण मिल्या बोह भांत, तमक्या करस्यां तागो।
तागो तो करस्यां नहीं डरस्यां, ध्यान मन ऐसो धरो।
मांण तज्या जो मांण रहसी, सिर सूंपो साको करो।
कियो साको हुई साक, तभड़कै भड़वो भाजसी।
सार बहसी सीस पड़सी, लांणती जद लाजसी।३

सिर सूंपै सुचियार, मुक्त करै गुरू भाई।
खरतर खांडे धार, अंणदे तेग संभाई।
तेग संभाई हुवो तागो, नर नारी निसचै खड़िया।
बिणियाल बिरच्यौ चढी बांनी, पण राख्यौ पातक झड़िया।
झड़िया पातक हेत कर कै, दुख मेटियो दालद हड़ियौ।
भली बणी बुरो न ताक्यौ, दिन दसवैं चाचो खड़ियो।४
करे क्यूं किरतार, सूरा सार संभावो।
अक रण अपार, बेगा बार न लावौ।
बार न लावो हुवो बैगा, पाछा खिसां तो पण घटै।
उदो सार संभाय आयो, सिर सूंपा रूखा सटै।
सीस सूंपा नहीं कंपा, मरणै सूं मत कोई डरो।
होयहो तब कवल गुरू को, सिर सूंपो साको करो।५
कर मन कोल करार, कांन्है कंध निवायो।
किसना रै मन कोड, सर पर सर दे आयो।
सर दै ज आयो स्यांम ध्यायो, साख राखी सिर दियो।
दैराज दरगे दाद पाई, जीव त्यागो जस लियो।
लियो जस जीण जीव काजै, आथ उर सूं परहरि।
ग्यांन गुरू के ध्यांन धरियो, सुरत सुरगे संचरी।६
सुरगे सुख अपार, तन की तृष्णा भागी।
कियो कवल कबूल, दांमी देह त्यागी।
देह त्यागी भरम भगो, सोभादे सांभली।
कृपा हुई कुलोभ छुटो, पण राख्यौ पूगी रली।
रली पुगी राज करस्यां, काज करतार सारिया।
सिध साधू विवांण चढिया, प्रभू पार उतारिया।७
बेऊ दाखै बैंण, राजी रिणवट आवो।
चीमां जन्म सुधार, रतन काया धन पावो।
पावो तो काया तजो, माया मन को मोह निवारियो।
कारवो तन कांम, कहै प्रभु पंथ सारियो।
वृक्ष पड़िया रिखी खड़िया, पंथ की पारख पड़ी।
तागाला सूं धेख बांधी, हाकिम नै हतिया चड़ी।८
हत्या करह परांण, कुमति कुमत कुमाई।

चैले के मन और चौकस चाल चलाई।
चाल चलाई हुयो तागो, आसी क्युं अवसलै।
बडो औसर खड़ियो, मांडी चाचो पहुंतो चौसलै।
खड़ग धारा खेल मंडियो, और आपो मारियो।
ग्यांन गुरू के ध्यान धरियो, प्रभू काज सुधारियो।९
करता करै जो सार, राज करै कुफराणां।
हरि ने पहुंता पार, विध सूं बात बखाणां।
बात बखाणां सत जाणां, पण राखो पुरा धणी।
पापियां नै तुरंत पूगो, तागाला तीखी अणी।
अणी तीखी सुर पूर तके, आखर क्यूं ओदरै।
पाछा खिसौ तो पण घटै, तंत लियां तागो करै।१०
तागांला सूं तांण, काल्हा कदे न कीजै।
अंक का ऐनाण, दुख दे डाण न लीजै।
डाण न लीजै माण दीजै, बरण सतायो राणियौ।
सरब सदा मन साख पारख, रीत कर मन भानियौ।
आपो तो मारे बेग सारे, दया पालै देखता।
तीन सै त्रेसठ ऊपरि, पंथ पुरो पेखता।११
ओ तागो संसार, जुग मां जोर पिछाणो।
सत मानै सुरताण, राजा राव बखांणो।
राव बखाणै सत जांणै, जीव काया राखै जुवो।
खरा खोटा खबर लाभै, खेजड़ली खलकत हुवो।
मूल मरणो अमर नांहि, मोमण कियो मतो।
खड़िया खांडै चड़िया चंवरी, करै अपछर आरतो।
जाति कुल की न्यात निहचै, पंथ परकाजै मिल्यो।
गुण गुंथ गोकल कहै साखी, खेजड़ली खलकत संभल्यौ।१२

-:साखीसार:-

इस साखी में वृक्षों के बदले जोधपुर के पास खेजड़ली गांव में 363 विशनोई स्त्री-पुरूषों के बलिदान होने का वर्णन है। यह घटना जोधपुर के शासक अभयसिंह के शासनकाल में घटी थी, इस घटना की पूर्णाहुति विक्रम संवत् 1787 के भादवा सुदि दशमी मंगलवार को हुई थी। साखी में वर्णित है कि जोधपुर राज्य के एक हाकिम गिरधरदास भंडारी ने पैसों के

लिए खेजड़ली गांव का वन काटने का विचार किया। विशनोईयों के मना करने पर उसने कहा कि यदि पेड़ रखना है तो पैसे दो। इस पर विश्नोईयों ने पेड़ो के बदले सिर देने का संकल्प किया। गिरधरदास भंडारी सेना लेकर आया और उसने वन कटवाना आरंभ करवा दिया। इसका पता लगते ही अनेक गांवों के सैंकड़ों विशनोई साका करने के लिए तुरंत एकत्र हो गए। पुरूषों में सबसे पहले अणदोजी भादु ने तागा किया उसके बाद चाचोजी बैनिवाल, उदोजी, कान्होजी, किसनोजी, दैराजजी आदि प्रमुख पुरूषों और दामी भादु, देऊ, चीमां भादु आदि महिलाओं ने अपने प्राण दिए। इस प्रकार कुल 363 स्त्री पुरूषों ने पंथ के लिए बलिदान होकर अपने धर्म की रक्षा की। विशनोई पंथ में पेड़ों पर बलिदान होने का यह सबसे बड़ा साका है। इस साके से पहले व बाद में भी अनेक ऐसे अवसरों पर विशनोई लोगों ने अपने प्राण दिए है किंतु इतनी बड़ी संख्या में तागा करने का यह पहला उदाहरण ही है। गिरधरदास भंडारी के नेतृत्व में राजपुतों द्वारा इतनी बड़ी संख्यां में निर्दोष विशनोईयों का जो कत्लेआम किया गया था, इसके प्रत्यक्ष दृष्टा गोकलजी बैनिवाल थे। इस कारण यह साखी आंखो देखे हाल पर आधारित होने से प्रमाणिक है।

3. रासानंद जी थापन

-:रासानंद जी थापन (वि.सं.1700-1800):-

ये रासीसर गांव के थापन तथा वील्होजी की शिष्य परम्परा में दामोजी बैनिवाल के शिष्य और गोयंदजी, जसोजी, मुकनजी व हरजी बैनिवाल के गुरूभाई थे। रासोजी के चेले सुखुजी, परमानंदजी बैनिवाल, दरवेसीजी, गंगारामजी बुणागर, सुजाणजी, खैरातीजी आदि थे। ये परमानंदजी बैनिवाल के गुरू थे। इन्होने मुकनजी के साथ मिलकर एक पोथी लिपिबद्ध की थी। परमानंदजी बैनिवाल को उनके पिता सुरताणजी ने इसी पोथी से अक्षर ज्ञान कराया था। जिसका उल्लेख परमानंदजी ने किया है:-

वड पोथी गिण वील्ह की, दूजी सुरजंनदाख।
तीजे मुकनु मुझ गुरु, सुरतांण पिता मुझ आख।२

इस दोहें में वर्णित है कि बड़ी पोथी विल्होजी की, दुसरी सुरजनदास जी की, तीसरी मुकनोजी व मुझ गुरू (रासोजी) की जिससे पिताजी सुरताण ने मुझे अक्षर ज्ञान कराया।

-:रासानंद जी की रचनाएं:-

1. हरजस

-:हरजस-01:- (4 छंदों का, राग धनाश्री)

तेरी अवगति लीला वरणी न जाई, सिध साधां तूं सदा सहाई।१
दांन करै मन मां बोह फूलै, ज्यौं दुनियां करै बडाई।
पढै गुणै मन मां गरवावै, कर चेहरा उर मान्य सुवाई।२
तपस्या का अंहू नही छाडै, जटा बधारे खाक लगाई।
ग्रव महा भड़ सब ता सबलो, तपस्या दान कू देत ढिगाई।३
नीकुछ हुवै तदि सतगुरू परसै, भवसागर को सासो जाई।
रासानंद हरि दरसण परसै, सुन्य मंडल मां जोति समाई।४

-:हरजस-02:- (5 छंदो का, राग धनाश्री)

अंति काल कोई नाही तेरो, काहे कूं करै मेरो मेरो।
थाके चलण जुरा जदि आई, जमराय जदि दिन्हो डेरो।
पकड़ै जम माय माय पुकारै, सुत बंधु परवार घणेरो।२
तन धन छाडि चल्यौ जदि भूंदु, मरत लोक की कुड़ी मेरो।
राज पाट धन मिंदर विसरे, भीड़ पड़ै जदि सोच घणेरो।३
सचो छाडि गयौ घर माहि, करि कुकरम माया सकेरो।
धरमराय जदि लेखो मांगे, पाछौ झांके घर दिस हेरो।४
दान सील जप तप नही कीनू, नरकि दियो जहां घुप अंधेरो।
रासानंद प्रभु भलौ उबारियो, निराकार अपनूं करि चेरो।५

4. मुकन जी

-:मुकन जी (वि.सं.1710-1790):-

मुकनजी दामोजी बैनिवाल के शिष्य तथा गोयंदजी, जसोजी, रासोजी व हरजी बैनिवाल के गुरू भाई थे। मुकनोजी के शिष्य जगनाथजी थे। परमानंदजी बैनिवाल ने अपने ग्रंथों को लिपिबद्ध करने में मुकनजी व रासानंदजी द्वारा लिपिबद्ध पोथी का भी सहारा लिया था, जिनका उल्लेख स्वयं परमानंदजी बैनिवाल ने अपने ग्रंथों में किया है।

-:मुकन जी की रचनाएं:-

1. फुटकर छंद- (रोमकंद, कवित्त, दोहे)

2. हरजस- 01

-:फुटकर छंद:-

-:रोमकंद:-

किरपाल दयाल निहाल करै, प्रतिपाल गुवाल सदा पंणमें।
किलकार चिंघार अपार कियौ, सुण साद तही आए छिन्न में।
करि तंतण फंद्यंण दूरि किया, गज मीन उघारि उबारि लियो।
परणांम विसंन को परमेसर, देव वैकुंठा वास दियो।१

-:कवित:-

सबदे हरिजंण साचवंण, दानं तप सील दिढावंण।
जीव दया जत सत, भगत वैकुंठ वसावंण।
कोड़ियां तारंण किसंन, आप आयो इभणासी।
अवगंण मेटि अनंत, झंभ काटी जंम पासी।
धुरा पंथ चाल्यौ धरंम, अनंत संत किया अमर।
कर जोड़ि कवत मुकनु कहै, हुं सरणाई नांव हरि।२

-:दोहा:-

जग सोभा जगदीस री, कीरति सुंणिजे काने।

मति सारू महमां करूं, गोमिद हूं जवि ग्याने।३
अवतार दसुं हरि दाखऊं, राज्य सरूपी राजे।
हिरणाक हिरंणकस मारिया, गरब उतारेई गाजै।४

-:रोमकंद:-

श्रीपति रीसाणां सझे बाणां, घण नीसाणां घरहरियो।
नौबति बौह बजै सूरा सझै, इंद गरजै ओबड़ियो।
हीवर बोह हलवल सुंडि सलबल, पदमां पुंवगां कोई पार नहीं।
अवतार असा दस आप तणां, जुघ जीपंण जांणि विसंन सही।५
अबके अवतार सझै अपरंपर, साखित पुवंगा सार हुयौ।
खड़ग तिधारो पग करारो, पोहंणि दांणव पुटवियौ।
दंणीयर उबारण कालंग मारण, दैतां दारंण आप दई।
अवतार असा दस आप तंणां, जुघ जीपंण जांणि विसंन सही।६

-:कवित्त:-

दीय वैकुंठे वास, आस पूजै अमरापुरी।
रतन जोति झिलमिलै, सुख दीसै सबहि सुरि।
हवद सरोवरि न्हाण, हाणि एकणि उणिहारा।
हंस दिसा हरि कथ, जिंह जगदीस उचारा।
सचदंण दीसै सदा, निसवासरि जित कै नही।
विसन जपियै मुकनु कहै, सरब सुख लाधा सही।७

-:हरजस-01:- (7 पदों का, राग आसा)

अवधू ऐसा जोग कमावो, फिरी आवागुवणि न आवौ।१।टेक।
एक सबदी भिछिया मांगै, पांच ग्रास रूचि लेई।
रंभा देखे खंभा जैही, साबति राखै देही।२
पांचू मारि पकड़ि पहि आणै, मनसा डिगण न पावै।
सांसा सोग करै नही चित मां, आणद मां गुण गावै।३
काया कसवै सहरि हिरदै, माया मोह न होई।
सबद विचारि निरतरि बसै, सुख मां रहे सजोई।४
कोई प्रीती करै इधकेरी, कोई देत है गारी।
दोन्यौ ठौड़ सरीखी देखां, तो तन तिसना जारी।५
हिरदै नांव जपै निसवासरि, जुग मारग सोह मेल्है।

तीन गुणां ता रहै नियारा, चौथे पद मां पेल्है।६
सो जोगी तुभे भो नाही, जोग जुहर सुचिता।
मुकनदास आस सतगुरू की, ले हरि नाव नचिता।७

5. सेवादास जी गोदारा

-:सेवादास जी गोदारा (वि.सं.1720-1780):-

सेवादास जी गोदारा माढिया गांव (नोखा) के निवासी थे। वील्होजी की शिष्य परम्परा में हुए दामोजी बैनिवाल के शिष्य गिरधरदासजी (गोयंदजी) इनके गुरू थे, जिनका उल्लेख इन्होने अपनी रचना 'पिसण सिंघार' में किया है:-

सतगुरू मेरे सिरि तपे, गाजी गिरधरदास।
जाके बलि जंग जिपिया, किया पिसण सब नास।

-:सेवादास जी गोदारा की रचनाएं:-

1. इंदव छंद- 20
2. चौजुगी- 30 छंद
3. पिसण सिंघार

-:इंदव छंद:- (20 छंद)

वैकुंट पुरि में प्रभु, संत की पुकार सुनी।
असो संत आपही को, हिरदा विच जांन्यौ है।
करूना लौहट आप करी, दीना नाथ आए है।
जस गज की अरज सुनी, गरूड़ दोरांन्यौ है।१
लोहट पुंवार नर, आपही कौ वित चारै।
धनमाल देख कै, विवौग मन आन्यौ है।
संत कै सरूप आप, प्रीत सुं दिलासा दिनी।
बाछरी कौ दुध पीनौ, लौहट पिछान्यौ है।२
करता पुरस आप, हांसल के बारगढे।
हुयसी सरूप पुत्र, हांसल दे माय कै।
कांमणीय कल हंसि, दांत खुर याकै नही।
लोहट के पुत्र, सांमि गयो है बताय कै।३

नव मास बीता, जंबु दीप में उजारो भयौ।
गवन कवार मांहे, बाल रोवै आय कै।
दुनियां सकल कहै, बाल प्रभु दीनो तम।
हांसल दे माय, गौद ले गई उठाय कै।४
कांन नाक हाथ टीकै, गरसुती देत जब।
लौग नी अचंभ भई, जां नकसु वांन्यौ है।
चुंघे चाटे कछु नांही, बालक सपोसो भयौ।
कला धारी असो आयो, देवतां न जान्यौ है।५
कांमणी सकल मिल, हांसल के पास गई।
लाल जी क्युं नेनां देख्यौ, स्रब ने बखांन्यौ है।
गांव सुं सीयांनी आई, गरसुती देन लागी।
जब हाथ चुक गई, गुदी पे टीकांन्यौ है।६
देवता सकल मिल, लोहट भवन आए।
अलख पुरस सांमा, चरण धरतु है।
फुलां की तो ब्रखा करी, देवतां उछाह कीनौ।
जैजै बांणी बोल, सुर लोक ने फिरतु है।७
पलक ऐक बार गई, ईतन दीसत नांही।
मया मुरझाय पड़ी, आंगण फिरतु है।
दोर के लोहट आए, बालक उठाय लीनो।
लाड कोड हुण लागा, नगारो घुरत है।८
पांच सात व्रसन कौ, लाडलौ कंवर भयौ।
जबां सुं बौलत नांही, गुंगरो कुहायौ है।
हांसल दे कहै, एक जोतकी सयांनो सुन्यौ।
लौहट सनेसो दियो, दिज वर आए है।९
आगनौ लिपाय कर, चौसट स मंगाय दीया।
घ्रत सुं सजौयां पीछै, वतियां ले धरे है।
सिनांन संपारा कर, धुंवा फुंकौ करे जोतसी।
दीपग जरत नही, जोर काहां करे है।१०
पीपासर वास कुवै जल उपरां, आंन दुदेजी की फौज परी है।
लाव लसकर पीवण लागे, आप लौहट की गायां खरी है।
कुवै निकास कियौ फेर पांणी, ओर की गायां आंन अरी है।

गवाल विनां सब गउवां उभी है, जद दुदेजी नै सुध परी है।११
गवां उछेर चले उनके ढीग, मोहन आपकी गउवां चरे है।
दुदोजी आप तुरंग चढे जब, चाबका मारकर घौरो खरै है।
जोर कियो सारो सेथी भागै नही, रूंमाल लपेट के पांय परै है।
खांडौ बगस जद मेड़तो दीनो, दुदो जंभेसर नांव धरै है।१२
संभरा नगरी धाम, ईस्वरा अवतार आए।
जिगमिग जौत कर, इब रूप धरियो।
.................., बावन चनंण जिसी।
जोजन तो एक तांई, उजवारो करियो है।१३
अनंत कौड़िया के तांई, भलक वास त आए।
पहलाद के कारण, अवतार ईम धारियो।
राकस कुं मार कर, संत की सहाय कीनी।
हीरणाकस पहलाद के, झगरो नवेरियौ है।१४
चेलो तो पुकार करै, आपसु भिरांत कीनी।
हासम कासम रौकिया, पाछ ता बुलाय कै।
गुगलियै झोले चढिया, जंभेसर कवि सालौ।
परचौ सताब दियौ, संभरा सै जाय कै।१५
करहो करकै चौक, पाछ ता अवाज सुनी।
इसकंदर परचौ पायौ, कांमठी उठाय कै।
दरजी निकस्या बारे, पाछ ता मिलाप किनो।
हासम कासम का सिख भया, चरणां में आय कै।१६
पांच सठो लाल पोस, पांच सातो सपेद पोस।
काली पोस पांच सै, हजुरी साध जाणियै।
सबद की धुन सुन, आवत अनेक लोग।
च्यार भुजा धारी आए, जीन कुं बखांनियै।१७
मन जौ प्रसन भयौ, पंथ की तो महमा सुन।
बांभण वांणिया परच्या, जाट करसांनियै।
समत बयाले मांह, काति वद कलस थप्यौ।
मुकती कौ वुहार कीनौ, साचौ गुरू जांनियै।१८
दुसासन चीर खांच्यौ, द्रौपदा पुकार कीनी।
द्वारका सु दौर आए, चीर ले वधारियो है।

कव कहै सेवादास, याही विध मोह भई।
अलख पुरस कहै, स्रब काज सार सु।१९
सम तपे कर मांहे, दीनानाथ कीनी कृपा।
धुप री प्रमला आई, मनोरथ ....।
....................रत जठ, कवि निंदरा यौं उठ।
जंभ रा चरण पुज, औद्र वीचै धरहुं।२०

-:चौजुगी (विवाह पाटी):- (30 छंद)
-:चौपाई:-
सतजुग में जद ईसर परण्यां, इंदर बरसत इमरत झरण्या।
हेमांचल घर चंवरी रचांनी, विरहिया पढै रघु वेद की बांनी।१
थंभ सरोवर कनक आभरणां, हीरा मोती कलस में धरणां।
जांनी ठाढे बहोत सुरंगा, उडत गुलाल केसर पचरंगा।२
तेतीस करोड़ देवता आये, सब सखियां मिल मंगल गाए।
ब्रह्म कै जद तिलक कीनो, सब सखियां मिल आदर दीनो।३
हेमांचल जद विनती कीनी, चरण पलोटन कन्या दीनी।
ले शक्ति कैलास कुं आये, वीणां संख तंदूर बजाए।४
देवन सब मिल अस्तुत कीनी, सहस्र गउ उमां कुं दीनी।
कंकन डोरा सब मिल खोल्या, मया कर ईसर जद बोल्या।५
ईसरजी जद उछाव कीनां, थाल भरकै मोति दीनां।
चार वेद संकर कुं गावै, अन धन लक्ष्मी सब जुग पावै।६
-:दोहा:-
शिव सक्ति अबचल सदा, ब्रह्मा कही ज बाच।
अंक बिधाता लिख दिया, पढ बोलो पुन बाच।७
-:चौपाई:-
त्रेताजुग की कहै सुणाऊं, अजोध्या पुर की महमा गांऊ।
रघुनाथ सिरोमण लिछमण भाई, इन दोनां में प्रीत सवाई।८
अंगीकार अपनां कर लेणां, भगवंत बोल्या इमरत बैणां।
मेरा भाई लिछमण ऐसा, कलप बिरछ चिंतामण जैसा।९
दसरथजी का कंवर सरूपा, सुरत देख मोहित भए भूपा।
रघुनाथ सिरोमण को पार न पावै, देव मुनिजन सकल सरावै।१०

कानां कुंडल पितांबर लैंनी, जटा सवांरी मांनो सेंस की बैंनी।
लाल जलज मोतियन छवि छाजै, बैजंती माला गलै विराजै।११
दांत दाड़म के बीज बखांनो, अधर लाल हिंगलु सम जानो।
केलै जिम जांघ चाल मानो हंसा, ओढण पितांबर हाथ धनंसा।१२
जनक पुरी मैं स्वयंवर कीनो, सब भूपन को तेड़ो दीनो।
बीस भुजा सम राजा आये, जनक सभा मैलाय बैठाये।१३
पांच फूलों की माला कीनी, जनक सुता कै हाथ में दीनी।
सकल सभा में सीता जोवै, रूप देख सभा मन मोवै।१४
डावै अंगूठे सूं धनक उठायो, बोल्या भगवंत परमसुख पायो।
पोपकी माला सीता पधरांनी, जब सबही बोल्या जैजै बांनी।१५
हजार कलस नख सिख सजवावै, ऊंचै सुर सुं अपछरा गावै।
कनक कलस लै आगै कीनां, प्रेमां भगति सूं आदर दीना।१६
जब कलस में मोति गिरवाए, तीन लोक के नाथ कहाए।
मात कुसल्या प्रेम की भीनी, उछव कर कर आसका दीनी।१७

-:दोहा:-

रघूवर सीता जुग जुग जिवो, सेवादास कहे साच।
अंक विधाता लिख दिया, पढ बोलो पुन बाच।१८

-:छंद:-

द्वापुर आयो हरख छायो, कृष्ण हलधर जनमिया।
घर घर तोरण धुजा बंधिया, कलस सझिया अनंत बधावा बाजिया।१९
अहो ब्रज देस भारी रहैत, मुरारी बरण भारी धांम को।
मुथरा ज पुरियां रहैत, सरियां दरसन कीजै स्यांम को।२०
मुरली बाजै इंद्र गाजै, जमना तीरां निरमल सीरां।
ऊजल सीरां पधरी, ब्रंदाबन मै संत गावै।२१
कृष्ण पावै रिध आवै, मुनी ध्यांन जो आवही।
जब कुंज गलियां स्यांम मिलियां, रंग रलियां गावही।२२
सतभांमा थारी रूप भारी, कृष्ण लारि आवसी।
ब्रंदा नारी परम प्यारी, कृष्ण रूप निहारसी।२३
कृष्ण परणी राधा तरूणी, कृष्ण घरनी गोपका।
रूकमण रंभा कैल खंभा, कनका थंभा ओपका।२४
कृष्ण रवणी मंगल करणी, वेद वरणी ध्यावसी।

कवि सेवादास भ्यासी संत पासी, ब्रज बासी आवसी।२५

-:दोहा:-

राधा रूकमण कृष्ण वर, कही दुरवासा साच।
अंक विधाता लिख दिया, पढ बोलो पुन बाच।२६

-:चौपाई:-

कलजुग की में महमां गाऊं, बुध उनमांन में सकल सुणाऊं।
कलजुग में पापी अंत होई, दांन पुंन जांणै नां कोई।२७
जब होवै निकलंक अवतारा, कालिंगो मार करै भवपारा।
तब वसुधा तांबै सी होई, लक्ष्मी परण सुख पावै सोई।२८

-:कवित्त:-

लक्ष्मी का गुण विष्णु जांणै, परणी सीता वेद बखांणै।
ब्रह्मा कुं सावत्री दीनी, चरण पलोटण पैदा कीनी।
नाथ अजोनी संकर स्वामी, परणी शक्ति अंतरजांमी।
तीन मुरति पण एक कहीजै, जाको सिंवरण नितही कीजै।
तीन लोक एक ब्रह्मांडा, तीन लोक में जोत अखंडा।
कहत मुनिजन सुणकर बैणां, जोत सरूपी घट घट रैणां।
कहत मुनिजन सुणहो लोई, दुलही दुलहो अवचल होई।२९

-:दोहा:-

आद पुरख जोत की महमां, सेवादास कहै साच।
अंक विधाता लिख दिया, पढ बोलो पुंन बाच।३०

-:पिछ्रण सिंघार:- (दोहे)

उनमुन नेजा फरहरे, अनहद घुरै निसान।
इण विधि भोम्या उपरै, चढियो सबद दीवान।१
नांव नृप की सेन का, विधि सौं करो बखान।
एक एक सुं आगला, बहु जोधा बलिवान।२
आज नांव की फौज में, ग्यान सिंग को तोल।
आध मना उमग्या इधक, फोजां मांहि हरोल।३
सील महाभड़ सुरिवां, जाकी पूठि सधीर।
ताकि पूठि संतो खड़ो, बीरां उपरि वीर।४
जत सत दौन्यौ नांव के, है मोटा अमराव।

अणिया मुंहि आघा धसे, पाछा धरे न पांव।५
त्याग जु बल बंध फौज में, अतिली बल बैराग।
लख जोधा समि एकलो, तब कर साहे खाग।६
निजचंद हितचंद जोगचंद, प्याराचंद निज नेह।
च्यारूं भाई नाम के, करे खवासी एह।७
चाकर आदि अनादि का, सदा हजुरी दास।
खायक पायक नांव का, वडो सुर विसवास।८
ए दौन्यो साकज सकज, परमारथा अरू धर्म।
खर वाज्या नांहि खिसे, या मुखि मोटि श्रम।९
साची कला विग्यान की, जग किया जन लाभ।
नांव नरप परताप सों, पड़तो झेले आभ।१०
माती फौज नरेस की, चड़ियो उमंग करि आज।
आई उतरिया गोरिवे, केवा काटण काज।११
मंत्री राजा मोह के, दोन्यौं भरम अग्यान।
अति आतुर वहे तेड़िया, वेगो करो समान।१२
चीठी मेल्ही चोह दिसा, भाई मान बुलाई।
चीठी लेकर सांढियो, चड़ियो ताते ताई।१३
मोन राव की कोटड़ी, पल में पहुंतो जाई।
चीठी वाची मान सिंग, छली कचेहड़ी मांहि।१४
सेन सिरहाने उतरी, मोह नगर कै आई।
साथे जोधा सुरिवां, गढ ले राज कराई।१५
समाचार सुणता थकां, उठियो मान मरद।
मांहरे भाई मोह में, मोटो आज दरद।१६
चड़ियो भोम्यो मानसिंग, जंगी ढोल घुराई।
खाईक पाईक आप का, मिल्या फोज सों जाई।१७
मान राईके संग चड़ि, बलवंत जोध जवान।
खरा बेड़ा फोज में, दोन्यौ गरब गुमान।१८
काको राजा मोह को, फोजां में अभिमान।
आपां डील्हा झुझणो, दलां वधारण मान।१९
लालचसिंह अरू लोभ को, खबरी पहुंती जाई।
मदति करण ने मोह की, चड़िया ताते घाई।२०

सब भायां मनि भावता, काम क्रोध वे वीर।
घोड़ा पाखर घाति के, चड़े मोह की भीर।२१
बेटा दोई अग्यान का, चड़िया वाद विवाद।
तीजो बले चड़ाई तो, विकट कंवर बकवाद।२२
तीन्यौ भाई निसरिया, चड़ि अरूप के जोड़।
ताता तुरी पलाणि के, खड़ि आया करि खेड़।२३
गुसो गुमर दोई रांतिला, मुरड़ाटे ही खांहि।
कलह वाजियां कालहां, आई मिल्या दल मांहि।२४
सोह भोम्यां दल जोड़ि के, मिल्या मोह सों आई।
एक एक सों आगला, एकां एक सुहाई।२५
आप आपके जोम सों, बांका फिरे निपट।
मोह राई की फोज में, मांझी कुड़ कपट।२६
सब भायां में चोरटो, मदनसिंग मत अंध।
कुबधि कला जीके घरे, बेठो पीवे मद।२७
बेटा राजा मोह का, सांसो सोग अंदोह।
पाण बंधावे बाप ने, करो सतारा लोह।२८
भाला अणी कढाई के, द्यो समसेरां वाट।
बेटा राजा मोह का, तीन्यौ अति ओगाढ।२९
मोह राव मजलस करी, करम कचेहड़ी मांहि।
सब भाई भेला हुवा, करो स आवे दाय।३०
मानवीर कहे मोह सौं, सुणिहो मोह नरेस।
सुनी खाधी आज लग, धणी संभाल्यो देस।३१
माथे साटे खावता, कायागढ को देस।
अब सनमुख छे सीस द्यौ, आयो नाम नरेस।३२
गढ सझिया छुटा नही, भागा ने नहिं ठोड़।
केसरिया वाणा करो, माथे बांधो मोड़।३३
भली भली सब को करे, आछो करो विचार।
आडा लोहां उतरो, मरणो एके वार।३४
केसरी गाली भोमिया, कियो केसरियो साथ।
सही मरण री साखती, नहीं दुसरी बात।३५
अमल गलियो भोमियां, सब भायां के काज।

झाझो कीज्यो भाईयां, अमल पाछिला आज।३६
दौंणा दोटा चोगणा, रंजि रंजि पीवो मन।
एक घड़ी का पाहुणा, सब भायां को तन।३७
अमल करे करि भोमियां, मुछां फेरियो हाथ।
आई भलक्यो नैण दिठ, नांव नरप को साथ।३८
खेत बुहारियो सुरिवां, आई मिल्या ससिभाण।
अरध रध के अंतरे, अब वीजे घमसाण।३९
आम्हा साम्हा आहड़िया, मचे सफर जंग आज।
हिंवर हिंसे दहुं दलां, गोडि करे गजराज।४०
बजे झुझा उगो मुखा, पड़ी नगारां धीह।
बख तो पुछे भागमल, धनि आजाणो दीह।४१
कहे भागमल बखतड़ा, बणियो सामि को काज।
खाधो लोण नरेस को, कराऊं जलो आज।४२
सुणि सुणि सिध श्रवणा, चड़ियो सांवता नुर।
खरा झुझा ऊछे दलां, बाजि रह्या रिण चुर।४३
ग्यान सिंग के मोरिचे, छुटो एक जंबुर।
पहले गोले भुम, भांजि कियो भकभुर।४४
आछी बाही ग्यानड़ा, सोह का करै बखांण।
मारियो मंत्री मोह को, सही जीति का डांण।४५
पेम कटारो सार को, लागी भूप सतांण।
आछी बाही पेमड़ा, करिकै पोहचां पांण।४६
साच सिंग की झपट में, आया कूड़ कपट।
दोन्यौ मारिया एक जै, कियो चोड़ चपट।४७
मदन जु ऊपरि सील भड़, बाही सेल्हव वाकारि।
बड़ी सेती फोड़ि तन, निकस्यौ पैलै पारि।४८
जाई संतोषै झाटकी, क्रोध जु उपरै खग।
कवल कंध सों खिरि पड़ियो, पड़े तड़फे पग।४९
करि होकारा अनड़ भड़, जुध जीता जंमाहि।
आप बथो बथ सूरिवां, हुवा लथो पथ जाई।५०
आप आपरां साथियां, भला भला भाखंत।
साम्ही छाती सुभड़ नर, सेल्हां सुख चाखंत।५१

झड़ै पड़ै ऊठै लड़ै, भिड़ करै करहल।
जानि आखड़ै आहड़े, कुसती खेलण मल।५२
सुणि सुणि सिध श्रवणां, चड़ियौ सावतां छोह।
बाखर बिखरिया पछै, वधि वधि वाहै लोह।५३
सहाई सहाई करि सांवला, पिसणा तन ताकंत।
ध्याय ध्याय खग उपरां, वाहि वाहि भाखंत।५४
गुर्ज घमकै उरि अरां, वाजि रहिया रिण वीच।
जाणि क जैसै कामनी, ऊखल खोटे खीच।५५
सार भलके मारिस्यां, होई रहिया उजवाल।
जाणि चमकै बिजली, मैमंतै वरसाल।५६
गुर्ज बहै गोला बहै, बहै आकरा बाण।
अणभै बाणी सारदा, ऊभी करै बखाण।५७
खेचर भूचर खिलखिले, नारद निरति कराहि।
तीन्यौ जोगणी त्रकुटि, आई मिली जुध माहि।५८
गुसै गुमर कै उपरै, सर्बर गही समसेर।
एक एक ही घाव सौं, किया दोऊ भड़ ढेर।५९
काम वन्यौ निज नांव को, भी आपस में लाग।
लालच सिंग अरू लोभ परि, त्याग वजाई खाग।६०
आयो सिंघ सादूल ज्यौं, बलवंत वीर चार।
वाहियौ सांग वकारि कै, मारि जियो अहंकार।६१
जत सत भाई रहिति सिंग, निहचो अरू विसवास।
जाडै जंग गाढा रूप्या, नांव नृप का दास।६२
निजचंद हितचंद जग्या सचंद, प्याराचंद निज नेह।
मुंहडे आगै नांव कै, भला भला भड़ एह।६३
पाईक होतो राम को, कोप्यो जोधवि ग्यांन।
वडा वडा भड़ ढाहिया, गरब गुमान अग्यान।६४
जाणि कपोतो झड़फियो, सरपट करी सिचांण।
भांजि चहुं भड़ एक जै, नव्यौ नांव को आंण।६५
आज नांव की फौज में, जोधवि ग्यांन सहाई।६६
मोह राव कै उपरै, कोप्यौ भड़ वैराग।
जाणि कड़क्यौ केहरि, गरजि नोहथो वाघ।६७

तत तरवारि संबाहि कै, चड़ियो अपर बल छोह।
घाति दुहाथड़ि अनड़ भड़, कियो मोह नै लोह।६८
मोह राव मारिया पछै, बोल्यौ जोध विवेक।
बेटो पोतो मोह को, जांणि न पावै एक।६९
घाति सांकड़ै घेर में, भलो बजायौ लोह।
सांसै को सिर काटि कै, मारियो सोग अंदोह।७०
सांसै को सिर काटि कै, सूली दीन्हों तन।
जाणि गोबिंदै धारियौ, नख उपरि गोरधन।७१
फतै फतै निज नांव की, नौबति घुरे निऑसांण।
मेवा साकी फौज नै, कूटि कीवी खलिहांण।७२
जोरा जोम जणावता, हम सम तुलिको नाही।
ते मरद मिली गया गरद में, एक पलक कै माहि।७३
सबलां सो जोरा किसा, सबलां सकति सपूर।
एक पलक कै उलटाणै, चींथी किया चकचूर।७४
सोठो मारियो राजा मोह, मान मदन रिण में झड़िया।
सांसो सोग अंदोह, कुटंब सोह पुरै पड़िया।७५
मोह राव कै रावले, पड़ियो धाहूकार।
चिंता मिथ्या वासना, जली मोह कै लार।७६
मांन साथि सतियां हुई, दोन्यौ मांनि अमानि।
दोन्यौ जली संग मदन कै, भई जे भसम समानि।७७
कलह कुबधि अरू कलपनां, भई क्रोध संगि सार।
लालच संग तृसना जली, लभधि लोभ के लार।७८
अहुं जलि अहंकार संगि, जलि बलि कोईला होई।
खसम खिरे सह खेत में, भसम भई सब जोई।७९
दुजी दुराजी राखता, जिनका भया मुसाण।
काया गढ में थिरि रही, राम राय की आण।८०
अमल जम्या निज नांव का, दूजा दखल न होई।
जांर सति बलाई मुकति की, दांण न लागै कोई।८१
सतगुरू के परताप करि, वणिगी वात अथल।
सिंघ बकरी भैला चरै, ऐसी वहै अदल।८२
सतगुरू की मोटी सकति, मेरी सकति न काई।

सेवा सतगुरू अनंत है, सहजां भये सहाई।८३
वात हमारै जंग की, कायर नही सुहाई।
सबद विचारै सबला, लुलि लुलि लागै पाई।८४
वात हमारे जंग की, सुणै साचिला सूर।
सेवादास असली मन, सुणत सभा मुख नूर।८५
लख कोड़िया में सुरिवां, सुणै हमारा जंग।
सबद विचारै सबला, तो सुणि सुणि देवे रंग।८६
मो बपरा की गम राखी, सतगुरू हंदी रीझ।
खोटे पहरै सेवला, पाई मोटा वीज।८७
सतगुरू मेरे सिरि तपै, गाजी गिरधर दास।
जाकै बलि जंग जीपिया, किया पिसण सब नास।८८
जाहां काल तणां चारा नाही, फिरि राम की आण।
सेवादास जंग जीपिया, परस्या पद निरवाण।८९

6. चतरदास जी

-:चतरदास जी (वि.सं.1700-1800):-

चतरदासजी दामोजी के गुरूभाई केसोजी कालीपोस के शिष्य मेघोजी के चेले थे।

-:रचनाएं:-

1. भजन- 01

-:भजन-01:-

जोगी आया नगर भला नहीं, राजा म्हारो कियो रे उदास।
भूपति भरमायो देस बंगालै को, छाडिया भोग विलास।टेक।
आज उदासी रे म्हारा नगर मैं, सब कोई लागे पाई।
वचन सुनत बैरी लगै, राजा बन बैटो जाई।१
तिणां बराबरि ना गिणी, हस्ती घोड़ा वीर।
छत्र सिंघासन छाडि करि, आप्पन भया फकीर।२
राणी करे बिसूरणां, सबद कहत है टेरि।
थाकी नाव समंद में, है कोई ल्यावै फेरि।३
नगर दुहाई द्यांवती, जो जांणौ इम थाई।
जोगियां राजा बस कियो, किसी विधि लिया न जाई।४
आवो मिलो सहेलियां, सब मिली बूझां बात।
राजा के गल गूदड़ी, क्युं तुम घाली नाथ।५
तन मन त्यागिया पाक ज्यौं, सब सुख कनक अवास।
चरण जलंधरी परसि करि, गोपीचन्द भये उदास।६
सबद सुनत भूपति चल्यौ, ऊभी मेलि बंगाल।
चतरदास अबला कहै, कथन हमारा हवाल।७

7. सुदामा जी

-:सुदामा जी (वि.सं.1700-1800):-

-:रचनाएं:-

1. बारहखड़ी- (चौपाई)

2. साखी- 01

-:बारहखड़ी:- (चौपाई)

चचा चित निहचे करि राखो, मिथ्या वाद झूठ मति भाखो।
सत्य सबद को होत प्रमाना, झूठ वचन सो पाप समाना।१
छछा छल बल तजो विकारा, निरमल नाम जपो इकसारा।
काम क्रोध को तजो प्रसंगा, सदा होत सतन के संगा।२
डडा डामाडोल चित जनि करो, हृदय ध्यान हरि को धरो।
आन देव काहे को ध्यावो, दृढ विश्वास विष्णु गुन गावो।३
नना नेह हरि सो लावो, प्रेम मगन रसना गुन गावो।
दुविधा धर्म तजो मन भ्राता, सत जन को कीजै साथा।४
ररा रटन हरि सो लावो, हीरा जन्म जनि वाद गमावो।
एसो हीरा जो गम जाई, अवसर चूकि फैर पछताई।५
बाराखड़ी आनंद गुन गाऊं, सब संतन को सीस नवाऊं।
दीन परतीत है दास सुदामा, नमस्कार गुरू देव समाना।६

-:साखी-01:- (4 छंदों की)

मुंधे मुख दस मासे, ओदर आय रह्यो।
पिंड दुख पायो रे, दुख संकट सह्यो।
सह्यो संकट उदर ऐसो, चित्त में चिंता घणी।
अवर अबकी बार करहुं, भक्ति साधौं हरि तणी।
ओदर अन्दर बोल बोल्या, बहुरि जुग जन्म भयो।
संसार की जब पवन लागी, मूढ सब विसर गयो।१

बालपण खोयो, बालक अब विकल भयो।
चेत न संभाल्यो, भाख भखी अन्तर ना रह्यो।
ना रह्यो अंतर भाख भाखी, राल मुखि बाला चूयो।
पड़ियो लोटै धरणि ऊपरि, रोय करि अस्तन पिया।
मुत विष्टा रह्यो बैठो, सूक्रत न कीयो कोय वे।
भूल्यो तूं भोंदू भगति हरि की, बालपण ऐसे खोय वे।२
विरथा जोबन विसारियो, मदमाता चहूं दिस फिरै।
पर धन पर त्रिया, देख जोबन को हरै।
मन रोवै पर धन दिख त्रिया, चित्त ठौर न राखियो
अमि तज कर पीवै विषरी, विषय विष सूं राचियो।
काम माया मोह माता, पारब्रंभ विसारियो।
भूल्यो हरि की भगति भोंदू, विरथा जोबन विसारियो।३
भवसागर दुतर तिरो, जुरा बुढापो प्राणी आइयो।
सुध बुध बिसर गई, परवस पड़ियो पछिताइयो।
पछताय जब सुध बुध बिसरी, श्रवणे शब्द न बूझही।
जीव कारण करै लालच, नैण जगत न सूझही।
भणैं सुदामो सुणो रे नर, भरम भूल्या क्यों फिरो।
कीजै भाव से भगति हरि की, भवसागर दुतर तिरो।४

8. हीरानंद जी

-:हीरानंद जी (वि.सं.1750-1800):-

ये फतोजी के शिष्य थे। विल्होजी की शिष्य परम्परा में नेतोजी के शिष्य सुरताण जी बैनिवाल हुए। सुरताणजी बैनिवाल के शिष्य मानुजी लुबड़ी, खिलुजी, मनीजी, जीवणजी हुए। मानेजी का चेला बलिजी, गंगारामजी बुढेरिया, मनसुखजी, जीवणजी, माधोजी पानप हुए। बलिजी के शिष्य सामुजी, सुखोजी, हरनाथजी हुए। हरनाथजी के चेले दुरगोजी, गणेशोजी, फरसोजी, फतोजी हुए। फतेजी का चेला ओपोजी, जैतोजी, हीरोजी हुए। इस प्रकार हीरानंदजी के गुरू फतोजी तथा गुरूभाई ओपोजी, जैतोजी थे।

-:हीरानंद जी की रचनाएं:-

1. हरजस हिंडोलणो- 20 दोहों का

-:हरजस-01:- (हिंडोलणो, 20 दोहों का, राग मलार)

कामण चली हिंडोलणे, गावे आल जाल।
जंभ अचंभो न गावही, जो बचे जम काल।१
सरस हिंडोलणो, संभरथल झूले साध।टेक।
दोय सील संजम खंभ रोपे, नांव वेड़ी अधार।
जांह वार डांडी सरल, सुंदर वेद झणकार।२
सत धीरज वणो मरबो, जड़त प्रेम सुवार।
सुरत पटड़ी बैठ के, थे झुलो झंभ दवार।३
हांसा लोहट सुं कहै, सुरग तणां आकार।
सुर नर गुण गंदरफ, सकल सांई उभा वार।४
दुदो देसोटे चल्यो, मन में घणो अधीर।
कुवे उपर निरखियो, ओ जुगतारण झंभ पीर।५
थली ओठ दुदो मिल्यौ, तुठो सारे काज।
जब लग खांडो राखसी, तब लग निहचल राज।६

हांसा लोहट भाग पुरा, जिन लीये उर लाय।
नोरंगी के भात लाये, संग साल्हिया आय।७
सीरीया झीमा रूपां बीरीया, पुरब प्रीत विचार।
कंवर आगे घरे रह्या, लाछां आये मंगल बार।८
भुवा तांतु चली हिंडण, नायकी लई बुलाय।
अजबदे सवीरदे जां, झाली पोहती आय।९
लोचां गोरां ओर मंगु, पुल्ह वचन विचार।
उदो अतली हेत सेती, झुले जंभ दुवार।१०
राव दुदो टोहा ठुकरा, केलण वरसंघ लेख।
लोहा पांगल भींया परचा, सोवन नगरी देख।११
रावंण गोयंद लखमण पांडु, मोतिया एक भाय।
रणधीर अली सैंसा साल्हा, सहजे देत झुलाय।१२
खींया नाथा पुरब डुमा, राणा प्रीत बीचार।
काजा बुडा लुणा सायर, आये पुल्ह पुंवार।१३
धना बछु सुगणी भंवरा, चेला कुलचंद पियार।
पहलाद की परतंग्या काज, विसन को अवतार।१४
महराज दाउद ओर घाटम, नुरां थापन हरी।
खेता धारू जोखा वहरा, प्रीत हीरदै धरी।१५
मंगोल रेड़ा हासम कासम, संता सदा सहाय।
तापस उधोदास आये, पांच कुं समझाय।१६
रावल जेतसी सांगा राणा, लुंका मालदेव राव
महिमंदखां अर मुलां सीधारी, आय परसे पाव।१७
साह सिकंदर साह स्वांयत, सेख सदु जांण।
तेजा कांना अलु चारण, वल वल करत बखांण।१८
हुकम उदो दीन बोल्यो, वील्ह कियो उपदेस।
सुजा सुरजन आलम, केसो ग्यांन का प्रवेस।१९
चंदण रायचंद जेसा पंचायण, सबद का आचार।
हीरानंद की अरज, तेतीसे गत पार उतार।२०

-:सार:-

इस रचना में हुजुरी एवं परवर्ती निष्ठावान स्त्री पुरूषों की नामावली है। कवि के अनुसार ये सब जांभाणी 'झुले में झुलने वाले' लोग थे:- लोहटजी

पंवार, हंसा खिलेरी, नौरंगी भादू, सिरियां जाणी, झीमां पुनिया, रूपां मांजू, वरियां गोदारा, पूरब जाणी, कंवरोजी, लाछां, मंगलोजी, तांतू पंवार, नायकी पंवार, अजाबदे गोदारा, सवीरदे लोल, झाली (रतनकुंवरी झाला), लोचां मंडा, गौरां बागड़िया, मांगु, पूल्होजी पंवार, ऊदोजी पंवार, अतली कासणिया, दुदोजी गोदारा, टोहोजी राहड़, ठुकरोजी राहड़, केल्हणजी खदाव, वरसिंघजी खदाव, लोहापांगल (रूपोजी सिंवर), भींयोंजी लोहार, रावणजी झोरड़, गोयंदजी झोरड़, लखमणजी गोदारा, पांडूजी गोदारा, मोती मेघवाल, एकजी, रणधीरजी बाबल, अली झोधकण, सैंसोजी कस्वां, साल्होजी बागड़िया, खिंयोजी मांझु, नाथोजी सांवक, पूरबजी खिलेरी, डूमोजी भादू, राणोजी गोदारा, काजोजी, बूढोजी खिलेरी, लूणां, सायरजी गोदारा, धना अग्रवाल, बछु अग्रवाल, सुगणी, भंवरा, चेला अग्रवाल, कुलचंद अग्रवाल, महाराजजी, दाउदजी, घाटंमजी, नूरां थापन, खेतोजी, धारूजी, जोखोजी भादू, वैहराजी, मंगोलजी जाणी, रेड़ोजी सांवक, हासम दर्जी, कासम दर्जी, ऊदोदास तापस, रावल जैतसी, सांगा राणा, लूंका पोकरणा, मालदे राठौड़, महमदखां नागौरी, मुला सधारी, सिकंदर लोदी, स्वायंत शाह, सेख सद्दु, कान्होजी बारहट, तेजोजी चारण, अलूजी कविया, ऊदोजी नैण, वील्होजी, सूजाजी, सूरजनजी पुनियां, आलमजी अग्रवाल, केसोजी गोदारा, चंदणजी, रायचंदजी सुथार, जसोजी पंवार, पंचायणजी।

9. देवो जी

-:देवो जी (वि.सं.1750-1830):-

ये खिंदरोजी की शिष्य परम्परा में साजनजी के शिष्य थे। देवोजी के पांच शिष्य तिलोकोजी, धनुजी, दामुजी, आसोजी व जेसोजी थे। देवोजी के पोता शिष्य व तिलोकजी के शिष्य माधोदास जी द्वारा विक्रम संवत् 1882 में 'ग्रंथांक 111' लिपिकृत किया गया था। इस आधार पर इनका कालक्रम संवत् 1750-1830 अनुमित है।

-:देवो जी की रचनाएं:-

1. हरजस- 01

-:हरजस-01:- (5 पंक्तियों का, राग विलावल)

सतगुरू आयौ रलिए रलिए, कुंण नेम धरम कियौ आं थलिए।१।टेक।
हिरणाकस मारि पहलाद उबारे, अपणै जंन का कारज सारे।२
रावण मारि बभीछण थापे, सोई गुरू आयौ आपे आपे।३
नींबेई नारेल आकेई आंबा, तह विण कुंण करै देव झांभा।४
देवो कहे देवजी मैं अबकै पाए, अवर जलम फिरि बाद गुमांए।५

10. हरजी बैनिवाल

-:हरजी बैनिवाल (वि.सं.1745-1835):-

हरजी बैनिवाल जांगलु गांव के थापन थे, जो बाद में रासीसर में रहने लगे थे। इनके गुरू दामोजी बैनिवाल थे। हरजी बैनिवाल द्वारा लिपिकृत चार हस्तलिखित पोथियां उपलब्ध है:-

1. ग्रथांक 66:- यह पोथी विक्रम संवत् 1820-1825 के मध्य लिपिकृत है। इस पोथी की शुरूआती रचनाएं (संवत् 1820) गांव गुड़ा में पहराज सियाग के घर पर सरूपोजी के पठनार्थ हरजी बैनिवाल द्वारा लिपिकृत की गई थी, जिसमें सुखलालजी दुधाधारी के पोता शिष्य तथा नाथोजी के शिष्य कान्होजी व प्रेमदासजी ने भी सहलेखन किया था। कुछ रचनाएं परमानंदजी बैनिवाल ने भी लिपिकृत की। इसमें संवत् 1821 में हरजी बैनिवाल ने जांभोलाव गांव में लालोजी जाणी की पोथी में से कुछ रचनाएं लिपिबद्ध की थी। खेतोजी थापन ने भी लिपिकरण किया, सरूपोजी ने लिखवाया। विक्रम संवत् 1824 में खेतोजी थापन के बेटे अमरोजी थापन ने चिड़ी गांव में कुछ रचनाएं लिपिबद्ध की। हरजी बैनिवाल ने इस पोथी की अंतिम रचनाएं संवत् 1825 को रासीसर गांव में जीवणजी डारा की पोथी में से लिपिकृत की थी।

2. ग्रंथांक 68:- यह पोथी संवत् 1788-1828 के मध्य लिपिकृत है। इस पोथी की कई रचनाएं हरजी बैनिवाल ने संवत् 1828 को गांव कुड़ावास में कान्होजी जाणी के घर पर जोशी अनोपराम की पोथी में से लिखी थी।

3. ग्रंथांक 81:- यह पोथी हरजी बैनिवाल द्वारा गांव जाखणिया में विक्रम संवत् 1832 को लिपिबद्ध की तथा लालोजी के शिष्य रासोजी ने लिखवाई। उसके एक वर्ष पश्चात विक्रम संवत् 1833 में केशोजी कालीपोस के शिष्य तुलछीदास ने लिपिबद्ध की तथा रासोजी ने लिखवाई। अंत में विक्रम संवत् 1839 में वैष्णव ध्यानदास ने गांव दुगोली में लिपिबद्ध की। इस प्रकार यह पोथी संवत् 1832-1839 के मध्य लिपिकृत है।

4. ग्रंथाक 152:- यह पोथी हरजी बैनिवाल, परमानंदजी बैनिवाल व

प्रेमदासजी द्वारा देवोजी के शिष्य तिलोकाजी के पठनार्थ विक्रम संवत् 1817-1833 के मध्य लिपिकृत की गई।

-:हरजी बैनिवाल की रचनाएं:-

1. साखी- 12

2. फुटकर छंद- 4

-:साखी-01:- (5 छंदों की)

लोहट तणी ज लाज, पत राखौ पुरै धणी।
गऊ चरावण काज, गोवल चाल्यौ मैं सुणी।
गोवल चाल्यौ मैं सुणी, धणी पहुंतो धाय।
भगवै बानै विसनजी, दरसन दियौ आय।
लोहट करै ज विनती, सुणो अरज महाराज।
पुतर बगसो देवजी, लोहट तणी ज लाज।
पत राखी पुरै धणी, लोहट तणी ज लाज।१
ईसो जलमे है पूत, सुणि लोहट सतगुरू कही।
जोगी महा अवधूत, डरपे मत आसा सही।
करणी अतरि वात, गोविंद गोवल हालियो।
जाहां हांसल दे मात, सखियां बैठी सांवठी।
आय खड़ो अवधूत, हांसा सूं हांसी करी।
ईसो जलमहे पूत, सुणि लोहट सतगुरू कही।२
माता उर अणराय, मो सिरजी करतार क्यूं।
लुलि लुलि लागै पाय, आंसु ढालै ढेल ज्यूं।
पुतर विहुणी माय, जमारो अहल्यो गयौ।
जमारो अहल्यौ गयौ, काहा कियो जुग आय।
तब दयानिध बोलिया, सुणि हांसल दे माय।
तेरै घरै हूं अवतरू, नवैं महीने आय।३
संभराथल अवतार, गोवल रमतो डावड़ो।
किसन कायम करतार, नंद घरि होतो छावड़ो।
नंद घरि होतो छावड़ो, डावड़ो रिणधीर।
वांकी वेला सदा आयौ, भगतां भांजण भीर।

ग्राह गज ने ग्रह्यौ, जल में डूबत करि पुकार।
गुरड़ छोडि पैदल उठि धायो, गज कूं लियो उबार।४
गोवल रमतो डावड़ो, कुल पुंवार तणौ परकास।
पींपासर परगटियो दई, धरम हुवो उजास।
जाणें रवि उगो सही, माता मन अंणद।
पुत्र हुवो कुल पुंवार के, गावै गुण गोविंद।
सरणै राखो सांमजी, हरजी हर की आस।
लोहट घरै बधावणां, कुल पुंवार तणौ प्रकास।
पींपासर परगटियो दई, धरम हुवो उजास।५

-:साखी-02:- (5 छंदों की)

सही बिसोवा बीस, साचौ गुरू संभराथले।
कान्ह कंवर नंदलाल, किरपा कर आयो भलै।
किरपा कर आयो भलै नै, थली चरावै थाट।
परचिया बांभण बाणिया, भोजग चारण भाट।
पवन छतीसूं एकण प्यालै, जल पायो जगदीस।
चरण बंद कर चलू लियो, सही बिसोवा बीस।
किरपा कर आयो भले, साचो गुरू संभराथले।१
पुरै गुरू परमोध, सुपह सुमार्ग आणियां।
जीव सुजीवां सोध, मोख मुकति दिस ताणियां।
मोख मुकति दिस ताणिया नै, कियो पर उपगार।
जाटां ऊपर झुक पड़ियो, हमकलै अवतार।
जुगि जागियो सति करियौ, राता कलहै क्रोध।
अड़क नर परचाईया, पुरै गुरू परमोध।
मोख मुकति दिस ताणियां, सुपह सुमार्ग आणियां।२
परगटियो पुरण भाग, संभराथल साचो धणी।
दाखै आदू माघ, किरपा कर आयौ घणी।
किरपा कर आयौ घणी ने, धणी संभराथल धाय।
भव सागर मां डूबता, काढ लिया कर साय।
और गुरां ने झंभगुरू, अंतरो हंस अरू काग।
परम गुरू संसार आयो, परगटियो पुरण भाग।

समराथल साचौ धणी, किरपा कर आयौ घणी।३
दीयौ गुरू मोख बताय, भव बोहला भूल्या फिरिया।
रीझ करी सुरराय, मनबंछिया कारज सरिया।
मनबंछिया कारज सरिया नै, पड़िया बोहता पाय।
भाव सूं गुरू मिल्यौ भगतां, कलू पधारिया आय।
पीपासर परकास कीनो, दई ज्यूं आयो दाय।
घर लोहट के अवतरिया, दिया गुरू मोख बताय।
भव बोहला भूल्या फिरिया, मनबंछिया काज सरिया। ४
किया गुरू निपट निहाल, पाप करंता पालिया।
सत त्रेता की चाल, थिर कर थापन थापिया।
थिर कर थापन थापिया नै, आप दियौ गुरू ज्ञान।
विसन भजो विसनोईयां, धरो स्वयंभू ध्यान।
साच सील सुचील चालो, मानौ हक हलाल।
जन हरजी की विनती, किया निपट निहाल।
पाप करंता पालिया, थिर कर थापन थापिया।५

-:साखी-03:- (12 दोहों की)
देवतणी परमोध में, कस्वे समो न कोय।
सैंसो तो सारां सिरे, अरू स्वर्गा में होय।१
हाथ जोड़ सैंसो कहै, मांगे सीख जमात।
घर आये को आदर दिजिये, सुण सैंसा यो बात।२
एक बात मों सों कहुं, एक बात सौ बार।
मेरे घर को जगत गुरु, जाणैं सब संसार।३
आ जस कर सैंसें कही, देव न आई दाय।
सतगुरु आप पधारिया, पत्री लिवी उठाय।४
आवाज करी हरि आवंता, भोजन हो सोई लाव।
सतगुरु उभा आंगणे, परखण आया भाव।५
नारी सारी आंगणे, कियां बैठी ठाट।
भिक्षा न घालै भाव सुं, उभा जोवै बाट।६
लहणायत ज्युं क्यों खड़ियो, समझायो सौ वार।
कह्यो न माने सामियो, है तो किसो विचार।७

जर झाली ठमको दियो, नारी कियो जोर।
भनाय चला घर आपणे, पत्री केरी कोर।८
प्रभाते सैंसो आवियो, देव तणे दिवाण।
सुण सैंसा सतगुरु कह्यो, ओ सहनाण पिछाण।९
ओ पटंतरा सांभलो, सैंसो गयो निधाय।
मूंधे मुंह सैंसो पड़ियो, सांभल सकै न कोय।१०
साथरिया कहे देव सुं, म्हारी अर्ज सुनो सुरराय।
जे थे छोड़ो हाथ सुं, जड़ा मूल से जाय।११
उठ सैंसा सतगुरु कहे, गर्व न करो लिगार।
जण हरजी ऐसे कही, साच बड़ो संसार।१२

-:साखी-04:- (4 छंदों की)
महीपत मछ अवतार, संखासुर संतापियो।
जन्म हुवो तिण बार, जल में जाय बहाईयो।
जल में जाय बहाईयो नै, माता हुई अधीर।
संखावती सहेल्यां साथै, गई ज्यूं जलहर तीर।
दीठो मछ रमतौ माता, ताय लियो कर धार।
सुक्ष्म रूप पधारियो करूणानिध, महीपति मछ अवतार।
संखासुर संतापियो, जल में जाय बहाईयो।१
कछ रूपी किरतार, मल मधु कीचक ने हणो।
पैठो समंद मंझार, वेद लिया ब्रह्मा तणौ।
वेद लिया ब्रह्मा तणो नै, पैठो समंद मंझार।
रीतां हाथां जगतगुरू, हरि सूं करि पुकार।
वासग नैतो कर करसायो, मेर मथांणी सार।
इण विध आप मथ्यौ मैणारंभ, कछ रूपी किरतार।
मल मधु कीचक ने हणो, वेद लिया ब्रह्मा तणौ।२
धर वाराह अवतार, मुर दाणुं हरि मारियो।
दाढां दई पसार, सगलौ साथ संघारियो।
सगलो साथ संघारियो नै, पापी हुवा पैमाल।
अपणो साध उबारियो, दाढां बीच दयाल।
मुख में रोल रवे ज्यूं राख्यौ, सही सिरजन हार।

पोकर तीर्थ कियो परगट, धर वाराह अवतार।
मुर दाणुं हरि मारियो, सगलौ साथ संघारियो।३
धारियो नरसिंग रूप, पत राखी प्रहलाद की।
छूट गई कर धूप, अवाज सुणी सिंग साध की।
अवाज सुणी सिंग साध की नै, छूट गई तरवार।
दाणुं भागो डरबा लागो, कर पकड़ियो करतार।
कियौ पावै आपणौ, खाड खिणतां कूप।
हरजी संता कारणै, धारियौ नरसिंग रूप।
पत राखी प्रहलाद की, अवाज सुणी सिंग साध की।४

-:साखी-05:- (5 छंदों की)

राजा बलि के दुवार, जाचण आयो नर हरि।
बावन रूप मुरार, तीन पैंड सब धर करि।
तीन पैंड सब धर करि नै, दीनी देह बधार।
भूप कहै सुण देवता, मापो पूठ हमार।
आया था हरि बलि छलने कूं, आप गया हरि हार।
चार महीना तापसी, राजा बलि के दुवार।
जाचण आयो नर हरि, तीन पैंड सब धर करि।१
सैंसा अरजन आय, कांमधेन हड़ ले गयो।
जमदगन रैंणका माय, दोवां नै दुख दे गयो।
दोवां नै दुख दे गयो नै, पुत्र हेत पुकार।
कीनी माता रैणका, कान गई भणकार।
उठे प्रेम पुरख ध्यान तजियो, लीनो धनुष उठाय।
एक बाण सूं मारियो, संसा अर्जुन आय।
कामधेन हड़ ले गयो, दोवां नै दुख दे गयो।२
सोला चोक सहंस, रावण के घर इसतरी।
राज गयौ निरवंस, राम तणी सीता हरी।
राम तणी सीता हरी नै, आय पहुंतो अंत।
लंका तोड़ी कंध मरोड़ी, महाबली हड़वंत।
एक लख पुत्र सवा लख नाती, रवि किरणां में हंस।
पाट सिरै मंदोवरी, सौला चौक सहंस।

रावण के घर इसतरी, राम तणी सीता हरी।३
परवाड़ा अनेक, किसन देव किया घणा।
महा दुष्ट कंस एक, पकड़ पछाड़ियो आंगणा।
पकड़ पछाड़ियो आंगणा नै, बला जकारी बाल।
टांग पकड़कर ठरड़ियो, अजै कहै कंस खाल।
उगरसेन कूं राज दीनो, रही भगतां की टेक।
मुथरा पुरी बधावणो, परवाड़ा अनेक।
किसन देव किया घणा, पकड़ पछाड़ियो आंगणा।४
उंडो नीर अथाह, जग सारे हो तो सरूं।
पगे पगे पग बाय, कलजुग कीन्हीं जंभगुरू।
कलजुग कीन्हीं जंभगुरू नै, पगे पगे पग बाय।
इम्रत जल सूं है भरी, हर कोई पीवो आय।
हर गरजी मुकत का, सुणो अरज हरिराय।
जंभगुरू सूं विनती, सरणो लियो आय।
पार उतारो देवजी, उंडो नीर अथाह।५

-:साखी-06:- (4 छंदों की)

रे मन गहला सारां पहला, कुद र कांग मचावै।
बुरो कहे सब कोई तोकूं, तोहि सरम न आवै।
सरम न आवै सिर में खावै, अमक बाली व्हैला।
इसा ओलभा नित उठ पावै, कह्यो मांनि मन गहला।१
रे मन मैला सुधा गैला, छोडि पछे पछितावै।
भव सागर में भूला भूंदूं, डगरे पड़ग्या डावै।
डावे डगरे ऊंचै मगरे, नसकर सिर में देला।
घड़ि घड़ि समझायो तोकूं, सरम नहीं मन मैला।२
रे मन मेरे मन मतवाला, तो मुंहडा काला काली की जांणै।
आठूं प्रहर दक मै खोया, पीव कूं नहीं पैछांणै।
नेकी तजि वदी सुं भेला, दोजक भुगतण वाला।
जहर पियाला भरी भरी पिया, सुणी मनखा मतवाला।३
रे मन साजन नूं भूख भाजन, तोसूं सब जुग हारिया।
ब्रह्म विसन महेसई आदि, कतै सगलां नै मारिया।

सिंगी रिख सा मारि गिराया, माध पंड मिल भाजन।
हरजी जिण सब कुछि जीता, जिण जीता मन साजन।४

-:साखी-07:- (5 छंदों की)

रे मन मूरख नहचा तूं रख, भगवंत तणा भरोसा।
कीट पतंग सकल कूं पोखे, दई न दीजे दोसा।
दोस न दीजै हरि सिंवरीजै, चित व्रत नटणी ज्यूं रख।
बार बार समझायो तोकूं, विसन सिंवरि मन मूरख।१
रे मन कायर भजि हरि सायर, छीलरिया कांय सोधै।
देवी देवां धोकै मूरखा, भोपा भांड परमोधै।
परमोधै भोपा मति हीणां खोपा, बैठो मूंड मुंडाय र।
परपंच करि करि जग स भुलाणां, बात सुणी मन कायर।२
रे मन बुसर क्युं बैठो रूस र, साहिब सेती सांन्यां।
माया देखि भयो मतिवालो, या बातां मन मान्यां।
धन जोबन अंजरी को पांणी, कर सूं जासी नीसर।
मनखा देही वले न पावै, हरि सिंवरो मन बूसर।३
रे मन मंगता कूं रातो जग तां, जग में कोई न रहसी।
राजा राव अर रंक सुरताणां, एकंण मारग वहसी।
मारग वहसी दीथा लहसी, रोगी रहसी रगता।
भजन कियां भव सागर तरसी, बात सुंणी मंन मंगता।४
रे मन भंवरा तोहि ताकत जंवरा, ताको जतन जु कीजै।
कांटै वाली केतगी है, बांको रस नहीं पीजै।
रस नहीं पीजै कांनो लीजै, मत लै लाहा लंवरा।
जन हरजी जे हरि कूं सिंवरै, तो उबरै मंन भंवरा।५

-:साखी-08:- (5 छंदों की)

रे मन धरमि भजि सरमा सरमी, सरम धरम दोय भेला।
जंम कूं जीत धरम दिस धाये, निरति सुरत सूं मेला।
मेला खेला है जग भेला, सब सूं राखौ नरमी।
आप तरै औरां ने तारै, भलो भलो मन धरमी।१
रे मन पापी तुं आपो थापि, थपि थपि करै अपूठी।

हर थापै सो साची मनवा, तूं थापै सो झूठी।
झूठी मुठी बात न कीजै, जप ले जाप अजापी।
भजन बिना भव भव भटकाणा, बात सुणि मन पापी।२
रे मन डाकी क्यूं ही हरि भजन बाकी, चित में राखी गिंवारा।
धंधा सैती कदै न धायौ, जलम गमायो सारा।
जलम गमायो मरि मरि आयौ, तोहिय न त्रिसनां थाकी।
साहिब सिंवरि हुवै ज्यूं सोहरो, रसि चाली मन डाकी।३
रे मन तारण है चुंय भारण, विठामी ठोड़ वहैलौ।
सुकरत संगी साथै चालै, कर सूं दीयौ लहेलौ।
साच र सील संतोष छिमा, जप तप काज सुधारण।
पुन ध्रम पाज बंधे जे प्यारा, एकादस मन तारण।४
रे मंन रांती तेरी पांती, आगण आया भाई।
नित उठि राड़ करै, मन मेरा जण जण मार मचाई।
मार मचाई सिर में खाई, भुंडो दीठो भ्रांति।
हरजी मन सूं कुण सिर पावै, भेलो नहीं मन रांती।५

-:साखी-09:- (5 छंदों की)

रे मन लोभी लालच कोभी, पार न कोई भाई।
अरबा खरब लग लेखा, लाखां तोहीय न त्रिसना धई।
नरपत होय छतर सिर धरियौ, नहंचो नायो तो भी।
दस दिस झाकत घर घर ताकत, धायो नी मन लोभी।१
रे मन क्रोधी दिल प्रमोधी, बाहरि काहै जावै।
अठसठ तीरथ है तो महि, घर बैठो ही न्हावै।
गंग जमन पोहकर तिरवेणी, उर में आतम सोधी।
भजन कियां भवसागर तरसी, बात सुणी मन क्रोधी।२
रे मन ख्याली सावल चाली, कावल पांव न दीजै।
बार बार समझायो तोकूं, हरि भज लाहा लीजै।
परपच पाखंड करि क्यूं भूलो, मत चलि चाल कुचाली।
पत कुं पुठि जगत सूं राता, भलो नहीं मन ख्याली।३
रे मन भोला लेह चभोला, भवसागर के मांही।
कूंड मे पड़ियो रहियो सड़ियो, कद ही निकसै नांही।

है कूंड ऊंडो दोजग भूंडो, जम किंकर है दोला।
गल में पासी भांजि न जासी, ऐ भुगत मंन भोला।४
रे मन कोझा सिर पर बोझा, तूं क्यूं भार उठावै।
निंद्या करे भरे जम को डंड, नित उठ चुगली खावै।
खावै चुगली मुख सूं उगली क्यूं, कर रहत स बोझा।
फिटो पड़ियो जगत में सारै, जन हरजी मन कोझा।५

-:साखी-10:- (5 छंदों की)

साधो मन को बुरो सुभाव, इनकै मतै न चालिये।
औ जांणै बोहोत उपाव, अनेक जतन करि पालिये।
झालिये गहि बांहि, बाहिर जातो आंणिये।
काया गढ के मांहि, दस दिस चोकी राखियै।
दुसटि जांणै दाव, निकसी जावै पवन ज्यूं।
मन को बुरो सुभाव, इनके मते न चालियै।१
एक सींगी रिख रिखराय, तपबल करतो महाबली।
मन दीन्हीं सिर माय, हिरवणी रूप लियो छली।
कियो अंति आधीन, गहि आणियां ले गांव में।
दरसु दुनियां दीन, सेवा सिंवरण हरि कथा।
रातो सुख संसार में, एक सींगी रिखराय।
तपबल करतो महाबली।२
सुणि मन का उपगार, रावण सूं रगड़ा करी।
छेद्या लछमण कंवार, दस मसतक लंकेसरी।
दस मसतक लंकेसरी नै, छिन में दिया गुड़ाय।
मन का मारिया मरि गया, महाबली मन राय।
रावंण सो न राजवी, लंक तणो दरबार।
रूठो रावण राम सूं , सुणि मन का उपगार।
रावण सूं रगड़ा करी।३
संतो मन कै बहोत मरोड़, मन के मतै न चालियै।
जाय रूतो इंद आप सूं, तरिया चोसट कोड़ि।
फसियो गोतम नार सूं, लियो पैसि सराप।
छांटो लागो सुरपति, अजे अगोलग पाप।

मन अणहोणी करे, गीणैं न ठोड़ कुठोड़।
मन सूं कदै न धीजियै, मन के बोहोत मरोड़।
जाय रूतो इंद आप सूं।४
संतो मन की कहा परतीत, ब्रह्मदेव सूं ना टल्यौ।
लियो जगत गुरू जीत, रूप मोहणी करि छल्यौ।
रूप मोहणी करि छल्यौ नै, सही विसोवा वीस।
सागे पुतरी सुरसती, होय दिजै दुरसीस।
सुर नर मुनि जन देवता, सकल हुवा भयभीत।
जन हरजी या मन की, कहो कहा परतीत।
ब्रह्मा देव सूं नां टलियौ।५

-:साखी-11:- (5 छंदों की)
साधो मन सो बुरो न कोय, सिव संकर संतापियो।
पारवती पति खोय, ध्यानाटारंभ थापियो।
ध्यानाटारंभ थापियो नै, महाबली मन राय।
नाचण लागो डोकरो, कर सूं ताली लाय।
थुंगी धुन थुंगी धुन उचरै, लागि रही धुनि सोय।
ईस्वर देव नचाड़ियो, मन सो बुरो न कोय।
साधो मन सो बुरो न कोय, सिव संकर संतापियो।१
मन बोयो बुबक साह, लागि गयो मन मोतियां।
वड़ियो लाकड़े मां, रहि गयो मुख पोतियां।
रहि गयो मुख पोतियां नै, गयो संमदा तीर।
माल भरियो ले कोथलां, मुकता मोती हीर।
नारी आई काज कर नै, ओ वड़ी बैठो मांय।
गल सूं बांधियो कोथलो, मन बोयो बुबक साह।
लाग रयौ मन मोतियां।२
रथ पर बैठि नार, मंत्र पढियौ चूड़ामणी।
मन में करे विचार, पहर एक छै जावणी।
पहर एक छै जावणी ने, घणी विच मैं दुर।
रथ भारी हालै नहीं, सही ते उगे सूर।
आज लाज कैसे रहे, नारी करे विचार।

रथ छिटकायो समंद में, डूब र मुवो गिंवार।
मंतर पढियो चुड़ामणी।३
मन जांणै सब बात, जाणै नहीं कावल खड़ै।
कदे नही कुसलात, कर दीपक कुवै पड़ै।
गिणै नहीं परवार, भाईयां सुं भुंडी करे।
मर मति हीण गिंवार, आद अंत को चुगलियो।
मां बाप लग घात, औ गुदरे नंही बाप सुं।
मन जाणै सब बात, जाणै नहीं कावल खड़े।४
मन का मता अनेक, क्या जाणै जीव बापड़ो।
महा मसत मन एक, सब सिर थापै थापड़ो।
सब सिर थापै थापड़ो नै, बापड़ो संसार।
सुर नर मुनि जन देवता, सबको करै सिंघार।
महा मसत मानै नहीं, गही न छाडै टैक।
जन हरजी ऐसे कही, मन का मता अनेक।५

-:साखी-12:- (5 छंदों की)

फिटि रे फिटि नर फिटि फीटो फिरै, थूल सूं जाय करि प्रीत जोड़ै।
पति कुं छाडि कर प्रीत औरां करै, जांणतो जढ नर सीस फोड़ै।
आपणो बाप तजि औरां बाप कहे, व्रणसंकर हूं फिरै सारे।
दास हरजी कहै सरम कैसे रहे, धुड़ि मुंहि धुड़ि मुंहि धुड़ि थारै।१
आव रे आव नर ओट हरि आप की, आंन की ओट सूं चोट खावै।
भूत अर प्रेत तजि भजि साचो धणी, झंभ गुरू याद कर मुकति पावै।
साच अर सील संतोष हिरदै धरो, कूड़ अर कपट सूं काम कांई।
दास हरजी कहै लाज तब ही रहै, याद करि याद करि याद सांई।२
जागि रे जाग नर जागि विरियां थई, नींद सूं नेह क्यूं करै भाई।
रात अर दिन में आणि जम घेरिसी, मात अर तात सूं सरै न काई।
जीव मोखे पड़े सांस हिचकी अड़े, सैन ही सैन समझाय हारियौ।
दास हरजी कहै जीव वासै रहै, धीग सूं धको कुत कांय मारियौ।३
चेत रे चेत नर चेत तोसूं कही, वार ही वार समझाय थाका।
तै नहीं एक धरी चित भीतर, कहत सुनत मांहि पिंजर पाका।
जत अर सत की पाज मैटे मती, सिध अर साध सब साख गावै।

दास हरजी कहै दिढ कैसे रहै, जांणतो जढ नर जहर खावै।४
जाहि रे जायहि नर जाहि जग जोवंता, राव अर रंक उठि राह लागा।
ऊंच अर नीच को आंतरो नाहीं, एक ही पंथ सब जाहि भागा।
जम की झपट सूं कपट रहता नहीं, लपट वहै जीव डर वाट लागा।
दास हरजी कहै आज दीयो लहै, लछि वांसै रही जाहि नागा।५

-:फुटकर छंद:- (4 छंद)

छीपा हूं की छांन छाई, धनां की खेती निपाई।
सेन घरि भये नाई, संतन को चेरो है।
जल्हा के बालध आई, विस जारियो मीरांबाई।
सुदामा सूं धराई, सदा रहियो नेरो है।
भीलणी के झूठे बेर, लेत नहीं लागी देर।
विदर सूं भयो जेर, सत मत तेरो है।
करमां को खीच पायो, लुखो नाहा अलसायो।
हरजी कहत देखो, ऐसो प्रभु मेरो है।१
जीते जिन कांम क्रोध, लोभ मोह मार लियो।
भ्रमहुं उडाय दीयो, राख्यौ नही रती है।
कियो जिन जप तप अखंड वरत, नित रात दिन रटंत है।
ऐसी मन खती है लियो, जिन जस नित दियो।
तिन दांन दत अचल अडिग, मन ऐसो बुधिमति है।
रहत उदास खास, भजन है स्वांसो स्वांस।
हरजी कहत मेरे, सिरि जंभ जती है।२
मनख जलम पाय, भज्यौ किन रूघराय।
बार बार कहों नर देह, नह पाय है।
तेरे तो कुपेच परियो, रात दिन पचि मरियो।
मन में विचारि देख, विरथा देह जाय है।
समझ विचार करि, पचि पचि मत मरि।
तेरे भाग लिख्यो सु, तो कहो कहां जाय है।
अब तूं निचंत होय, मत मरि रोय रोय।
हरजी कहत तोहि, तोही तेरी दाय है।३
विसनोयां धरम जोय, रूंख पर भंजै काया।

विसनोयां धरम जोय, मिरग क्यूं मारै भाया।
विसनोयां धरम जोय, सब दुनियां सुं न्यारा।
विसनोयां धरम जोय, सिनान पणि करे सवारा।
विसन भजन छाडे नहीं, सावधान अति होय।
जन हरजी संसार में, विसनोयां धरम जोय।४

11. परमानंद जी बैनिवाल

-:परमानंद जी बैनिवाल (वि.सं. 1750-1845):-

परमानंदजी जांगलू गांव के बैनिवाल गौत्र के थापन सुरताणजी के पुत्र थे। बैनिवाल गौत्र के थापन जांगलू गांव के जांभाणी हुजुरी भक्त बरसिंह जी बैनिवाल के पुत्र सेणोजी के वंशज हैं। जांगलू गांव और वर्तमान साथरी के बीच बरसिंह का खुदवाया हुआ तालाब आज भी मोजूद है, जो 'बरींग आली नाडी' (बरसिंघ वाली नाडी) कहलाता है। ये थापन सुरताणजी के समय जांगलू गांव से रासीसर गांव में आकर बस गए थे। परमानन्दजी ने सुप्रसिद्ध पोथो 'ग्रंथ ग्यान' (ग्रंथांक 201) रासीसर गांव में ही लिखा था। परमानंदजी बैनिवाल के पुत्र कान्होजी विक्रम संवत् 1869 को रासीसर गांव छोड़कर पंजाब में बस गए थे, जिनके वंशज अबोहर निवासी अमित जी बैनिवाल द्वारा प्रेषित वंशावली इस प्रकार है:- रायसलाणा गांव के बैनिवाल गौत्र के जाट खैराज जी बैनिवाल ने विशनोई पंथ अपनाया था। जिनके पुत्र बरसिंह जी बैनिवाल जांगलू गांव में बसे तथा वहां नाडी खुदवायी। बरसिंहजी के पुत्र सैणौजी, दासोजी व मुगोलजी हुए। जिनमें सैणोजी के पुत्र बिंड़दोजी, बींजोजी व किरतोजी हुए। बिड़दोजी के वंशक्रम में क्रमश: रेशाजी, बोगोजी, गोपालजी, डावोजी, भोजोजी हुए। भोजोजी के पुत्र सुरताण जी थे तथा सुरताण जी के पुत्र परमानंद जी हुए। परमानंदजी के पुत्र कान्होजी हुए। इस प्रकार परमानंदजी के वंशक्रम में क्रमश: कान्होजी, साहबजी, मनरूपजी/नरसोजी हुए। उपरोक्त मनरूपजी/नरसोजी के पुत्र शेरोजी, धन्नोजी, सरदारोजी व हणुतोजी हुए। जिनमें शेरोजी के पुत्र गोपीचंदजी, लेखरामजी व लाधुरामजी हुए। गोपीचंद के पुत्र हेतरामजी हुए तथा हेतरामजी के दो पुत्र रवीन्द्रजी व सुभाषजी हुए। रवीन्द्रजी के पुत्र अमितजी हुए, जिन्होने उपरोक्त वंशावली हमें उपलब्ध करवाई। 'पोथो ग्रंथ ग्यांन' के रूप में अनेक ज्ञात और अज्ञात कवियों की रचनाओं और तत्संबंधी महत्त्वपूर्ण सूचनाओं को लिपिबद्ध करके परमानन्दजी ने राजस्थानी साहित्य की विशेषतः विशनोई पंथ की सबसे बड़ी सेवा की है।

अनेक महान कवियों की वाणियों की उपलब्धि का एकमात्र प्रामाणिक साधन यही 'पोथा' है। यह परमानन्दजी ने अपने पुत्र कान्होजी के वाचनार्थ लिखा था, उन्होंने इसका उल्लेख पोथे के अंत में दी गई पुष्पिका में 'वाचनार्थ कान्हा' के रूप में किया है। उन्होंने अत्यन्त परिश्रम से अपने समय तक की प्रायः सभी पंथ सम्बन्धी ज्ञात रचनाओं को अनेक स्त्रोतों से एकत्र कर उनको इसमें श्रद्‌धापूर्वक स्थान दिया था। उपरोक्त पोथे के अब तक सुरक्षित रह जाने का इतिहास भी बड़ा मनोरंजक है, यह ग्रंथ महन्त श्री रामनारायणजी से प्राप्त हुआ था जिनके अनुसार परमानन्दजी के स्वर्गवास के पश्चात् यह ग्रंथ उनके परिवार वालों के पास रहा। विक्रम संवत् 1869 में अकाल पड़ने पर ये लोग रासीसर से राजस्थान के बाहर पंजाब में जीविकोपार्जन हेतु चले गए। जाते समय यह ग्रन्थ गांव रूणिया (बीकानेर) के एक ब्राह्मण के यहां 80 रूपयों में रहन रख गए। रूणिया में चीमों नामक एक ब्राह्मण का ननिहाल था। वह नोखा का रहने वाला था। उसने वहां से यह ग्रन्थ अपने लिए ले लिया। उसकी वृत्ति सलुंडिया गांव के जाखड़ों के यहां थी। एक बार उसने यह ग्रन्थ वहां पढ़ कर सुनाया। उस समय पीताम्बरजी के शिष्य महन्त खेमदासजी जाखड़ भी वहां उपस्थित थे। खेमदासजी उसी जाखड़ घराने के थे और छोटी अवस्था में ही साधु हो गए थे। उन्होंने इस ग्रंथ को सुन कर कहा कि यह तो हमारे विशनोई पंथ का ग्रन्थ है और 80 रुपये उसे देकर ग्रंथ ले लिया। वे लालासर साथरी के महन्त थे। इस प्रकार यह ग्रन्थ लालासर साथरी की सम्पत्ति बना। खेमदामजी का स्वर्गवास लगभग 85 वर्ष की आयु में विक्रम संवत् 1951 के आसपास हुआ। भींयासर साथरी में उनकी समाधि स्थित है। उनके शिष्य जगरामदास जी जाखड़ साधु थे जिनका देहान्त विक्रम संवत् 1975 के चैत बदि 4-5 को 65 वर्ष की अवस्था में हुआ। जगरामदास जी के शिष्य रमणीकदास जी से यह ग्रन्थ लालासर साथरी के तत्कालीन महंत रामनारायणजी भांभू को मिला। रामनारायणजी भांभू का जन्म विक्रम संवत् 1951 के आषाढ महीने में गांव मालास (पोलास, मेड़ता मिटी) में हुआ था। विक्रम संवत् 1965 में इन्होंने लालासर साथरी में 'भेख' लिया था। तब से विक्रम संवत् 1991 तक तो वहीं रहे, पश्चात् विक्रम संवत् 1998 तक लालासर साथरी तथा रामड़ावास साथरी दोनों स्थानों में आते-जाते रहते थे, किन्तु उसके पश्चात स्थायी रूप से रामड़ावास साथरी में रहने लगे थे।

पोथे के सम्बन्ध में उसमें लिपिबद्ध "शबदवाणी" की पुष्पिका रूप उनके दोहे द्रष्टव्य हैं:-

वड पोथी गिण वील्ह की, दूजी सुरेजंनदाख।
तीजे मुकनु मुझ गुरु, सुरतांण पिता मुझ आख।२
दसुंधी दासो खीराजजी रासोजी सुरतांण।
ऐ पांचू परत्यां बांच कै, पोत्थो लिख्यौ प्रवांण।३
कै बात सुणी साधां कनां, के पोथियां मां परवांणि।
परमांणंद सुरतांण रै, लिखिया सबद सुजांणि।४
दीठा वाच्या मैं लिख्या, सासतर मां था सोय।
ग्याता कोई वाचि कै, दोस न देईयो मोय।५
मैं तो मांडिया मोह कर, पुसतक देखि विचारि।
सबदां अरथ अनंत है, जाणे सिरजणहारि।६
कचा सब संसार है, सचा सबद ततसार।
परमाणद सूं परम गुर, राखो हेत पियार।७

इन दोहों में वर्णित है कि बड़ी पोथी विल्होजी की, दुसरी सुरजनदास जी की, तीसरी मुकनोजी व मुझ गुरू (रासोजी) की जिससे पिताजी सुरताण ने मुझे अक्षर ज्ञान कराया। चौथी दसुंधीदास व खीराजजी की तथा पांचवी रासोजी व सुरताणजी द्वारा लिपिबद्ध, इन पांचो प्रतियों का अध्ययन करके यह प्रमाणिक पोथा लिखा है। वर्तमान में उपरोक्त पांच प्रतियों में से एक भी उपलब्ध नहीं हो पाई है। कालक्रम की दृष्टि से जांभाणी साहित्य का उपलब्ध सबसे विस्तृत प्रमाणिक प्राचीन हस्तलिखित ग्रंथ वर्तमान में उपरोक्त 'पोथो ग्रंथ ग्यान' (ग्रंथांक 201) ही है। विक्रम संवत् 1796 से 1810 के 14 वर्षों तक वे इस ग्रंथ को लिपिबद्ध करते रहे थे। पोथे के अन्त में दी गई पुष्पिका से उनके इस महान् प्रयास का पता चलता है:- 'लिखतु परमाणंद संत जाति बणहाल थापन सुरताणजी रा सुत रासेजी रा चेला दामेजी रा पोता सीख मारवाड़ नव कोटी रा थापना अतीतां गंगापार रा अतीतां रा जुना पुसतक देखि महंता री पोथी देखि ओह ग्रंथ ग्यांन लीख्यो छै समत 1796 पोथो कियो समत 1810 चेत सुदि 1 पोथो संपुरण लीख्यौ छै वार बुधवारि वाचनार्थ कांन्हा गांव रासीसर सुभ सुथाने दामेजी री थापना।" उपरोक्त पुष्पिका में उन्होनें स्वयं के गुरू का नाम रासोजी एवं दादा गुरू का नाम दामोजी बताया है। तथा (अपने पुत्र) कान्होजी के

वाचनार्थ यह ग्रंथ लिखने का उल्लेख किया है। हस्तलिखित प्रतियों में इनकी गुरु-परम्परा इस प्रकार ज्ञात होती है:- (1) श्रीजांभोजी महाराज (2) नाथोजी, (3) विल्होजी, (4) धनूजी, (5) नेतोजी, (6) दामोजी, (7) रासोजी, (8) परमानन्दजी बैनिवाल। जिसकी पुष्टि स्वयं परमानंदजी ने नमस्कार प्रसंग के इस दोहे में की है:-

झंभ गुरु नाथव वील्हजी, धनौ नेतौ निज दास।
दामौ रासौ अर ग्यान गुरु, हम ता गुरु का दास।९

एक अन्य दोहे में परमानंदजी ने अपने अक्षर गुरू, चलु गुरू और दीक्षा गुरू के नामों का उल्लेख किया है:-

पिता आखर सुरताण गुरु, चलु गुरु दामू दास।
रासोजी दिख्या गुरू, तैसा सुखदेव व्यास।३

छबुजी के शिष्य दलोजी चौहान ने गांव अरटिया में संवत् 1789 से 1791 के मध्य परमानंदजी बैनिवाल की पोथी में से ग्रंथाक 207 लिखा था। परमानंदजी ने कुल कितने ग्रंथ लिखे, इस विषय में निश्चय-पूर्वक कुछ कह सकना मुश्किल है। इनके द्वारा लिपिकृत छः ग्रंथों की जानकारी अभी तक मिल पाई है:-

(1) ग्रंथांक 201:- यह 590 फोलियो का महत्वपूर्ण ग्रंथ है जो कि परमानंदजी द्वारा विक्रम संवत् 1796 से 1810 के मध्य लिपिकृत है। जिनके बारे में विस्तार से चर्चा ऊपर कर चुके है।

(2) ग्रंथांक 405:- यह ग्रंथ परमानंद जी द्वारा विक्रम संवत् 1820 के आसपास लिपिबद्ध किया गया था।

(3) ग्रंथांक 404:- यह ग्रंथ परमानंद जी द्वारा विक्रम संवत् 1800 के आसपास लिपिबद्ध किया गया था।

(4) ग्रंथांक 227:- यह ग्रंथ परमानंद जी द्वारा विक्रम संवत् 1833 से 1838 के मध्य अपने पुत्र कान्होजी के वाचनार्थ गांव रासीसर में सुखजी की पोथी में से लिपिबद्ध गया था।

(5) ग्रंथांक 152:- यह ग्रंथ देवोजी के शिष्य तिलोकाजी के पठनार्थ परमानंदजी बैनिवाल ने प्रेमदासजी एवं हरजी बैनिवाल के साथ मिलकर विक्रम संवत् 1817 से 1833 के मध्य लिपिबद्ध किया था।

(6) संत विवेकानन्दजी, मंडी आदमपुर का पोथा:- उक्त पोथे को परमानंदजी द्वारा विक्रम संवत् 1818 से 1819 मध्य लिपिकृत किया था,

यह ग्रंथ भी ग्रंथांक 201 की भांति महत्वपुर्ण है।

इस प्रकार 50 वर्षों के दीर्घ समय तक उनके द्वारा निरन्तर अनेक रचनाओं के लिपिबद्ध किए जाने का प्रमाण मिलता है। उपर्युक्त तथ्यों से पता चलता है कि संवत् 1789 से पूर्व भी कई रचनाएं लिपिबद्ध कर चुके थे। यदि इस समय उनकी आयु कम से कम 35-40 वर्ष की माने तो उनका जन्म विक्रम संवत् 1750 के आसपास ठहरता है। उनका स्वर्गवास कब हुआ, इसका निश्चित पता नहीं लगता, किन्तु अनुमानत: 1845 के आसपास लगभग 95 वर्ष की आयु में हुआ होगा।

-:परमानंदजी बैनिवाल की रचनाएं:-

1. प्रसंग- 102 (840 दोहे, 32 कवित्त)

2. हरजस- 44

3. साखी- 05

4. विसन असतोत्र- 22 छंद

5. फुटकर छंद- 12 दोहे

6. गद्य रचनाएं- 6 लघु रचनाएं

7. छमछरी (संवत्सरी)- गद्य पद्य मिश्रित

-:प्रसंग:- (प्रसंग 102, 840 दोहे, 32 कवित्त)

-:01. नमस्कार प्रसंग:- (12 दोहे)

पहली नुवण निरंजणा, सब का सिरजणहार।
सिरज्यों कूं बिसरै नहीं, दियण चुगौ दातार ।१
ताकूं सिंवरियां अनंत गुण, पार न पावै कोय।
आसा सब ही पूरवै, अलख अजूनी सोय।२
ओउंकार करि सब किया, सब मां रह्यौ समाय।
वे सुन्य वास ताथौ विसन, परथम लागू पाय।३
सब ही का गुरुदेव सो, सब ही का करतार।
परमानद तस वंदना, परथम निमसकार।४
ब्रह्मा सेस महेस कूं, सुरनर मुनिजन संत।
जेता हरि का भावतां, ताकूं नुवण करंत।५

सतजुग त्रेता द्वापुरै, रिषि तापस हुवा अनंत।
कलजुग हुवा हरि भगत, सब कूं नुण्य करंत।६
प्रथम नऊं गुरु जंभ कूं, सो विसन विसोवा वीस।
जाके जेता सिख हुवा, ताहि नवाऊं सीस।७
सब ही मेरा गुरु सही, मैं सब ही का दास।
कर जोरे विनती करूं, विसन नांव विसवास।८
झंभ गुरु नाथव वील्हजी, धनो नेतो निज दास।
दामो रासो अर ग्यान गुरु, हम तां गुरु का दास।९
सिद्ध साधु अवरे हुवा, सुरजन केसवदास।
इन ते पाया ग्यान गुण, तेसा सुखदेव व्यास।१०
पीर पिगम्बर अवलिया, षट दरसणी अनंत।
भगति किवी करतार की, सब ही मेरा मिंत।११
आगै भगति कीवी जिनां, अब भी सेई करंत।
हरि हिरदै नहिं बिसरे, सब का तारग संत।१२

-:02. गुरु महिमा माहात्म्य प्रसंग:- (8 दोहे)

गुरु सूं ग्यान ज ऊपजै, गुरु गम भगति करंत।
गुरु तौं सतगुरु पाइये, अविगत अलख अनंत।१
गुरु तज गोमिंद कूं भजै, निहचै रहै निरास।
फल तूटौ जल मां पड़ियो, पड़त न मिटी पियास।२
गुरु गोमिंद सिर राखिये, ज्यों अंबर सिर होय।
जामण मरण निरभै हुवै, विघन न व्यापै कोय।३
गुरु गोमिंद वेमुख जिता, सबद न राखै कान।
ताकूं तीन लोक ठाहर नहीं, निहचै नरक निदान।४
गुरु दरसन कूं पग धरै, एता हरि दिस जान।
जो नर परसै ग्यान गुरु, भेटै श्री भगवान।५
पसू समानी देह नर, ग्यान गुरू बिन सोय।
गुरु तै सतगुरु भेटिया, सत्रु मित्र सब होय।६
ज्यौं भ्रंगी लट भंवरा किया, ज्यौं गुरु सिख आप समान।
गंग मिल्यां जल गंग होइ, यौं सतगुरु मिले ग्यान।७
महिमा किसकी दीजिये, जो कोइ सरवरि होइ।
गुरु सेवा गोमिंद मिलै, हरि सम हरि ही होइ।८

-:03. गुरु हरिजन अधिकार प्रसंग:- (5 दोहे)

सतगुरु गुरु और साधजन, जाके रिदै वसंत।
पाप दोष लागै नहीं, भेंटै श्री भगवंत।१
सतगुरु सरणौ संत गहे, संगति साध सहाय।
विसन जाप निसदिन जपै, जम की त्रास न थाय।२
हेत प्रीति हिरदै वसै, साध सेव हरि नाम।
आनदेव सब ही तजै, पावै पद निरवान।३
मित न सिरजणहार सो, सब ही तैं सिरताज।
सेवा किवी न साध की, तो सब ही काज अकाज।४
जे सिंवरै तो हरि सिंवर, सेव करौ गुरु साध।
परमानंद प्रतीत सूं, कियां कटै अपराध।५

-:04. गुरु गम प्राप्ति प्रसंग:- (1 दोहा)

सरिधा सेती भगति करि, ग्यान वमेखी सोय।
ऐ लच्छण गुरु ग्यान का, सोई निरभै होय।१

-:05. गुरु ग्यान प्रसंग:- (2 दोहे)

साच झूठ भुंडौ भलौ, अकरम क्रम पुन पाप।
सब ही दीसै ग्यान बसु, सतगुरु के प्रताप।१
समता सील संतोष सत, सुबुधि वमेक धियान।
दान भाव दया दीनता, ए उपजै गुरु के ग्यान।२

-:06. सतगुरु विमुख प्रसंग:- (2 दोहे)

निगम भ्यास निस दिन करत, गुरु गम नहीं उजास।
सबद भेद जाके उदिया, सतगुरु प्रेम प्रगास।१
लघु दीरघ उडियण उदै, चंद बिना अंधियार।
गुरू ग्यान रवि परगटियां, सब कुछ सूझणहार।२

-:07. सत्य असत्य सिख गुरु पारख प्रसंग:- (6 दोहे)

ग्यान ध्यान हिरदै बसै, काछ वाच निकलंक।
ग्रव गुमान गुस्सा नहीं, अस गुरु करौ निसंक।१
अस गुरु भूल न कीजिये, हर बिन कथै गियान।
दया हीण दुरमति लियां, पुजै पुजावत आन।२
आप ज बूहा जात है, भी औरां कहे आव।
गुरु सिख दोन्यौं बह गया, जम को लागै दाव।३

मान मोह में फंद पड़ियौ, ग्यान भेद नहिं ताहिं।
सांसौ सोग भरम करम, सूधौ जमपुर जाहिं।४
निहकामी गुरु कीजिये, निरबंध बेपरवाह।
लोभी लुब्धी लालची, जाके निकट न जाह।५
गुरू किया तो क्या हुवा, आयो नहीं वमेक।
ग्यान बतावै सुमति दे, क्रोड़ियां मंझे एक।६

-:08. हरि गुरु सुमत्य गुरु प्रसंग:- (12 दोहे)

मात तात गुरु हरि कही, है सब का सिरताज।
सब सिरज्यां की चिंत है, करतब सारू काज।१
सेस महेस ब्रह्मा सहित, नव जोगेसुर नांव।
मारकंडे सनकादिका, या गुरु हरि का नांव।२
ब्रह्म पिता गुरु ब्रसपत्या, सुरगुरु ब्रसपति सार।
सुक्कर असुरां राकसां, कुल गुरु नव अवतार।३
चंद सूर पाणी पवण, सब कूं गिणौ ज एक।
सांई सब मां वसत है, करता कला अनेक।४
तिल मां जैसे तेल है, दध मां जैसे घीव।
कठ होतासन पुहुप वासना, सो सब व्यापक सीव।५
जीव कहाया करम संग, माया भरम मिलाप।
अहूं ईरखा धेख मन, ए उपजावत है पाप।६
गर्भ थको ही गुरु कियो, नारद कूं प्रहलाद।
मंजारी कुंभारी कही, अलख लखायो आद।७
सुनीति माता धुरुव की, पायो पूरण ग्यान।
सिर धरि चडियो सुमेर के, चौकी दे ससि भान।८
गोपीचंद मैणावती, मात गुरु सांई एक।
राज त्याग जोगी हुवो, पाछे गुरू अनेक।९
भाई गुरू भरत्थ का, राम ज लखण कंवार।
जामण मरण निरभै हुवो, पायो मोख दवार।१०
त्रिया गुरु तुलसीदास की, मोह तज सिंवरियो राम।
भगति किवी भ्रम क्रम तज्या, हरी चरण विसराम।११
एक अखर उपदेस गुरु, जीव ज उत्तम सार।
कुल को कारण को नहीं, करणी का उपगार।१२

-:09. सिंवरण नांव चेतावणी प्रसंग:- (14 दोहे)
हंसा संसौ दूरि करि, करि हरि सर विसराम।
घरि घरि मरि मरि ना फिरि, उरि धरि गिरधर नाम।१
करि माला मुख जाप करि, हरि सूं सुरति लगाय।
निसि वासरि सिंवरै विसन, तो पाप र ताप न्हसाय।२
नांव अनंत सत रूप हैं, लघु दीरघ नहिं कोय।
सब अख्यर हरि नांव हित, हित सूं परगट होय।3
कै हरि की चरचा करै, कै हरि हिरदै नाम।
प्रीतम पल न विसारिये, चलतां करतां काम।४
सांस उसास सिंवर विसन, सदा निरंतरि सोय।
परमानंद चित प्रीति करि, ऐसा मिंत न कोय।५
जीमत पीवत सोवतां, हिरदै हरि न विसारि।
सुरति रहै सुमरण विषै, तो पावै हरि दीदारि।६
पसु बोलायो बोल ही, नर भी आवै पासि।
करता किरपा करत है, अंतरि की अरदासि।७
सांई नांव संभाल ले, ओ औसर आ वार।
ता दिन तेरौ को नहीं, जा दिन है करतार।८
देस विराणौ लोक विड़, रहण न पावै कोय।
हरि सिंवरण जू नीमता, तसकर हड़ै न कोय।9
सुत वित कुटुंब ज कामणी, जीवत का सब कोय।
प्राण तजत जदि प्राणियौ, हरि तब साथै होय।१०
हाथी हयवर ससतर सुख, गढ़ महल लख जन गांव।
बांकी बिरिया आयसी, आड़ौ हरि को नांव।११
हिरदै सोच विचार करि, साची सुण ले बात।
सीरि कुटुंब परिवार हरि, हरि माता हरि तात।१२
किसका कुल अर कामणी, किसका यह परिवार।
किसकी माया हरि बिना, जीव का मिंत करतार।१३
मिनख जनम पुनि हरि भगति, मिलै न बारम्बार।
पाछे ही पिछतायगौ, सिंवरि लेह करतार।१४

-:10. सिंवरण नांव महिमा महातम प्रसंग:- (23 दोहे)
सहज सिंघ ओगाज करि, पसु नसि चहुं दिस जाहि।

विसन नांव सुणंत ही, पाप करम सब जाहिं।१
एक नांव अनंत के, पेलै पाप प्रचंड।
ज्यों तिल जेतो जाल, धर खोहण दह बन खंड।२
मोर टहूकौ नाग सुणि, भाज बढियो बिल माहिं।
यों पाप गया घट छाड़ि के, ठाहर देखी नाहिं।३
विसन नाम जिभिया जपै, करै पाप अधर्म को नास।
जैसे चिनगी अगनि की, पड़ी पुराणे घास।4
रोग पाप तन कूं दहै, औषधि है हरि नाम।
जतन जुगति सूं जो जपै, जिव पावत आराम।५
न्हाय धोय तन पाक करि, आसण उत्तम ठाय।
एह जुगति करि हरि जपै, जामण मरण मिटि जाय।६
अजामेल महा अधरमी, जम घाती आया रोल।
नराण नाम सुत को लियो, खुली मुकति की पोल।७
हित करि हरि नाहीं भज्यो, सुवौ पढ़ावत जाप।
गिनका चली विवाण चढ़, परलै हूवा पाप।८
तन मैलो निरमल हुवै, न्हावे निरमल नीर।
मन निरमल हुवै ग्यान सूं, नांव निरमल जीव सरीर।९
नर नारी तिहुं लोक का, तरिया जके इह मंत।
सुणै कहै देखै लखै, हरि विधि नांव लहंत।१०
हरि जस कथा साखी कहौ, कवत छन्द सिलोक।
परमानंद हरि नांव की, सोभा तीनों लोक।११
टोटी टोटी मांगतां, माता रोटी देय।
खिजमत खाली ना रहै, नाम धणी का लेय।१२
कह्यो करीर जो प्रीति करि, लियो अलाह को नांव।
सांई मानी बंदगी, साहब कूं बलि जाव।१३
सींग सींग करि ऊधरिया, सुधि (अ)रु साच सनेह।
समरथ पूरी कामना, नाम निरंजण लेह।१४
पंथ विच मां परवत सिला, चलत पंथि हुए चूर।
धीरज सहज सुभाव सूं, पाप जाहिं सब दूर।१५
प्रगट नांव पिरथी सुणै, गुपत सेस निज नांव।
सांस सांस सिंवर विसन, हिरदै विसरि न जाव।१६

सत गुण सिंवरण वचन करि, सहसर गुणौ उपास।
लाख गुणौ मन मानसी, कोटि गुणौ सुर सास।१७
मन मान हरि मिंत करि, जामण मरण दुख जाय।
जम सेती जग सोह डरे, जम भी लागै पाय।१८
हरि का जस हित चित्त सूं, नित प्रति जे भाखंत।
जम की करता जीव परि, दावौ नाहिं करंत।१९
भौ सागर डूबै नहीं, सतगुरु तारणहार।
इंम्रत पीवै आत्मा, हरि सिंवरण उपगार।२०
मणिया हरि विसवास करि, हरि गुण तागे पोय।
कदे न विसरे नाम हरि, करम न लागै कोय।२१
नांव लिया तिन सब किया, तीरथ वरत जिगन।
ताके हरि हिरदै वसै, व्याप न सकै विघन।२२
भगति बराबर को नहीं, भजन भगति के माहिं।
खोज ज देख्या खोज करि, सब हाथी के पग माहिं।२३

-:11. सिंवरण सुकृत सतसंगति प्रसंगः- (9 दोहे)

नाम लियां सुकृत करै, दोन्यौ बड़ी जिहाज।
ताकी हरि रछिया करै, सरव संवारै काज।१
विसन नाम जिभिया जपै, देह दाहिणे हाथ।
आडा अवड़ी आयसी, सदा जीव के साथ।२
हरि जन तो जागत भलै, जपै ज हरि को जाप।
तीनों सूता ही भला, चोर सिंघ अर सांप।३
दान सकति हरि भगति कूं, करतां वार न लाव।
ऊमरि ऐसे जात है, ज्यौं लोहा को ताव।४
भोजन करि सौ काम तजि, सहस काम तज न्हाय।
सहस दस तज उपगार करि, लाख बिसरि हरि ध्याय।५
भलौ महूरत सुभ घड़ी, तीन्यौ हिरदै उपजै आय।
हरी भजन सतसंग की, कै दीणे की चाय।६
भजन सुकृत सतसंग बिन, मिनख जनम है नाहिं।
जैसे अख्यर पिंगला, नहिं सो गिणती माहिं।७
औ दोय बात वमेख की, अवर ज कुड़ी कत्थ।

हरि सिंवरण हंस ऊधरण, कै हाथों ऊपरि हत्थ।८
दान उत्तम दीजिये, मध्यम माथै मारि।
सतसंगति हरि नांव सूं, पावै मोख दवारि।९

-:12. हरि गुण नाम अगाधता प्रसंग:- (1 दोहा)

रोम रोम रसना अनंत, अनंत हि अनंत उचार।
तन विराट गुण नाम का, तोउव न लभै पार।१

-:13. नांव पतिव्रत प्रसंग:- (1 दोहा)

एक हि साधे सब सधै, सब साध्यां सब जाय।
जो जल सींचै मूल में, तो फूलै फलै अघाय।१

-:14. नांव निरसंस प्रसंग:- (4 दोहे)

ज्यौं सर स्यौं श्रृंग हि रवै, यों जे बिलंवे चित्त।
जो गिर परै तो परम पद, रहै तो त्रिभुवन जित्त।१
मरै जो पावै पीव कूं, जीवत वंचै काल।
निरभै हरि का नांव ले, दोनों हाथ दयाल।२
जो जीवै तो अति भलौ, मरै तो महा अनन्द।
जो राता हरि नाम सूं, निहचल परमानन्द।३
बहु जीवन की हिरस नहिं, नहिं बेग मरण को सोच।
दहुं बातां संसै नहीं, निरभै रहत असोच।४

-:15. हरि नांव भगति भरोसे प्रसंग:- (11 दोहे)

साहब ते सेवग बड़ौ, जो निज धरम सुजान।
राम पाज बांध ऊतरियो, कूदि गयो हनुमान।१
सामि धरम सब तैं बड़ौ, समझ जे आवै ओट।
पिता बुहारै आंगणौ, ता सुत ढाहे कोट।२
पित पुत कारण को नहीं, इस भरम पड़ौ मत कोय।
निज रहणी सुकदेव की, सरभरि व्यास न होय।३
अलप भाव हरि भगति को, जाके हिरदै होय।
जो कर अंगली हालतां, दाग न देवै कोय।४
क्यांइ काम क्यांइ काज है, क्यौंइ लेह क्यांइ देह।
क्यांइ स्याम साहब भजौ, ज्यांऊं तन त्यौं एह।५
नांव दुस्ट को प्रात ले, दुख पावैला कोय।
स्याम हेत बिन हरि भजै, तोउ सुस्याली होय।६

ठहराव अंतरि नहीं, जिभ्या स्याम गुण गाय।
जिंह बासण निकले बसत, क्यांहि क बास रहाय।७
चाकर नाहीं राज को, द्रोही मानत राज।
करणी बिन साम हि कथै, तोऊ सारह काज।८
माया मंझ रहे दोष नहीं, जो जन हरि को मीत।
दाझि न द्यै चकोर कूं, अगनी भखै सप्रीत।९
किनकपुरी पति तास रिप, जास नांव जो लेह।
जल सुत प्रीतम तास सुत, ताकूं त्रास न देह।१०
घन रिपु ता रिपु तास रिपु, ता पति सूं चित लाय।
कासिब सुत सुत राज की, कर सिर चोट चुकाय।११

-:16. हरि प्राप्ति विधि लछन प्रसंग:- (6 दोहे)

निंद्या पराई न करै, करै न परत्रिय संग।
परधन दिसटि ज परहरै, तिहरे पग पग गंग।१
परधन कूं विष सम गिणै, परत्रिय मात समान।
तज परनिंद्या ईरखा, तो भेंटै श्रीभगवान।२
कोटी ग्रंथन मत्त इह, वर गुरु एहु उपदेस।
हरी सिंवर चित दृढ़ धरै, छाड़ै सकल कलेस।३
बाहरि भीतरि दोय है, मन मां दुबध्या होय।
साच नहीं सुपनंतरै, हरि किमि मेलौ होय।४
माया दासी दास जीव, यां दोन्यू सहज संजोग।
नहिं विभूति हरि संम फल, हरि फल जगह विवोग।५
जड़ भेदै पाषाण कूं, जल तर है गिर हंड।
साधु सुरति हरि कूं मिली, तोड़ फोड़ ब्रह्मांड।६

-:17. हरि सनमुखी बेमुख लछन प्रसंग:- (6 दोहे)

हरी भजन तो कुसल तन, नहिं तो कुसल न जाण।
जो पल बीतै भजन बिन, सोई पूरी हाण।१
विपती आयां दुख न करै, संपति नहीं गुमान।
सो जन लागा नाम सूं, संपति विपति समान।२
गई वस्तु सोचत नहीं, आगम चितवै नाहिं।
वर्तमान सो बरत ही, सो ग्यानवंत जग माहिं।३
जीता सेई जाणिये, जपियो विसनजी जांह।

हारिया से हरि ना भज्यो, अहल जमारौ तांह।४
हरि सनमुख का पुन अनंत, नहिं बेमुख सम पाप।
सुक्ख नहीं संतोष सम, तिसना सम नहिं ताप।५
भगति हीण हरि नाम विण, गोत न उधरियो कोय।
आ निधि पोते जास के, होत परमगति सोय।६

-:18. चितवन चिंता प्रसंग:- (3 दोहे)

व्याधी विरही वर वधू, सेवग साहिब संत।
रीणी रीसक जाचक रि, ए क्यों सोवे निचंत।
आठ पहर चौसठ घड़ी, जे सोवै ते और।
नैनूं मां प्रीतम बसै, नहीं नींद कूं ठौर।२
चिंतामणि चित मां बसै, जो चितवै सो देह।
जगत एही मूढ़ता, चित चिंता ही लेह।३

-:19. विरह प्रसंग:- (17 दोहे)

वरजूं तोहि पपीहरा, पिव को नांव न लेह।
कोहिक सुणसी विरहनी, पिव कहि तजसी देह।१
जब ही मेरे चित चढ़ै, प्रीतम प्रान अधार।
उरि तीखे करवत ज्यौं, विहरत बारूं बार।२
निस वासरि अवलोक एह, नजरि न आवै चुक्ख।
किस कूं कहिये आपणौ, अंतरिगति को दुक्ख।३
कौण सुणै कासूं कहूं, जो जिय उपजत बात।
मेरे उरि अंतरि सखी, करवत आवत जात।४
उरि आरण क्रम कोयला, सांस धवणि जीव सार।
तन औरण दुख की अगनि, मन घण मारि लुहार।५
रोम रोम तन वेधिया, वेदन विषम सरीर।
औषध ताकूं दीजिये, एक ठौड़ होय पीर।
आव पतंग निसंक जल, फिरि फिरि ओट न लेह।
जो आसा तोहि जोति की, सन्मुख हो जिय देह।७
ओछा जीवण तुच्छ तन, अंतरि पूरा हेत।
सनमुख कांति न सहि सकति, वारि फेरि तन देत।८
जो मोहि वेदन बेद सुण, लिखी न कागद माहिं।
कांय ढंढोलै पोथिया, पचिहि तै पावै नाहिं।९

जाहि वैद घर आपणै, जाणें कोइ न कोय।
जिन्ह ही ओ दुख लाइया, भला करैगा सोय।१०
जो हूं हौं तो कहूं कछु, तू पूछत है काहि।
प्रान आन के बस पड़ियो, हूं ढूंढत हूं ताहिं।११
रसना जपत नांव निति, चख जोवत तुव मघ।
भुज फरुकै तुव मिलन कूं, कर परसन कूं पग।१२
पग परसन कूं कर तपहि, श्रवण सुनन कूं वैन।
हृदै तपत तुम मिलन कूं, मुख देखन कूं नैन।१३
बालम बिछुरत हे सखी, कालम लागी एह।
जालम जम के बस भई, सालम रही न देह।१४
साहिब सूं आसान है, लावत अपने अंग।
नाम देय पेलन पिसुन, अरु सतगुरु का संग।१५
सायर लहां थोड़ियां, मो मनड़ै घणियाह।
केई बहै तिरच्छिया, केई सामुहियाह।१६
ज्यौं मन पसरै चहुं दिस, यों जे कर पसरंत।
तो अलगांही सज्जणा, काठौ गहण करंत।१७

-:20. विरह विलाप प्रसंग:- (10 दोहे)

विरह वघूला हे सखी, मन पीपल को पात।
को जाणै आंधी धकै, कहां कहां उड़ि जात।१
तन दुख मन दुख नैन दुख, देह भई दुख खानि।
मो मन कबहूं ना हुती, वा सुख सूं पहचानि।२
ज्यौं मन मेरा तुज्झ स्यूं, यां जे तेरा होय।
ताता लोहा ज्यूं मिलूं, संधि न लखई कोय।३
करताजी किरपण हुवा, दरसण बिन दुख दीन।
मात पिता यौं नहिं करै, ज्यौं हरि हम सूं कीन।४
घन घोरै चौहूं दिसा, बरसण लागौ मेह।
खग बग पंखी पोहमि परि, सबने संभाले गेह।५
सुपने जाणू हरि मिल्या, करण न पाई बात।
नींद गुमाई पिव बिछड़िया, रोवत पटकत हाथ।६
परगट पीव न परसिया, सुपने पाया सोय।
हिरदौ जोगी मेटि ज्यौं, बसै न ऊजड़ होय।७

जागत हिरदै ही बसौ, सोऊं तब नैणाह।
पलक न भूलूं प्रीतमा, वा इमरत बैणाह।८
तुज्झ न कबहुं बिसरे, जागत सोवत मोहिं।
प्रीतम जो कूड़ी कहूं, तो पाऊं नहिं तोहि।९
ज्यौं अलि चाहत केतकी, सब फूली बणराय।
यौं तुझ सेती सज्जना, मो चित राख्यो लाय।१०

-:21. छिन बिछोह प्रसंग:- (18 दोहे)
फिट्ट हियौ फाटो नहीं, बंध्यो कहिंयक मोह।
पिय बिछरत सारौ रह्यो, तांबा जड़ियो क लोह।१
बजर हियौ फाटै नहीं, बिछड़ियां करतार।
जगजीवण उस जीव की, कोइये न बूझै सार।२
फिटि रे हियौ फाटो नहीं, हियौ न पिय के नेह।
धिक यहु जीवन धिक जनम, धिक यहु गंदी देह।।३
काया को सुख तब लखै, जदि दुख उपजै आय।
जैसे मीत मिलाप सुख, बिछुरत जान्यो जाय।४
जाकूं मन मां जो विथा, बितिये जानै सोय।
बांझ त्रिया जाणें नहीं, जणत असौ दुख होय।५
मो मन मनसा यह हुती, नित प्रति परसूं पांय।
बिछुरन अंक जे वेह लिख्या, तासूं कछु न वसाय।६
कासूं हुवे आघां किया, हेत बिहूणा हत्थ।
नीण सलोभा ना मिलै, बाल अलूणी बत्थ।
केही कीजे बातड़ी, केही कीजे कत्थ।
जेहा साजन बिछड़िया, तेहा चढे न चित्त।८
सखी साजन नित मिलौ, मिल मत बिछड़ौ कोय।
जो बिछरन वो फिर मिलन, क्या जाणें कद होय।९
इत जुग मिलन अनूप है, मिल बिछरौ जनि कोय।
नदी नाव चढ़ि बिछड़िया, दई मिलावत होय।१०
बिछुड़ियां विग्रह घणा, भव अंतरा पड़ाहिं।
नदी बिछूटिया बाहला, अवसर कहीं मिलाहिं।११
संपति विपति दोन्यौं खड़ी, नर देखौ निरताय।

बेबस पड़ा विपत्ति में, ताकी कांइ न बसाय।१२
संपति विपति अदिन्न दिन्न, पड़ौ सहै सोह कोय।
जाकूं सदा सहल्ल है, जो मिंत विवोग न होय।१३
साची सम्पति पिय मिलन, बिछुरन विपति वियोग।
सम्पति विपति ज सब कही, और कहौ कोइ लोग।१४
कहा भयो जो धन गयो, पिता पूत परिवार।
छीज्यो जब ही जाणिये, बिसरियो सिरजनहार।१५
निस वासर आठूं पहर, पलक न विसरत मुज्झ।
जहां जहां नैन पसारिहूं, तहां तहां देखूं तुज्झ।१६
जागत नैना निरखिये, सोवत ही पुनि सोय।
साजन की चितवन सखी, नैक न न्यारी होय।१७
तिसना लागी तास की, तिस विन तिस न बुझाय।
तास मिलावौ तब हुवै, तिस देख्यां तिस जाय।१८

-:22. सजन गुण वरण ब्रह्म प्रसंग:- (3 दोहे)

प्रीतम तुव गुण वेलि हो, पसरी मो उर माहिं।
नेह नीर सूं नित बधै, कबहुं सूकै नाहिं।
मो मन सिलता सलिल ज्यौं, रोक्यो रह्यो न जाय।
सज्जन गुण सागर बिना, कहौ ते कहां समाय।२
साजन सकती बाण ल्यौं, गुण रहिया भरपूरि।
कोइ ल्यावै हणमंत ज्यौं, सजन सजीवनि मूरि।३

-:23. विरह पारख लछ्रन:- (6 दोहे)

विरहा आवै हरि मिलै, यह आगम सहनाण।
जैसे जल खिन माछली, डांवाडोल पिराण।१
विरह मूल हरि भगति को, पत्र प्रीति गुण साखि।
कली पुहुप है प्रेम रस, फल दरसण रस दाखि।
बिना भेद विकलत फिरत, भेद सुं बोलै कांय।
कहत सुं कहि आवै नहीं, भिदहै चित के मांय।३
हरियो विरख दृग देखियत, विथा न देखी जाय।
विरही रैवै रुंख ज्यूं, ज्यो वन मां घुण खाय।४
जाके घट जैसी विथा, विरह सरीखा माहिं।
तुचा अस्थि तन देखिया, रक्त मांस दोइ नाहिं।५

विरही जन की पारिखा, बोलत मीठे वैन।
निर्मल जाकी आतमा, सीतल जाके नैन।६

-:24. विरह विनती प्रसंग:- (6 दोहे)

आंखड़िया डाबर भई, भूंहा बंधी पाल।
जीभड़ियां छाला पड़िया, तुज्झ संभाल संभाल।१
आवौ पियारा साजणा, आवण आही बारि।
नहीं त नैन गुमायहूं, पंथ निहारि निहारि।२
है हरि सब कोई कहै, नाहीं कहै न कोय।
जैसी कोई ना कहै, यह बैठा है सोय।३
सुभान सुजान तू ही विसन, संतां सदा सहाय।
परमानंद सिवां बिना, जलम अ विरथा जाय।४
सब कूं तू देखै सदा, कहा विरद द्यौं तोहि ।
जां नैणा तं देखिये, असा नैण दे मोहि।५
बलिहारी उस संत की, सब की पूरै आस।
विरह विरह हिरदै वसत, जनम सफल है तास।६

-:25. विरह प्रीति प्रभाव प्रसंग:- (11 दोहे)

प्रीतम प्रीति न कीजिए, काहू सूं मन लाय।
अलप मिलन और बिछरन, सोचत ही जिय जाय।१
प्रीतम रीझ न जाइये, काहू सूं मन लाय।
बिछरत जैसी लागहै, मरिये एकै घाय।२
जो अजान प्रीतम मिलै, गुण सभ देही जारि।
गुणवन्तौ प्रीतम मिलै, तो बिछुरत देही मारि।३
ज्यौं ही ज्यौं दुख चव गुनौ, जो हुवे अधिक सनेह।
भूल सनेह न कीजिये, याकी औषध एह।४
निकट रह्यां आदर घटै, दूरि गयां दुख होय।
गिणें नहीं संसार मां, प्रीति करौ जिन कोय।५
करत करी बिछरत मरी, अरी जुरी यहु रीत।
कबहुं भूल न कीजिए, परदेसी सूं प्रीत।६
जिह हूं डसी भुवंग होय, सो बसिहै किह दंगि।
आप ज कालो होइ रहे, मो बिष लायो अंगि।७
जो भाजूं तो भुय घणी, सनमुख रह्या न जाय।

सूतौ सिंघ जगाइयो, मैं वज मारी आय।८
प्रीतम भंवर विवोग की, सुण लीजो या बात।
मुख तो पीलौ हो गयो, स्याम भयो सब गात।९
मंन हुतो सो तुम लयो, सकौ त तन हू लेह।
अपने ऊपरि वारि कै, भावै ताकूं देह।१०
मंन हुतो सो तुम लयो, सुक्ख गयो जिह गांव।
अब हम पै नाहीं कछु, छाड़ि तुमारौ नांव।११
-:26. प्रेम प्रीति पारख प्रीति सनेह प्रसंग:- (15 दोहे)
एकण कीकर पान परि, नेहा नव जण माहिं।
नेह बिहूणा दोय जण, नव हाथों न समाहिं।१
सिण सो डर न थीय, जो उरि भीड़ि वसंत।
सोला हत्थी साल मां, व्याखल ना मावंत।२
प्रीतम बिरवौ प्रेम को, सींच सुधा रस सोय।
सुफल फल्यो जदि जाणिये, तब मित न निरादर होय।३
गुण स्वारथ अर रूप की, प्रीति करै सब कोय।
प्रीति जिना की जाणिये, या तीनां विण होय।४
जां गल पासी हरि प्रेम की, तां पाई निज बाट।
गल डोरी विहुणा बापड़ा, डूब्या औघट घाट।५
गांठि कठण छूटै नहीं, जग भूला मोह अग्यान।
वेद वकत वले और क्यौं, मन को मारग ग्यान।६
हिरदै आयो चाहिये, प्रेम पीय को होय।
फूटी वास दसूं दिसा, फूल दूरि कहुं कोय।७
लाख लोग मां जाणिये, जाके हिरदै हेत।
प्रेम प्रीति है मित्र की, नैन दोउ कह देत।८
तन मन अंतहकरन की, बात कहन कूं वैन।
यों परमानंद प्रेम कौं, प्रगट करन कूं नैन।९
प्रीतम परदेसै बसै, तहां न पहुंचै नैन।
पर मुख कागद सूं लखै, हृदै होत जो प्रेम।१०
वचन सुणत विगसै हियौ, पाती वांचत प्रेम।
प्रगट प्रीत छानी नहीं, अंतरगत को प्रेम।११
एक दिष्ट दोय लोयणा, एक बात दोय कान।

एक प्रीति दो सज्जना, दो घट एको प्रान।१२
तासूं गुज्झ न आखिए, अंतरि कपट सनेह।
तासूं अंतर न राखिए, एक प्रान दोय देह।१३
नैन वैन श्रवण नासिका, चित का चाकर चार।
आगम जाणावौ करै, मिलण की मनुहार।१४
जो बिछड़ौ तो सिंवर सुख, मिलूं तो मंगल काज।
ओ मंदिर है प्रेम को, नित्त नवेलौ राज।१५

-:27. स्पर्श प्रेम प्रसंग:- (3 दोहे)

सजन सलूणा परसिया, सब सूं बंध्यौ सनेह।
नहीं तर या संसार मां, सगी न अपणी देह।१
साजन मिलिया हे सखी, जाकी हूती चाहि।
हिवड़ौ हिमगिरि भयो, जेथि बलन्दी भाहि।२
पिय परसत परसन भयो, रोम रोम आनंद।
अति उछाह आतम सुखी, गये सकल दुख दंद।३

-:28. प्रेम मगनता प्रसंग:- (5 दोहे)

पैरत प्रेम समन्द को, सूझै वार न पार।
पारि गयो डूबै कवण, डूबि गयो कुण पार।१
भूत सेय मदिरा पिवै, तो सब काहू सुधि होय।
प्रेम सुधारस जिन पियो, सुधि बुधि गई ज दोय।२
जहां प्रेम तहां मन नहीं, सुची नहीं व्यौहार।
प्रेम मगन मन मां भये, कूण गिणै तिथि वार।३
लोक वेद को डर नहीं, रस भीना दिन रात।
कामी प्रेमी हरि भगत, नहिं सूझै दिन रात।४
प्रेम मगन देखत भई, प्रीतम प्रिय दीदार।
तन मन धन सब विसरी, प्रीतम मिले तिण वार।५

-:29. प्रेम प्रवेश कठिनता प्रसंग:- (8 दोहे)

लोक लाज सब परहरी, रही न कुल की काण।
पड़ियो परवस प्रेम के, सही सरवस हाण।१
छाडूं तो छोडै नहीं, भूल अपणपौ दीन।
सुरत कंबरिया सांवरी, पकरत प्रेम जो कीन।२

सीस सटै जो पाइये, प्रेम विकंतौ हाट।
कबहूं विलम न कीजिये, दीजे तब ही काट।३
इक सिर प्रेम जे पाइया, तो सस्तौ बिसवा बीस।
दस सिर दे रावन लियो, बीस भुजा दस सीस।४
प्रेम सटै लंका लई, रावण रंक सरदार।
प्रेम मोल जाण्यो नहीं, दस सिर दिया उत्तार।५
दस हर कूं दस राम कूं, रावण दीन्हा बीस।
अंतरि प्रेम सनेह लग, जाण समप्या सीस।६
समंद तिरंत चढ़त गिर, झंप हुतासण ल्यंत।
प्रेम सुरा जिह अंचयो, किय किय किय न करंत।७
वैण विसमा कै समा, कै अमरंम मरंम।
घाट न जोवै जग धरण, पेखै प्रेम परंम।८

-:30. प्रेम महिमा महातम प्रसंग:- (11 दोहे)

जप तप संजम विधि वरत, सब सयान जग माहिं।
प्रेम पौरि पग धरत ही, ना जानूं कित जाहिं।१
जप तप संजम हरष बुधि, मान महातम गर्व।
एक निमिष के प्रेम परि, वारि वारि द्यौं सर्व।२
राज गरव जोवन मद, और अनेक सुख चित्त।
ए सब न्यौछावरि करूं, तो परि प्रेम पवित्त।३
राज काज कवि वेद विधि, जप तप संजम नेम।
ए सब धार बहाय करि, गहि मन एकौ प्रेम।४
वेद पुराण सबै पढ़े, पढ़ि देखौ सब कोय।
एकै अख्यर प्रेम को, पढ़े स पंडित होय।५
धन खांटियो अपरस दरस, पंच अगनि तप दान।
कासी करवत कोटि जग, नहिं कोइ प्रेम समान।६
प्रेम बराबर नाहिं तुल, जोग जगि अरु होम।
तारायण सब ही उदै, नहीं समान कोइ सोम।७
चिनगी एक जो ऊपजै, प्रेम अगनि जिन देह।
ग्यान मान संजम्म सुख, जारि करै तिन खेह।८
जल थल महियल ढूंढिया, प्रेम रतन के काज।
ए तीनूं तजै तो पाइये, लोभ डर अर लाज।९

स्याणप थी सो सब गई, जदि जिय उपज्यो प्रेम।
लाज मिटी निरभै भयो, मनसा वाचा नेम।१०
भौ सागर मन माछला, सांई सच्चा कीर।
प्रेम जाल मांझे पड़यिा, तेइ ज उतरिया तीर।११

-:31. परचा प्रसंग:- (7 दोहे)

पंजर प्रेम प्रकासिया, अंतरि भया उजास।
संसा सब ही मिट गया, पाया पूरण आस।१
मन लागा उनमंन सूं, उनमन मंन समाय।
पाणी मां पाणी मिल्या, न्यारा कबहुं न थाय।२
होना था सोई हुवा, भी कुछ होणा नाहिं।
नीकछु भेटिया सुन्य मां, ताको रूप वरण कछु नाहि।३
सुरति समाणी निरति मां, निरति रही निरधार।
सुरति निरति परचा भया, तदि पायो दीदार।४
दुरमति दुविधा दिल बसै, मन मां राखै दोय।
रतन छूटि दह मां पड़ियो, काढ़ि न सक्कै कोय।५
सच पायां सुख ऊपजै, सच बिण सुख न थाय।
ज्वाला पालटि जल भया, सब दुख गया विलाय।६
ममता माया दूरि करि, प्रेम प्रीति लिव लाय।
अंजण मां निरंजण अछै, परम जोति परसाय।७

-:32. रस प्रसंग:- (3 दोहे)

हरि रस प्रेम प्रीति करि, जिन ही पिया दास।
पीवत पीवत छकि रह्या, बहुड़ि न लगिहैं प्यास।१
अविगत सेती रचि रह्या, आसा तिसना जीति।
विसन नाम रटता रहै, सोइ जीवित मुकति अतीति।२
बूंद समाणी समंद मां, ढूंढि न पावै कोय।
समंद समाणौ बूंद मां, पावै हरिजन सोय।३

-:33. जरणा प्रसंग:- (3 दोहे)

दुनिया सब कोई कहे, के करसी करतार।
दत्तब सारू देत है, रीस न करै लगार।१
और सबहि को मोल है, हरि को मोल न तोल।

अपरम्पार अपार गुण, ताथे मोल अमोल।२
भजन भगति छाड़ै मती, चीन्ह अपन उनमान।
सहज समाधि लागी रहे, पावै पद निरवाण।३

-:34. पतिव्रता प्रसंग:- (5 दोहे)

एकै सब ही सिरजिया, दूजो सुण्यो न कोय।
एकै सूं सब होत है, सब तै एक न होय।१
घड़े घड़ावै ताकूं पूजै, अणघड़िया नहिं मान।
अणघड़िया जो कबही रूसै, घड़िया सब ही भान।२
आसा ऐकौ विसन की, दूजी आस निवार।
दूजी आसा जे करै, तो कदे न उतरै पार।३
जे मन लागो एक सूं, एक मंन इक चित्त।
ताकूं डर व्यापत नहीं, सूता रहो निचित्त।४
हरि समरथ के दास का, कदे न होय अकाज।
पतिभरता की पीव कूं, हरिजन की हरि लाज।५

-:35. चिंतावणी प्रसंग:- (17 दोहे)

रावत राणा नरपती, करता गरब गुमान।
हरि को डर राख्यो नहीं, बस किया सैतान।१
मन दौड़ावै दौह दिसि, आरंभ करै अनेक।
जाहां का जाहां रह्या, साथ न चाल्यो एक।२
गरब न कर रे मानवी, देह न जिव के संगि।
भुवंग तजत ज्यौं कांचली, तरवर पात प्रसंगि।३
जतन कियां सूं क्या हुवा, जतन करतां जाय।
तन धरियो सो थिर नहीं, देह धूल मिल जाय।४
मिनखा जलम रतन है, कोइ जाणै जाणणहार।
विसन जपै तो रतन है, नहिंतर खाक भंगार।५
धंधा सबही धूल का, धंधा होयगा धूल।
धंधे मां ध्यायो नहीं, ते नर नीठा मूल।६
मन मतंग रातौ दुनी, बिसारियौ करतार।
धुंव धुंवरिया को लोर ज्यों, जात न लावै वार।७
मिनखा देही दुलभ है, देखौ नजरि निहारि।
फल तूटियां न्यारौ हुवै, बहुड़ि न लागै डारि।८

साधू सेवा हरि भजन, कै गुण गोमिंद गाय।
ओ औसर मिनखा जलम, बार बार नहिं पाय।९
दिन बीत्यां ज्यूं रात हुवे, पख बीता ज्यूं मास।
कुवे काचे कुंभ ज्यूं, किसि जीवण की आस।१०
दिन दिन व्याधी वधत है, सब माया संसार।
लोभ बड़ाई मान मन, भूल गयो निरधार।११
एकै खंभ गयंद दोइ, बांध्या रहै न बार।
काम बड़ाई होयसी, कर सिंवरण करतार।१२
दिन गुमायो दुनी सूं, दुनी रही सहु लार।
हिरदै विसन विसारियो, ते बूहा काली धार।१३
हरि कुल दुनिया परहरियो, क्रम कुल दुनिया धाय।
लेखे की विरिया हुई, कुल तां सरै न काय।१४
आन भरम के फंद पड़यिा, जासूं हंसि न बोल।
जे राता रहमान सूं, तासूं अंतर खोल।१५
मेरी मेरा को नहीं, वासौ मंझि बेड़ाहि।
नदी नाव संजोग जो, बीछड़ि मिलबौ नाहिं।१६
लोभ मोह सलिता बड़ी, चौरासी लख धार।
साखित था सो बह गया, संत ऊतरिया पार।१७

-:36. सुपन प्रसंग:- (5 दोहे)

तैसा सुपना रैण का, जैसा यो संसार।
सोवत जो कुछ देखिया, जागत नहीं लगार।१
सुपना मां पुत्तर हुवो, बांझ त्रिया सुइ सांझ।
जाग देखे तो कुछ नहीं, रांड बांझ की बांझ।२
सुपना मां धन ऊपनू, सुपने पायो राज।
जागै तो कुछ भी नहीं, नहिं सम्पति नहिं राज।३
सुपन अनेक प्रकार का, देखत है सब कोय।
इक सोवत इक जागरत, दोहुं बराबर होय।४
जग सुपनंतर सारखौ, जा मां कियो सनेह।
जल मां कंवल न्यारौ रहै, त्यौं हरि भज लाहौ लेह।५

-:37. मन प्रसंग:- (10 दोहे)

मन के मते न चालिये, तजिये बाण कुबाण।

कतवारी का ताग ज्यूं, उलटि अपूठौ आण।१
मंन गयो तो जाण दे, दिढ़ कर राख सरीर।
बिना चढ़ी कमाण के, किस विधि लागै तीर।२
पांचूं इन्द्री तन बसै, चालै मन परवाण।
ग्यान गुरू की डोर करि, पकड़ि अपूठौ आण।३
गुण औगुण अर पाप पुण, मन जाणै सोह बात।
देखत ही कूवै पड़ै, तो काहे की कुसलात।४
दिंन थकै पंथ देख ले, आय मिलै अंधियार।
देह थकी कुछ देह लेह, ओ औसर आ वार।५
मन मैमंत गयंद ज्यूं, ग्यान अंकुस सूं घेरि।
सील संतोष जड़िया सांकल, छूटि न सक्कै फेरि।६
मन पंखी होय उड़ियो, पहुंतो जाय गिगन।
फिरि पाछो आ धर पड़ियो, जहां आसा जहां मन।७
बाल तरण अर वृद्ध की, ऊमरि अहल गुमाय।
लेखे की विरिया हुई, फिर पीछे पछताय।८
मन मनोरथ दूरि करि, मन को कियो न होय।
करतब बिन धन पाइये, तो निर्धन रहै न कोय।९
जो चाहै सो होयसी, तन की पहुंच प्रमाण।
मन उनमन लागो रहै, तो पहुंचै निरवाण।१०

-:38. सुगम मारग प्रसंग:- (6 दोहे)

आयो है सो जायसी, जायो सो मर जात।
किणि पूठ आय'र न कही, दुक्ख सुख की बात।१
जायो जायो सब कहै, आयो कहै न कोय।
धुर हूतां जायो कहै, तो रहण कहां से होय।२
पवन चलै पाणी चलै, चालै ससिहर भाण।
निहचल अचल विसन है, ता सिंवरण थिर जाण।३
ताको पार अपार है, अगम मार्ग घर दूरि।
कह रे जाण कह रे भगत, पूरण स्रव संपूरि।४
अनंत भंजन जल पूर कै, सब मां चंद दरसाय।
यों माया मां हरि दरसिया, सिंवरिया होय सहाय।५
करम करंता जिव भयो, उपजै अर विनसाय।

अमर जीव काया मरै, कर्म तज्यां सिव थाय।६

-:39. माया प्रसंग:- (23 दोहे)

माया के वस जगत है, हटवाड़ौ संसार।
लोभ ठगाई स्वाद ठग, विसरिया सिरजणहार।१
सांचत जोड़त आथ कूं, घायो कदे न कोय।
पूरी किणी न भोगवी, ठगणी माया जोय।२
माया जग कूं मोहणी, मोह लियो संसार।
बड़ा-बड़ा मुनिवर ठग्या, सब के लागी लार।३
ठगाइ मीठी खांड सी, सब कोइ लालच साथि।
पापणि माया मोहणी, मांगि न आवै हाथि।४
माया मरै न मन मरै, मरै ज संचणहार।
आसा तिसना ना मरै, सदा जीव के लार।५
जो खैरायत खरचियो, सोइ जीव के साथ।
जब हि जीव काया तजै, आथ विडाणा हाथ।६
केइ संचै केइ भोगवै, आ माया मोटी खोड़ि।
आसा तिसना पापणी, यासूं प्रीति न जोड़ि।७
तिसना की झल ना बुझै, दिन दिन बधती जाय।
कोइ इक तिसना त्याग कै, हरि जन हरी पुजाय।८
दुनिया सब भूली फिरै, केइ भूला हरि का दास।
पारब्रह्म कूं छाड़ि करि, ते करै उनां की आस।९
माया तजी तो क्या भया, मनह मान ठहराय।
मान बड़ा मुनियर ठग्या, डाकण बैठी खाय।१०
हरि कूं थोड़ौ जाण कै, दुनि आगै आधीन।
जीवां कूं राजा कहै, माया का आधीन।११
माया सकलै सबल है, ताहि बंध्यौ संसार।
ते क्यों छूटै बापड़ा, बांध्या सिरजणहार।१२
वाड़ी विलुधी पेड़ ज्यूं, अलुधा आसा फंद।
तूट पड़े छूटै नहीं, भई ज बाचा बंध।१३
माया मोह संसार को, झूठे सुख कूं सुख।
जांह घर जिता बधावणा, तां घर तेता दुख।१४
एक कनक अर कामणी, जग बस कियो जांह।

नारद से मुनिवर छल्या, सींगीरिषि सा तांह।१५
मेर मान जुग वसि कियो, दोनों तया विकार।
कोइयक हरिजन टल रह्या, झूठौ सो संसार।१६
पूण छतीसूं पादिया, तापस रिखी समेत।
कोइयक हरिजन ऊबरिया, हरि सूं ईधक हेत।१७
राजदुवारै रामजन, तीन थोक कूं जाय।
कै मीठा कै मान कूं, कै माया की चाय।१८
राजदुवारै जे बसै, से तो हरिजन नाहिं।
जा घट दया न दीनता, सूधा जमपुर जाहिं।१९
सत संजम हरि की भगति, उत्तम ग्रेह गिरास।
दुख काहू कूं न दियो, से सच्चा हरि का दास।२०
सहजे आवै दूध सो, इक सब्दी भंवर कहंत।
आसा राखै अलख की, सोई सांचा संत।२१
पड़ियो ले भिछिया इजगरी, फेरी लड़ि लिय रगत्त।
या दोन्यां हीरे पड़ै, द्रसणी और जगत्त।२२
मड़िहारी भंगी पोसती, मदरा धुमरा पाय।
एता कदे न ऊधरै, बांध्या जमपुर जाय।२३

-:40. लोभ प्रसंग:- (13 दोहे)

मन जिव लागो लोभ सूं, मांगत आदूं जाम।
भेख धरिया तो क्या हुवा, करै ज माठा काम।१
सामी हुवा अर सिष्य की, तिसना माया तास।
अलख निरंजण छाड़ि कै, करै सिखां की आस।२
बुग ध्यानी पिवणा सरप, सिष्य करण की चाह।
राजदुवारे यों फिरै, ज्यूं हरियाई गाय।३
कलि का सामि लोभिया, मनसा माया माहिं।
दाम जोड़ि देइ ब्याज कूं, निसदिन लेखौ करतां जाहि।४
कलि की दुनिया लोभिया, न देखै लछण ग्यानि।
तूफानी लोभी मसकरा, तिहुंवा आदर मानि।५
वेद पुराण ज वाचहीं, मन माया की आस।
हिरदै हरि नहिं ओलख्यो, जाणै लुणियो सूकौ घास।६
बांभण गुरू जगत का, भरमावै छल खाहिं।

अलुधा चारों वेद में, झखत झखत मर जाहिं।७
पंडित भया तो क्या हुवा, अंतर खोज्या नाहिं।
औरों ने उपदेस दे, आप अगति कूं जाहिं।८
औरों ने उपदेस दे, आप चेतै नहीं अचेत।
करै जगत को जाबतौ, घर को भिलग्यो खेत।९
नखत चंद अरु सीतकोट, सूर उगै छिप जाहिं।
निहचै बिन दुख सो सहै, उपजै अर विनसाहिं।१०
केता ही तीरथ करौ, गहरै न्हावौ जोय ।
मुकति नहीं हरि नाम बिन, सत करि सिंवर सोय।११
होम करावै जिग करै, मन मां गरब गुमान।
सबै ही निरफल भयो, ज्यां कण घुण करे जियान।१२
आन वरण कूं पूजतां, सेवत आन भरंम।
कियो सो अहलौ गयो, उलटा बंध्या करंम।१३

-:41. करणी बिन कथणी प्रसंग:- (4 दोहे)

कथणी तो बहुती कथै, करणी करै न काय।
फलसी मन की भावना, बीज तिसा फल पाय।१
जैसी ही कथणी कथै, जैसी करणी होय।
पारब्रह्म कुं परसतां, पला न पकड़ै कोय।२
जे कूड़ी कथनी कथै, मन माया के माहिं।
मिनख नहीं वे स्वान गति, बांध्या जमपुर जाहिं।३
हरख करै जे कीर्तन, ऊंचा कर कर तुंड।
जाणें बूझै क्यों नहीं, यों ही अंधा डुंड।४

-:42. करणी प्रसंग:- (3 दोहे)

सुणणै तां पढ़णौं भलौ, पढ़णा इधकौ जोग।
जोग इधिक हरि नांव है, प्राप्त हुवे ब्रह्म लोग।१
पढणौं गुणणौं चातुरी, आधि माया संसार।
प्रीति नहीं हरि नाम सूं, पढियो न एक लगार।२
पोथी पढ़ि पढ़ि जग मुवो, पंडित भयो न कोय।
एकै अख्यर प्रेम को, पढ़े स पंडित होय।३

-:43. कामी प्रसंग:- (14 दोहे)

कामनि काली नागनी, देख्यौं छेड़ियां खाय।
जो राता रहमाण सूं, ताके निकटि न जाय।१
परनारी परधन सूं, विरला बचै कोय।
पावत मीठी खांड सी, अंतकाल विष होय।२
परनारी छानी छुरी, जिसी ल्हसण की बास।
खूणें बैस र लीजिये, चौड़े परगट तास।३
नर नारी कारण नहीं, जाके अंतरि काम।
कामी कदे न हरि भजै, निसदिन आठुं जाम।४
बुधि वमेक सब ही गया, नारी तणा सनेह।
भी पाछे पछितायगौ, तजि भजि लाहो लेह।५
मान बड़ाई तेज धन, तन जावै शर्म लाज।
भक्ति मुक्ति अर ग्यान ध्यान, एता न जावै भाज।६
एक कनक अर कामणी, दोनों विष की धार।
हरिजन यां से टल चलै, बूड़ै सोह संसार।७
कामी कदे न हरि भजै, सांसौ मिटै न सूल।
और गुन्हा हरि बकससी, कामी डाल न मूल।८
कामी भगति न भाव ही, विष ही पीवै सोध।
लुब्धि कुब्धि जिव मां रहै, भावै त्यौं परमोध।९
कामी क्रोधी तसकरी, ए तो तिरिया अनंत।
आन उपासी कृतघनी, तरिया न नांव जपंत।१०
काम रूप कीचक हुवो, जाकुं भींव कियो परहारि।
सैन्या राकस सेन सोह, अर्जुन किया संघारि।११
लाख पूत सवा लख नातिया, दस बन्धू सिर ताज।
एक सीता के कारणै, गयो रावण को राज।१२
कामी नर अर कामणी, पड़िया अगति केतान।
सील सुकृत अर भगति बिन, भंवै चौरासी खान।१३
सेठ सुदरसण सीलवंत, राणि काम बस थाय।
सूली सिंघासण भयो, राणी नाक कटाय।१४

-:44. सहज प्रसंग:- (1 दोहा)

सहजे जिन विषिया तजी, पाचूं पिसण मिटाय।

सहज सोय सत जाणिये, सतगुरु हुवै सहाय।१

-:45. साच प्रसंग:- (10 दोहे)

साचो नाम विसंन को, दिल में संच ले कोय।
दई दरगा में जावतां, पलौ न पकड़ै कोय।१
बाल तरुण अरु वृद्ध पण, हेत करै हरि ध्याय।
जब लग सास सरीर मां, हरखि हरखि गुण गाय।२
जनम मरण बिच जो कियो, सुक्रम क्रम संसार।
रज रज लेखौ लिजसी, जीव कंप्यो तिण बार।३
रोजा करै ज बंदगी, पांचौ बखत निमाज।
साचे मारै झूठ पढ़ि, काजी करै अकाज।४
अलाह रिबल आलमीन है, हतै जीव जब दोय।
अलाह लेखा मांगसी, किस विध सच्चा होय।५
काजी मुल्ला भरमिया, चल्या दुनी के साथि।
दिल थे दीन बिसारिया, करद लई जब हाथि।६
जोर जुलम छाड़े नहीं, चौड़े हुकम चलाय।
सांई लेखा मांगसी, बार बार पछिताय।७
सांई सूं चोरी करै, गुनहगार सूं गुज्झ।
जब जाणैगा जीवड़ा, मार पड़ेगी तुज्झ।८
सेख सबूरी बाहरिया, क्या हज काबा जाय।
दिल जांको साबत नहीं, तिनकूं कहा खुदाय।९
झूठा कूं झूठा मिल्या, तब ही बध्या सनेह।
झूठा कूं साचा मिल्या, तब ही तूटा नेह।१०

-:46. भ्रम मेट प्रसंग:- (6 दोहे)

पाहण ने करता कहै, पूजै हेत लगाय।
हरि मेलौ सुपनै नहीं, सूधा जमपुर जाय।१
प्रसाद पाहण पावै नहीं, मुख्यौं न देइ जवाब।
पाहण तारे न तिरै, पूज्यां नहीं सवाब।२
जितनी दीसै आतमा, तितना सालिगराम।
साधू प्रत्यछ देव है, कहा पथर सूं काम।३
सेवा सालिगराम की, माया की मन माहिं।
बाहर दीसै ऊजला, काला अंतर माहिं।४

लोभ लिपस्या बेलड़ी, सब छायौ संसार।
सूवै सेंबल सेवियो, फल बेलां निरधार।५
पत्थर आगै विनती, कर जोड़ै सीस नवाय।
हरि को सिंवरण ना करै, अंति समै पछिताय।६

-:47. भेख प्रसंग:- (11 दोहे)

कर सूं तो माला जपै, मंन दसैं दिसि धाय।
जीया सूं क्योंई कहै, कहो कवण फल पाय।१
भेख लियो माला लिवी, हरि सूं नाहीं हेत।
कण बिरियां कासूं लुणै, कालर बाह्यो खेत।२
माला मोटी काठ की, इधकी कियो भार।
बाहर डीबी सोवनी, भीतर छली भंगार।३
कर जिम्या मन एक हरि, दिल की दुरमति खोय।
हरि चरणां चित राखिये, तो हरि मेलौ होय।४
केस मुंडायां क्या हुवै, जे मन जटधारी होय।
तन मुंडिया सूं भेख है, मन मुंडिया गति होय।५
सांग पहरि सोरा रह्या, दुनिया खाई खूंद।
जिह सेरी सतगुरु मिलै, ता सेरी मेल्ही बूंद।६
भगत भया तो क्या भया, आयो नहीं वमेख।
छापा तिलक बणाय कै, दगधी दुनी अनेक।७
तन कूं जोगी सब करै, मन कूं बिरला कोय।
सहजे सतगुरु पाइये, जे मन जोगी होय।८
सब का सांई एक है, बिच में पड़ गया धेख।
भरम करम जदि पार है, सब ही माहिं अलेख।९
पखा पखी सब पिरथमी, कूड़े कुल की लार।
अलख बिसारियो भेख मां, डूब्या काली धार।१०
विसन भजन हरि भगति करि, सुकृत कर ले हाथि।
पंच इंद्रि मन वस कियां, मिलै निरंजन नाथि।११

-:48. कुसंगति प्रसंग:- (5 दोहे)

संगति कीजे साध की, हरै अवर की व्याधि।
माठी संगति नीच की, आदूं पहरि उपाधि।१
बूंद अरस तां ऊतरी, आगे हुई दोय।

एक पड़ी आ सीप में, दूजी विषहर के मुख जोय।२
मूरख संग न कीजिये, लोहो तिरै न नीर।
पत्थर केरी नाव चढ़ि, कूण पहुंचै तीर।३
माखी गुड़ मां गड़ि रही, पांख रही लिपटाय ।
ऊडण का संसा भया, मीठा बोई माय।४
ऊंचा कुल मां ऊपनूं, करणी ऊंच न होय।
नीचौ कुल ऊंचौ करै, सोभा पावत सोय।५

-:49. संगति प्रसंग:- (2 दोहे)

भजन भगती सुकृत कर, देखा देखि उमंग।
विपति पड़ियां यो छाड़ि दे, ज्यों कांचली भुजंग।१
किरिया तो कर जाणिये, सायर नीर समाय।
मिलिया सेती मिल रहो, न्यारो कदे न थाय।२

-:50. असाध प्रसंग:- (3 दोहे)

दरसण भेख अतीत को, करै पाप अपराध।
घात कुबुधि मन में रहै, क्योंकर कहिये साध।१
धोलौ देख न धीजिये, बग ज्यों धरै धियान।
धौरै वसि चपेटसी, यो ले बूड़ै ग्यान।२
जेता मीठा बोलणा, तेता साध न जोय।
पहलू थाह दिखाय करि, अंडे देसी सोय।३

-:51. साध प्रसंग:- (5 दोहे)

साधू संगति हरि भगति, निरफल कदे न जाइ।
दिल की द्रुमति मिटाइ करि, देसी मुकति बताई।१
तीरथ तो सब ही करौ, मल मल न्हावौ धोय।
साधु संगति हरि भगति बिन, मुकति न पावै कोय।२
सोई दिंन सुहावणौं, हरिजन मेला होय।
पाप सरीरों झड़ पड़े, पुंन बहूता होय।३
गंदौ पाणी नगर को, तास न पीवै कोय।
जाय र मिलियो गंग मां, कहे गंगोदक सोय।४
साचौ सतगुरु छाड़ि कै, करै आन सूं नेह।
ताको दरसण देवजी, सुपना ही मत देह।५

-:52. साधु निसप्रेही प्रसंग:- (6 दोहे)

निसप्प्रेही निहकामता, सतगुरु सेती नेह।
लोभ लुब्धि न्यारा रहै, साधां का लछ एह।१
हरिजन हरि का भावता, दूरियो ही दीसंत।
तन छीना मन उनमना, जग रूठड़ा फिरंत।२
पपहीयौ पिव पिव करै, बहुली सहै पियास।
भुंय पड़ियो पीवै नहीं, बूंद अधर की आस।३
सनकादिक जोगेसरा, भेद दियो रघुनाथ।
गोरख तया वासी नहीं, मिल्या निरंजण नाथ।४
सांसो सोक सरम मां, सो तो हरिजन नाहिं।
लालच लुब्धि लागा रहै, हरि सूं मेलौ नाहिं।५
घट घट सांई अघट है, घट कोइ सूनी नाहिं।
परमानंद पाया अघट, हूं बलिहारी ताहिं।६

-:53. साधु महिमा प्रसंग:- (7 दोहे)

पूण छतीसूं सब बसै, सुखी दुखी नहिं कोइ।
हरी भगति हरि भजन बिनि, ऊजड़ कहिए सोइ।१
साध सेव नहिं हरि कथा, हरि को सिंवरण नाहिं।
सो घर मरघट सारिखौ, भूत बसै घर माहिं।२
हय गय मैंगल छत्र सिर, कोड़ि दरव भंडारि।
एक हरी की भगति बिनि, सब निरफल बेगारि।३
धन्य सुकुलनी सुंदरी, हरिजन ताको पूत।
कुल तारै आपै तिरै, सब ही जगत अऊत।४
कुल तो सोहि सराहिये, हरिजन जा कुल माहिं।
हरि सिंवरण हरि भगति बिनि, सूधा जमपुरि जाहिं।५
भजन करत दुखिया भलौ, वसतर मिलै न धान।
मोटौ मंदिर भगति बिनि, लेखै नहिं भगवान।६
भाव कहीजे केतकी, भंवर कहीजे दास।
सुवास सुसाख्या परवरा, तीन लोक मां जास।७

-:54. अधबीच प्रसंग:- (3 दोहे)

अध बिच आगै जो रहै, तो तिरत न लागै वार।
दुहुंवा सेती लागि करि, बूडौ सहि संसार।१

दुविधा दुरमति दूरि करि, इक मन हो चित लाय।
मच्छी मारग पाय कै, कुण आवै कुण जाय।२
सूर बिहूणा चांदणा, निस वासर भी नाहिं।
पंछी चालत सुरति सूं, मिलै परम सुख माहिं।३

-:55. सारग्राही प्रसंग:- (2 दोहे)

खीर नीर भेला किया, हंसा पीवत खीर।
यों साधू निरबरत करि, ज्यों हंस न पीवै नीर।१
औगुण आन सब ही तजै, गुण गहि गोविन्द गाय।
जैसी मन की भावना, तैसा ही फल पाय।२

-:56. विचार प्रसंग:- (3 दोहे)

सती हुवण ने नीसरि, साथै कोतिगहार।
हरि हरि रामै सो कहै, कहणी नाहिं विचार।१
अगनि क्यौं दाझै नहीं, जल क्यौं त्रिषा न जाय।
हेत बिहूणा हरि भजै, तो कैसे हरि हूं पाय।२
आधी साखी सिर कटै, जो र विचारी जाय।
मन प्रतीत नहिं ऊपजै, राति दिवस भजि गाय।३

-:57. उपदेस प्रसंग:- (6 दोहे)

जो करता सो भोगता, और न भुगतै कोय।
बोवै है सोही लुणै, बीज तिसा फल होय।१
आत जात देख्यो नहीं, ओह सांसौ मन माहिं।
नाना वाणी बोलतौ, सो कित गयो बिलाहिं।२
दिल का सांसा दूरि करि, जामै मरै भरंम।
पाच तत्व तत में मिल्या, सुरति जीव जहां गंम।३
ग्रिहचारी ग्रिह मां बंध्या, बैरागी मन भीख।
दोन्यौ भूला हरि भगति, चाल्या कुल की लीख।४
जां आसा हरि नाम की, हेत रहै इकतार।
परमानंद आपै तिरै, कुल का तारणहार।५
वसतु अमोलक सांचसी, चेतन जागत सोय।
बासण माहिं न बिगड़े, चोर न लेवै कोय।६

-:58. वैसास प्रसंग:- (13 दोहे)

जिन पाणी सूं पैदा किया, गर्भ माहिं दस मास।

पूरणहारा पूरसी, सब की चिंता जास।१
उपावणहार कूं यादि करि, हरि सिंवरण हलबाहिं।
अंतिकालि सोको पड़े, तोउ निरफल कदे न जाहिं।२
जो करमादिक हरि लिख्या, अब फिरि लिख्या न जाहि।
राई घटै न तिल बधै, कोइ कोटिक करौ उपाहिं।३
चिंता न कर निचिंत रह, देणहार समरत्थ।
पसु पंखी कूं पूरवै, जाके गंठी नहीं गरत्थ।४
गांठी गरथ न बांधि ही, ओदर पूरण लेह।
सांई सेती सरखरू, संतन का मत एह।५
विसन नाम दिल मिलि रहौ, और न आसा काय।
ओह भरोसौ विसन को, दौर कदे न जाय।६
जनम मरण निरभै भया, सिर पर हरि का हाथ।
हस्ती पर चढ़ियां पछे, स्वान न पूजै घात।७
भोजन भला मधूकरी, भांति भांति का नाज।
दावा किस ही का नहीं, बिना बिलायत राज।८
मान महातम प्रेम रस, गरवातण गुण नेह।
ए सब ही अहला गया, जब कहिया कुछ देह।९
मेरी मिटी मुकता भया, पाया हरि विसवास।
अब मन दूजा को नहीं, एक विसन की आस।१०
जाके दिल में हरि बसै, सो नर कलपै कांय।
एकै लहरि समंद की, दुख दालिद सोहि जाय।११
एक गावण मां रोज है, एक गावण में राग।
एक वैरागी ग्रेह मां, एक घर ही मां वैराग।१२
एक गायो पण पायो नहीं, एक बिन गायां भरपूरि।
जिन गायो ध्यायो विसवास, यूं से हरि हूं सदा हजूरि।१३

-:59. पिछाण प्रसंग:- (3 दोहे)

सम्पद स माया जात है, सो तो साहिब नाहिं।
सकल मांड में रमि रह्या, सांई कहिए ताहिं।१
रहै निराला मांड तां, सकल मांड ता माहिं।
हरिजन सेवै तास कूं, दूजा कोई नाहिं।२
मात पिता जाके नहीं, है सोइ रूप अरूप।

घट घट माहीं अघट है, जैसा तत्त अनूप।३

-:60. विरक्ताई प्रसंग:- (8 दोहे)

ग्यान पाय विरकत भयो, हरि सूं हेत पियार।
फाटौ फिटक पखाण ज्यौं, मिलै न दूजी बार।१
काठ भाग ईंधण हुदै, पत्थर चेजों माहिं।
मन फाटो नाहीं मिलै, मूवां भी मन नाहिं।२
मन फाटो सब रस गयो, आदर करइ पयाण।
गुण तूटां सर संधीयै, कहि किमि लागै बाण।३
काच कटोरौ दूध कलि, माणक मोती मंन।
अतरा भांगा न मिलै, करौ ज लाख जतंन।४
जाता है सो जाण दे, रहता हूं मन लाय।
नदी नाव संजोग ज्यों, घणा मिलै सो आय।५
पिवो पिवो कह्यां कुण पिवै, न्हौरा पर मत जाय।
प्यासा होगा प्रेम का, मांग पियेगा आय।६
जदि तां दावा परहरिया, जदि ही मिट गइ संक।
निरदावै हूवां पछे, गिणै राव कूं रंक।७
दावायत सब जगत है, सब जग देख्या जोय।
मेरी तेरी तिन तजी, सो हरिजन हरि का होय।८

-:61. समरथाई प्रसंग:- (6 दोहे)

ना कुछ किया न कर सक्या, ना कुछ किया जाय।
जो कुछ किया स हरि किया, दइय ज आया दाय।१
नर चिंता हरि ना करै, कहा करै नर चित।
हरि का किया होत है, ताते रहो नचित।२
जाकूं तो कोई नहीं, ताही कूं हरि होय।
हरी हेत ता पर हुवै, ताही का सब कोय।३
एक दौड़त लहै न रैण दिन, एक सूता ही पाय।
एक बैठां ही सांई दिया, एक खड़ा बिललाय।४
सात समंद की मसि करूं, लेखण सब वनराय।
धरती का कागद करूं, तोइ हरि गुण लिख्या न जाय।५
सांई सूं सब कुछ हुवा, वंदे सूं कछु नाहिं।

राई सूं पर्वत करै, पर्वत राई माहिं।६

-:62. कुसबद प्रसंग:- (3 दोहे)

धेख रीस नहिं ईरखौ, अजर जरै जीवत मरै।
जो कोइ त्यागै दास, तास गुरू मैं दास।१
खूंदण धरती सो सहै, बाढ़ सहै बणराय।
कुसबद तो हरिजन सहै, दूजां सह्यो न जाय।२
सीतलता समता गहै, कुसबद दुख नै पाय।
पक्ख छाड़ि निरपख रहै, ज्यौं उद अगनि समाय।३

-:63. सबद प्रसंग:- (1 दोहा)

सति संतोषी सीलवंत, सबद भेद सुविचार।
सहज सुभाव सतवंत नर, ए गुरु फरमाया सार।१

-:64. जीवित मृतक प्रसंग:- (6 दोहे)

जीवित मिरतक होइ रहै, तजै जगत की आस।
गऊ हेत बच्छा करै, यौं हरि हरिजन पास।१
उपज्या विणस्या भी मुवा, ओ जग का वोहार।
सतगुरु जिणा पिछाणिया, मरै न दूजी बार।२
जीवित ते मरबौ भलौ, जो मर जाणै कोय।
मन ममता अहुं मार करि, कलि अजरांवर होय।३
आपा मेटियां हरि मिलै, हरि मेटियां सब जाय।
अकथ कहानी प्रेम की, कयां न को पतियाय।४
दीन गरीबी बंदगी, जो करसी नर कोय।
हरि विसवास हृदै रहै, मुगति लहैगा सोय।५
खाक समान ज होइ रहै, निरमल नीर समान।
हरिजन हरि को भावतौ, पावै पद निरवान।६

-:65. चित कपटी प्रसंग:- (2 दोहे)

कबहूं जहां न जाइये, जहां कपट को हेत।
दूराचारी दुरमती, नहिं हरि जन सूं प्रीत।१
कै निरमल हरि नांव सू, कै निरमल सुद्ध सुभाय।
कुबध कालम्या ना मिटै, सौ मण सावण लाय।२

-:66. गुरु-सोधण प्रसंग:- (5 दोहे)

गुरु सोधै सो लाभही, सो रहै निरंजण साथ।

भौ सागर मां डूबतां, पकड़ि र काढ़े हाथ।१
मिरघ भुवंग में नाद रसि, तन मन सुंपे साथि।
हरिजन जैसा न मिलै, जाके रहिये साथि।२
पांच पुलंता वसि करि, रहै विसन ल्यौ लाय।
सोध्यौं जैसा ना मिलै, ताके लागूं पाय।३
सब ही जुग जिन सिरजिया, सुन्य मंडल मां सोय।
ताकी मैं सेवा करूं, तास मिलावै कोय।४
जगत प्रीति का बहु मिलै, हरि प्रेमी मिलै न कोय।
प्रेमी मिलियां परम सुख, दुक्ख न व्यापै कोय।५

-:67. प्रीति सनेह प्रसंग:- (4 दोहे)

जल मां बसै कमोदनी, चंदा बसै अकासि।
जो जाही के मन बसै, सो ताही के पासि।१
जो गुरु बसै बनारसी, सीख समंदा पार।
विसारियो नहिं विसरै, जे गुण होय सरीर।२
जो जाही का भावता, जदि तदि मिलिसी आय।
तन मन जाकूं अरपिये, सो कबहूं छाड़ि न जाय।३
एक मन एक चित्त मिल, रह्या त ऊजल भाय।
चतुराई चालै नहीं, खुसी होत मन चाय।४

-:68. सूरातन प्रसंग:- (18 दोहे)

कायर हुवां छूटै नहीं, सूरातण स्वामि सहाय।
भरम करम सब दूर करि, सिंवरण सेल्ह सम्हाय।१
सोही साचा सूरवां, मन सूं करै ज झूझ।
पांचों पिसण ज पाड़ि करि, दूर करै सब दूझ।२
कायर सो पूठौ फिरै, आघो धसै स सूर।
साहब सेती सरखरु, रहिसी सदा हजूर।३
बंब पड़ी सांसौ नहीं, हरि सूं लागो हेत।
काम क्रोध सूं झूझणै, चेतन चोड़ै मांडियो खेत।४
सूरा जदि ही परखिये, विड़ह धणी के हेत।
पुरजा पुरजा होइ पड़े, तोउ न छाड़े खेत।५
खेत न छाड़ै सूरवा, झूझ करै दिल माहिं।
आसा जामण मरण की, मन मां आणै नाहिं।६

अब तो झूझियां ही बणै, पाछा वलिया घर दूरि।
सिर साहब कूं सूंपता, सोच न कीजे सूरि।७
मरण दुहेलौ जग डरै, मोहि मरणै सुख आनन्द ।
कदि मरिये कदि भेटिये, पूरण परमानन्द।८
कायर पहल्यपे नावही, बोलै नहिंय ज सूर।
काम पड़ियां थैं जाणिये, ओह कायर ओह सूर।९
खबर पड़ी रिण मां विड़ियो, जदि ही बूही सार।
लागी सोई जाणसी, का जाणै बाहणहार।१०
तर मोटौ आकास फल, मुवौ जगत सोहि झूरि।
अनंत सियाणा पचि गया, फल इनंत निर्मल पण दूरि।११
प्रेम न बाह्यो निपजै, प्रेम न मोल बिकाय।
राजा परजा जास रुचि, सिर दे सो ले जाय।१२
सूरा सीस समप्पियो, छाड़ी तन की आस।
हरि देखत ही मुलकिया, आवत देख्या दास।१३
भजन भगति बहु विषम है, खरतर खांडा धार।
जे चूकै तो दह पड़े, समह्यो उतरै पार।१४
प्रेम तुरंग चेतन चड़िया, ग्यान खड़ग कर सार।
काल करम कूं काटि कै, तो पोहचै हरि दरबार।१५
साध सती अर सूरवां, ग्यानी अर गजदंत।
एता निकसि न बाहुदै, जे जुग जाहिं अनंत।१६
जग जीवण किया ही सब, जाकूं जपै न कोय।
जब लग आसा जीव की, तब लग सोध न कोय।१७
आप सवारथ मेदनी, परमारथ हरि दास।
प्रेमी स्रव परमारथी, जिण छाड़ी तन की आस।१८

-:69. काल प्रसंग:- (14 दोहे)

खलक चबीना काल का, निसदिन चाबत जाय।
आज क काल्ह क पंच दिन, काल गरासै आय।१
सांई नांव संभालि ले, क्यां सोवै नर नींद।
काल सिंचाणौ सिर खड़ौ, ज्यों तोरण आयो बींद।२
काल्ह करंतो आज करि, आज करंतो अब।
पाछे ही पछतायस्यै, छोड़ चलेगौ सब।३

पाव पलक की खबर नहिं, करै काल्ह का साज।
काल अचिन्त्यौ मारसी, ज्यों तीतर कुं बाज।४
जुरा जुवरौ दोय जीव अरि, लागा रहै ज लार।
जे सांई राखै तो रहै, लज्या अब की बार।५
बारी आयो आपणी, चाले पियरै मिंत ।
तू क्या सोचै जीवड़ा, नैड़ी आवै नित।६
जो ऊगो सो आथवै, फूल्या सो कुम्हलाय।
जो चिणियो सो ढहेसी, जो आवै सोइ जाय।७
जो उपनौ सो विणस्यसी, ठहरै नाहीं कोय।
पानी को तन बुदबुदौ, उपजत अर विणसाय।८
प्यारा प्रीतम मिंत था, कुटुंब पिता अरु वीर।
हंस चलत सूते गयो, सब सूं चूको सीर।९
मेरी मेरा करत है, तन भी नाहीं साथ।
क्या जाणें कद मारसी, प्राणि काल के हाथ।१०
जंत्र बाजत रह गया, छूटि गयी सब तार।
पंखी तरवर तज तहां, यों गयो बजावणहार।११
पंथी आया दूर थे, आगै जाणा दूर।
जमरा तसकर जोरावर, सांझा गिणै न सूर।१२
वोलाऊ जाके विसन, जंम न पहुंचै दाव।
साच स्नेह साथै सदा, भावै जेती जाव।१३
काची काया कारवी, जाका करै जतंन।
काल हसत है देख कै, किस बात पै मगंन।१४

-:70. सजीवण प्रसंग:- (4 दोहे)

जिंह खंड जबर न संचरै, मुवा न सुणियै कोइ।
आसा सतगुरु पूरवै, नित अजरावर होइ।१
सजीवणि जड़ि हरि नाम है, दीवी सतगुरु वैद सुजाण ।
सब ही सुख आनंद भया, पाया पद निरवाण।२
दाता तरवर दया फल, उपकारी जीवंत।
पंथी चल्या दिसावरै, विरखा सुफल फलंत।३
तरवर तास बिलंबिया, बारह मास फलंत।
सीतल छाह सुहावणी, पंखी केल करंत।४

-:71. विणा पारख प्रसंग:- (4 दोहे)
चित्रामणी ने छाड़ि कै, लियो काच उठाय।
हंस हंसा ने छाड़ि कै, मिल्यो बुगां सूं आय।१
हीरा पारख बाहौ, कवड़ी बदलै जाय।
पदारथ ने छाड़ि कै, कंकर लियो उठाय।२
गले मां मोती पड़िया, अंधा निकस्या आय।
जोति बिना जगदीस की, जगत उलाड़ै जाय।३
सब जग हटवाड़े मिल्यो, लाहौ लेवण आथि।
खोटा बान्ध्या गांठड़ी, कछू न आयो हाथि।४
-:72. पारख प्रसंग:- (2 दोहे)
जदि गुण को गाहक मिलै, मुहंघे मोल बिकाय।
जदि गुण को गाहक नहीं, कोड़ी बदले जाय।१
आई लहर समंद की, मोती आया माहिं।
बुगला तो यों ही रह्या, हंसा चुणि चुणि खाहिं।२
-:73. उपजण प्रसंग:- (3 दोहे)
नांव न जाणै गांव को, मारग चाल्यो जाय।
जो मारग छाड़े नहीं, तो निज बसती पाय।१
सीख हुई संसार थैं, चल्यौ ज सांई पास।
अविनासी आए मिल्या, पूरी मन की आस।२
इन्द्र लोक इचरज हुवो, ब्रह्मा कियो विचार।
सुर नर सब ही विगसिया, अरस परस दीदार।३
-:74. कस्तूरिया मृघ प्रसंग:- (2 दोहे)
सांई तो सब में बसै, बिरला जाणें तास।
ज्यों कस्तूरी कुंडल बसै, मिरघौ ढूंढे घास।१
हरि नित हिरदै ध्यावही, भरम करम करि दूरि।
सांई नेड़ा साच सूं, दुविधा सेती दूरि।२
-:75. निंद्या प्रसंग:- (5 दोहे)
निंद्या कबू न कीजिये, सुणि दुख पावै सोय।
दुख दीनां दुख ऊपजै, सुख दीनां सुख होय।१
निंदक नेड़ौ राखिये, कबहुं न तजिये गैल।

बस्तर धोयां ऊजलौ, यों निंदक धोवै मैल।२
जदि कदि ही निंदक मिलै, कीजे आदर मान।
तन मन सब निर्मल करै, निंदक निंद्या ध्यान।३
निंद्या करै ज साध की, संकटि भुगतै सोय।
नरक माहिं जामैं मरै, मुकति न पावै कोय।४
आपनपौ न सराहिये, पर न निंदिये कोय।
मात सराहै पूत कूं, लोक न मानै सोय।५

-:76. निगुणा प्रसंग:- (9 दोहे)

पाणी बूठौ पोहमि परि, एक सरीखौ सोय।
जो करता सो भोगता, बीज तिसा फल होय।१
पाणी गुण जाण्यो नहीं, सूकै काठ पखाण।
नीलौ जल पिय गहबरियो, पत्थर कोरौ जाण।२
भगवत बूठौ भाव करि, ग्यान रतन गुण सार।
निगुरा यों ही रहि गया, सुगणा छल्या भंडार।३
भीजै पण भेदै नहीं, पाणी माहिं पखाण।
रीझै पणि बूझै नहीं, औसो लोक अयाण।४
ऊंच नीच कुल कारण नहीं, कारण करनी जोय।
मल मूतर बिच ऊपजै, करम न्यारा होय।५
ऊंचौ बांस खजूर तर, दोहुवां दोय विचार।
वाकी छांह न फल मिलै, ओ बाकै भार अठार।६
नीचौ चंदन को बिड़ौ, जाकी सब ही ऊंची रीति।
ऊंचौ सेई जाणिये, जाकी परमेसर सूं प्रीति।७
डाल में कउ तलि भवंग, फूलां भंवर बयट्ठ।
अनंता चंदण बीटियो, सबलो लाहौ दिट्ठ।८
मान बड़ाई वंस की, करता है सब कोय।
छूटी वंस बड़ाइयां, कोइ हरिजन न्यारौ होय।९

-:77. विनती प्रसंग:- (2 दोहे)

बंदे बोहत बिगाड़िया, करि करि मैला चित्त।
सांई गरवा चाहिये, नफर बिगाड़ै नित्त।१
किरतब सारू देत है, आथि दई के हाथ।
बंदौ भूलौ वंदगी, रिजक न भूलै नाथ।२

-:78. करता सो भोक्ता प्रसंग:- (2 दोहे)

मन मनसा को बाहलौ, ऊंडौ बहै असोस।
देखत ही दह में पड़े, किसौ दई ने दोस।१
जिस विधि सांई मिलत है, ग्यान गुरु कह्यो पुकार।
सो विधि प्राणी न करै, किसो दोष करतार।२

-:79. पारख विणा प्रसंग:- (1 कवित्त, 14 दोहे)

-:कवित्त :-

तुरी खर एको मोल, महको मोल एक हसती।
रूपो रांग एक मोल, ऊजड़ एक सु बसती।
कंचण काच एक मोल, रतन कोड़ी एक कहिये।
हंस काग सारीख, पारस पथर एक लहिये।
पाप पुन्य की परख नहीं, दया विहूणा दुरमती।
ग्यानी मूरख एक सा, मरहट समानि वा बसती।१

-:दोहा:-

कंचन काच पारख नहीं, गिणिजै एकै भाय।
पाप पुण्य परमत्य नहीं, जिणि नगरी न साधु थाय।१
काग हंस गिणै एकसा, हीरा पथर एक मोलि।
ग्यानी मूरख एक सा, तासूं हसि न बोलि।२
एकै मोलि बिकात है, गादहड़ौ तूषार।
ता नगरी तजि चालतां, विलंब न लावौ वार।३
आव नहीं आदर नहीं, जहां न हरिजन जाय।
हसि कुसलात न पूछही, बहतां बार म लाय।४
चिरमी सोनों एक तोल, मोल बराबर नाहिं।
मेख बराबर एक सा, भेद बराबर नाहिं।५
एकौ मोल बिकात है, भैंसो और गजराज।
भाव भगति नाहीं सती, बीगरि व्यथा उठि भाज।६
मन करि कबू न जाइये, नाहीं ग्यान वमेक।
रूपौ रांग बराबरी, सेत सेत सब एक।७
नख चख सब के सारखा, करणी करम वमेक।
एक पग ठौड़ न पावही, एका भोमि अनेक।८
दुख काहू दीजे नहीं, दुख दीना दुख रोर।

साह स हरि करै साहिबी, फिरै रीचता चोर।९
तन करि मन करि कंचन करि परत न करही पाप।
ताकी सेवा कीजिये, खुसी हुवै हरि आप।१०
दया धरम संतोष नहिं, कुबधि लोभ दिल माहिं।
ताकी सेवा किये हैं, सेवग हरि सूं वेमुख थाहिं।११
धनवत लोक सब को सुखी, जो मन मड़ा मसाण।
विसन भगत होय के ताके, चुगौ न लीजे जाण।१२
आनदेव की पूज को, हरि जन भोजन पाय।
हरि सूं सो बेमुख हुदै, सूधौ जमपुर जाय।१३
ऊंच नीच गिणै एक सा, खलि गुल एकै भाय।
पाप पुण्य परसत नहीं, जाके जाय बलाय।१४

-:80. होतब प्रसंग:- (10 दोहे)

कोड़ि सियाण्या सहस बुधि, करि देखौ हर कोय।
अणहूणी हूणी नहीं, हूणी होय स होय।१
तीन लोक परलोक मां, तेज पराकम माहिं।
भगवान नख कनु अंगुरि, रूम समान कोउ नाहिं।२
जो चाहै सोई करै, काहु की कछु न बसाय।
धेख इहंकार मान्य ईरखौ, एता सांई नहीं सहाय।३
वेद पढ़ौ जोतिग पढ़ौ, चतुराई समरत्थ।
मेह मोत अर रिजक का, कागद सांई हत्थ।४
लिछमी ऊकूं न दियो, जा परि इधिक सनेह।
औ तीन्यौ बस आपणै, रिजक मौत अर मेह।५
जोतिग मां सब कुछि लिख्या, है सब जोतिग मांहि।
होणहार होतब्ब की, आ गति लखी न जाहिं।६
सेस महेस ब्रह्मा सगति, यां पायो कबू न पार।
उपजत विणसत ऊपजत, प्रलै काल केइ बार।७
सब पाणी का बुदबुदा, है सब माया रूप।
मन्यसा धारै सो करै, है सत्य रूप अरूप।८
रूप अरूप सब मां रमै, घटि घटि अघटि रहाय।
कबहिक माया आप मां, कबहिक माया माहिं।९
पोहप बास कांसी सबद, मीन पंछि का माघ।

हिरदै दिष्टि ज देखिया, पावत थाघ अथाघ।१०

-:81. जती प्रसंग:- (8 दोहे, 5 कवित्त)

दीपक जत सत दोय है, महा अमोल रतंन।
जग मां धनवत जाणिये, नर दूजा निरधन।१
दुधारा खांडा दोय, साहै कोइ संत सुजाण।
पूरबला पुन पाकदै, तो पावै पद निरवाण।२
काछ वाच निकलंक नर, च्यारि वरण मां कोय।
जत सत सब का सीर है, ब्रह्म छत्रि वैस सुद्र होय।३
सास्त्र सब ही साच है, चतुराई चितराम।
जत सत नाहीं जास घटि, सब पढ़णा बेकाम।४
जत असवार समान्य है, सत पालक समान्य।
जोय ताखि लागो रहै, तो पोंचै एक असथान्य।५
जत सूरज समान्य है, सत ससिहर मां सोय।
या मां सांसो को नहीं, जत सत गहो सब कोय।६
जत हीणा नर लाणती, जग का चेरा जोय।
जत सब का सिरताज है, जगत गुरू नर होय।७

-:कवित्त:-

बरखा रुति एक असथान्य, घणौ मारग नहिं ध्यावै।
खूंदै नहीं उरधखणि, इण्डरज जीव न सतावै।
पतिव्रत छाईं नाहिं, दया हिरदै मां वासै।
पग पग टालै पाप, देखि पग धरही पासै।
मन वच क्रम पाप न करै, इहीं विधि जत्त ज होय।
जती जतन थिर होइ रहै, धरम प्रतिपालै सोय।१
पाणी पीवै छाणि, भिछिया करि भोजन पावै।
पांव धरै पंथ देखि, दया हिरदै उपजावै।
सत्त वचन उच्चरै, मिथ मुख बोलै नाहीं।
एक चरन्य आराध, रटै अपने उर माहीं।
समता ग्यान विचारि ले, एह मारग उरि धार।
जती अतीत अस जाणिये, औरां तारे आपौ तार।२
तिरिया का मुख वचन, सुणै नहिं रुचि कर कान।

उभय लोयणा उलटि, धरै अभि अंतर ध्यान।
रसना के रस तजै, गंध मध मन न बहावै।
घड़ी घड़ी पल छिन, सुरति ले ले उलटावे।
गहै ज इंद्रिय जीत जो, जुगत होय पद माहिं।
असा अतीत जती सोइ, आतमा बहोड़ि जग जनमें नाहि।३
जंत्र मंत्र वैदगी गण, कढ़त करै ज सोई।
ओदर पूरण करत, सो अतीत जती न होई।
है सोइ असुर समान, तंत मंत जाणै सोइ।
सेवग सति दौरे जाहिं, ताह में संक न कोई।
जती ज नाम कहाय कै, मन कामना उपजाय।
कदासि त्रिया तन चिंतवै, तो बजर लेप लग जाय।४
अतीत नांव कहाय, छुवै कोड़ी नहिं कोई।
छाजन भोजन सहज, दुनि आस न राखै सोई।
लियां परीग्रह होय, दियां राजस ही होई।
दुहि विधि लगै न दोष, सहज समता गह सोई।
नारी जब नजरै परदे, मात भगनि पुत्री सही।
पाखाण स्वर्ण गिणि टलि, चलै जति अतीत जाणै जही।५

-:दोहा:-

अंत्र ध्यान जाके हिये, गुण निधि हिरदै ध्यान।
सोइ अतीत सच्चा सही, पावत पद निरवान।८

-:82. सती प्रसंग:- (2 कवित्त, 7 दोहे)

-:कवित्त:-

सती सत्त संग्रहै, चित्त चल विचल न तास।
जति हरिजन सूं प्रीत, उमति सूं रहै उदास।
कंवल पुष्प जिम रहत, जल मां जल सूं न्यारा।
हित चित हरि सूं लाग, आदि अंत मधि ही सारा।
छाजन भोजन भाय भल, जती जन आगे धरै।
सती लछण एहा सही, कुल सहति दूतर तिरै।१
पर त्रिय पर धन पर मांस, तिहूं ते रहै नियारा।
पर निंद्या मिथ्या कबोल, एह कबहूं न उचारा।
साध संगति हरि भगति सूं, मन धन हित हरि माहि।

जुरा चोरि मद अमल, भंग धुमरा न भखै।
दुख सुख गिण्य समान्य, आन ऊपास न रखै।
असा सती सत ऊधरे, जति कूं संगि ले जाहिं।२

-:दोहा-

गृही गृहस्ती जग मां हूवा, स जाणै हरि ताहि।
गृही राजा जनक था, गृहस्थी हरिचंद राय।१
ममता तिसना मान्यता, काम क्रोध मोह मेर।
पांचौ इन्द्री छठौ मन, औ किया जनकजी जेर।२
धीरज दया भाव हरि भजन, सील संतोष सुभाय।
क्रिया भजन करतूत सब, सो गिरही हरि पाय।३
घर बारी घर मां रहै, माया मोह ज नाहिं।
जो कुछ किया स हरि किया, करम हरी अरपाहिं।४
आय उपज विगसै नहीं, गयां नहीं पछताय।
घर बारी सोही सही, हरि कूं दिय भलाय।५
घर बारी गृह गृहस्थी, तीन्यौ हरि का दास।
कुल तारै आपै तिरै, सदा परम गुरु पास।६
घर बारी रिषि तापस हूवा, धारियो हिरदै ध्यान।
सेवा सिंवरण जाप तप, गावत कथत गियान।७

-:83. गृहचारी प्रसंग:- (6 दोहे)

गृहचारी संसार सब, कहा रंक कहा राय।
माया के वसि पड़ि मुवा, बांध्या जमपुरि जाय।१
कुल का करम करत है, हाय हाय करत विहाय।
धंधा सूं धापै नहीं, मनि माया की चाय।२
सिंवरण सुकृत हरि कथा, औ सुकृत संसार।
निहचौ कदे न ऊपजै, पकड़ियां लोभ विकार।३
सदा ठगाई मन रहै, पर धन इधक पियास।
चोरी झगड़ौ झूठ हठ, औ अक्रम जां पास।४
घात करै पर जीव कुं, छल बल मारै डारि।
बोह बोल दे विष दिया, ए अकरम संसारि।५
अकर्म विकर्म अनेक है, गृहचारी संसार।
कहां लग गिणती कीजिये, जग ओहार वोहार।६

-:84. दया निरतरी प्रसंग:- (8 दोहे)

सब परि दया विचारिये, लख चौरासी जीव।
ब्रह्म ग्यान धियान बड़, जीव दया महिं सीव।१
दया करणी करतूति है, तन मन कोमल तास।
दया जाके दिल मां बसै, सेइ हरिजन हरि का दास।२
दयावंत सोइ जाणिये, दरद वंद दरबेस।
आप पीड़ परदुख गिणै, वे अवलिया फकर वेस।३
कहर कुफर नहिं दिल मां, मोम दिल साख्यात।
रिबल आलमीन दिल मां बसै, ते दुरस्स अलह की जाति।४
पर पीर जाने से पीर है, सब रुवाह अलह की जाति।
जे पर पीर न जानही, वे पीर काफर साख्यात।५
रजान काहूं कूं नहीं, दयावंत कहि सोय।
व्यापक सब मां एक पिव, और न दूजा कोय।६
जैसे दध मां घीव है, चंदौ भाजन माहिं।
यों सब व्यापक ब्रह्म है, ज्यों तरवर संग छांहि।७
दिल खोजो मोटी दया, दया धरम को मूल।
और धरम सोहि डाल छै, दया विहूणा धूल।८

-:85. निरदई प्रसंग:- (9 दोहे)

दया जाके दिल मां नहीं, सोई अरी समान।
तामसी क्रोधी तेजवंत, अगत्ति जाहिं अग्यान।१
जाके वैर विरोध धेख ईरखौ, कुदिया कठोर अनरथ।
से असुरन के बाप हैं, कुबधि कोप परमारथ।२
पाखंड करि पर मन हरै, देखण का वह दास।
सेवक सेती पायसै, जमदूतन की त्रास।३
सदा अनीति दिल मां बसै, बधक बुध ध्यानी सोय।
खौसे मारै सब खाण की, देखै एक न दोय।४
रसना स्वास्थ कारणै, हतै पराई देह।
सतगुरु लेखौ मांगसी, तदि मुंहि पड़िसी खेह।५
असी आपणी आतमा, जिसी पराई जाण।
निडर निरदई से नरा, असमझ है अय्याण।६
अप दुख पर दुख एक सा, गिणै न मूरख ग्यान।

अन्त काल पछतायस्यै, पिंड जब तजै पिरान।७
सुपन समान्य संसार है, थिर नहिं एक लगार।
कुरान पुरान सब कहत है, बारों बार पुकार।८
दया विहूणा निरदई, तरियो न तिरिसी कोय।
परमाणंद साची कहै, दया तरेबौ होय।९

-:86. निंद्या उपदेस प्रसंग:- (19 दोहे)

ग्यानी की निंद्या करै, पाखंडी की मान।
जाके कबू न जाइये, जो सोवन दे दान।१
साचा की निंद्या करै, झूठा सेती प्रीति।
ता संगति तजिये तुरति, सेवग कहा अतीति।२
एक समै रहणा हुदै, करिये सबद न कान्य।
चोर मिलै संगि चालतां, दुख उपजै निदान्य।३
सोनू पीतल सारसा, काच कण रूपौ रांग।
एकै मोलि बिकात है, जापै विद्या न मांग।४
ग्यानी मूरख एक सा, भैंसो अर गजराज।
जिस नगरी भुलि न जाइये, धरम नैम नहिं लाज।६
पीतरि सोवन एक रंगी, तुलै बरोबरि तोल।
किया बरोबरि क्या हुवै, न्यारौ न्यारौ मोल।७
जाति पांति कुल एक है, बसै एक ही गाहिं।
अकलि दौड़ावे एक सी, भाग बरोबर नाहिं।८
जहां कथा नहीं करतार की, नहीं भगति हरि नांव।
संगति नहीं ज साध की, परहरिये सो गांव।९
अस्तुति निंदा ईरखौ, दोन्यौ दीरघ रोग।
जतन करि करि थकि रह्या, कहा लोग कहा जोग।१०
जती सती जोगी तपी, सिध साध संन्यासी सेख।
गिणौ कहां इस रोग की, मिटै न मन की रेख।११
नर पुर सुर पुर नाग पुर, ब्रह्मा सुन्य सुरराज।
विथा स्रव मां व्यौचारी, किया बोहत अकाज।१२
तन धन त्यागण करत है, पुत्र त्रिया परिवार।
अस्तुति निंदा ईरखौ, भै दुर्लभ त्यागण संसार।१३
जाकूं निंद्या अस्तुति न इरखौ, मान्य अपमान्य समान्य।

वह हरिजन हरि का हितू, वे पावै परम निधान।१४
ऐसा ग्यानी साधु की, निंद्या करै नर कोय।
किया क्रतब सब ही अफल, जमपुर वासौ होय।१५
निंद्या करै ज और की, आप जस बधारै आप।
जाका वचन असा दूध बिगड़ियो, दरसण लागै पाप।१६
आन वरन की सेवा करै, महमा इधक बढाय।
उत्तम जन की निंद्या करै, खता अवस्य जो खाय।१७
सूरज रज लागै नहीं, लगै उडावणहार।
साच का कछू न बिगड़े, जो निन्दै सौ बार।१८
चित्रामणि किस कूं चाह नहीं, चलै गयंद सुभाय।
खल कूकर भसि भसि मरै, साधू एक सभाय।१९

-:87. मित्र प्रसंग:- (2 कवित्त, 4 दोहे)

-:कवित्त :-

बाल मित्र जिन करौ, मित्र जिन करौ नृपरिया।
जोगि मित्र जिन करौ, मित्र जिन करौ परतिया।
अमली मित्र जिन करौ, अमल करि हुवै तन डीरा।
नीच मित्र जिन करौ, नीच बुधि होय सरीरा।
कंत सुं नारी पतिव्रता, धूत मित्र सब परहरौ।
परदेस जहां भावै, घरि रहो एता मितर परहरो।१
विसन मित्र करि कंत, तोहि वैकुंठ पठाई।
धरम मित्र करि कंत, होइ जो सदा सहाई।
खिमा मित्र करि कंत, ताहि पुहमी सिर नावै।
चतर मित्र करि कंत, सभा मां आदर पावे।
कंत सुं नारी पतिव्रता, सुजन मित्र पिंडत करौ।
परदेस जाह भावै, घरि रहौ एते मितर तुम करौ।२

-:दोहा:-

रागी त्यागी र सातगी, ग्यानी च्यारी प्रकार है।
चतुरय घोर बखान्य, तिनहै लेह पहचान्य।१
रागी राजा जनक है, त्यागी सुख सम थोर।
सातगी जान्य जमदग्नि कुं, दुरवासा अति घोर।२
असन बसन भूकन करथ, चोपे बांद गुलाम।

हंडवाई हथियार सब, ए सब निधि के नाम।३
अरथ धरम कामना मोख, ए चार पदारथ नाम।४

-:88. निगुण प्रसंग:- (9 दोहे)

परमानंद न कीजिये, निगुण नर सूं नेह।
कही न मानै आपकी, दुख उपजावै देह।१
मिसरी दूध मिलाय कै, नींब सिंचे नर कोय।
मन वच क्रम विचारि ले, नींब न मीठा होय।२
इंस्रत ईख मिलाप करि, तूंबण सींचै कोय।
बीज करम पलटै नहीं, तुंबण खारी थाय।३
बोह विधि भोजन छाड़ि कै, मूसौ पकड़ै धाय।
मंजारी अर अरि पुरुष, घात सुभाव न जाय।४
दूध पियावत पनग कुं, विसहर टालौ न करै।
सुरह दुहे दुहि कोय, ताही काटत सोय।५
कुटल कुबधि जाके रिदै, कहे सुणे कहा ग्यान।
निगुण गुण जाणै नहीं, औगुण ही सूं ध्यान।६
संत सभा सूं टलि चलै, कुसंगति बैठे जाय।
गुणवंत कोइ जे गुण करै, वाके औगुण कूं धाय।७
गुण करतों औगुण करै, दइय न आवै दाय।
औगणगार न तिष्ठही, दिन दिन कटतौ जाय।८
चाटत लोटत स्वान्य ज्यूं, दुहाप्यौ काटत सोय।
स्वान सनेही निगुण नर, कबहूं मीत न होय।९

-:89. सुगण प्रसंग:- (9 दोहे)

सुगणा सब विध गुणन की, सदा निरंतरि सोय।
परमारथ करतो रहै, बोलत सुवचन सोय।१
जो कोई औगुण करै, उरि अंतरि धरै न दोष।
करता हूं नाहीं करै, समता गहे संतोष।२
औगुण बुरौ न देख ही, सबल स्वायंती सोय।
गरवा गहरा समंद सा, थाघ न पावै कोय।३
सुगुण रतनां की खाणि है, जाका एह सुभाव।
धरती कूं सुख दीन की, देखै चालत दाव।४
इंव्रत पीवत प्यावही, आसुर निकट न जाय।

घर तर गिरवर संत जन, जैसा सदा सुभाय।५
कहर दृष्टि नाहीं कभी, आदि मध्य अरु अंत।
सीतल सुखदाई सदा, सच्चा सुगुणा संत।६
करता की किरपा हुदै, सुगुण मिलै जदि आय।
औगुण रेड़ै फटकि के, गुण कण लेहि समाय।७
गुंण करि गुण सबको करै, हर वांकौ अपराध।
औगुण ऊपरि गुण करै, सो कहिये निज साध।८
निज संत सोही जानिये, उर मति जाके एह।
जाके हिरदै हरि सदा, दहै न औगुण देह।९

-:90. भय प्रसंग:- (10 दोहे)

जब लग संक ज ऊपजै, तब लग भरम न जाय।
मन चंचलाई ना तजै, तब लग थिर नहिं थाय।१
अंतर भै हरि को नहीं, भजन न करही कोय।
जाके हृदै विकार झल, तन मन वसि न होय।२
भै सम भ्राता को नहीं, भै सम हित न और।
भ्रम भागो भै दरस ते, भागो भरम कठोर।३
भै जागत रछिया करै, भै सूं मन डराय।
भै सोवत सुपनै विषै, आवत करै सहाय।४
घरि बाहरि परदेस मां, बिगड़त नाहीं काज।
चोर मुसै नहिं जागतां, मैं सब का महाराज।५
भै दुख आन उपास को, भै भरम्यौ संसार।
भै राख भगवान को, तो पावै मोख दवार।६
भै औसो भगवान को, सुत माता को हेत।
रून्नौ विणि पावै नहीं, हित चिंत करि चेत।७
भै विणि भगति जैसी गिणौ, घी विणि अलप अहार।
हेत बिहूनो हरि भजन, पावत नहीं लगार।८
आलस निद्रा तंन में, मन दोड़ै ज्यौं गैंद।
भगति भजन हरि भै नहीं, नैनूं व्यापत नींद।९
हरि को मैं उर धारि कै, भगति भजन करे सोय।
सालोक साजुज सारूप, सोई समापति होय।१०

-:91. विनती प्रसंग:- (18 दोहे)

क्यौं कीवी क्यौं नहिं किवी, परमेसर सूं प्रीत।
राति दिवस मन मां रही, पेट छलण की चित।१
नांव तुम्हारो न लियो, मन दीन्हो मुकलाय।
मन चाह्यो सोई कियो, चाल्यो इन्द्रि सुभाय।२
गुण औगुण मूंडौ मलौ, तुम जाणत हो सोय।
हम तेरे ही आसरै, अवर न दूजा कोय।३
तै कियो सो और कियो, तोउ तुम्हारी आस।
सुख सागर जांह सेवियो, जांकी मिटी पियास।४
दुख दाझंतां देवजी, लिवी तुम्हारी ओट।
तुम सरणि दुख पाइये, तो सेवक ही मां खोट।५
होय सहायक सांइयां, जन सेवक परि आय।
गुण औगुण नहिं देखिये, कर सोई अपणाय।६
समरथ है सब तैं सबल, कहि कुण पावै पार।
कृपा निधान कृपा करौ, प्रीतम प्रान अधार।७
परमानंद दिणियर उदै, तो रजनी रहै अंधार।
तो रिव लाजै विसन जी, जन को ओहि विचार।८
सिंघ सरणागति आय कै, जो जंबक दुख देय।
सिंघ नहीं ओ स्याल है, जाको सरणौ कोइ न लेय।९
पतित अपावन तोउ राज को, ओ औसर ओ जोग।
जन की लज्या राखियो, हरो विष विविध विवोग।१०
औगुण ओड़ न देखिये, सरणागति की लाज।
अपणा जाणि पिछाणि का, करता सारो काज।११
जो करता सोइ भोग्यता, आडो आवत सोय।
अपणौ कियो भोगवै, हरि सूं दोस न कोय।१२
जैसा जाणौ मन करौ, कंत में जाणो करतार।
तुम दिल मालिक दई जी, सब की जाणौ सार।१३
अविद्या के वसि जीव है, भूलो माया माहिं।
भली जांका हरि सूं हुवै, इह खोटी कलि माहिं।१४
दई कुल ज्यों दास की, आदि अंत मधि सार।

हरि विणि दूजो को नहीं, है हरि प्राण अधार।१५
स्रण आये कूं राखिये, छोडियो लज्या जाय।
चूक पड़ै जे दास करि, सामि लेत निरवाय।१६
काहू के बल भजन को, काहू के बल ग्यान।
विसन भगत के विसनजी, तुम हो क्रिपानिधान।१७
ग्यान ध्यान तुम ही भजन, परमानंद तोहि आस।
जहां तहां ई तुम रहो, राखौ अपण्ये पास।१८

-:92. वेलि दृष्टांत प्रसंग:- (5 दोहे)

अधर बेल हुई उदै, पसरी मन परवाण।
बार पार जाको नहीं, फल जाको असमान।१
धरन जात तांतु लगे, वधै न एक लगार।
अधरा रहता हूं लगे, बधै अनंत विसतार।२
जो सब ही के ऊपरै, जा उपरि नहिं कोय।
सुरति वेलि तासूं लगी, कबहुं न बिछरै सोय।३
धरती धर ते बीछदै, हिरदै करै निवास।
तदि वेली फूलै फलै, छै रितु बारा मास।४
अरथ धरम मोख कामना, फल लागा तहि च्यार।
हंस मोती हरि नांव चुणि, पायो हरि दीदार।५

-:93. अग्यान प्रसंग:- (17 दोहे)

अपणी उकति उठाय कर, मनि मन्यसा को ग्यान।
सतगुरु सार न जाणही, योऊ मति अग्यान।१
मन में मोटा होय रहा, मोटा तुछि समान्य।
आपौ आप सरावही, ओ सब माहिं अग्यान।२
अग्यानी उर अंध नर, चालै आप सभाय।
अग्यानी अध करमिया, कही न मानै काय।३
सत्य कूं मिथ्या करि गिणै, मिथ्या सति ठहराय।
भली कयां मानै बुरी, तासूं कुछ न बसाय।४
उत्तम सेती टलि चलै, मध्यम सेती नेह।
सठ मूरख समझाव मत, दुख उपजैगो देह।५
हरि सिंवरण सूं हित नहीं, माया भुतां हित लाय।
जाकूं ग्यान बतावतां, धरम आपको जाय।६

तुछि लाभ हुवै तो मन खुसी, हंसै खुसी मन माहिं।
अलाभ मुरछित होय पड़े, रोवत है मन माहिं।७
जैसी जैसी बुधि का, अग्यानी अविचार।
ताकूं हरि मेलौ नहीं, जलम धरै सौ बार।८
कोड़ि दियां होवै खुसी, कोड़ी लियां रोय।
कहा अतीत कहा ग्रेसती, अग्यानी मूरख सोय।९
गयां सोग बहु करत है, आयां हर्ष उपजाय।
दुख सुख के दरियाव मां, तिरै डुबै जीवाय।१०
आत्म ग्यानि कोइ एक है, अग्यानि सब संसारी।
ग्यानवंत की गति हुदै, अग्यानी अगति तैयारी।११
मूढ़ मती संसार सब, भावै जाकूं देह।
ऊंच नीच एको गिणै, द्रग ताकी मति एह।१२
आन वरन सेवा करत, हरि सूं नाहीं चित्त।
ताते आवागुवण मां, बारो बार फिरंत।१३
माया मोह मान तजे न, करे ताही सूं नेह।
ताते जीव दुख खान मां, उपजै विणसै देह।१४
दुख ही का सुख करि लिया, मन अग्यान उपाय।
जो जल मिध्या मान्य जल, फिरि फिरि भटका खाय।१५
असो ध्यान अज्ञान को, परगट कहूं प्रवान।
ज्यौं बुग मच्छी कूं तकै, यौं कुबुधी को ग्यान।१६
अंदरि बोहती कामना, बाहरि एक पग प्रीति।
यह विधि देखो लोक की, आहि अग्यान की रीति।१७

-:94. ग्यान दगधी प्रसंग:- (36 दोहे)

काम रूपी जाको मन है, समझै नहिंयज और।
ताके ग्यान न ऊपजै, हिरदौ कठिन कठोर।१
बहता हूं बह जाणदे, मती पकड़ावै ठौर।
समझायो समझै नहीं, देह धका देय और।२
समझाइये अजाण कुं, सो काचे दूध समान्य।
बिगड़ायल दूध बिगड़ियो, कहा हुवै सुणाये ग्यान।३
मद मातौ मूरख नर, मानै नहीं ज बात।
कुमति कुमत न छडछु ही, समझावौ दिन रात।४

ब्रह्मादिक मुनि रिख सबै, आय दियो उपदेस।
मूढ़ मती अग्यान के, मूल्य न होय प्रवेस।५
जो चितरानन्य चतरमुखी, समझावै सुर ग्यान।
अपणी अविद्या मूढ़ मत, मिनख न मांडै कान।६
ग्यान दगधी आतमा, हिरदौ कठिन कठोर।
कोटि जतन कोई करौ, कहे और करै और।७
का पूरण ग्यानी भलौ, का तो भलौ अजाण।
मूढ मती अध बीच को, जल मां जिसो पखाण।८
ग्यानी कूं ग्यानी मिलै, मिलतां ही सुख होय।
कहिये सो समझै सही, मान्य लेइ सति सोय।९
ग्यानी कूं ग्यानी मिलै, करै ग्यान की बात।
मूरख कूं मूरख मिलै, एक मुकी दुजी लात।१०
साध बतावै मुकति कूं, और बतावै कूण।
प्रकृति सुभाव छूटै नहीं, ज्यौं पाणी अर लूण।११
असौ अपत अग्यान नर, बीकरमी बेसरम।
अधरमी मूल्य न धीजियै, जो होइ निपट नरम।१२
जो देही सूं ममत रह्यो, कबहूं मानै नाहिं।
ताकूं कछु कहिये नहीं, है सो बंधण माहिं।१३
तात मात सुत वनिता, लिपट रह्यो है जाहिं।
सो सठ पसू समान्य है, सरमावत वोहि नाहिं।१४
रजगुण माहीं रचि रह्यो, तमगुण छूटो नाहिं।
सतगुण सूं परचौ नहीं, कहे हम सुर पद माहिं।१५
जागत ही सूतौ रहै, सोवत भरम दिसान।
उनै सुपन में भुंय रह्यो, होय रह्यो गलतान।१६
सुखपति सूं परचौ नहीं, पलक एक परवान्य।
तिन्य तुरिया पद पाइयो, कथत न लजत अग्यान्य।१७
जाके उर मां आन की, सोहड़ि है गुरु ग्यान।
ग्यान अग्यान न होउ एक सम, ग्यान माहिं अग्यान।१८
आप बखाणत आप कूं, ताकुं मानत सोय।
सत्य कूं न सत मानही, कैसे समझै सोय।१९
नासती की वाणी असी, जैसो सैंवल फूल।

सुवै देखि कहा पाइयो, रंग देखि मत भूल।२०
खोटौ खरौ पटंतरौ, पंडित ही कूं जान्य।
जो पढ़ गुणै निज धरम कूं, लोपि करै अग्यान्य।२१
निज पद की नासति करै, कथै इंद्रि रत ग्यान।
जैसे कूवौ नीर विण, पढ़ियो निरफल जान।२२
आम्ही साम्ही उलट पलट, मिलि कहै दोय बात।
कही अणकही एकसी, सुण हिरदो सीरात।२३
इत उत की साखी मिलाय करि, अपणे स्वार्थ काज।
मन्य माया की ममता, कपटी नावै लाज।२४
तुछि तपस्या तुछि बुधि, तुछ मन माहिं वमेक।
ताहि मद मन मातौ फिरै, दगधै लोक अनेक।२५
अलप कमाई के लिये, अंध करत अभिमान।
देही दुख देखै न को, दोजग रत अग्यान।२६
मूवा कूं मारै कवन, भगि कूं घालै घाय।
जे हारिया हरि धरम सूं, तासूं बकै बलाय।२७
पहले माया त्याग कै, भ्रमहै लागो धाय।
भाजि परै पूठौ बाहुड़ौ, उतरां चढियो न जाय।२८
कैसे सिला चढ़ाइये, परवत ऊपरि सोय।
जो आई आकास हूं, जैसे यो सठ जोय।२९
दोय च्यार साखी कहै, दोय च्यार कहै पद।
कहे हम कूं अनभै फुरी, हम ग्यानी बेहद।३०
हम सम ग्यानी कौन है, हम कूं सब ही गंम।
हंम बराबर कौण है, जाकूं बूझै हंम।३१
हम ही जाणें जुगति सब, बूझन कापै जाहिं।
ए बुधि मति सब बह गये, बिह विष की नदि माहि।३२
आप मत मारग लियो, भेदक पूछियो नाहिं।
जड्ढ पचि पचि बहि गयो, प्रभू पिछाण्यो नाहिं।३३
बाघ हु के भेटा भली, करै काया को छेद।
नासतीक नर को दरस, भलौ न भाखै वेद।३४
आतम परमातंम की, जीव सीव की सोय।
सुधि सार समझै नहीं, आप हि करता होय।३५

दुख सुख आपा उरि मां, मैं तैं गरब गुमान।
इन तीं न्यारा जब हुवै, तदि हुवै ब्रह्म पिछान।३६

-:95. ग्यान भोमिका प्रसंग:- (2 दोहे)

ग्यान सोइ मुख ऊपजै, चुण कण अख्यर पाय।
पैड़ी पैड़ी चढतां, महलि विराजै आय।१
कै सतगुरु कै सासतर, कै सत संगति निधान।
कै पूरबला पुंन तैं, एह भूमिका ग्यान।२

-:96. दुबध्या प्रसंग:- (9 दोहे)

मन में दुबध्या ऊपजी, माया भजूं क राम।
दुबध्या सूं अधबिच रह्यो, सरियो न एकौ काम।१
कबहिक सुरगुण मनि बसै, कबहिक सरगुण गाय।
कबहिक भूत पितर जपै, कबहि निरंजण राय।२
कारज कोई न सरियो, जुरा पहुंती आय।
माया मिली न हरि मिल्यो, काल पहुंचो आय।३
पूछे पोह लाधो नहीं, उरि दुबध्या तजी न हरि भज्यो।
दीनता उपाय, सूधौ जमपुर जाय।४
एक पंथ महा मुगति को, सतगुरु दियो बताय।
दूजौ माया मोह को, भरम्यो गोता खाय।५
कूकर मिंदर काच का, छांह देख घुरराय।
यों नर दुबध्या भरम मां, भटकि भटकि मरि जाय।६
चोर न चाहै सूर कुं, साह न चाहै रन्य।
सब स्वारथ की दिसा का, सब माया का चिह्न।७
जहां स्वारथ मन चाहिना, जहां हि मानै सुख।
जहां स्वास्थ नहिं आप कूं, कहे कालो वाको मुख।८
जाके दिल दुबध्या नहीं, निहचौ हरि विस्वास।
से सचा हरिजन सही, परमानंद हरि पास।९

-:97. दुबध्या विधांस प्रसंग:- (4 दोहे)

ज्यौं मुख दरसै आरसी, एक रूप दरसाय।
पालौ पाणी दोय कहे, सूर उदै एक थाय।१
एक रूप सब रूप मां, सब मां रह्या समाय।
जीव सीव सब एक है, ज्यूं पुहप बास पसराय।२

घट घट माहीं अघट हरि, ज्यौं जल चंदा सूर।
सिलता सिंघ ज दोय है, जितने न्यारी दूर।३
सिलत समावै समंद मां, रहै न सिलता नांव।
यों जीव समावै सीव मां, जदि नीर सिंघ को नांव।४
-:98. हेत करणी प्रसंग:- (34 दोहे, 1 कवित्त)
हरि थापै जन ऊ थपै, जाके हरि विसवास।
हरिजी कदे न ऊथपै, जे थापै निज दास।१
माया वाणी हरि भगति, हठिया मिलै न कोय।
धीरा है जे पाइया, घरी आगल्यी होय।२
धरम साहित आगै धरै, सो तो बिलै न जाय।
कुदरत करता की कला, सहजे प्रगटे आय।३
इधक बधारै आप ते, महिमा जन रघुवीर।
सिवरी पद रज बेदता, सुधि भयो सीतल नीर।४
नारद पूछै हरि कहै, साह के लिख्यो न पूत।
बिन्य लिखियां ईं छै दिया, यो बोल्यो अवधूत।५
कोड़ि दवादस रिषी ब्रह्म, मारिया सबको माण।
बालमीक पोषत सभा, बागो संख पंचाण।६
जाके जैसी पीड़ है, सो तैसी करै पुकार।
को सुख मां को सहज मां, को मिरतक की बार।७
रिण की दण की मिलण की, करी उधारिया स हारि।
अरि की कब की मित्र की, काया काची गारि।८
जैन दया अर सिव भगति, मुसलमान इकतार।
जे नर गति तीन्यौ मिलै, तो जिव उतरै पार।९
ऊंट रुपइया सोलहै, गाडर रुपिया दोय।
ओटी ले काती बणी, ऊन समान्य न होय।१०
ऊंट लिटै जाय छार मां, खर की सरवरि होय।
गाडर अज्या संग रहै, संगति का फल जोय।११
संगति कीजे साध की, हड़ै और की व्याधि।
ओछी संगति नीच की, आठुं पहर उपाधि।१२
संगति भई ते क्या भया, हिरदा भया कठोर।
नव नेजां पाणी चढ़े, तोउ न भीजै कोर।१३

पाणी की पैदास सब, जलचर थलचर जीव।
पाणी सब कूं पोषता, रस तिण कण चोपड़ घीव।१४
तीन्य तंत दोय तत्त विणि, किसी न आवै काज।
पाणी है पति राखणौ, राखै सब की लाज।१५
पाणी माया रूप है, पवण रूप करतार।
पाणी ऊतरियां पछे, चढ़े न दूजी बार।१६
कहां अंध कूं आरसी, कहां बहरे कूं नाद।
कहां पंडित कूं समझाइए, कहां मूरख सूं वाद।१७
पीपल झूरै फूल ने, फल ने झूरै जाय।
बंझा झूरै पूत ने, सोने सुगंध झुराय।१८
गवड़ी झूरै राग ने, अंधारा ने चोर।
राजा झूरै परज ने, देखि पगां दिसि मोर।१९
एकै थाणै रोपियां, आंबौ और बबूल।
आंब रा फल पाव्यजौ, उण री भांजे सूल।२०
मुखां जे मीठा बोलिया, भड़क न दीजे गार।
चित चोरी सूं टालजे, परहरिये पर नार।२१
केहरि कदे न तिण चरै, मूंसौ भखै न मास।
कामी कदे न हरि भजै, झूठ न बोलै दास।२२
पाणी सूं पिंड ऊपनौ, पिंड सूं लोही मांस।
ता साहिब कूं छाड़ि कै, करै आन की आस।२३
मद मस्त फूल्यो फिरै, समझै नहीं लगार।
धंन तन को गरबबौ, जात न लावै बार।२४
मन जाणै दीजे नहीं, दीन्हा थोड़ौ होय।
एकै दीन्ह बाहरियो, नांव न जाणै कोय।२५
खरची माया संगि चलै, बिण खरची नहिं साथि।
देखत ही कूवै पड़े, दीपक लियां हाथि।२६
तेल जग्यो बाती बूझी, मंदर भयो अंधियार।
देखौ सोच विचारि कै, थिर नाहीं संसार।२७
भगति भजन कियो नहीं, कहा कियो तन धार।
बार बार नहिं पायबो, मिनखा जलम गिंवार।२८
बाग नहीं बाड़ी नहीं, नहीं फूल को संग।

कंवल फूल कूं छाड़ि के, भुंवरों भसम लगावै अंग।२९
इहां ज होती केतकी, जली घास के संग।
प्रेम प्रीति के कारणै, भसम लगावत अंग।३०
प्रीत भंवर की जाणती, जलतौ वाके संग।
तब तो टालौ कर रह्यो, यांही भसम लगावै अंग।३१
वा जली जदि था नहीं, गया चेज के संग।
भसम लगावै पंखड़ी, ले जाय बहाऊं गंग।३२
पांच तत्त गुण तीन्य मां, सब ही है संसार।
इणि आठूं सूं न्यारा रहै, सो सब का करतार।३३
सतगुण रूपी विसन है, जोति जोत समाय।
रजगुण ब्रह्मा तंम सिव, ए दोउ माया मांय।३४

-:कवित्त :-

चाम रोम अर नाड़ि अस्थि मज्जा पिरथी तत।
लाल मुत्र पसेव रकत व्यंद आव प्रकीरत।
खुध्या त्रिषा आलस निद्रा क्रोध तेज की होई।
गावग धावण कथा बल्य अगोचरी वाय संजोई।
माया मोह अर राग दोष लजा अकास प्रकृत ए।
पाँच तत्त को पूतलौ संगि पचीस प्रकृत ए।१

-:99. छत्र प्रसंग:- (6 कवित्त, 2 दोहा)

व्योम इला विसतरै दो, वेद कहो केणि विचार चार।
थिर दरसण किणि थप्या छह, कूल गिर किता कहाए आठ।
पेखेक द्दगपाल दस, वरस के मास गिणीजे बारह।
चत्रमुखी दिन इन्द्र चल चवदे, गोपि कै सहस भणीजे सोलह।
खोहणि दल किणि खूटवे अठारह, किता सगति आवध कर बीस।
अनंत जुगां आछै अमर, रहै कंवल छत्तर रुदर।१
कहि मुगति भगति सो कवण दो, कवण चत्र खणि उपाई चार।
कहि छै रुति सो कवण छह, कवण सिध आठ कहाई आठ।
कहि दस दिसा स कवण दस, रासि बारा किणि कन बारा।
कहि विदिया सो कवण चवदे, किता सिणगार कामणि तन सोला।
खोहण दल किणि खूटवे अठारह, कवण बप बीस भुजाकर बीस।
आदि माया जुगि जुगि, अकल कवल छत्र अनादिर।२

ओउम आदि अनादि, ऊंच त्रैखण्य उपाए।
ओउम षट द्रसण उपाय, कुली अष्ट ओऊंकार कहाए।
ओउम दस दृगपाल, ओउम अंतरिच्छ बंधाणा।
ओउम चवदे अधर धारी, ओउम सोले कला इंम्रताणा।
ओउम अठार भार वनासपति, ओउम विसन लोक किया अटण।
ओउम विसन विसतार एक, ओउम विसन सबका छतर।३
रावतां छत्र राव, राव छत्र राजा सोई।
घर धणी घर छत्र, गांव छत्र रावत होई।
राजा छत्रपति साह, पातस्याह छत्र धूम पेखौ।
धरम परि छत्र इन्द्र, इन्द्र छत्र ब्रंभा देखौ।
इन्द्र ब्रम्भा रुद्र सगति, भगवान छत्र सब सीस भणि।
अटल अचल अकलां कलण, गिणती छत्र विसण गिणि।४
ओउम अवगति एकाएक, तीन्य गुण तेणि उपाया।
पांच तत किया पसार, वार सत तेणि ठहराया।
नव कुली किया नाथ, रुद्र ग्यारा थिर अप्या।
तेरे कुल तिणि किया, तिथ पनरा मास थप्या।
सतरह सतरह सति, सत्य उगणीसवे सो वास ही।
इकबीस ब्रहमांड ते ऊपरै, विसन छत्र सब का सही।५
पोहमी छत्तर नीर, नीर छत्र पुवण बखाणौ।
पुवण छत्र अंतरिछ, अंतरिछ ग्रह छत्र प्रवाणौ।
ग्रहां छत्र ससि घात, सीव ससि छत्र सोई।
सीव छत्र सोइ ब्रम्भा, हरि ब्रंभा को छत्र होई।
हरी छत्र जाके हिये, जाकूं कोय न गंजई।
संसार सुरग सुख विलसि कै, जीव छत्र सो सिरजई।६

-:दोहा:-

हरिजी जांह छत्र हुवा, छांह करै सब कोय।
करता छाया ना करै, तो छांह धूप ही होय।१
कै सुणणौ कै सीखणौ, कै लीणौ हरि नाम।
दुनिया ने धंधा घणा, संतां ओही काम।२

-:100. गिणती विसतार प्रसंग:- (37 दोहे)

एक विसन ओउंकार एक, ओउंकार माया उपाय।

अनंत नांव विसन का, ठीक एक ठहराय।१
सीव सगती दोय सही, निस वासर दोय नांव।
जो दो सब कियो जगत, गिणती अनंत गिणाव।२
त्रिगुण रूप त्रय देवता, शिव ब्रम्भा विसन देव।
गवरी सावत्री लछमी, भगवत आप्पौ भेव।३
च्यारि वाणी वेद कतेब च्यारि, च्यारि खाणि चक च्यारि।
चत्रमुख ब्रंभा रच्यौ, चत्रभुज विसन सर्व विसतारि।४
पांच तत्त को इंड रच्यो, पांच तत्त को पिंड।
पांच पाण्डु पांच तत प्रथी, तामां सब ब्रहमंड।५
षट दरसन षट राग है, षट चकवै षट कर्म।
षट रस भोजन षट प्रमल, षट भरम षट धर्म।६
सप्त सायर दीप सात है, सात वार रिख सात।
सप्त जीह सुरमुख सपत, सप्त पयाल जात।७
आठ अनड़ गिर आठ दिस, आठ धरम क्रम आठ।
जाम जाम अठ अठ घड़ी, आठ वरग वैराठ।८
नव ग्रह नव लख नखत, नव नाथ नव खंड नाग।
नवधा भगति ज वाय नव, नव नाड़ी नव भाग।९
दस अवतार दस दिसा, दस द्रगपाल दसीय दस।
दस आंक हुवे सुभ दिया, आखर माता दस।१०
इग्यारा रुद्र होम जगि, ग्यारस्य रगता नांव।
ग्यारे खोहणि ग्यार दिनो, वरत ग्यारस्य ब्रताव।११
संकरायत बारै ज रवि, रासि मास बारै नांव।
पुन्य मावस बारै ही, मंडलीक बाणध्यपति नांव।१२
तेरै कुल तेरै त्रिया, जखि रिषि तेरै जाण।
तेरै भुवण जम त्रास है, मन्यसा बहै विवाण।१३
चवदै जुग चवदै रतन, चवदै भुवणि सुर राज।
सासतर चवदै अनंत, किया करता काज।१४
पनरै दिन चन्द्र बधै, पनरै दिन घट जाय।
पनरै तिथ पनरै देवता, चन्द्र अमी भुगताय।१५
सोलै कला सपूर ससि, सोलै घटि का सिणगार।
सोलै सांवत सोलै दिसा, करणहार करतार।१६

सतरै विधि भोजन सत सूं सति सतगुरू सहाय।
सत की बांधी पृथिमी, ठीक रही ठहराय।१७
अठारै पुराण कुराण कही, बनासपति भार अठार।
पदम अठारा राम दल, करणहार करतार।१८
उगणीसै जोयण पोहमि, ता परि रवी तपंत।
उगणीस विसोवा जगत सब, रवि ससि कला रहंत।१९
आंगली नख बिसवा बीस भणि, समेर मंझी सुरग बीस।
कुंभ रूप सो सिव बसै, सो विसन बिसवा बीस।२०
इकबीस ब्रांड उण रच्या, एकणि ओउंकार।
इकबीसवै लोक अमर नर, विसन नांव ततसार।२१
बावीस तेबीस का, ज्योति अखंडित जाण।
सिस्टी सू पहलां रची, असमझि माया अजाण।२२
चोइस अस माया चरित, भरम्यो सोह जुग भ्रम।
जीव सीव कुंवला किया, काट विलगा क्रम।२३
विसन मनसा करि माया रची, ताथै मन्यसा माया कहाय।
दिष्टमान माया सरव, अदिष्ट विसन कहाय।२४
पांच तत पचीस प्रकृति, सब ही का तन सार।
काया माया स्वारथ की, भूल्य रह्या निरधार।२५
छाइसवौ छितो विसन अस, तेरा कुल उपरि ताम।
ताकूं ध्यावै ते नरा, ते पावै परम धाम।२६
सताइस नखतर तिणि रच्या, बांध्या ब्रभंड बंधाण।
ज्योतिग वेद सब विसत, लीला विसन बखाण।२७
जोग अठाइस जुगति सूं, सासतर किया सार।
ल्हुक मीचण को खेल करि, होत्यव बस हुणहार।२८
गुणतीसा तीसा दिन, चंद पलट रवि रास।
दोय चंद एक रासि पै, जदि बधै एक मास।२९
इकतीसा रवि पालटै, सुधि लेख सार।
दूजी वेद भुलावणी, पंडताई इधकार।३०
बतीस लखण बतीस आभरण, दांत बतीस कहाय।
बतीस वायक त्रिय वचन, दतक सारू पाय।३१
तैतीस गढ़ तेसीस कोड़ि देवता, वैकुंठौ रे वास्य।

सुख अनेरा भोगवौ, विसन देव के पास्य।३२
चौतीस अखर ओउंकार बिणि, ओउंकार सूं पैतीस।
अनेक वाणी ओजस जस, जोवै रचना जगदीस।३३
पुरख अकलि छत्तीस गिणि, राग रागणी छत्तीस।
संगीत पूरब लखन सूं, कृपा करी जगदीस।३४
धर अंबर पाणी पवन, चंद सूर संगि च्यार।
छतीस पाखंड परवरिया, षट दरसण लार।३५
कलजुग पाखंड पुज्यजो, कूड़ कपट सूं हेत।
दौरे जाइस्सै देखतां, गुरु सिख सेवग सहेत।३६
दान सील तप भाव सत, जरणा छमा संतोख।
जत सिंवरण किरिया बिना, जीव न पावै मोख।३७

-:101. उमरि प्रसंग:- (19 दोहे)
बधत घटत जाणै विसन, गिणती सौ की सार।
इन्द्र ब्रंभा सगती रुदुर, विसंन सिरजणहार।१
षट सांसा की एक पल, दस पलां खिण होय।
साठि पलां एका घड़ी, साठ घड़ी दिन जोय।२
आठौं घड़ियां जाम एक, जाम आठ जुग च्यारि।
चौकि एक प्रदिखणा, रवि ससि गिणती सार।३
पख मास गिण चन्द्र का, दिन बरस रवि देख।
वही नखत दिनाइया चंद्र का, चवदिया सूरज पेख।४
कर्क सूं देव रात्र पड़े, मकर सूं दिन गिणंत।
ससि रवि बरस इन्द्र एक दिन, आगै बड़ी गिणंत।५
तीस दिवसे माहीनो, तीन्य से साठ बरस।
छतीस हजारे सौ बरस, नव चौजुगी दरस।६
एक इन्द्र के राज मां, न्यव अवतार विसन।
चवदै इन्द्र पालटै, तदि ब्रह्मा को एक दिन।७
३० तीस माहीनु ३६०, तीन सो साठ बरसु।
३६००० छतीस सो, बरस इंद्र का सो।८
चवदह इन्द्र मनुंतर हुवौ, तदि ब्रंभा को दिन एक।
बीस सहस एकावन लख कोड़ि एक क्रंमा महीनू एक।९

चवद कोड़ि चालीस लख, अरब अठारह अरबि।
तब ब्रंभा पूजै सौ बरस, वेद कहत है साखि।१०
५०४००० ब्रंभा के दिन की संख्या।
१५१२०००० माहीनू, १८१४४०००० बरस।११
१८४०४०००००० ब्रंभा का सौ बरस सो।१२
व्रंभा द्वादस बरत ही, रुद्र एक उपजंत।
रुद्र एकादस ऊपजै, सगती सिणगार सझंत।१३
१९५५८४०००००० रुद्र का सौ बरस सौ।
असी लाख सताइस अरब, खरब एक बल्य मांय।१४
मारकुंडे की आव मां, ब्रंभा सात बरताय।
१२७००८०००००० मारकुंडे का सौ बरस सो।१५
सहस सगती बरत ही, विसन की एक खिण माहिं।
विसन कबू विणसै नहीं, और कोउ थिर नाहिं।२६
मन्यसा करि माया रचै, रमै ज माया माहिं।
कब एक माया आप मां, कबहू माया माहिं।१७
ताको सिंवरण सुरति ध्यान धरत, विलंब न लावौ बार।
जलमो जलम पुकारतां, कब एक लगै पुकार।१८
भगति दुहेली है सही, ज्यौं सोनू ले ताय।
घण अहरणि बिच हीर ज्यों, यौं हरिजन हरि पाय।१९

-:102. धड़ाबंध निवेड़ प्रसंग:- (15 कवित्त, 6 दोहे)

-:कवित्त:-

धड़ा बंध निवेड़ का, प्रथम सुन्य कार बेसुन्य।
बेसुन्य मां जोति सरूप, ऊपनू जोति विसन्य।
विसन ओउमकार ज कीनू, ओउमकार किया पांच तत।
पांच तत त्रगुण सिस्टि उपाई, गिणती अगणत्या ग्यान।
ग्रभ मरजाद बताइ एक, समै वैसाख सुदि तीज तिथि।१

-:दोहा:-

................., मेष लगन मंगल नख आदरौ।
सतगुरु सतजुग थरपियो, प्रथम घड़ी परभात रो।१

-:कवित्त:-

सतजुग सोह समरथ विसनो विसन जपंता।

पाप दोष दरसण मां, दिष्ट रुघवेद उचरंता।
ग्रहण हुवा सहस पांच, तां मां तीज वाट सूरज रा।
चावा अवतार चियारि, अवर विसंन चिरत अनेरा।
मच्छ कच्छ वाराह नरसिंघ, भगतां तारण भौ हरण।
माया भूलै सोई असुर, करतार सबै कारज करण।२

-:दोहा:-

समत अड़तालीस सइके समौ, आसाढ़ सुदि एकादसी।
कन्या लग्न सोम स्वायत नखत, तीजै पोहरि तेता लागसी।२

-:कवित्त:-

तेता जुग लागतां, वेद जुजर विसतरियो।
सत जिगन भ्रम ध्यान, तजे राज राजा तप करियो।
परब सहंस च्यारिंस, साढा तेरा स सूरज रा।
तीन्य विसन अवतार, बावन फरसराम विसुंधरा।
असुर उथाप सुर थापण, सुर नर कारज सिध कर।
अवतार विसन लीला, इधक अवतारां राम सिर।३

-:दोहा:-

समत चौरासी सइके समै, भादवा सुदि तेरस्स मक्र लगन।
बुधवार पुरवा भाद्रपद, दवापुर लागो असत दिन।३

-:कवित्त:-

दवापर दया धरम, कथा हरि किरती कहंत।
पाप पुन्य सम परवरै, स्याम वेद उचरंत।
तीन्य सहस परव, सहस तामा सूरज रा।
किसन बुध अवतार, लीला किसन इधकेरा।
दस सहंस बीता बरस, अरौ एक पलटियो सही।
दूजौ अरौ लागे पछै, किसन अवतार हुवौ तही।४

-:दोहा:-

आठास सइके समै, मा माही वदि मावस माहिं।
ब्रची लगन थावरि धनेषटा, अध रति कलि बरताहिं।४

-:कवित्त:-

एम कल्यजुग आवियो, पाप जदि पांव पसारै।
अमथ्या अर्थ वैण ऊचरै, भूत बुत सेव दवारै।

ऊंच नीच एकुकार, अकारण अनर्थ अनेरा।
राजा प्रजा सत हीण, ब्राह्मण वेद हीण बसेरा।
पापी जीव न पुन करै, कूड़ कपट करि खायस्यै।
परब सहसर दोढ़ सै पांच, स सुरज रा थाविस्यै।५
राजा त्याग तप न करै, केवल न्यान अलोप होयसी।
सत पंथ छीण पड़े, भूत पितर सेवा होयसी।
मेह बरखा न हुवै, तपसी गृहवासी होयस्ये।
उतिम करै मध्यम करम, उतम खाटी मधमै खायस्यै।
पृथी सर्व पापिष्ट, पूण जाति पुन विसतारा।
ग्यान मान्यै न संत, धनवंत ग्यान सूं रहै नियारा।६
पृथी कुबधि परवरै, राज स्रव भछ्ण असरा रो।
देव सथान अधरमी, न्याव सुख देखि विचारो।
नैम भ्रम भजनीक री निंद्या करै, राज अड़ि परज खपायसी।
किसन कह्यो अरजुन सूं, असड़ो कल्यजुग आयसी।
च्यारि से असी बरस, आव सतजुगि आवंता।
तीन्य सै साठ बरस, तामैं तेता लागंता।७
दवापुर दोय सै चालीस, उतरत बीसा सौ आई।
कलजुग ये आव, बीस पचीस और तीस आही।
..........................., छत्तीस लग बड़ी बड़ाई।
जिम जिम पाप परगटियो, तिम तिम ऊमरि घटि गई।
घटत घटत जुगि घट गया, यों ऊमरि हूं घटती गई।८
चारिये सहसु आठ सै, एतौ सतजुग बरताणौ।
तीन सहस षट सै, ताम तेता जुग ब जाणो।
दोय सहस च्यारि सै, दवापर अतरौ ही दाख्यो।
एक सहस दोय सै, भगवंत जी कलिजुग भाख्यो।
कलि बरताय सतजुग करै, ज्यौं अरट घड़ि ठाली छली।
भेद भलाइस मंति का, भगवत नांव नेकी भली।९
बारा सहस बरस, तामां दस अवतारा।
एक लाख चमालीस सहस, महीना अता विचारा।
तयालीस लाख बीस हजार, दिन अतरा दाखीजे।
साठि सहस पैंतालीस लाख, तीन्य कोड़ी पहर अतरा भाखीजे।

असी हजार चौसठ लाख, सताईस कोड़ एती घड़ी।
विसन भजै सोई सफल, सांई घड़ी लेखै चड़ी।१०
षट सांसा पल एक, दस पलां खीण होई।
षट खीणी एक घड़ी, घड़ी आठ जाम जोई।
जाम जाहिं जुग च्यारि, एक चौकी दिन आवै।
तीस चौकिया मास षट, दुण ससि बरस कहावै।
असाढ़ कर्क सुरदेव रात्र, पड़ै पोहम कर पगड़ौ ठयो।
मकर करक बिच देवात, दिन संसार बरस देवां दिन भयो।११
तीस बरस इक मास, मास बारै बरस गिणाहीं।
बारै राज कुल बरताहिं, बरस एकण ही माहीं।
सौ बरस इन्द्र राज, इंद्र चवदा बरतीजे।
तदि ब्रंभा को दिन एक, दिना को बरस कहीजे।
सौ बरस इसा पुजै, ब्रंभा द्‌वादस ब्रंभ एक रुद्र मां।
इकादस रुद्र जाहिं जब, विसन सगति एक खिण्य मां।१२
सौ बरसै नुंइ मांड, और सूं और ऊपजै।
नीकी जस औजस, कुल मां बात कहीजै।
हरि भगतौ बरस हजार, लख कै कोड़ि गिणीजै।
और इक्यारथ काज, सुक्यारथ विसन जपीजे।
अर्जुन जो मोकूं भजै, अंतरि हित चित लाय।
जामैं मरै न औतरै, मेरा मोहि समाय।१३
पंडवा जिग संपूर, पांडु पूछै दुरभाषा।
पहरौ आयौ कलू पाप, ध्रम सब कहै विनासा।
रहै कोइ अचल राज, सिरै सरवंतरि सोई।
जायगा रहै अजीत, किसन रिख कहौ स कोई।
पंडवा अर्जुन असी किवी, आगम कथा सुणाविया।
कहो राज्य कलु करता, पाछे सत बरताविया।१४
पांच स मास ब्रस पांच, कुल तूट हिंदू राज करिस्यौ।
तुंवराय पछे चिहुंवाण, पछै तुरक बापरिस्यौ।
छसै बरस तुरकाण, उलटा पलट पतिसाही।
दिखणी होयस्यै दूठ, पठाण सूं लेह लड़ाही।
राज तुरक री पालटै, राज दिली हिंदवाण रो।

अठारा सै माहै अवसि, प्रताप जको हरि जाप रो।१५

-:दोहा:-

नारायण निकलंक नांव, काल्यंग पिसण प्रहारसी।
कलजुग पालटि सतजुग, सब ही धरम चलावसी।५
संमत बीसा सै एकड़ोत्तर, वैसाख मास विचार।
कलिजुग उथाप्य कृतजुग, करिसी सिरजणहार।६

-:हरजस-01:- (6 दोहों का, राग आसा)

ओउं एक विसन की माया, इरखै सूं दोय लखाया।१।टेक।
हिन्दू कहै ब्रह्मा एक है, दुतिया नाम न कोई।
अलाह अलेख राम रहीमा, यो भी इचरज होई।२
मुसलमान कहे रिबिल आलमीन, मुसलमान नहिं सोई।
खालिक खुदाय दोय करि ध्यावै, योह अंदेसा जोई।३
वाद विवाद अहूं ईरखौ, जोर जरब घट माहीं।
वेद कुराण दोय राह बताया, कण एको दोय माहीं।४
दया धरम हिन्दू बतावै, करै महर मुसलमाना।
गलौ काटै झटकै सूं मारै, भेद कही नहिं जाना।५
क्या हिंदू क्या मुसलमाना, अर्थ खोज्यां गति पावै।
परमानंद दास आस हरिपुर की, एक मन एक चित ध्यावै।६

-:हरजस-02:- (5 दोहों का, राग आसा)

एक भरंम वसि किया, ताथै सभ ही जु रलिया।१।टेक।
तीर्थ बरत अर सेवा पूजा, किरिया धरम अचारा।
पापी को अंस लेकरि खावै, सब ही किरिया छारा।२
रोज निवै नर पाक निंवाजा, गोसत खाय खिलावै।
हराम निजरि हक्क ते न्यारा, भिसति कहां तै पावै।३
जोगी जंगम भगत सन्यासी, सब के लोभ ठगाई।
कहणी है पण रहणी नाहीं, मुगति कहो कुण जाई।४
जाया जीव जगत कूं मरणौ, नेकी ते निसतारा।
परमानंद विसन जप्यो, ते पावै मोख दवारा।५

-:हरजस-03:- (8 पंक्तियों का, राग गवड़ी)
आया साध संगाति रे, धन्य धन्य यो दिन राती रे।१।टेक।
क्रिया धरम इधकारी रे, विसन सूं प्रीति पियारी रे।२
ग्यान रतन गुण गावै रे, साखी सबद सुणावे रे।३
जां सुणियां पातग जावै रे, ते वास अमर पद पावै रे।४
च्यार जुगां मां तिरिया रे, साध संग कारज सरिया रे।५
ब्रह्म विष्णु महादेवा रे, ए खुसी साध की सेवा रे।६
साधु सेवा हरि सेवा रे, तांकु मिलै निरंजण देवा रे।७
परमानंद जस गाया रे, हरि सरनै सुख पाया रे।८

-:हरजस-04:- (8 दोहों का, राग काफी)
सइयां सिरजण हार, जुग मंडण जोगी हो।१।टेक।
ध्रु कूं राज दियो धरणीधर, सतगुरू सामि सुजान।
ता पीछै अमरापुर दीनौ, चोकी द्यै ससि भान।२
भसमासिर सिव पाछै लागो, पारवती के काज।
मोहनि रूप धरियो मदसूदन, राखी सिव की लाज।३
पहलाद की परतग्या राखी, भगत बछल भगवान।
हिरणाकुस मारियो दुखदाई, दियो अमर पद दान।४
रावण मारियो लंका लीवी, सायर बांधी पाज।
राघव ले सीता घर आये, दियो बभीषण राज।५
द्रोपदा की लज्जा राखी, दीयो चीर बढाय।
लाखा मंडप पांडू राख्या, भगवत भगतां भाय।६
गिरवरधारी गर्व प्रहारी, दियो सुदामा दान।
दाणा मारिया दास उबारिया, गिणती अनंत ग्यान।७
समराथल सामी अंतरजामी, साधां पूरण आस
परमानंद गावै अमरपद पावै, यौ अमरापुरी वास।८

-:हरजस-05:- (5 दोहों का, राग काफी)
सगुणा मोरा सांमि, कहा दुख दीजै हो।१।टेक।
बहौ सुख केला किया तुम ही, मो नुगणी घर आय।

अब तुम छोड़ि कहां जावेगे, यहां ही रहो ठहराय।२
जो कुछ कहो सोइ कुछ करणा, मैं हुं तुमारी दासी।
रहि रे हार अबै क्यां रूसौ, पूरो हमारी आस।३
कहां मैं दुक्ख दियो है तोकूं, सांच कहो समझाय।
कबहूं खीन छाड़ते नाहीं, अब कहा आई दाय।४
कुल कुटुम्ब सब कामण तेरो, साच मेरो परवार।
परमानंद स्वामी अंतरजामी, प्रीतम प्राण अधार।५

-:हरजस-06:- (5 पंक्तियों का, राग वसंत)
कहा बताऊं वार वार, विसन नांव सब तै सार।१।टेक।
जिनि पाया है पूरण पीव, आवागुंवणि न आवै जीव।२
दान सील तप भाव संतोख, जरणा दया छिमा ते मोख।३
साच सुवचन बोल सुवाणी, अजर जर जरणा जाणी।४
प्रम तत पूरक पूरण पेख, परमानंद परस्या अलेख।५

-:हरजस-07:- (5 दोहों का, राग काफी)
विसन नांव तत सार है, कहत पुकारी हो।१।टेक।
माया कुटुंब देखि कै, सब जग रहिया फूल।
वादा आया रहणा नाहीं, करिये चलण का सूल।२
गढ महल और मालिया, अनेक जतन केइ और।
सब कायम जम ले चल्यो, रती न चाल्यो जोर।३
तेरा संगी को नहीं, तुहू किसी को नाहीं।
बेड़ा नाव संयोग ज्यौं, उतरि चहूं दिसि जाहीं।४
अनेक बार समुझावियो, समुझै समझणहार।
परमानंद चित चेतियो, तो पावै दीदार।५

-:हरजस-08:- (13 पंक्तियों का, राग धनासी)
करतब करल्यो भाई, सुकरत सांमि सहाई संतो।१।टेक।
जो करता है सोइ भोग्यता, अबड़ी बार सहाई।२
भलौ सोइ जो भली करत है, बुरियो बुरी कमाई।३
भली करै सो मुगती पावै, बुरौ अगति कूं जाई।४

जिन सिरज्यो ताकुं नहीं चीन्है, परपच में उरझाई।५
काम क्रोध अर लोभ मोह मां, हरि बेमुखता थाई।६
हरि को नाम हिरदै नहीं राखै, आन भूत कूं ध्याई।७
संतोष समता कबू न आवै, पर धन देखी लुभाई।८
कोड़ी कोड़ी जोड़ि द्रव्य किया, ममता तोउव न धाई।९
जैसे पावक पड़ै पतंगा, विषै लोभ जरि जाई।१०
हरिजन देख्यां फिरे वीरता, संसार संगि धाई।११
विष वेली आपण करवा है, इम्रत फल कैसे पाई।१२
करै जिका लेखा हरि मांगै, जदि जिवड़ो पछताई।१३

-:हरजस-09:- (16 पंक्तियों का, राग धनासी)
संतो भूंदू जग भरमायो।१
सिरजनहार संभाल्यो नाहीं, अहलौ जनम गुमायो।२।टेक।
दस मास ओदरि दुख पायो, हरी सूं कौल करि आयो।३
जप तप किरिया भगती करस्यौं, धरम नैम ठहरायो।४
बाव लगत सबै सुधि बिसरियो, कुल सूं मोह लगायो।५
पांच सात दस भोलपणा मां, बीसां मेह लगायो।६
मगर पचीसी तीस बरस मां, तरणी रंग रहायो।७
पैतीस चालीसां सुत परसंग, सगपण हरि बिसरायो।८
पचासै प्रीति लगी पोता से, साठियां धणीये न ध्यायो।९
सतर बरस लग समझियो नाहीं, असिया विसन न ध्यायो।१०
चलण थक्या जब जीभ चलावै, निबै कहिं दाय न आयो।११
सौ बरसां सुधि बुधि गई सारी, अहलो जलम गुमायो।१२
ज्यौं माखी गुड़ मां पड़ पछताई, यों प्राणी पछतायो।१३
आगै सुर नर लेखो मांगै, पूछत ही सुकचायो।१४
काहीं लाभ चवगणा लिया, काहीं मूल ठगायो।१५
गुरू परताप साधु की संगति, परमानंद जस गायो।१६

-:हरजस-10:- (16 दोहों का, राग गवड़ी)
मन वसि राखौ रे।
मन का अनंत विकार, हरि रस चाखो रे।१।टेक।

मन राजा मन पातिसा, हिन्दू मूसलमान।
मन जीतै सोइ देवता, मन तो ग्यान अग्यान।२
मन जोगी जंगम सेख है, मन बहू भेष बणाय।
दूधाधारी होय कै फिरै, भटके भरमे दुख पाय।३
मन गहै बस मौनि सूं, सैनासेन उपाय।
माथौ मूंछ मुंडाय कै, छापा तिलक बणाय।४
उजलाई चौका दिया, रसना हाथे बिकाय।
मन त्यागी विष राज संगि, माया सूं मन लाय।५
मन सूरा तन सबल है, मन कायर होय भाज।
मन ही रोवै मन हंसै, मन फीकौ मन लाज।६
मन जोधा बलवंत है, मन बहु रंग बिरंग।
मन के रूप सरूप मन, मन दीपक पंग।७
मन गिरवर मन कूप है, मन गंभीर मन गंद।
मन अंधार मन सूर है, मन सीतल मन चंद।८
मन नीका मन नीच है, मन फल है मन फूल।
मन भूखौ मन प्यास है, मन मुख सायर झूल।९
मन डूबै मन ही तिरै, मन ही उतारै पार।
मन चवरासी मां फिरै, मन ही होय निसतार।१०
मन पाणी मन वासदे, मन कोड़ी मन हीर।
मन कंचण मन काच है, मन मुरीद मन पीर।११
मन मैलो मन निरमलौ, मन झूठौ मन साच।
मन नीको मन नीच है, मन उतम मध्यम वाच।१२
मन मोती मन सीप है, मन सीतल दरियाव।
प्राण पवन मां पैसि कै, मन का हीरा ल्याव।१३
मन ग्रासै कांस कूं, क्रोध की ठौड़ उठाय।
मन गहे गर्व गुमान कूं, कबही दे मुकलाय।१४
मन निगम गुण सोझि का, अगम सु सुरति लगाय।
तो पावै अमरापुरी, बहुड़ि न जनमै आय।१५
मन माया की तरंग है, बहुत भांति करि जोय।
पकड़ीजे तो अनंत सुख, छोडियां बहु दुख होय।१६

-:हरजस-11:- (12 पंक्तियों का, राग वसंत)
विसन समान है नांहि और, खोजि देखो ठोर ठोर।१
सुरग पताल मृत देख्यो जोय, रूप अरूप रमै विसन सोय।२
अनेक दुष्ट मारो विरोधि, ब्रंभा वेद दिया समद सोधि।३
भसमासुर छलि कियो छार, महादेव उबारियो मोहनी धार।४
जल थल गिरवर अगनि धार, प्रहलाद उबारियो हिरणाकुस मार।५
बावन रूप छले बलि राव, इन्द्रदेव को कियो सहाव।६
हरिचंद को सत राख्यो सोय, ध्रु गज ग्राह उधारे दोय।७
दधीचि सिवी र मोरधज राय, पंडवा किसन हुवो सहाय।८
विभिषण लंका पाट बैठाय, अनंत भगता हुवो किसन भाय।९
वेद पुरान कहै बार बार, विसन नांव सति ततसार।१०
विसन माया रचि विसतार, भगति काज लेत अवतार।११
जोति सरूपी ब्रह्मा जीव, परमानंद परस हुवै जीव सीव।१२

-:हरजस-12:- (9 पंक्तियों का, राग वसंत)
और आन भ्रम तजो उपाय, प्रेम प्रीति करि विसन ध्याय।१।टेक।
विसन भज्यां जिव पावे मोख, ताकूं और न लागे दोष।२
छमा समता धीरज ध्यान, ताके प्रगट भयो है ग्यान।३
दया धरम इंद्रिय जीत, सोइ अतीत जाके विसन प्रीत।४
मनसा वाचा निर्मल निपाप, सुख दुख दोनों गिणे समाप।५
अजर जरै जीवत मरै सोय, तस समान न साधु कोय।६
अंतकाल जैसी सुरति आय, दोलति राज तजै मुकति पाय।७
देणहार समरत्थ देव, से संता की करौ सेव।८
सेव कियां सब सरै काज, परमानंद के सामी सरव लाज।९

-:हरजस-13:- (6 दोहों का, राग काफी)
कवलास के वासी सिव संकर हो।१।टेक।
तीन लोक चवदा भुवण मां, पूजत है तेतीस।
नयन विसाल भाल सीस दमकै, सब राजन के ईस।२
जेते देव सेव सब करिहैं, गावत वेद पुराण।

इन्द्र चन्द्र नाग रूद्र ब्रह्मदिक, राखे निसदिन ध्यान।३
वृषभ वाहन सैनि संग सोभित, जोगणि बावन बीर।
भसम भुवंगम अंग लिपटाये, कांधै बाघंमर चीर।४
अरथ लाभ मुकती के दाता, छिन मां करै नरेस।
ध्यावै विसन को अजामताके, करत आदेस आदेस।५
ब्रह्मा रूद्र सिव ध्यान धरत है, सगति करत नित सेव।
सुरति ध्यान परमानंद हिरदा, विसन देवाधिदेव।६

-:हरजस-14:- (8 छंदों का, राग भैरू)
विसन सेव विसन सेव विसन भज भाई।
विसन सेवा मन्यसा फल पाई।१।टेक।
वित्र की सेव कियां वित्र होय भाई।
पित्र की सेव किया पित्र होय थाई।२
भवानी भैरू सेव कियां नारकी जाई।
ग्रह की पूजा करै जम लोक जाई।३
पाखाण पूजै सो रज उड़ाई।
सिव सेवा विसन ध्यान तप तीरथ सिव लोक जाई।४
वेद पढै विसन ध्यावै ब्रह्मा लोक पावै।
ध्यान धरै सेवा करै सिव लोक जावै।५
सीलव्रत दयावान विसन कूं धियावै।
किरिया सुधि ध्यायते परमपद पावै।६
सुरति ध्यान ज्योति मिलि ब्रह्मा होइ जावै।
वाही जोति दरस परस जलमि में न आवै।७
साध संगति हरि भगत ग्यान गुरू पाया।
परमानंद ग्यान ध्यान सतगुरू दरसाया।८

-:हरजस-15:- (6 पंक्तियों का, राग कल्याण)
इस विध आरती विसनजी की कीजै, तन मन अंतरि ध्यान धरीजै।१
पहली आरती उमति उपाई, लख चौरासी जीवा जूण सवाई।२
दूसरी आरती हरि भगति कराई, संत साधां हरि सदा सहाई।३
तीसरी आरती होम जप तप थाई, दान शील सत धर्म कराई।४

चौथी आरती ग्यान गुण चरचा, अविगतनाथ तुम्हारी अरचा।५
पांचवी आरती प्रभूजी कूं पायै, परमानंद प्रीति कर गावै।६

-:हरजस-16:- (7 पंक्तियों का, राग धनासी)

दान दवारिका पाई सुदामाजी।१।टेक।
जाय जांचियो जगत गुरू नायक, पल मां विपति गुमाई।२
कंचण महल हीरा का झगमगि, चौक भली चतुराई।३
चेरा चेरी हयपति गजपति, द्वारै हस्ति बंधाई।४
रावल जी पूछै वीर सुदामा, कहा दिया भवजाई।५
लरजत है खुलत नहिं गंठड़ी, तंदल पास छ लाई।६
परमानंद एम भणै ज परभू, कीजे मीत कन्हाई।७

-:हरजस-17:- (7 पंक्तियों का, राग धनासी)

विसन नांव तै तरना संतो, विसन नाव तै तरना।१।टेक।
अती दुहेला भव सागर है, किस विध पार उतरना।२
गिरवर धारी गर्व प्रहारी, हरिजन का दुख हरना।३
सुर नर वेद पुराण पुकारै, भजन बिना नहिं तरना।४
कोड़ि अनंत जुगां जुग तरिया, जे आये हरि सरना।५
तरे अनेक बहोड़ि तरेंगे, चित राखी हरि चरना।६
परमानंद दास सरन तेरी आयो, रखो तुमारै सरना।७

-:हरजस-18:- (10 दोहों का, राग गवड़ी)

विसन नांव ऐसा रे, जाको नांव लिया अध जाहि।१।टेक।
सुणता ही सुरता भया, चवता चतर सुजाण।
जपतां ही जग जीतिया, पावै पद निरवाण।२
जुरा जुंवर व्यापै नहीं, पिसण न गंजै कोय।
निहचल नेह निरंजणा, मरै न बूढा होय।३
सर्व वस्तु का मेल है, नांव अमोलक सार।
जिन पाया जिनही पाया, यह इमरत इधकार।४
जाकूं देख्यां जग नुवै, नुवै नरां र नरेस।
जाकूं देख्यां जम नुवा, सुरपति और सुर सेस।५

जाके रस बस सांइया, परगट कहूं पुकार।
संतां कारण सांइया, धारिया दस अवतार।६
सेस महेस ब्रह्मा पियो, ध्रु पहलाद विचार।
अनत भगत पिय उधरिया, केवल नांव अधार।७
अगनि जल वनि भारथ व्रिख, हर दिन रहै हजूर।
पूरक पूरक पूरना, नैंक न होई दूर।८
मीन पंखि पथ पाइया, क्या बकवे सूं काम।
निरति सुरति ल्यौ लाइया, सबद अनाहद नाम।९
तन का तसकर बसि करि, मन का जीत ममंद।
परम ज्योति गति पाइया, पूरण परमानंद।१०

-:हरजस-19:- (5 दोहों का, राग खंभावची)
आवो सखी घर जोवां अम्है, बींद नवरंग कंवर भायौ।१।टेक।
घण घमंड सु राजा रघुनाथजी, सीता सुं वर इधको सवायौ।
चोहु रथ बरोबरि रोह लागी रथां, पड़ि रजी छोहणी गैण छायौ।२
राम लछमण भरथ चत्रघण, देखि दसरथ हिरदौ सिलायौ।
मोतिया लूंब नै कोर हीरामणि का, सेहरौ सीस सोभा सवायौ।३
कोड रायकंवरि रा पुरेवा कारणै, ओप अदभूत बानूं बनायौ।
मंगलाचार आचार मिथलापुरी, जोवो जनकराय मंडप छायौ।४
घुरै नीसाण नै तरणि गावै धवल, परणिजै आज दसरथ जायौ।
भगति रो दान दे और मांगू नहीं, सोहलौ परमानंद गायौ।५

-:हरजस-20:- (6 दोहों का, राग खंभावची)
मंगलाचार अजोधिया पुर मां, आणद उछाह ज होत रलि।१।टेक।
बाल ब्रिरध तरणि हरखि गावै हो, सुमति कौसलिया मात मिली।
घणा करि घुमर दरस परस दुनी, मोती बिरला बरसा ल बली।२
गोख महलां चढी गीत गावै सखी, राग छतीस छतीस बाजा।
पूण छतीस रे मनि पूगी रली, जीत लंका आयो राम राजा।३
देव उछाह करै देव लोक रा, अपछरा मंगलाचार गावै।
श्राप कातियो राम सुरगे सुर आवियो, बाजै तुंवर भगत वावै।४
पाताल री नागणी सुरग पूगी रली, सीत भला लंकापुरी जाय आई।

सुख त्रिलोक रा सिध साधा हुवौ, बिलकू लैर हसि बांटे बधाई।५
सेस महेस ब्रह्मासुर विनवै, तांहरी कीर्ति त्रिलोक तांई।
अमर बेली रहिस्ये इला ऊपरे, सरणे परमानंद तुझि सांई।६

-:हरजस-21:- (5 दोहों का, राग खंभावची)
ओउं सत सबद सुख धारा।
गिगन मंडल चढि प्रीतम परसौ, सो रूप वरण से न्यारा।१।टेक।
धरता कूं करता मत मानूं, सत का सबद सुणाऊं।
तुम तो मेरौ मरम न जाण्यो, अब गुझ बीज कहि जाऊं।२
हम भी माया तुम भी माया, माया रावण राघौ।
जो तुम हम सूं गुझ करत हो, तां सुसभ वेद सूं लागौ।३
सुखमै उपखान का भेद नियारा, चारियो वेद विकारा।
जिस अच्छर सूं सायर पाया, सो सब का करतारा।४
तीनों लोक अर भुवण चतरदस, सबै काल का चारा।
सांच सबद हिरदै धरि राखौ, और सबै बटपारा।५

-:हरजस-22:- (5 दोहों का, राग सोरठी)
ऊं ब्रह्म विसन एक होई, वांका पार न पावै कोई।१।टेक।
ओमकार का सकल पसारा, ओमै सकल समाई।
ओमकार विनि एक विसन है, जाके पिता न माई।२
ओमकार तो हम ही किया, तू हम हिरदा मांही।
सोच विचार देखो सतवंती, और ज दुतिया नांही।३
वा जोती मां जोति निकसै, अपणी इंछिया आवै जाई।
भूलि बिसर दोय मत देखो, जो चाहो भली भलाई।४
माया रे बस माया मांहीं, रहै ब्रह्मा सू न्यारा।
सत्य वचन सुणो सतवंती, यों भाखै लखण कुमारा।५

-:हरजस-23:- (7 छंदों का, राग सोरठ)
विसन भजन करो रे भाई, विसन भजै सोइ जलमि न आई।१।टेक।
हिन्दु तुर्क का राह है दोई, मूल खोजो तो एकै होई।
वाद विवाद बिच भुय जल भारी, कोई एक सुरता उतरै पारी।२

नेकि बदी जाणै सब कोई, देखत जाणत भूला लोई।
हिन्दू दया धरम पहचाणी, मुसलमान खरा महर ते जाणी।३
महर करै तो जीव न मारै, दया करै तो जीव उबारै।
दया महर दोन्या ही त्यागी, उण गल कियो आप झटकै भागी।४
ओस का मोती सुपनै ब्यौहरा, पतंग का रंग जेसा संसारा।
जासूं राचि रहिया रंग लाई, जीव दया विणि मुगति न पाई।५
वेद पुराण पढै चित लाई, समझि बिना कोई सिद्ध न पाई।
जाये कूं गावै सभी कोई, विणि जाये कूं बिरला कोई।६
विणि जाये कूं जो नर गावै, जुग जुग जीवै जलमि न आवै।
निरंजण नाथ सकल तैं न्यारा, परमानंद भज उतरौ पारा।७

-:हरजस-24:- (6 पंक्तियों का, राग सारंग)
नर विसन भजै सो नीका रे।१।टेक।
कोई ध्यावै मसीत देहरा, कोई थान सती का रे।२
कोई सिंवरै भूत भवानी, कोई ध्यान भैरू का रे।३
जोगन वीर जपै केइ भूंदू, यो भी औसर चूका रे।४
भूली दुनिया फिरै भटकती, कोइ सहाय न जिव का रे।५
परमानंद कहै कर जोड़ी, धरि ल्यो ध्यान धनी का रे।६

-:हरजस-25:- (5 पंक्तियों का, राग सारंग)
नर किया विसन सब कोई रे।१।टेक।
पैली मन्यसा विसन उपाई, आदि अनादि दोई रे।२
त्रैगुण माया त्रैगुण काया, पांच तत पर होई रे।३
तीन लोक विसतार विसन को, वरै न दूजा कोई रे।४
परमानंद विसन कूं रैणा, आवागुवणि न होई रे।५

-:हरजस-26:- (5 पंक्तियों का, राग सारंग)
नर पार विसन कुण पावै रे।१।टेक।
ब्रह्मा सेस महेस सगति, धरि ध्यान विसन धियावै रे।२
नारद सारद सुखदेव विन्यायक, गोमिंद लीला गावै रे।३
ध्रु पहलाद बभीषण पंडवा, दधीच सिंवर सुं दावै रे।४

रोहितास हरिचंद तारादे राणी, परमानंद जस गावै रे।५

-:हरजस-27:- (5 पंक्तियों का, राग सारंग)
नर विसन भज्यां सुख पाया रे।१।टेक।
नर देह निरोगी काया नीकी, मुकती खरचण माया रे।२
कुलवंती कामणि वचन वसि पिव के, पूत सुपूत जाया रे।३
मोटा मान दीये आया सूं, वास सुथाने पाया रे।४
उतम जनम विसन की सेवा, परमानंद जस गाया रे।५

-:हरजस-28:- (5 पंक्तियों का, राग सारंग)
नर विसन बिना कुण तेरो रे।१।टेक।
मात पिता भाई सुत बन्धु, कुटुंब परिवार घणेरो रे।२
अंत की बार अकेला तू है, जंगल वास बसेरो रे।३
धर्म भजन संगाती तेरा, जीव सुवारथ तेरो रे।४
परमानंद दास विसन भज्यां तैं, पार गिराय बसेरो रे।५

-:हरजस-29:- (13 पंक्तियों का, राग धनासी)
जत सत सील असौ संसारि, संतो भाई सील बड़ो संसारि।१।टेक।
आदि अनादि जती सती रीखा, जाके आदि वराह अवतार।२
जत सत जाके हुवो रिखबदे, जाके सौ पुतर बोहार।३
जत सत रीणा जमदिगनी का, जाके फरसराम तपधार।४
सत सील सुमति कौसल्या, जाके राम लखण धनकधार।५
अंजणी सती हुई सीलवंती, ताके हणोमान जत धार।६
अणसूया सत सील छिमा तप, दतात्रेय मुनि जप धार।७
देवकी रोहणि सती सीलवंती, जाके राम किसन अवतार।८
पांच पांडु कुंता सुत समरथ, हरि भगता हितकार।९
जत सत अधर रहिया धर अंबर, गिणियां अंत न पार।१०
जत सत जांही हरि का वासा, ताके हरि अवतार।११
सतवादी सूर ग्यानी हरि भगता, यां सती मात संसार।१२
जती सती जपी परमानंद, पावै मोख दुवार।१३

-:हरजस-30:- (11 पंक्तियों का, राग धनासी)

हरि सिंवरिया सुख वास, संतो भाई।१।टेक।
तामस भगती करै आसा धरि, जहां आसा तहां वास।२
क्रिया धम्र सील नहीं जस चलणी, राकस पुत्र ह्वै जास।३
जम घट मिरघ कासिब रीख बीब, हिरणाक हिरणकस जास।४
उग्रसेण की राणी जल पूजत, कालजमन छलि तास।५
कालनेम रिख तप छाड़ि हुवौ, कंस करै धरम को नास।६
अनेक दैत हुवा दुखदाई, जत सत हीण घर जास।७
जिस हेत जप तप ध्यायो हरि कूं, तैसी पूरवै आस।८
वर पाय हुवै दुखदाई, करम धरम को नास।९
गर्व प्रहारी गिरवर धारी, हरि भगतां को दास।१०
परमानंद आस सतगुरू की, विसन नांव विसवास।११

-:हरजस-31:- (8 दोहों का, राग परज)

मना भजि विसन पाया रे।१।टेक।
मंछ संखासीर छेदियो, कछ कीचक मारे रे।
वारा रूप ज धारी काया, मुर दैत संघारे रे।२
नारसिंघ हिरणाकुस विदारियो, पहलाद उबारे रे।
बावन बलि राजा छल्यो, सुर काज सुधारे रे।३
फरसराम सैसरबांह छेदियो, राम रावण मारे रे।
कान्हड़ कंस पछाड़ियो, बुध गयासी मारे रे।४
कटक कोटि संघारिया, गुरू व्यासे ई हारे रे।
भगवत भगत उबारिया, निहचै निसतारे रे।५
जिणि आदि अनादि सिरजिया, माया विसतारे रे।
सरव सिरजत सांइया, कलि झंभ औतारे रे।६
पांच सात नव बारहां, मेलो कियो मुरारे रे।
परगट पंथ चलावियो, हरि साध उधारे रे।७
जुगां जुगां को जोगी आयो, भगवौ तन धारे रे।
परमानंद की वीनती, प्रभु पार उतारे रे।८

-:हरजस-32:- (7 दोहों का, राग खंभावची)
हरि नांव संवो जुगि को नहीं, जुग में देखी जोय।
अध नासै सुख संपजै, जीव तरेवो होय।१।टेक।
नांव जपो निरहार को, तिरिया अनंत तराय।
सांसो मिटै ज जीव को, पहुंचै पार गिराय।२
ध्रु पहलाद ज ऊधरिया, हरिचंद तारा रोहितास।
पांच पांडु कुंता द्रोपदी, सुखदे नारद व्यास।३
गज तुंवर अमरीक ग्राह, दधीच सिवि र बलि राय।
विदर करन चन्द्र मोरधज, विभीषण सुदामा सहाय।४
परगट हुवो परम गुरू, करता कला अपार।
नीरखै अनुवाइया, पंथ चलायौ सार।५
अनंत जुगा जुग अवतरियो, निरंजण ताको नांव।
असुर सिंघारिया कोड़ि कै, साध ज राख्या सांव।६
घटि घटि अघट ज रमि रहियो, अडीग जोति अपार।
परमानंद पांय परसिया, कुण आवै संसार।७

-:हरजस-33:- (18 पंक्तियों का, ढाल लुहर की)
सोई सामि संभार।१।टेक।
कोड़ि द्वादस काजे सतगुरू सामि सही, आदि विसन अवतार।२
एकणि ओउंकारि सिरजी मांड सही, विसन कियो विसतार।३
संखासीर मारियो जो ससि सूर आणिया, मछ रूपी करतार।४
असुरां मारियो दोय राहु केतु किया, सुरां दियो सुर राज।५
मध कीचक मारियो हो समंद विरोलि करि, दिया ब्रंभा ने वेद।६
मुर दाणौ मारियौ हो वारा रूप कीयो, साधां हुवो सहाय।७
भसमासुर कियो भसम संकर उबार लियो, हीरणाछ लियो जाय।८
हिरणाकुस मारियो जी नरसिंघ रूप कियो, पति राखी पहलाद की।९
बलि छले बावन पयाले राज दियो, भगत वसि भगवान।१०
ससरबांह मारियो जी जमदिगन राख लियो, सुरह उबारणहार।११
राणौ रावण मारियो हो विभीषण राज दियो, काटियो सुरां सराप।१२
नरकासुर मारियो हो गोपी आप वरी, किसन चरित अनेक।१३

गयासिर मारियो हो साधु उबार लिया, बुध रूपी जग आप।१४
दसवैं निकलंक नांव कालिंग मारिसी, वसधा पालणहार।१५
नेकी बदी नवेड़तां दिन होयसी, सुरां मिलावौ होय।१६
मिल तेतीस करोड़ि भुयंजल पारि लंघ्या, खेवट सिरजणहार।१७
परमानंद प्रतपाल सतगुरू सामि सही, दीय मुगति गति दान।१८

-:हरजस-34:- (5 दोहों का, ढाल बधावे की)

सतगुरू आयो संतो मनि सुहायो, आयो बारा कोड़ियां कारण।
सतगुरू पहराजा सूं कौल ज कियो, त्रिकम तैतीस कोड़ियां तारण।१।टेक।
बागड़ देस परि भाव भलेरो, आय अपरंपर जेथ अवतरियो।
भाग भलौ जांह भूधर भेटियो, सति करि जाण जां कारज सारियो।२
सरस धरम बताया सारा, पूण छतीस परचाइया।
उतम राह कियो अपरंपर, ग्यान हिंदु तुरक चिताइया।३
अनंत जुगां जुग अमर भणीजै, अनंत कोड़ि उधारिया।
जुग जुग भाव कियो भगतां सूं, असर के काज सिधारिया।४
सो संभरथलि समरथ सामी, सामि सबदां रीझीया।
परमानंद परस पुरौ गुरू, देव मुगति गति दीजिये।५

-:हरजस-35:- (5 दोहों का, राग खंभावची)

परम जोति परसिये, विसन वास बसिये, कीजिये सुख अनंत केला।
वारणा लिछमी लिये, आरती मिलौ विसन सूं, जोति मेला।१
सतजुग पहलाद संगि, पांच कोड़ि परठिया, तेता हरिचंद संगि, सात तरिया।
द्वापर दहूठल संगि, नव कोड़ि नीरखिजै, तिहूं जुग इकबीस कोड़ि तरिया।२
विनवै पहलाद विसन सूं विनती, करतार वचन नै बाड़ि कीजे।
पाप रे पहर मां कूड़ कपट परबस्यो, दवादस इकबीस सूं मेल दीजै।३
धणियापे राखि अवतार हरि धारियो, नारसिंघ झंभ निकलंक होयसी।
चौह जुग रा साध जानी निकलंक रा, वसुधा दुल्हण हरी वरिसी।४
परणि निकलंक वैकुंठ पधारिस्यै, भगत भगवंत रा साथि भेला।
पहलाद स्वामी परमानंद विनवै, मिलै तैतीस पहलाद साथि मेला।५

-:हरजस-36:- (7 दोहों का, राग खंभावची)

आरती जी भाई निरंजण नाथ, ओम आदि विसन री आरती।१।टेक।
निराकार आकार धरै जी, चवदा भुवण उपाय।
धर अंबर अधरा धरियो, माया चिरत बणाय।२
सुर नर अह सेवा करै, ब्रंभा सगति महेस।
पारब्रंभ को पार न पावै, सुरसती सेस गणेस।३
अरक चंद उडियाण अनंता, ग्रह जोग तिथि वार।
धर अंबर पाणी पवण, विनती बारंबार।४
तीन लोक सेवा करै, सुर नर मुनि जन साध।
लै लीन अधीनता ह्वै रहिया, आदि विसन आराध।५
जुगि जुगि सेवा आतम देव, जुगि जुगि मां अवतार।
जुगि जुगि साधु ऊधरिया, जुग जुग मंगलचार।६
संत तारण असर सिंघारण, जगपति जैजैकार।
परमानंद सामी अंतरजामी, आवागवणि निवार।७

-:हरजस-37:- (4 दोहों का, राग खंभावची, सोहलो)
रहिस्यै जुग बोलि जितै धर अंबर, सायर सिला तिरावणहार।
इकबीसूं ब्रह्माण्ड उपावै, नांव तमीणै सू निसतार।१।टेक।
कंवलाकंत कंवल दल लोचण, लिछमी पार न पावै इंद।
तो तारिया जगत सोह जाणै, गिर सागर ऊपर गोमिंद।२
सेस महेस गणेस ध्रुव सारद, ब्रंभा इन्द्र न पावै पार।
न कोइ हुवो न कोइ होइसी, दसरथ सुत सवां दातार।३
बीस भुजा दस सीस विहंडन, अरि गंजण अविणासी राम।
लंका सा कोट विभीषण मोजै, हित करि गांव गांव लाम।४

-:हरजस-38:- (5 दोहों का, राग खंभावची, सोहलो)
देवजी बिड़द कवण रा दीजे, सरव तेंही सिरज्यो संसार।
इकबीसूं ब्रह्माण्ड उपाया, आयो झंभ जोवो अवकार।१।टेक।
वेद चारि चौह जुग बखाणै, अहलो पार न पावे कोय।
ससी सूर नखत हुकम सारे, बरसै इन्द्र हुकमै सोय।२
सपत समद ते किया सामी, सपत दीप ता बीच बसाय।
सूरज सुतन सकल जम तो वसि, करन इधकी ओछी काय।३

ब्रंभा सेस महेस बीर जोगणि, पाणी पवण धर अंबर पेखि।
मन्यसा धारि सकल तै मांडो, घटि घटि तुं ही अलेख।४
तहीं किया सकल मां तूं ही, लिछमीवर सारी तो लाज।
परमानंद दास आसा हरि पूरवे, दरसण परसण तो महाराज।५

-:हरजस-39:- (4 दोहों का, राग खंभावची)
ताहरा बिड़द विराजै तोनें, आखूं कवण तुहारी ईंढ।
राजा पातस्या रावत राणा, मूरख दिवै तुम्हारी मींढ।१।टेक।
रीझे दान दीय सेइ रीता, जोवे कुड़का थी दोजिक जाय।
ताहरी भगति बिना नर त्रिकम, महा दुख सहिस्यै दौरे मांय।२
दाणौ ईंढ करि गया देखता, सिव सेवा करि गया निरवंस।
तैं तारिया तिके जन तरिया, भगतां तणा बधारियो वंस।३
पांच सात नव बारा परठे, परमेसर तोरा पार अपार।
परमानंद कहे झंभ गुरू परस्या, दीय मुकति थिति मोख दवार।४

-:हरजस-40:- (7 दोहों का, राग धनासी)
हरि विण कूण निवाजणहार।१।टेक।
तीन लोक अर भुवण चतुरदस, करत न लागी बार।
लख चौरासी सर्व निरंतर, सब की करै संभार।२
सुरग पताल मिरत सब माया, किया एक ओंकार।
छिन मां छार करै अर सिरजै, सब मन का विसतार।३
तिण सूं बजर सुं तिण करै, यो कहिये करतार।
जीवत मारै मिरत जिवावै, बिगड़ी लेत सुधार।४
जोर जरब मन मां अभिमाना, ताकूं डारत मार।
जो कोइ जोर करै किस विधि का, ताकूं करै खवार।५
नर सूं नारि कियो नारद कूं, रिखि को माण ज मार।
रावण मार विभीषण थरप्यो, भगत उधारणहार।६
करतब सारू देत है करता, गरब करौ मत बार।
परमानंद दास आसा पुरवै, साचा सिरजणहार।७

-:हरजस-41:- (8 दोहों का, राग नट)

करतब उतरिये पार, करतब है राजी करतार।१।टेक।
करतब का मोल न तोल, करतब ततसार अमोल।
साच सील सुभाखिया, सुचि सिंवरण ग्यान धियान।२
पर धन पर स्त्री विष सम गिणै, दोह दोष मन न चलाय।
अन्याय अनीत दुख न दिये, हक नेकी गति पाय।३
परमारथ पर काज कूं, मारै मरै नर कोय।
सरणागति राखै उतिमा, मुगति लहंगा सोय।४
ब्राह्मण छत्री वैस सुद्र, कुल कारण नहि कोय।
जो करता सो भोगता, भुगत भी भुगतै सोय।५
मूल गहण वहण ग्यारस मावस, सभी भरम्या नरक जाय।
कूड़ ताणि करतब करै, ता मां लाव न साव।६
आन भरम की सेव कर, कदे न उधरियो कोय।
आस विसवास हरी को हिरदै, पावै परम पद सोय।७
विसन वायक जुग विसतरिया, निज आखै वेद पुरान।
अनंत नांव निहचल अचल, परमानंद प्रणाम।८

-:हरजस-42:- (6 पंक्तियों का)

नर विसन भजै नीका रे।१
झीमा सरण गहि सतगुरू की, सरणै काज सरी।२।टेक।
पाल्हे कोप करि निवल चलायो, सो भी चोट टरी।३
घृत सवाद भोजन मां आवै, ऐसी कृपा करी।४
जीवन जुगति जगत मां सोभा, ले लाख पचास तरी।५
परमानंद आस हरि पुरवै, दरसण सदा हरी।६

-:हरजस-43:- (13 पंक्तियों का)

आवो जमे साधो सेवगौ, संभलो ग्यान सुजाण जी।१
सतगुरू आयो संभरा, विधि सुं सुणो बखाण जी।२
जिणि पहराजा उधरियो, मलिया असुर का माण जी।३
ध्रु अमर पद जिणि दीयो, चौकी दे ससि भाण जी।४
हरिचंद रोहितास तारा सती, सति सिंघासन सुजाण जी।५
पांचु पांडू कुंता द्रोपदी, चाल्या गुरू फुरमाण जी।६

कलिजुगि कायम आवियो, अयाणा करै सयाण जी।७
पूण छतीस परचाईया, किया साध सुजाण जी।८
दान दया जप साच सुचि, विसन करै बखाण जी।९
चौह जुगि सिध साधां जप्यो, सिव ब्रह्म सेस जपाण जी।१०
अनंत कोड़ि परचाविया, झांभेसर सुभियाण जी।११
पार गिराय पोह कियो, चूके आवाजाण जी।१२
परमानंद की विनती, राख्यो संगि रहमाण जी।१३

-:हरजस-44:- (4 छंदों का)

मिनखा जलम मिलै मेरा जीवौ, चूकै भव चौवरासी।
नुवो लेखो हुवै मेरा जीवो, करिसी सो जीव पायसी।
कियौ पावै जिसो करिसी, दोस काहु नहीं दीजिये।
सौदौ वसत अनेकों करिसी, समझ लाहो लीजिये।
सवा दोढा दुणा अनंता, ऐसो माल विसाहिया।
सुमति कुमति दोय, मिनख जमारो पाइया।१
कुमति संगि काम किरोध मेरा जीहो, हठ अहंकार कुलोभी।
लालच चोरी ठगाई मेरा जीवो, कुमली कुचाल कुसोभी।
कुसोभी मुख कुसुभ भाखै, सुभ साच नै उचरै।
दान सील तप भाव नांही, दया हिरदै ना धरै।
सिनान ध्यान भजन नाहीं, दोरै वासो दीजिये।
मिनख जमारो अफल इणि परै, कुमति संग न कीजिये।२
सुमति संगि सील संतोष मेरा जीहो, सुवचन साच सुभावा।
किरिया भजन धरम मेरा जीवो, गुण गोमिंद का गावा।
गुंण गावै मुकति पावै, आन सेव न ऊचरै।
उपगार सार अपार अहोनिसी, ध्यान हरि हिरदै धरै।
मुगति माघ इणि विधि धावै, दान सुपहा जीजिये।
रतन जलम संसार सागर, सुमति सुसंग कीजिये।३
ओ औसर मिनख जलम मेरा जीवो, बारों बार न पावै।
हरिजन पार लंघिया मेरा जीहो, बोहड़ि इणि खंडि न आवै।
इण खंडि न आवै करै केला, सदा कोड़ सुहावणा।
हूर कामणि करै केला, रतनगढ रतन आवणा।

विसन दरसण सदा परसो, वे सुन्य वासौ विसन करै।
परमानंद गावै दरसण पावै, ओ औसर मिनख जनम को।४

-:साखी-01:- (4 दोहों व 6 छंदों की)
सतगुरू सतपंथ चलावियो, पहराजा प्रतपाल।
सतजुग धरम सारां सिरै, विसंन करै रखपाल।१
चौकस त्यागो च्यारि जुग, सोह जांणै संसार।
परगट राजा पातिसाह, तागो ओह ततसार।२
पालै राजा पतिसाह, सतगुरू जांह सहाय।
राज रिध और खड़ग सिध, सतगुरू कह्यौ सुंणाय।३
राम रहीम करीम क्रसंन, अलाह खुदाय अलेख।
गोरख गोमिंद झंभ सतगुरू, नांव अनंत है ऐक।४

....

वड तागो वड थानि, दौल हठीसिंघ करायौ।
दाखवियौ ज्यों देव, कियो जा गुरू फुरमायो।
करता फुरमाई कीवी सांई, सामि काज संवारिया।
खड़ग धार परकाजे खड़िया, त्रीकम पार उतारिया।
अठरासै चोडोतरै, पोह सुदि बीज मंगलवारियो।
परमाणंद कहे मुकति पोहता, वड तीरथ साको कियो।६

-:साखीसार:-

इस साखी में कवि लिखते है कि थापनों को बीकाजी, लुणकरणजी और जैतसी ने 'अकर' माना था किन्तु राजा गजसिंह के राज में हठीसिंह नारणौत ने पापबुद्धि के कारण विशनोईयों से बैर किया और वहां के मोहता से कुड़ कपट रचकर 'कर' उगाहने हेतु हिमटसर से अपने साथियों सहित तालवा (मुकाम) आया। जब इसकी खबर थापनों को मिली तो उन्होने कर देने की अपेक्षा सिर देने का निश्चय किया। सादूल, हिरदल व देवसी आदि नारणोत राजपूतों की तलवारें चलने पर राम, कोरी, खेतो और दोयजी आदि चार थापनों ने अपने सिर दिए। यह घटना विक्रम संवत् 1804 के पौष सुदि 2 मंगलवार को हुई थी।

-:साखी-02:- (5 छंदों की, राग धनासी)
बाबा आपि उपना आप, मच्छ संखासुर मारियो।
कच्छ रूप कीचक, वराह मुर दैत संघारियो।
वराह मुर दैत संघारियो नै, नरसिंघ हरणांक।
वामन बलि परसराम, अर्जुन राम लक्ष्मण लंक।
कानड़ कंस बुद्ध गयासुर, जपायो विसन जाप।
असुर उथाप्या सुर थाप्या, बाबो आपि उपना आप।
मच्छ संखासुर मारियो।१
पहलाद कहियो परगट, देव विसनु वाचा दई।
तेता हरिचंद साथ, सात करोड़ सिधा सई।
सात करोड़ सिधा सही नै, नवे दहूठल राय।
पांच सात नव तिहुं जुगै, हूवौ विसनु सहाय।
लालच लोभ चौरी ठगाई, कलिजुग कूड़ कपट्ट।
करोड़ बारा तारणै, पहलाद कहियो देव प्रगट्ट।
देव विसनु वाचा दई।२
कथा सुणी करतार, भगतां पति भूधर भणी।
आप लियो अवतार, धर ऊपर जीवां धणी।
धर ऊपर जीवां धणी नै, बाल चरित अपार।
काचे करवे नीर राख्यो, जोगी मानी हार।
दीवा सजल जगाविया, बाल चरित अपार।
अनेक स्याणा हार चाल्या, कथा सुणी करतार।
भगतां पति भूधर भणी।३
हुकम चरावै पाल, हुकमै पाणी पीजिये।
बाला संग जग आप, कहियो बाला कीजिये।
कहियो बाला कीजियै नै, कियो खेल करतार।
लोहटजी ने चरित्र दिखायो, मेह अखंडा धार।
खेत निपायो सांझ पहली, उधरण परचौ सार।
दूदै ने गढ मेड़तो दीन्हौ, हुकम चरावै पाल।
हुकमै पाणी पीजिये।४
परगट कियो पंथ, बंयाले मां अन आपियो।

बंयाले कातिक मास, थिर नामी कलस थापियो।
थिर नामी कलस थापियो नै, परच्या सुरग देख।
पहली पुल्हो परचियो, अरू ओलख्यो अलेख।
ज्यूं मही घृत काढियो, सरव मारग मत्थ।
परमानंद पुरौ धणी, परगट कियो ज पंथ।
च्यार चक परचाविया।५

-:साखी-03:- (5 छंदों की, राग धनासी)
बाबो आवियो आदि विसंन, संभरथलि साचौ धंणी।
परच्या पवन छतीसुं, सप्त दीप सोभा सुणी।
सप्त दीप सोभा सुणी नै, आवियो हरि आप।
खुध्या तिसना नींद नहीं, सोक नहीं संताप।
छाया खोज न आपदा न, कलू आवियो किसन।
करतार पार पावै कवण, आवियो आदि विसन।
संभराथल साचौ धणी।१
सरव धरम संसार, परगट किया परम गुरू।
पाप धरम निवेड़, न्यारा किया सुगुरू गुरू।
न्यारा किया सुगुरू गुरू नै, साच सील सिनान।
कारण किरिया होम जप तप, सुपह सुमारग दान।
आन भरम कुथान पूजा, अन्तर सर्व निवार।
विसन जाप र विसन पूजा, सर्व धरम संसार।
परगट किया परम गुरू।२
सिकन्दर बाबर बादशाह, पठाण चगथा परचिया।
सांगा राणा चितोड़, रायसल बरसल सिसोदिया।
रायसल बरसल सिसोदिया नै, दूदो सांतल राव।
बीकौ बीदौ हमीर बाघौ, जोध दवादस जाण।
जैसाण रावल जैतसी, अजमेर करमसी पुवांर।
महमदखां हारणखां सेख सदो, सिकंदर बादशाह बाबर।
पठान चगथा परचिया।३
और परचिया कैई अपार, यांरा सुत नाति दोहितरा।
जो जो उतम जीव, सतगुरू का सेवग खरा।

सतगुरू का सेवग खरा नै, सदा स्याम सहाय।
विसन सहसी वंस बधसी, पाप वंस खै हो जाय।
गिणे राजवी ग्यान माही, परजा न लहुं पार।
नव खंड देस रा नरपति, और परचिया केई अपार।
यांरा सुत नाती दोहितरा।४
दरसण परसण देव, करणी चालै गुरू कही।
साचा साचौ स्याम, सतगुरू जहां साथे सही।
सतगुरू जहां साथै सही नै, मोख पावां मन सवा।
अमी कचोला भोग मनसा, सदा आनंद नित नवा।
हिंडोल हिंडण पिलंग पौढण, सरस मनवी सेव।
परमानंद गावै मुक्ति पावै, दरसण परसण देव।
करणी चालै गुरू कही।५

-:साखी-04:- (8 दोहों की, राग धनासी)

जैतसी अरज कही करतार।१।टेक।
चंद्रसैण कर जोड़ि कहे गुरू आगल, ओ औसर ओ वार।
थे सतगुरू हुं सेवग थारो, जैसांण पधारिये जी करतार।२
पहलाद की परतंग्या राखी, अनंत वार उबार।
तो सरण ध्रुव पारि पहुंतो, सोह देख संसार।३
हरिचंद को सत हित करि राख्यौ, कर पकड़ियो करतार।
द्रोपदा चीर गह्यौ दुसासंण, कियो चीर इधकार।४
लाखा मंडप पांडव राख्या, ते चिंता अंत न पार।
बिभीषण कुं लंका दीवी, रांणो रावण मार।५
अनंत कोड़ि केइ साध उबारिया, गज ग्राह समंद मंझार।
मोतिये की परतग्या राखी, परचा दिया अपार।६
हासम कासम साध उबारिया, इसकंदर की वार।
भगत बछल सेवगां सहायक, धारिया नव अवतार।७
सुख को सागर सब तुंहि दाता, तुंही निवाजण हार।
परमानंद दास ज इम जपियो, माहव मुकंद मुरार।८

-:साखी-05:- (4 छंदों की)

मिनखा जलम मिलै मेरा जीवौ, चूकै भव चौवरासी।
नुवो लेखो हुवै मेरा जीवो, करिसी सो जीव पायसी।
कीयो पावै जिसो करिसी, दोस काहु नहीं दीजिये।
सौदौ वसत अनेकों करिसी, समझ लाहो लीजिये।
सवा दोढा दुणा अनंता, ऐसो माल विसाहिया।
सुमति कुमति दोय, मिनख जमारो पाइया।१
कुमति संग काम किरोध मेरा जीहो, हठ अहंकार कुलोभी।
लालच चोरी ठगाई मेरा जीवो, कुमली कुचाल कुसोभी।
कुसोभी मुख कुसुभ भाखै, सुभ साच न उचरै।
दान सील तप भाव नांही, दया हिरदै ना धरै।
सिनान ध्यान भजन नाहीं, दौरै वासो दीजिये।
मिनख जमारो अफल इणि परै, कुमति संग न कीजिये।२
सुमति संग सील संतोष मेरा जीहो, सुवचन साच सुभावा।
किरिया भजन धरम मेरा जीवो, गुण गोम्यंद का गावा।
गुंण गावै मुकति पावै, आन सेव न ऊचरै।
उपगार सार अपार अहोनिसी, ध्यान हरि हिरदै धरै।
मुगति माघ इणि विधि धावै, दान सुपहा जीजिये।
रतन जलम संसार सागर, सुमति सुसंग कीजिये।३
ओ औसर मिनख जलम मेरा जीवो, बारों बार न पावै।
हरिजन पार लंघ्या मेरा जीहो, बोहड़ि इण खंडि न आवै।
इण खंडि न आवै करै केला, सदा कोड़ सुहावणा।
हूर कामणि करै केला, रतनगढ रतन आवणा।
विसन दरसण सदा परसो, वे सुन्य वासौ विसन करै।
परमानंद गावै दरसण पावै, ओ औसर मिनख जनम को।४

-:विसन असतोत्र:- (22 छंद)

-:दोहा:-

तात मात विणीत तत, माया ब्रहम मिलाप।
वे सुन्य जहां विसन है, आपेणि उपनो आप।१

-:छंद:-

आपेणि आप ज आप उपनौ, ओउंकार कियो अंजणो।
विसन अजंण मां विराजत, निराकार निरंजणो।
कीवी मन्यसा आप करता, श्रव आरंभ सधरू।
आदि नांव विसन अवगति, वे सुन्य विसंन विसंभरू।१
आदि अनादि दोय उपाया, नाद वेद निरंजण।
पांच तत गुण तीन्य पक्रत, सहजि आसण बसण।
निराकार आकार कियो, श्रब ई माहीं विसतरू।२
धर अंबर अधर धरिया, धरे पयाल अधरा धरूं।
वाव बादल मेह बरसत, अधर धारा अधरू।
नव लख तारा, ससी सूर नव ग्रह परिदखिणा अपरंपरू।३
खोज छांह न रूप रेखा, नींद त्रख खुध्या नहीं।
माण सुख दुख नहीं ममता, माया मंझी मोह नहीं।
रगत धात न नाहिं दस दर, पिता माता न कुल परू।४
सुन्य मंझे रह सभापति, अटल आसण अंजणौ।
अह सुर नर करत आसा, जीख रिख मुनियर जपणौ।
सीव ब्रंभा सिध साधक, ध्यान माया उर धरू।५
उपजे न विणसै आवै न जाइ, अचल जुगे जुगि अमरू।
तहि ओदरि श्रब उतपति, इंड रूपी अधरू।
विसन को विसतार बोह विधि, कहां लग गिणती करूं।६
सांवल वरण ज पीति वसतर, नीण जोति व्रण देह नरू।
निराकार आकार नाहीं, आकार माया नहि नरू।
राम किसन अवतार सांवल, वे सुन्य आकार विसंभरू।७
मन्यसा धरि मंडाण मंड, खेल मन्यसा खंडणौ।
इकबीस ब्रहमंड अनंत आरूभ, मंडाण सहजे मंडणौ।
करत बार न लगत कांई, सुरति राखे सधरू।८
निज रूप न्यारा बाणि न्यारी, जीव भजि ज जोजवी।
अनंत आरंभ अनंत लीला, नवी भंति सोभा नुवी।
सिरजत सांई रहत सब ता, पार अपार अपरंपरू।९
च्यार खाणी च्यार बाणी, च्यार वेद विचखणौ।
लख चौरासी श्रब लेखे, उपख्यांन वेद ज अखणौ।
अनंत जीवां रीजक आप, सांसि सांसि गम ली सधरू।१०

क्रमा बंध जीव किया न्यारा, पावे स करतब अपणौ।
सेवा सारू देत सब कूं, भगवान कबु न भुलणौ।
भूला माया जाल भूंदू, तांथै पड़े दिन दिन अतरू।११
रमै रामति रचि रचना, भाव भगति ज भावही।
भगति द्रोही नाहीं भाव, खल दैत दुष्ट खपावही।
जति सति ग्यान निज ध्यानी, सहाय संता सधरू।१२
सांई मछ कछ बाराह नरसिंघ, बावन फरसराम लछमणौ।
किसन बुध कलअंत निकलंक, अवतार माया अंजणौ।
उपजत त्रिण सत दिष्ट मान माया माया, अदिष्ट अजर अमरू।१३
चत्रभुज सहायक जुग च्यारे, कह्यौ सतगुरू कीजिये।
कलि आय प्रगटे आप करता, भेद अंतरि भीजिये।
साच सबद सुण सुरता, साच सब कारज सरूं।१४
अनंत नामी सहंस आथ, सहंस मा सति सधरू।
सति मां पचीस साउ, पचीसा दस परवरू।
ओउं विसन नांव है श्रव ऊपर, आदि नांव ज उधरू।१५

-:कवित्त:-

विसन विसंभर झंभ, आदि अंति अंतरजामी।
ब्रह्म जीव सोई जोति, केवल करतार सोई कामी।
ओउंकार अपार निराकार आकार समाई।
माया मां नहीं लिखत, माया मन करि उपजाई।
वे सुन्य अगम वसत है, सर्व मांड विसतरू।
प्रेम दरस परसिये, वे सुन्य विसन विसंभरू।१
विसन हुए आदि बाराह, सोई सनकादिक स्वामी।
तूं ही जग अवतार, नर नारायण नामी।
तुहि कपल दतात्रीव, रिव ध्रुव पृथु हग्रीव।
कछ मछ बारा नरसिंघ, बावन परस गज हग्रीव।
हंस मुनितर धनतर, जांमदिगन जग व्यास जय।
राम किसन बुध गोरख झंभ, कलि निकलंक अवतार कहि।२

-:दोहा:-

राम रहीम करीम किरसन, अलाह खुदाय अलेख।
गोरख गोमिंद झंभ सतगुरू, नांव अनंत है एक।२

चिरत कर लीला रचै, दुनिया लागै लार।
मूल छाड़ि डाली ग्रहे, विसन सर्व विसतार।३
सेस सुर नर जाकी सरणि, सिव ब्रंभा ध्यावत सोय।
तीन्य लोक तारैण तरण, अवर न दुजो कोय।४
दुत भाव अक्रम क्रम, इरखो धेख अभिमान।
भ्रमै क्रमै बंधिया, हिन्दू अवर मूसलमान।५

-:फुटकर छंदः- (12 दोहे)
अनंत सबद सतगुरू कह्या, पच्यासी बरस परवाण।
नाथव कंठि रहिया अता, सेइ सीख्या वील्ह सुजाण।१
बड पोथी गिण वील्ह की, दूजी सुरजन दाख।
तीजै मुकनूं मुझ गुरू, सुरतांण पिता मुझ आख।२
दसुंधीदासो खीराजजी रासोजी सुरतांण।
ऐ पांचूं परत्यां बांच के, पोत्थो लिख्यो प्रवांण।३
कै बात सुणी साधां कनां, कै पोथियां मां परवांणि।
परमाणंद सुरतांण रै, लिखिया सबद सुजांणि।४
दीठा बाच्या मैं लिख्या, सासतर मां था सोय।
ग्याता कोई वाचि कै, दोस न देइयो मोय।५
मैं तो मांडिया मोह कर, पुसतक देखि विचारी।
सबदा अरथ अनंत है, जाणै सिरजण हारि।६
कचा सब संसार है, सचा सबद ततसार।
परमानंद सूं परम गुरू, राखो हेत पियार।७
मधम नीच नुगरा नरा, कुबुधी पापी होय।
मुरख मड़िहारी सुद्र मलेछ, कहि न सुणावो कोय।८
ग्यान दग्धि गुरू निंदणा, पात्रियल आन उपास।
एतां सबद न दीजिए, दाखै बीठलदास।९
जतो पुस्तक ततो लिखिया, सुधि असुधि न जानते।
सुरता अरथ विचारी ले, ममौ दोस न दीयते।१०
पुस्तक वील्ह मंडाविया, सेई बात ततसार।
सबदां अरथ अनंत है, सोई जाणै सिरजणहार। ११

सबद सुणै वाचै सबद, खोजै अरथ विचार।
तीर्थ व्रत और जग्य पुन, पावै मोख दवार।१२

-:गद्य रचनाएं:- (6 लघु रचनाएं)

-:तीन जुगां री वारता:-

सतजुग रै पहलै पाइये सर्व विसनोई हुंता। पछै असुर दाणवां ध्रम बछेद कियो। पछै सतजुग रै पछेल पाइये पहलाद सूरजवंसी ध्रम कायम कियो। ता पछै वलै ध्रम चल विचल हुवो। पछै राजा हरिचंद रघुवंसी तेता जुग मांहे ध्रम कायम कियो। श्रीठाकुरां तीन्य जुग मां तीन्य साधां नै बड़ाई दीनी। भगते काज्य श्रीविसन तीन्य जुग मानव अवतार धारिया। नवाइ अवतारा अनंत असर खै किया। अवर चिरत अवतार असंख्या। साध सिध असंख्या। ध्रम नेम होम जाप तप कारण किरिया सील संजम साच सनान सुभाखिया। जीवत मरणा अजर जरणा एता दुहेला और सभी सुहेला। कलजुग मां श्रवे ध्रम बछेद हुवो। पछै संवत 1508 व्रषे मिति भादवा वदि 8 वार सोमवार कृतका नखत श्रीविसनजी गांव पीपासर मधे लोहट पुंवार रे घरे चिरत रूपी प्रगट हुवा पार कणी पायो नहीं।

-:पंथ सथापन:-

संमत 1542 काती वदि आठमि पहर दिन चड़तां कलस थरपना कीवी। च्यारे चक मां परमोध कीवी। विसन पंथ कायम कियो।

-:चिलत नवमी अलोप हुवा:-

संमत 1593 मंगसर वद नुंय साम्ही अलोप हुआ। वांसे लोक दिखावे नै पुतलो मेल्ह गया। 85 व्रस 3 महीना 1 दिन 3 घड़ी निरहारी पुरस प्रगट रहिया। लाल्हासर थी तालव्या ल्याया। साथरिया झांभोलाव रो मतो करि 10 दसुय रे दिन मुकाम कियो। पछै राव जैतसी लूणकरणौत आडो फिरियो। मांहरे देस रो देव बीजै देस ले जाण द्यौ नहीं। संमत 1593 मंगसर वद 11 मुकट री नींव थरपी।

-:साको मुकाम मंदिर:-

समत 1596 असोज बदे 14 महमद खां नागौरी जेतसी बीकानेरियो मुकांम आया। मुगट दोला प्रदेखणां दीन्हा। चड़ावौ कियौ। डागलौ उभौ करै मुगट मां बड़िया। कहण लागा- झांभेजी री जायगा बड़ी जायगा। एक रजपुत दुहो कह्यौ-

छाया खोज न दीसतो, सोह हुंतो जिण रो कह्यो।
खुध्या तिस नींद न व्यापती, थांहरो झांभोहु पणि मर गयो।

एक विशनोई कवत सूं उत्तर दियो-

अजू गंग जल बहै, अजूं छलियो रैणायर।
अजूं मेर नहीं टरियो, अजूं रिव तपै विणायर।
अजूं चंद आकासि, अजूं घण पवण फरकै।
अजूं व्रख रिख वंनि बसै, अजूं कपूर महकै।
तीन लोक चवदै भुंवण, वंदन मुखि जग जस भयौ।
संसार करंन अछै अभै, न कहि न कहि झंभो मुयौ।

दुहो कवत मंहमदखान जैतसी सांभल्या। ल्यौ नी देखां, खोलि न देखां। विसनोई अरज करण लागा। चवदसि र दिन कजियो रह्यो। सांम्ही सावण री राति आई। नाल्हाजी ने राति सुतां अवाज हुई- खोले तो खोलण दियो। मति पालियो। आंह की नैसां करिस्या। परभात ताबूत खोलि दरस्या माथे पसैव का मोती हाथे जपमाली फिरे। कहण लागा- बीजा रा सबद साचा नै पिंड काचा। श्री झांभेजी रा सबद ई साचा, अर पिंड ई साचा। अतरी कह पछै पछतावौ कियो। असड़ो कोई हिंदवाण तुरकाण कई कियो नहीं सो आपां कियो। अपार रो पार कीणी पायो न पावसी। हमै कोई हिंदवाण तुरकाण इसी विचारजो मती।

-:विल्होजी रो आगमन:-

जमात कहै, देवजी थारे लेखै मां और देह धारै जको कियो अवतार। औतार की मरजाद इक की बांधिये। इह बिना वांसो सुधरै नहीं। म्हारो बदलायत छै रैवाड़ी जलम सुथार घरै ले। दोइयो जाति। आंखे जखम वील्हो नाम हुइसी। नाथियां तूं खड़ी ना। सुणी दीठी बात वानै कही। भगत मिलिसी।

-:साध प्रयाण:-

संमत 1735 माढिये गांव केसोजी खड़िया। समंत 1748 झांभोलाव

सुरजनजी चलण कियो। समंत 1768 सावण वदि 2 गांव रासीसर दामेजी तुरबती लिवी।

-:पोथो ग्रंथ ग्यान:-

लिखतु परमानंद संत जाति बणिहाल थापन सुरताणजी रा सुत। रासेजी रा चेला। दामेजी रा पोता सिख। मारवाड़े नवकोटि रा थापना। अतीतां गंगा पार रा अतीतां रा जूना पुस्तक देखि महंतौ री पोथी देखि। ओह ग्रंथ ग्यान लिख्यौ छै। संमत 1798 पौथो कियो। समंत 1810 चेत सुदि 1 पोथो संपुर्ण लिख्यो छै। वार बुधवारि वचनारथी कान्हा। गांव रासीसर सुभ सुथाने। दामेजी री थापना।

-:छमछरी:- (गद्य पद्य मिश्रित)

-:समत १८०५ फल:-

पुरब पछिम समुं भलो। गुड देस सुर भख। कुंकण देस म्रगी, चत्र पदां मुंह रोग। स्वानि दाऊ उन्हालु अन सुकाल। समु पापिष्ट होयसी।

-:समंत १८०६ फल:-

छक समे दुख छत्रियां, वरसे बोह जल धार।
नदियां नीर वहे घणो, घरि घरि मंगलाचार।१

चेत्र वेसाख अन ससता। जेठ वाव वाज्यसी। असाढ व्रखा होयसी। सांवण विरखा काहि कदी सराख। भादवे मेघ घणां। भाद्रवा दोय दोय असु मलवाई होयसी। पुरब सुर भख। मध्य देस दाढ चालो। खाधा सो पातेसा मारसी। कंबील देस विग्रह होयसी। फागण खत्री घर छाडिस्ये। बुंदी कोट हाड़ोती सांगानेर सांभरी कटक चालो फितुर होयसी। कपास रूह मुंहघा अन सुंहघो। समो क्रमा ध्रमी श्रंबतरि हुसी।

-: समंत १८०७ फल:-

सतोतरो समुं करवरो, मारू देस मंझारी।
करमा धरमी होयसी, व्रगह देखि विचारी।१

चेत्र वेसाख मंदा। राजा प्रजा सुखी। भोमि कंप होयसी। मारू कोटि ब मलेछ देस उजाड़िसी। खोसा खुंदी मांहो मांहि होयसी। सांवण भादवे फाका तिडी होयसी। समुं निखरो क्रमा ध्रमी होयसी।

-:समंत १८०८ फल:-

आठोतरो समो अवलि, व्रहग चाल वखाणि।
अन त्रण होयसी घणा, ...।१

चेत्र वेसाख अंन मंदा। .... व्रगह होयसी। जो पुरे मांहो मांही खोसा खुंदो होयसी। सावण भाद्रवे मंदी विरखा। अंन मुंहघा सिंध मुलताण। आसोज काति विरखा होयसी। श्रब धान निपजसी। दाढ चालो होयसी। पछिम देस दुकाल। उत्र दिखण गह पुरब देस सुकाल। नुंवो पातिसा जागिसी। गुजरात दिली विच एकुंकार होयसी। पछिम देस भाजि दुजे देस वसिसी। तुरकां दिखणियां रो जोरो होयसी। रीखणी फाका होयसी। समुं क्रमां धमी होयसी।

-:समंत १८०९ फल:-

नवोतर विरखा घणी, मीठो समुं संसारी।
धान धीणो होयस्ये घणा, व्रगह चाल विचारी।१
दिली देस दुद्र दसोतरा, रूंदि कटकां रोल।
मेह मुकता वरसिसे, मारू हाली कलोल।२

चेत्र स्वालख अन सुकाल। जेठ असाढ फरका। असाढ दोय। सांवण भादवे मेह घणा। अन सुंहघा। फागण गड़ा पड़िसी। अन गाहकी होयसी। मेड़ते मारवाड़ि समुं करवरो होयसी। मालवे विग्रह। प्रजा अनल विनल होयसी। पछिम देस दुकाल।

-:समंत १८१० फल:-

दिली देस दुंद दसोतर, मारू हाल किलोल।
दिली आगरे संभलि विच, रूदिं कटकां रोल।१
मेह मुकता वरसिस्ये, चोह दिस नदी बहाय।
उलट पलट दल प्रथमी, आगरे चहुं दिसाय।२

अति मेघ विरखा वेसाख उतपात। पुरब देस पीड़ा। जेठ असाढ वाव वाज्यसि। भोकंप होयसी। लोक घणां मरिसी। देस ढुंढाड़ नागर चाल होयसी। तीडी डाढ होयसी। तिंडसी मतीरा होयसी। आसोज व्रखा। राजा प्रजा रोग पीड़ा। काती मगसरे गुल घ्रत मुंहगा। कटक मलेछ विग्रह। तिडी ज्यों कटक आविस्यै। उन्हालु खायस्ये। भोमि कंप होयसी। गुजरात देस छत्र पड़िसी। नागोर डुल्यसी। लोक घणां मरिसी। देस का ढुंढा होयसी।

-:समंत १८११ फल:-

गांडु समुं ग्यारोतरो, जोधाण दिली विच चाल।
मुरधर रा भड़ भाज्यसी, त्रिया तजिसी बाल।१

चेत वेसाख उलंका पात। जेठ असाढ समता। देस दिसतरि मेह घणा होयसी। सांवण पछेल पखि भादवे अंन सुंहघो। राज भव अंति होयसी। आसोज धान री दाह उपजिसी। रेवाड़ी पाटोधी नारनोल मनोहरपुर किसनगढ मेड़तो नागोर जोधपुर घोड़ी दुंद। मगसरि धान संग्रहियां बीवणा लाभ। आगे तीवणां चोगुणा। उन्हालु साखि निपाज्यसी। सांवण दुरभख। गुजरात को लोक गरज्यसी। मारवड़ि अंनल विनल होयसी। क्यों उतराधी दिसा भली होयसी।

-:समंत १८१२ फल:-

बारोतरे जुग डुल्यसी, त्रण नहीं घण ताप।
हाहाकार हुवे मेदनी, छोरू छडिस्ये बाप।१
मारू मलवाई घणी, गढ कोटां हट नाल।
काल कटक प्रथी प्रलो, भुख दुख भुपाल।२

चेत्र वेसाख अंन मुंहगा। अन संग्रह कीजो भाव देसी। मध्य देस सुरासट देस उद्यान वास होयसी। छत्री भंग होयसी। गढ कोट हट नाल होयसी। आयो सो मांडी मरिसी। चेत्रकोटि हिंदवा तुरकां वेढि होयसी। तुरक जायस्ये हिंदु राज होयसी। मेवाड़ी मारवाड़ी गुजरात एतां देसां दुरभख होयसी। मां वित छोरू छडिस्ये। पुरस असत्री छडिस्ये। कोई एक विकिसी। सांवणु साखि कठ एक होयसी। सो तिडी खायसी। उन्हालु हुयसी। अंन मुंहघो दुगांणी सोले १६ सेरां मां विकसी। पाछत मोठ होयसी।

-:समंत १८१३ फल:-

तेरोतरो समुं करवरो, राज वद नित विचारी।
केतस पुंछो उगसी, वसधा एकुंकार।१
नखतर की महमा सुणो, चोपद मरे अपार।
हाहाकार व्रत्यसी, मेह पाढि मंझारी।२
हिमत बांधो राजवी, तेरोतरो सुकाल।
बांभण वाणियां सुख लहे, नगरां मंगलचार।३

राजा प्रजा सुखी। मास च्यारी मध्यम। सांवण भद्रवे अंन मुंहगो। काति अंन ससतो। तिडी दाढ होयसी। देस ग्राम उदवास होयसी। मलेछरी जाग्रत

होयसी। मालवो मेवाड़ी उच मुलतांण भला थलवट भली। जत मांहे गुजरात दुंद होयसी। दिली काफर को तेज होयसी। मध्य देस कटक भव उजड़ होयसी। घोड़ी वेध पड़िसी। घोड़ा सरबतरि मरिसी। मेह पाटि सुख उपज्यसी। बुंदी कोट महा भद्‌य होय होयसी। कटक दिखण दिस जायसी। राज नीरजी प्रथी वरस तिन्य रहिसी। अंन मुंहघा। अजमेर हिंदवाण होयसी। समो सनमानीक।

-:समंत १८१४ फल:-

चवदोतरे विरखा घणी, इचरज एक अपार।
कोई एक पुरिख जागसी, प्रथमी जेजेकार।१
काल सुकाल करवरो, दिली पति नै भार।
तुरकां जुध हुवे घणो, कटक चाल अपार।२

विसन वीसी व्रणते। चेत्र वेसाख कटक चालो उपड़िसी। वेसाख ओला पड़ेसी। जेठ सुख सांयत। अनाज दुगांणी तेरा होयसी। असाढ भोमि कंप होयसी। अगनि घणी जागिसी। सांवण मेघ। भादवे आसोज मेघ थोड़ा। काति अन सुकाल। आगे भडसाली लाभ। तोडे को राजा अजमेर आय मरिसी। दिन १५ उजड़ रहेसी। पछे दुजो राजा बेस्यसी। अजमेर व्रहग। देस ढुंढाड़ उजड़ होयसी। ढुंढाड़ को लोक मेवाड़ जायसी। मेड़ते नुंवो राज हुयसी। पछिम खेड़ा वस्यसी। मेड़ते उदवास होयसी। पुरब देस दुकाल। धान नेपति मठी होयसी।

-:समंत १८१५ फल:-

समंत भलो पनरोतरो, इचरज एक विचारी।
उडत पंखेरू आविस्ये, करिस्ये मिनख सिंघार।१
करवरो काल पनरेतरो, लागे वेढि अपार।
लोही पीवे जोगणी, हिंदु तुरक सिंघार।२

चेत्र गड़ा पड़िस्ये। राज व्रिगह। अंन लियां लाभ। वेसाख अलप मेघ। जेठ असाढ अलप मेघ। सांवण भाद्रवे वाव वाज्यसी। मारू मुं नीरस लोक परदेस जायस्ये। देस मांहे गांव नग नुंवा वसिस्ये। सोरठ थलवट भली।

-:समंत १८१६ फल:-

सोलोतरो समुं करवरो, वरसे मेह अपार।
धान नेपति पर खंडे, भव पर जांचन विचारी।१

विरखा थोड़ी। अंति वाव वाज्यसी। अन मुंहगा। चेत्र पदा मुंहघा। घोड़ा बंध श्राप दाढ होयसी। प्रजा खिज्यसी। नागोर की भोमि विणस्यसी। मध देस

दुरभख। उतर देस दुकाल। उच मुलताण दुकाल। सिंध देस मध्यम। गुजरात दुरभख। मध्ये देस खला खेत उभा उजदिस्ये। मंडोवर हाहाकार। पुरब व्रगह। अन भाव आकरो।

-:समंत १८१७ फल:-

सतवादी सतरोतरो, मारू समुं सुकाल।
दिली साको होयसी, भरवदेस दुकाल।१

चेत्र दिली मंडलिक महा करवरो। धान पुराणो दुगाण ४० सां होयसी। दिली के देस मरी पड़िसी। परजा श्रबतरि अनल विनल होयसी। मास दुं अनाज वेच्यां लाभ देसी। पोह माह संग्राम विग्रह। मांडल गढि अनाज मुंहघो। गुजरात विरगह। वेसाख थी मारू समता। समुं सुर भख। सांवण दोय। पुरब साव देस व्रहग। साख बेऊ सखरी होयसी।

-:समंत १८१८ फल:-

अठारोतरो समुं अवालि, करमा धरमी होय।
गबी पुरख ज जाग्यसी, राज कुली विण्य कोय।१

चेत्र वेसाख अंन संग्रह कीजो। समुं करवरो होयसी। आसुज मेह सुकाल होयसी। लोक सुखी। गऊ ब्राह्मण पुजा। मांडल गढे विणास। पुरब के देस मध्यम घरे उतिम असतरी उपज्यसी। ते असतरी बालक जणिसी। ते राजकुली मां अब आण मनाविसी। घ्रत मुंहघो। समुं करमा धरमी होयसी।

-:समंत १८१९ फल:-

उगणीसो वारू समुं, सुख दुख बेठ समान।
अंन त्रण मारू लेखा मुखी, मालवे मुकता धान।१

चेत्र समता। वेसाख भोमि कंप होयसी। जेठ असाढ अगनि भय। सांवण भादवे आसोज भला। काति सुर भख। पोह माह विरखा। गोहां मां रोलि पड़िसी। सिंघल देस धान मुंहगो। मालवे राज व्रगह। गुजरात खंड समद्र जल तुटिसी। स समुं क्रमां धरमी। बीकानेर जल थोड़ा। गबी राज प्रगटिसी। मुरधर देस मांह श्रब ध्रम रखपाल होयसी।

-:समंत १८२० फल:-

वीसो समुं पुरब रो, करवरो श्रब संसारी।
अतरवेद जुध होयसी, हिंदु तुरक सिंघार।१

प्रजा सुखी। देस ग्राम वसिस्ये। बावली विणास। नागौर कोट व्रगह। मारवाड़ माफक मेवाड़ मालवे सुकाल। प्रजा खिज्यसी। महाजन सुखी। रस गोरस

घणा। अन मुंहगो। भाव सारई दोड़िसी। खंडेल सुभ होयसी। नगर कोट की भोमि विग्रह। गऊ घणी मरिसी। चोपदो पीड़ा। मध्यम समुं। मेला खेला मंडिस्ये। दिखण भली।

-:समंत १८२१ फल:-

इकवीसो होयसी समुं, सरबंतरी सुभकार।
उंदर तिडी कातरो, व्रगह चाल विचारी।१

चेत्र वेसाख पुरब देस राज भंग। पुरब गरज्यसी। जेठ असाढ मालवे विग्रह। सांवण भादवे उच देस पीड़ा। अजमेर मालवे अंन अरघोती होयसी। आसुज काति अंन संग्रह करेवा। मुसो तिड धान विगाड़िसी। महाजन सुखी। अंन सुंहघा। मगसरि खांडो बाज्यसी। हाहाकार व्रत्यसी। पोह गड़ा पड़िस्ये। माह फागण सुख होयसी। समुं क्रमा धरमी हुसी।

-:समंत १८२२ फल:-

समुं बावीसो करवरो, विरगह घणां विचारी।
गुजरात मुरधर सिंध मालवे, हुसी ढाढ विचारी।१

चेत वेसाख अंन सुंघा। भोमि कोप होयसी। अगनि समान दगध होयसी। जेठ असाढि तुछि विरखा। भादवे अंन मुंहगा। आसुज सुगल मेह होयसी। श्रप चालो तिडी आविसी। गुजरात मारवाड़ व्रगह। मालवे नुवो राज नुंवी मुद्रा। देस पुरब उद वास। नवकोटि मारवाड़ अंन त्रण घणां। सुवालख साखि सरस। बीकानेर महा करवरो।

-:समंत १८२३ फल:-

तेवीसो पुरब बुरो, व्रगह चाल विचारी।
करमां धरमी होयसी, घरि घरि मंगलचार।१

चेत्र वेसाख अंन मंदा। जेठ असाढ फरका। सांवण भादवे विरखा। आसोज मेघ। काति धान चढे। मगसर घड़ा पाड़ा होयसी। रस गोरस घणां। मेदपाट गुजरात उद वास होयसी। मारवाड़ रजपुत मांहो मांही खिज्यसी। राज राजाई करिसी। नुवी मुद्रा चाल्यसी। समुं सुकल।

-:समंत १८२४ फल:-

चोबीसो समियो चुतर, करमां धरमी जाण।
अंन सुंहगा गोरस घणा, बोहला मेघ बखाण।१

चेत वेसाख नागोर की भोमि रोग पीड़ मिनखा भार। जेठ असाढ फरका। असाढि जालोर गुजरात विरखा होयसी। सांवण साव देस विरखा। भादवे

आसोज अंन मुंहगा। फल फुल अहार करिसी। काति अंन सुंहघा। गुजरात समुं सखरो होयसी। मध्य देस करवरो। सवालख पीड़ा। माह मासे घ्रत मुंहघो। फागण व्रगह। कुरखेत्र की भोमि गोड़ गाजण उजीण एता देसां व्रगह। अंन मुंहगो। दिखणी राज वापरसी। उजीण तांई आण व्रत्यसी। राजगीरी नगरी नुवी बात उठिसी। समुं करमा धरमी हुयसी।

-:समंत १८२५ फल:-

पचीसे गबी जाग्यसी, विरखा देसी रोल।
नदी वहेसि गांवड़ा, घर घर हाल किलोल।१
काली पीली वाज्यसी, करिसी हाल हलंत।
मेवाड़ पड़तो उठिसी, चितोड़ राज करंत।२

चेत वेसाख मध्यम। अनंत रोग परजा। जेठ व्रगह श्रबे। असाढ विरखा होई। सांवण भादवे धान धीणा घणा। आधे आसोज मेह सबलो होयसी। काति रोग चालो होयसी। माह फागण दिली कटक चालो होयसी। नागोर मांडल गढ वेजा नगर मेवाड़ कटकां। अन मुंहघो। अवर देस श्रब भला।

-:समंत १८२६ फल:-

छबीसे सुख संपदा, वारू समुं विचार।
अवर देस सोह निपजे, मारू मीठो सार।१

चेत वेसाख उच उतराधे विग्रह। जेठ मध्य विग्रह होयसी। पाणी विना मिनख मरिसी। नीवां नीर सोखंत होयसी। आधे असाढि विरखा होयसी। सांवण भादवे विरखा। भोमि कुप होयसी। आसोज विरखा। मारवाड़ वारू ढाढ होयसी। पोह माह अन लाभ होयसी। समुं करमां धरमी।

-:समंत १८२७ फल:-

सताविसो समुं सरस, करमां धरमी होय।
गुजरात पुरब विरगह हुवे, ओर समां सम होय।१

चेत वेसाख मेघ मध्यम। जेठ असाढ अंन विकस्ये। मेला खेला भाज्यसी। आधे असाढ हल जुपिसी। सांवण टका मुंहघा। भादवे दिन तीन झड़ी होयसी। हिड़ब आव्यसी। आसोज काति धान सुंहगा। पुरब देस गबी राज जाग्यसी। तुरक उतपति होयसी। गुजरात तुरक आवसी। लोक दुखी अवर देस सुखी। दिखण वाव वाज्यसी। कुरखेत्र की भोमि महा दुकाल। मारू मेह घणा होयसी। मालवे अनाज सुकाल। नीरजी प्रथी व्रस दोय रहिसी। समुं

सुरभख होयसी।

-:समंत १८२८ फल:-

अठाविसो भारी भलो, क्यों मारू विरगह रोल।
अन नेपति झाडी हुवे, घरि घरि हाल किलोल।१

चेत वेसाख मार वाढ होयसी। जेठ तिलंग देस पीड़ा। असाढ पछिम उतपात पीड़ा अकाल वाव वाज्यसी। सांवण अजोध्या पीड़ा अंति होयसी। सांवण भादवे नदी नाला पुरे आविस्ये। पाथर पड़िस्ये। आसुज काति ताप पीड़ा। अन समता। सेरगढ वेढि होयसी। मंडोवर राज काल। साख बेऊ निपजिस्ये। सीवाण खिवाड़ मांहो मांही व्रगह होयसी। मेवाड़ भलो। छत्रपति भार। सरबतरि समुं। प्रजा सुखी। गऊवां दुध घणां। गऊ ब्राह्मण पुजा। धान संचो करिजो। लाभ हुवेलो सही।

-:समंत १८२९ फल:-

गुणतीसो सुगणो समुं, सार मध्य सुकाल।
सुख संपति सगले वधे, देसांतर दुकाल।१

चेत्र नखत विगड़। वेसाख रोग पीड़ा। जेठ गरड़ गाजा। असाढ कोरो। सांवण भादवे मेघ। आसोज काति मेह माफक अंन सुंहगो। मगसर पोह आखो मंडसी। अन भाय रहसी। उतर इसान दुकाल। बीजा श्रब भला। वागड़ को लोग नागोर नै भाजसी। बीकानेर चोपदां पीड़ा। आबु अरघ होयसी। दिख दिखण कांवरू कुमख देस सुकाल। अन सुंहघा।

-:समंत १८३० फल:-

तीसो काल करवरो, दुरभख समुं कहाय।
अंन त्रण ओछ होयस्ये, लोक वदेसे जाय।१
अजोध्या खांडो वाज्यसी, सांभरी देस दुकाल।
देवक देस दुरभख पड़सी, मात छडिस्ये बाल।२

मास च्यारे समता। असाढ गरड़ गाज करिसी। सांवण वाव वाज्यसी। भादवे आसोज भाग सुभागी। मेदपाट मारवाड़ करवरो। स्वालख तीण काल वागड़ नीरस। अंन त्रण थोड़ा। सांभर देस दुकाल। देवक देस दुरभख। राह वाट परजा सुखी। अंन भाव उतरे।

-:समंत १८३१ फल:-

इकतीसो साउं समुं, सखरो घणो सुवाव।
मेह मुकता वरसिस्ये, मंदी वाजस्ये वाव।१

चेत्र वेसाख भला। जेठ वाव वाज्यसी। अरध असाढि विरखा होयसी। सावण पुरब अति विरखा। पछम विरखा थोड़ी। भादवे अंन मुंहघो। विरखा घणी। साव देस मुथरा की धरती मलेछ होयसी। जुध होयसी। मेवाड़ अजमेर सुरभख होयसी। पुरब देस व्रगह। अगन वाव वाज्यसी। मारू देस गुजरात जालोर नागोर सुरभख। बीकानेर वागड़ सुगाल। अंन भाव चढिसी।

-:समंत १८३२ फल:-

इकतीसो बतीसो बेउ, पुरब देस पठाण।
संग्राम घणां तिहां होयसी, जाणे माणस हाण।।१
बतीसे विरगह घणां, मेह घणो बरसाय।
उतर दिखण पुरब समुं, पछिम काल पड़ाय।२

चेत्र खांडो वाज्यसी। दिखण देस गुड डुल्यसी। राजगीरी राज भंग होयसी। वेसाख जेठ उजीण वेढि होयसी। मांडलगढ़। सांवण भादवे विरखा। पछिम दुकाल। नवकोटि मारवाड़ करवरो। आसुज काति मगसर विरखा। उतर दिखण पुरब समुं होयसी। दाढ चालो होयसी। छत्र भंग होयसी। पुगल मंडोवर पाणीपथ मेवाड़ मेवात एता देसां व्रगह। अंन सुंहघा होयसी। राजा प्रजा सुखी होयसी।

-:समंत १८३३ फल:-

समुं तेतीसो करवरो, होयसी तीण को काल।
माफक मेह वरसिस्ये, घणी काजिस्ये वाल।।१

चेत्र वेसाख श्रब वसत मंदी। जेठ महा दुकाल। असाढ मेह खंड मंड होयसी। सांवण वाव विरखा। भादवे मेघ। आसोज करमा धरमी। तीडी फाका होयसी। अंन भाव उतरे। त्रण थोड़ा। चोपदां दुखी। राजा प्रजा सुखी। भोमि कंप होयसी। दिली खंड विणास व्रगह होयसी। मारवाड़ विग्रह। गुजरात कटक मार होयसी। अंन मुंहघो।

।।एति विसंन वीसी संपुरण।।

।।अथ रूद्र वीसी लिखते।।

-:समत १८३४ फल:-

बतीस तेतीस सम, चौतीस लग जाण।
इमरत पंखेरू आवस्ये, करिस्ये कण री हाण।।१
मेह घणां ही होयस्ये, बोहुला निपजे सुधान।
अंन थोड़ेरा होयस्ये, वध्यसी सगला मान।२

कपटी चोतीसो करवरो, वारू समुं कहाय।
अंन त्रण ओ होयस्यै, सुखियां ने दुख थाय।३

चेत्र वेसाख अंन मुंहगा। भय पीड़ा विग्रह। प्रजा रूंड मुंड होयसी। जेठ राज पीड़ा। असाढि विरखा होयसी। सांवण फरको। भाद्रवे विरखा। आसोज अंन सुंहघो। चहुं देसां सुगाल। दिखण छत्र पड़िसी। दिखण व्रगह घणां। कुंकण देस डुलसी। समुं करमां धरमी होयसी। नवकोटि मारवाड़ महा करवरो। चोपदे पीड़ा वहे।

-:समंत १८३५ फल:-

समंत पैंतीसो समो, मरसी मंडोवर राव।
खोसा खुंदो अति घणो, चोर घणां तिहां थाय।१
पैंतीसो समुं करवरो, मारू विरगह चाल।
परजा वोपारी दुखी, समुं सखर खुटे साल।२

चेत्र वेसाख भला। अंन संग्रह कीजो। दिखण व्रगह। जेठ असाढ अंन अरध होयसी। सांवण गोहुं मुंहघा। मेह खंच करिसी। भादवे विरखा होयसी। राज पलट होयसी। मारू देस माफग होयसी। मेड़ते मंडोवर तुरकाण होयसी। पुरब दीखण मांडु गढि समुं होयसी। मारू दुकाल पड़िसी। लोक डुलिस्ये। चोरासी हाहाकार। ओर देस सेह भला। धांन दुगाणी पनरा होयसी। वागड़ करवरो।

-:समंत १८३६ फल:-

छतीस गढ पालटे, तुरकाणी रो जोर।
चंचवे धरती जो करे, पड़े जमाठो सोर।१
मांद घण तिंहा होयसे, मारू मेवाड़ा जाण।
राठोड़ा रढ लाग्यसी, हिंदु धरम री हाण।२
काल करवरो कारिवो, उतर पुरब देस।
समुं परखंड मालवे, ए साचा संदेस।३

चेत वेसाख फरका। जेठ विरगह। असाढ काली पीली वाज्यसी। असाढ विरखा। सांवण सीतल वाव वाज्यसी। भादवे विरखा मंदी। आसोज बीजै पखी विरखा। काति गड़ा पड़िस्ये। चोपदां सुखी। अंन सुंहघा। कटक चालो होयसी। उतर रोरव काल चाल। सिवांणो बजवाड़ो हरियाणा हांसी उजीण नारनोल सांभर अजमेर चोरासी चंदेल रेवास एतां देसां महा दुकाल। मध्य खंड मंदो। पुरब दुकाल। अंन संग्रह कीजो। मालवे सुकाल। रस गोरस घणां। अंनवी राज होयसी।

-:संमत १८३७ फल:-

सेंतीसो मीठो समुं, समुं भलो सुरभख।
मारूधर चिंता घणी, दिखण मां बोहला दुख।१

चेत्र वेसाख नागोर कटक भोव होयसी। जेठ सुन्य पंथ विग्रह होयसी। असाढ नगर कोट विणास। सांवण भादवे सिवांण पाणीपथ लाहोर विणास। अंन मुंहघो। प्रजा ख्यो जायसी। मारवाड़ अंन सुकाल दाढ होयसी। मुरधरा मरी पड़िसी। मेवाड़ अंन मुंहघा। सिंध देस दुकाल। अंन मुंहगो होयसी।

-:समंत १८३८ फल:-

अड़तीसो अति आकरो, करवरो समुं कहाय।
कांकण विरखा होयसी, कांहकण विरगह खाय।१

चेत वेसाख बालकां पीड़ा। जेठ असाढ विरखा। सांवण भादवे मेघ घणा। आसोज काति समता। कुतर फीड़क की दाढ होयसी। अंन संच्या लाभ। मालवे सुकाल। कुंकण मध्य देस दुकाल। सिंध देस छत्र भंग। मारवाड़ उतर दिसा सुकाल। सिंध देस लार भोमि पीवणा श्रप होयसी। नगर गाम पाणी सुं वहेसी।

-:समंत १८३९ फल:-

गुणचालीसो करवरो, सगले मलवाई होय।
अंन त्रण थोड़ा उपजे, राज विरगह कोय।१

चेत वेसाख उचाले पड़े। पछिम हाहाकार। मांद रोग। अंन मुंहगा। दुखण पीड़ा। समंद पाणी सोखिसी। पछिम रोग। जेठ असाढ चत्रपदां पीड़ा। मरोट मुमणदेस मेघ मंदा। सांवण भादवे आसोज विरखा भली। नागोर उदेग होयसी। बीजा देस भला। पतालि पाणी साख होयसी। फागण लाहोर मरी पड़िसी। करणट रोरव काल। मांडलगढ चरणोदी दुकाल। अवर देस भला। राजा प्रजा सुखी। मालवे समुं खंडल विरोध। कनोज पुरब डुल्यसी। अंन मुंहगो।

-:समंत १८४० फल:-

चालीसो चहुं देस मां, मलवाई रो जोर।
काल करवरो कारेवां, चाकर ठाकर चोर।१
गुंगा चालियो चालीसो, सगले मचावे सोर।२

चेत्र थी अंन संचणा। जेठ असाढ अंन मुंहगा। सावण मेघ वाय। भादवे मेघ। आसोज उन्हाली क अनाज मुंहगो। काति अंन संग्रह्यो लाभ देसी। मालवे

मेवाड़ अंन लाभ होयसी। मध्य देस मारवाड़ दुकाल। कुंकण देस दुकाल। राजा मांहो मांही व्रगह। नदी कांठ के देस सुगाल। अंन ससतो होयसी।

-:समंत १८४१ फल:-

एकतालीसो करवरो, वरसे बोह जल धार।
मलवाई चालो घणो, पावे सो संसार।१

चेत वेसाख समता। जेठ असाढ मेह होयसी। सांवण अंन मुंहगा। मेघ कंचत। भादवे विरखा। आसोज भला। काति पीड़ा आपदा पड़े। सवालख मेदपाट करमां धरमी श्रप चालो। लखणोउ के देस अंन लाभ होयसी। समुं सरबतरे करवरो। धांन संच कियां लाभ होयसी।

-:समंत १८४२ फल:-

काल बयालो चहुं दिसा, दुरभख समुं कहाय।
विरखा थोड़ी होयसी, गोहुं सार खाय।१

चेत्र मंदा। वेसाख अंन पियारो। श्रब देस पीड़ा। जेठ असाढ वाव वाजे। अंन मीठो। सांवण कोरो। भादवे क्यौं हेक विरखा। आसुज पीड़ा आपदा पासि दुकाल अंन नासति। गुजरात सोरठ पीड़ा। सवालख मेड़ते चंदेल भोमि कंप होयसी। तारका पात तीडी होयसी। मारवाड़ मेवाड़ मरी पड़िसी। चोपदां मरिसी। अंन उतराध को आयसी। गाय कांड़ा को ही खायस्ये। लोक चहुं दिस डोल्यसी। नुंवि कल उपजे।

-:समत १८४३ फल:-

तयाले मलवाई घणी, समुं सरस सुकाल।
चोर चांड बांध घणा, विणास देस बंगाल।१

चेत वेसाख बुरा मरी पीड़ा। जेठ असाढ दुरति काल। अंन अक्रति। सांवण मेह करमां धरमी। चोपदां पीड़ा। भादवे मेह फुटक। आसोज दही दुध घणां। वागड़ देस पीड़ा हुयसी। मारवाड़ मरी पड़िसी। फागण समसत उडीयाणो स व्रिगह। गुजरात पीड़ा। कुंकण देस विरोध। अनाज सुकाल। घोड़ा दाढ होयसी। पुरब समसत उजड़िसी। जगनाथ गोड़ बंगाल कांवरू गंगा जमना अत्रवेद मारोट पतिसा देस विग्रह। अन खाय प्रथमी मरेसी। पछम देस समतो। उलकां पात होयसी।

-:समत १८४४ फल:-

चमाले सुखी नर चोपदा, वरसे मेह तुछ धार।
धान धीणा बोह होयस्ये, सुख मंगल संसारी।१

काल सुकाल करवरे, विरगह घणां विचारी।
वारू समुं वरतिसी, चोकस दिसा चियारी।२

चेत वेसाख चोपड़ मुहंगा। अंन सुहंगा। जेठ असाढ विरखा। सांवण भादवे क्यो खंच करिसी। आसोज तिडी डाढ दुकाल। मगसरी कुत्रा दाढ। पोह माह अंन संचणो। चालख देस दुकाल। हेमचल प्रबत रोग उद्रेग। पुरब मरी दुकाल। मालवे अन सुकाल। मध्य देस विग्रह। पछम उतपात। उच मुलताण दुरभख। मंडोवर नागोर मघेर नागपुर देवगीर मालवे नगर कोट दुरभख। रीण भंजण दिली लाहोर मुथरा पुरब देस विरोध। नारनोल बीकानेर दुकाल। गुजरात दिखण करमा धरमी। पछम उतर समुं निपजसी। रस कस अंन मुंहघा। रूई सुत रूपो सोनु अंति लाभ।

-:समंत १८४५ फल:-

पैंतालो प्रगट सही, विरखा करे अन्याय।
तलाव नदी सोह फाटिसे, नदियां नगर बहाय।१

उतर देस चेत वेसाख भला। जेठ असाढ समता। सांवण भादवे विरखा सुभकार। आसोज काति भला। अनाज दुगाणी पांचा होयसी। नेपति घणी। मगसरि वागड़ देस पीड़ा। प्रजा सरोग। अजमेर भय होयसी। जेसलमेर भटनेर कोटड़ विग्रह। उतर खंडा विरोध। पुरब बसाको होयसी। समु सुरभख होयसी।

-:समत १८४६ फल:-

छेयालो छल घातकु, करिसी कण री हाण।
मेह विरगह करवरो, ब्याह विरध बखाण।१

चेत वेसाख पीड़ा। जेठ असाढ घ्रत तेल विकायते लाभ हुसी। सांवण भादवे विरखा। मिनखा रोग। मगसर छत्र पड़िसी। लोक सुखी। पुगल पीड़ा। अवर देस भला। गांव वसिस्ये। उदवास अन विकायते।

-:समंत १८४७ फल:-

संमत छेयालो समुं, सेंतालो वलि जोय।
टके मण अनाज होयसी, सजण मेलो सोय।१
सेताले री बातड़ी, समझे विरला कोय।
अनाज टके मण होयसी, सजण मेलो सोय।२

चेत्र वेसाख विरोध घणां। जेठ असाढ वाय वाजसी। अंन लाभ होयसी। सावण भादवे विरखा घणी। आसोज अंन चढे। काति मुलताण तुरकां मांहो

मांहि लाग्यसी। तुरक मरिसी। फागण उदवास। माहाजन पीड़ा। दिखण देस विरोध। नवकोटि मारवाड़ सुरभख। अंन सुंहघो होयसी। चोपड़ मुंहघो।

-:समंत १८४८ फल:-

अठताले नीरसो अवसी, सुणो मेवाड़ी बात।
घर वेध सुधो पड़ै, उपजे सबली घात।१
राज अजमेर पलटिसी, निरफल समुं निराट।
काल चाल दोय देखतां, भटका मारे भाट।२

चेत वेसाख करवरा। जेठ असाढ वाय वाज्यसी। सांवण मेघ। भादवे मेघ खंचे। आसोज समता। काति मगसर लोक पीड़ा। पोह माह अंन संग्रह करेवा। फागण अंन मुंहघो। आगे लाभ होयसी। अजमेर व्रगह। जेसलमेर घोड़ा वेध पड़िसी। कपेला नदी के देस दुकाल। उच मुलताण मरोट लाहोर चंपावती व्रगह। चंदेल उतर दुकाल। अवर देस श्रब भला।

-:समंत १८४९ फल:-

गुणचासो गुण बाहरियो, कहस्ये जमानु काल।
परदेस घंघल घणां, विरवो विरगह चाल।१

चेत वेसाख अंन संच करणो। जेठ असाढ वाव वाज्यसी। सावण भादवे मेघ करमां धरमी। आसोज लोक सुखी। काति मगसर समता। पोह माह वाखर मुंहगा। फागण घ्रत मुंहगा। मारवाड़ दुरभख। आगरे व्रज दुकाल। अवर देस श्रब भला। नागोर देस वसिस्ये। मेवाड़ पीड़ा व्रगह। पुरब समुं।

-:समंत १८५० फल:-

पचासो भारी भलो, सगले देस सुकाल।
उतर देस थे जाणिजो, करवरो हुय दुकाल।१

चेत वेसाख लोक पीड़ा। पछम देस वाव वाज्यसी। व्रगह होयसी। जेठ असाढ तिण काल। चोपदां मरिस्ये। अंन मुंहघा। सांवण भादवे विरखा हुयसी। आसुज काति भला। तिडी दाढ होयसी। मगसर पोह माह भय कंप। फागण मुंहसाड़ा खुरसाड़ा होयसी। लोक सुखी। देस ग्राम वसिस्ये। समुं सुरभख।

-:समंत १८५१ फल:-

उपराधी इकावनुं, दुरभख सार देखी।
छोरू मां वित वेचिस्ये, थलवट वले वसेखि।१

चेत्र वेसाख समता। जेठ असाढ करवरा कठ ऐक विरखा। सांवण भादवा

नीरस विरखा न खेद। आसुज काति अन मुंहघा। मगसर मेवाड़ पीड़ा। पछ्मम देस विरोध। घोड़ा पाड़ा हुयस्ये। राढदड़ हाहाकार। मेड़ते मंडोवर मेवात थलवट एता देसां महा दुकाल। सिंध देस समुं हुयसी। सिंध को धान आयसी। अनाज दुगाणी आठां होयसी। मिनख चोपदा घणा मरिस्ये।

-:समंत १८५२ फल:-

समुं बावनुं बोहगुणो, विरखा होय अपार।
श्रब नेपति झाझी हुवे, सुखिया सोह संसार।१

चेत्र उतपात दुकाल। वैसाख रोग पीड़ा। वोपारी सुखी वोपार चाल्यसी। जेठ त्रबुद होयसी। असाढ विरखा घणी। सांवण भादवे अति विरखा। आसोज कागणी कोदु सुवाई पसु घास भुरटी कुरी घणी। तिल जुवार मोठ मुंग थोड़ा पाणी सुं गलिस्ये। मिनखे पीड़ा घणी होयसी। अंन संचो कीजो। साख बेउ निपज्यसे। चोपदा सुखी। पुरब दिखण मिनखां भार। श्रप तिडी दाढ होयसी। फागण भव उठीसी मेद सुखी।

-:समंत १८५३ फल:-

तेपनु त्रपत नहीं, खातां पीतां अंन।
वसत सहु वेचि करे, अंन सुं राखे मन।१

चेत्र उलंका पात गड़ा पड़िस्ये। वेसाख नुंवी मुद्रा चाल्यसी। जेठ मां रोग। असाढ वाव वाज्यसी। सांवण मेह खंचे। भादवे अंन सुंहघा। आसोज मेह थोड़ा रोग घणां। चोपदां नास। काति मारवाड़ मेह हुयसी। माह फागण दिखण विरखा। कुंकण दुरभख। गुजरात दीखण राज विरगह। पुगल मध्य देस दुकाल। पाटण दुकाल हाहाकार व्रतिसी। अवर देस भला होसी।

।।एति रूद्र वीसी संपुरण।।

।।अथ व्रंभा वीसी व्रणते।।

-:समंत १८५४ फल:-

करमां धरमी चोपुनुं, करवरो समुं कहाय।
कांकेण विरखा होयसी, कांहकण वजे वाय।१

चेत वेसाख भला। जेठ असाढ फरका। सांवण भादवे मेह नदी चाल्यसे। तीडी फाका होयस्ये। आसोज काति भला। ओला पड़स्ये। माह फागण अंन विकायते। अंन मुंहघा। मेवाड़ मारवाड़ नागोर चाल। ढुढाड़ मालवे व्रहग होयसी। मध्य देस उदवास। पुगल विणास मरी पड़िसी। एता देसां प्रथी डुल्यसी। समुं वारू होयसी।

-:समंत १८५५ फल:-

पचानवुं हुवे करवरो, सुणजो श्रब संसार।
किरीयाणो केई वेचिस्ये, छलिस्ये श्रब भंडार।१

चेत वेसाख जेठ असाढ वाव वाज्यसी। सांवण भादवो करवरा। आसोज काति भला। चोपदां पीड़ा। जैसलमेर महा दुकाल। मंडोवर व्रगह। फागण राजा प्रजा सुखी। गुजरात को पंथ वहिसी। वोपार चाल्यसी। दिखण देस व्रगह। जंगल को छत्र पड़िसी। जालंधर मुगल वापरिसी। समुं करवरो होयसी।

-:समत १८५६ फल:-

छपनुं वारू समुं, दुखी न को संसार।
दिली पति र बसण, उपजे विरोध अपार।१

चेत वेसाख मंदा। जेठ असाढ वाय वाज्यसी। सांवण वीजानगर हाहाकार पीड़ा। भादवे आसोज मेह। काति मगसर भला। पोह भोमि कंप होयसी। फागण अन मुंहगा। उन्हालु साख होयसी। दिखण व्रगह। कटक चाल दिली होयसी। मारू देस तां तुरक जाविसी। गंगा दिस लोक जाविसी। लुद्रवे मंडोवर स्वालख एता देसां दुकाल। पुरख एक मरेसी। हटताल पड़िसी। समुं करवरो।

-:समंत १८५७ फल:-

करमा धरमी सतावनुं, विरखा होय अपार।
अंन सनमानीक निपजे, समुं समीठ विचार।१

चेत वेसाख जेठ भला। असाढ अरध मेह होयसी। सांवण भादवे मेघ। कातर फीड़के की दाढ होयसी। आसोज काति अंन मंदा। फागण उतर पंथ छत्र भंग। वीजानगर पीड़ा। उन्हालु साख स वाव। जैसलमेर लुद्रवे थलवट स्वालख मंडोवर मेदपाट समुं सखरो होयसी। अवर देस भला।

-:समंत १८५८ फल:-

अठावनुं असति समुं, हिंदु वधसी जोर।
गोहुं चीणा जव निपजे, नासे सगला चोर।१

चेत्र वेसाख मंदा। जेठ असाढ वाव वाज्यसे। असाढ मेघ। सांवण भादवे विरखा। आसोज काति अंन समता। मगसर पोह माहोठा होयस्ये। मारू दिली पीड़ा पड़े। अवर देस राज विग्रह। मारू कटक चाल। लोक भाज्यसी। कपट घणां चाल्यसी। अंन मुंहघो। समुं करमा धरमी।

-:समंत १८५९ फल:-

ओगणगारो गुणसठो, लोकां करसी छीण।
अंन रा उपजे दमड़ा, लोक दुखी धन हीण।१

चेत्र वेसाख करवरा। अन लाभ। जेठ वाव वाज्यसी। असाढ विरखा होयसी। सांवण अन लाभ। भादवे मेघ। आसुज काति धान समता। दाढ होयसी। माहोठा होयसी। दिली मंडल कटक चाल। मारवाड़ व्रगह। अन मुंहगा।

-:समंत १८६० फल:-

साठो सुगणो सांभलो, गरवो छ गुणवंत।
अन धन गोरस घणां, लोकां सुख अनंत।१

चेत वेसाख मंदा। जेठ श्रब वसत सुंहघी। असाढ मुरघ। सांवण उतिम लोक पीड़ा। भादवे समता। आसोज मेघ। काति मेवाड़ बुरो। मगसर पोह अंन मुंहगा दुगाणी १२ होयसी। मारवाड़ मेदपाट क्यो थलवट तां भली होयसी। पछम दिसा दुकाल। पुरब देस हाथी आयस्ये। गुजरात वागड़ अति पीड़ा। गोड़ बंगाल कांवरू अतरवेद काबेल कुंकण कनोज लोक पीड़ा। दिखण व्रगह चाल होयसी। समो वोहारीक होयसी।

-:समंत १८६१ फल:-

एकसठो आछो भलो, करमां धरमी काल।
काहे का सुख संपदा, काहे क व्रगह चाल।१

चेत वेसाख भला। जेठ असाढ समता। सांवण भादवे मेघ। आसोज मेघ थोड़ा। काति मगसर मिनखां रोग। पोह माह उतर देस पीड़ा। अंन मुंहघा। मारवाड़ मुंहरोग। चोपदां सुंहघा। सुवालख मंडोवर वारू। मालवो मेवाड़ समता। तीडी होयसी। अजोध्या मुलताण पीड़ा। खंडेल कुंकण मध्य देस विरोध। धान भाव अक्रति होयसी।

-:समंत १८६२ फल:-

बासटो पाछित समुं, होयसी व्रगह चाल।
मोठ मतीरा त्रण निपजे, करवरो काल सुकाल।१

चेत्र वेसाख मुख पीड़ा। जेठ असाढ घ्रत मुंहगो। सांवण फरको अलप मेघ। अंन मुंहगो। भाद्रवे वाव विरखा नदी नाला चालस्ये। आसुज विरखा। काति तीडी। दिखण देस कटक आवसी। मेवाड़ कनोज पीड़ा। मालवे मध्य देस पीड़ा। भोमि कंप उतपात व्रगह। दिखण दुरभख। गुजरात पीड़ा। मारू देस जुध माच्यसी। समुं श्रबतर करमां धरमी होयसी।

-:समत १८६३ फल:-

तेसटो समुं भलो, चोह दिस विरगह चाल।
अन नेपति तो होयसी, करवरो होय सुकाल।१

चेत वेसाख मेघ। जेठ असाढ मेघ। सांवण अलप मेघ। अन मुंहघा। भाद्रवे मेह। पीड़ा घणी होयसी। काति मगसर मेह होयसी। छत्र भंग होय। पुरब नुंवो राज बस्यसी। परजा अनल विनल होयसी। प्रथी भकंप होयसी। नागोर की भोमि विसट होयसी। लाहोर व्रगह। अन छकड़ एक होयसी।

-:समंत १८६४ फल:-

चोसटो चावो समुं, समुं भलो संसारी।
परदेसां दुख व्रगह, मारू मंगलचार।१

चेत्र अस मिनखां पीड़ा। वेसाख वाव वाज्यसी। जेठ मंदा रोग श्रप दाढ। असाढ सांवण विरखा घणी। भादवे आसोज विरखा माफक। तीडी फाका होयस्ये। पछम विरोध। दरब मुंहघा। वागड़ देस पीड़ा। अंन नेपति घणी। भोमि कंप होयसी। जालंधर देस महा भय। खंडेलो कंपि उजड़िसी। चंदेरी उजड़ होयसी। पोह महीने तुरक मरिसी। दिखण राज वापरिसी। तोडे नवीं मुद्रा पड़िसी। रीणथंभोर हिंदवाण होयसी। चत्रकोट को धणी मारवाड़ पस्यसी। सुख उपज्यसी। अजमेर हिंदु आण फेरिसी।

-:समंत १८६५ फल:-

पंजसठो अंति पापियो, लोकां तणो सीहार।
रोग घणा तिंहा उपजे, तरतल व्यापे भार।१
मेह मुकता वरसिस्ये, मारू चोर सिंघार।
पतिसाही हदे पेखत, परजा दुख अपार।२

चेत वेसाख मिनखां भार। मरी पड़ेसी। जेठ असाढ अन मुंहगा। विरखा हुयसी। सांवण फरको। भादवे विरखा। जोधपुर थी दिखण भलो। उतर माफक। आसोज काति भला। स्वालख उदवास। कामरू को लोक खपसी। छत्र भंग। अनवी राज। उतर पथ विणास। तुरक मरिसी। पुरब पछम भला। गुड देस सुरभख।

-:समंत १८६६ फल:-

छियासठो भारी भलो, विरखा झाझी होय।
विरगह चाल विसंधरा, दुखिया ने सुख होय।१

चेत वेसाख समता। जेठ अषाढ करवरा। सांवण भादवे मेघ। आसोज मेह।

ढुंढा ढांहिसी। काति मगसरी समता। मुसे की दाढ होयसी। प्रथी मुंडत होयसी। व्रगह घणा। उतरपथ दुकाल। माहोठ होयसी। चत्र पदां मरिसी। समुं धरमा धरमी।

-:समंत १८६७ फल:-

सतसठे विरगह घणा, वरसे बोह जल धार।
नदियां नीर वहे घणा, वरते जेजेकार।१

चेत्र वेसाख फरका। जेठ असाढ विरखा हुयसी। सांवण भाद्रवे मरी पड़िसी। विरखा होयसी। आसोज मेघ दाढ होयसी। मेवाड़ तीडी आविसी। मगसर पोह उपयी घणी होयसी। सीत घणा पड़िसी। भोमि कंप होयसी। गुजरात त्रियाणो आव्यसी। मारवाड़ समुं सखरो होयसी।

-:समंत १८६८ फल:-

अड़सठे अंन आकरो, दुनियां सोह दुख पाय।
रसकस सोह मुंहघा हुवे, रू परदेसे जाय।१

चेत्र वेसाख गुजरात दवारिका पीड़ा। जेठ असाढ करवरा। सांवण भादवे मंदी विरखा। सिंध मुलताण अंन मुंहघा। दिली मंडल व्रगह होयसी। आसोज काति विरखा। मगसर पोह दिखण कटक चालो होयसी। पुरब पछम कटक चालो। गजनी पीड़ा। अन भाव देसी। पछम दुरभख। पुरब सुकाल। श्रब धान निपज्यसी। मारवाड़ करवरो।

-:समंत १८६९ फल:-

गुणतरो नीगुणो सही, करवरो समुं कहाय।
काहि कण विरखा होयसी, कांहि कण वाजे वाय।१

चेत वेसाख समता। जेठ असाढ भला। सांवण वाय मेघ। भादवे नुई मुद्रा पड़िसी। आसोज काति मध्यम। माहोठा होयसी। फागल भव होयसी। मलवाई होयसी। मारवाड़ समुं करवरो। मालवे अंन मुंहघो। कटक खंधार होयसी। प्रथी डुल्यसी।

-:समंत १८७० फल:-

सतरि साको उपजे, हिंदु वधते वान।
वेद पढिस्ये वेदिये, मोटा रहिसी मान।१
गुजरात देस गरज्यसी, दिली विरगह चाल।
मारू मेवाड़ डुल्यसी, जोरू छडिस्ये बाल।२

चेत वेसाख मंदा। जेठ असाढ वाय वाज्यसे। सांवण फरको। भादवे मध्यम

विरखा। भादवे निहाव पड़िसी। आसोज़ अंन मुंहघो। काति मगसर वाखर मुंहघा छकड़ ८। साख तिडी खाय जायसी। मारवाड़ को लोक मेवाड़ जायसी। कतार पड़िसी। रजपुत खिज्यसी। छत्र भंग। दिली रोल पड़िसी। गुजरात गरज्यसी। घरि घरि उछाह होयसी।

-:समंत १८७१ फल:-

एकतरो ओछो समुं, करमा धरमी काल।
मेह विरखा मुकति हुवे, कदखल विरगह चाल।१

चेत मां गड़ा पड़िस्ये। वेसाख मिनखां रोग। गुजरात की भोमि पीड़ा। अंन मुंहघा। चोपदां मुंहघा। जेठ वाव वाज्यसी। असाढ फरको। सांवण बीजो पख भलो। अंन सुंहगा। राज भव होयसी। नीच लोक करो उदो होयसी। भादवे विरखा घणी। आसोज काति मध्यम। दिली र लोक ने भव हुयसी। राजा झुंझिसी। नगर ग्राम मारिज्यसी। उतम लोक छीजे। भोमि कंप। अंन सुंहगो।

-:समंत १८७२ फल:-

बहतरो मीठो समुं, करवरो विरगह चाल।
वोपारी वध्यसे घणो, घरि घरि झाक झमाल।१

चेत वेसाख अंन सुंहघा। छत्र भंग होयसी। मध्य देस सुरास्ट देस उदवास होयसी। जेठ असाढ वाय विरखा। सांवण भादवे मेघ। परवाई वाज्यसी। आसुज काति मेह सीत। मगसर पोह मंदा। माह फागण आगरे चत्रकोटि हिंदु आविसी। अंन समता। मुसा दाढ होयसी। महाजन दुखी। समुं करवरो होयसी।

-:समंत १८७३ फल:-

तेहतरे अंन तिण सांच्यजो, संच्यां बोह गुण जोय।
वाय घणां तिंहा वाज्यसी, मेह खंचाउ होय।१

चेत वेसाख मेवाड़ गुजरात तुरक मांहो मांही मरिस्ये। जेठ असाढ मंदा। सांवण भादवो फरका। आसोज काति सीतला को भार। अंन मुंहघा। उतपात होयसी। मेवाड़ दुरभख। भिस्ट अंन उपजसी। पुरब देस दुकाल। मध्य देस विरखा। करवरो समुं। दिखण पछम काल। उतर करवरो। राजवद नित होयसी। मरी पड़िसी। दिखण रूद्र भी हुवे। नागोर चल विचल होयसी। धान संच्या लाभ होयसी।

।।एति व्रंभ विसी संपुरण।।

।।अथ विसन वीसी व्रणतो।।

-:समंत १८७४ फल:-

चावो काल चोहतरो, इणि परि ठीक कहंत।
संचा करिस्ये धान रा, दमड़ा घणा लहंत।१

चेत फरको। वेसाख मंदा। चेत गड़ा पड़िस्ये। असाढ दिन तीन भोमि कंप होयसी। उलंका पात। वार दोय होयसी। सांवण मंदो। भादवे दुरभख। आसुज काति कठ एक सुकाल। भेड साली लाभ घणो होयसी। चोमास गायां भेस्यां खिरी नास्यसी। जाट क देस म भेछ मरी पड़िसी। मारवाड़ महा दुकाल। स्वालख भलो। थलवट अंन त्रण नास नागौर अपो आप मांही व्रगह होयसी। तोडे को राव अजमेर आयसी। रजपुत सांभर जायसी। ढुंढाड़ को लोक मारवाड़ आयसी। नागोर अनल विनल होयसी।

-:समंत १८७५ फल:-

पंचोतरो पापी सुण्यो, होयसी मीठो काल।
दाम घड़ीजै धान रा, भरवे देस दुकाल।१

चेत वेसाख कसट। जोगनेर पुरब थलवट धान मुंहघो। महाजन पीड़ा। मोटा परधान मारीज्यसी। बीजा परधान महा दुसट होयसी। उतिम लोग पीड़ा। आसाढ मेह घणां। सांवण फरको। भादवे अंन मंदा विकायंते। आसोज काति रस गोरस घणां। समुं सुकाल। फागण विग्रह। हिंदु राज तपसी। नाणो असट धात को वापरसी। अजमेर राज पलटिसी। बुंदी मालवे खांडो वाज्यसी। अनाज मुंहगो होयसी।

-:समंत १८७६ फल:-

सरसो समुं छेहतरो, वरसे मेह अपार।
बाजर गोहुं निपजे, परजा चेन अपार।१

चेत वैसाख गोहुं मुंहघा। जेठ असाढ घ्रत कपड़ा मुंहघा। सांवण भादवे अंन मंदा। हलका खेत तुटेसी। आसोज मेवाड़ पीड़ा। अंन ससता। माह हलदी मुंहघी। पछिम देस चल विचल होयसी। मेदपाट मेवात उतपात। अंति विरगह। समो भलो।

-:समंत १८७७ फल:-

सततरो करवरो समुं, वरसे मेह अपार।
तुरकां पड़जे पीटणो, करे मलेछां मार।१

चेत वेसाख मध्यम। राज पीड़ा। अंन ससता। जेठ असाढ अरघोती होयसी। वाय वाज्यसी। सांवण अलप मेघ। भादवे विरखा। उतपात होयसी। आसुज काति अलप मेघ। घोड़ा वेध पड़िसी। दिली धान मुंहगो। नगर ग्राम वस्यसी। देस गुजरात अंन ससतो। मारू करमां धरमी होयसी।

-:समंत १८७८ फल:-

आठोतरो आछो भलो, सखरो घणो सुघट।
पड़े पंचोल्या पीटणो, मेवाड़ी बात बिघट।१

चेत वेसाख अन लाभ। जेठ असाढ अंन सुकाल। सांवण भादवे वाव। विरखा घणी होयसी। आसुज काति मेघ। अंन समता। मगसर अनाज सुकाल। साख बेऊ भली होयस्ये। वोपारी सुखी। रस गोरस घणां। राजगीर विग्रह। मलेछ होयस्ये। अंन त्रण संग्रह कीजो। आगला लाभ होयसी।

-:समंत १८७९ फल:-

काल गुणीयासियो करवरो, व्रगह घणां घर मांहि।
चंचल धरती जो करे, लोक प्रदेसे जाय।१

चेत अंन मुंहघा। वेसाख भोमि कंप होयसी। जेठ असाढ मेह थोड़ा। सांवण भादवे विरखा कंचित। आसोज काति मेघ थोड़ा। उच भंग। सिंध उतपात। स्वालख पीड़ा। मलेछ आविस्ये। तुरकां हिंदवा जुध होयसी। मलेछ खपिसी। हिंदु राज हुयसी। तीडी दाढ होयसी। मध्य देस अंन मुंहगा। थलवट देस दुकाल। क्यो मेदपाट भलो। ओर सुरभख।

-:समंत १८८० फल:-

असियो समुं निपजे, समुं परदेस सरस।
विरखा झाझी होयसी, वले आवत वरस।१

चेत वेसाख पीड़ा। जेठ असाढ वरखा कहे। सांवण भादवे मेघ थोड़ा। आसोज वाय मेघ। काति मेघ नासत। मदवाड़ सुं लोक मरिस्ये। अंन मुंहगा। लोक गुजरात जायसी। मगसर पोह माह विरखा। मारवाड़ मेवाड़ मालवे मेघ नासत। गांवा वसती रहिस्ये। खांडो वाज्यसी। नगर कोट की भोमि विग्रह। नुंवी मुद्रा पड़िसी। चोपदां खुर साड़ सुं मरेसी। दिखण दिसां भुखा लोग जायस्ये। दरब थका घणा लोग मरिस्ये। थलवट मधम। नवकोटि तिण थोड़ा होयसी।

-:समंत १८८१ फल:-

सरस समुं इकियासियो, एह विचार धरंत।

कोई एक हिंदु जाग्यसी, दिली राज करंत।१
समुं भलेरो होयसी, विरखा होय अचाल।
अवर देस सब ही भला, देस चंदेल काल।२

चेत वेसाख फरका। जेठ मध्यम। असाढ धर खपिसी। विरखा हुसी। सांवण विरखा घणी। भादवे आसुज भला। काति लाहोर मध्यम मरी पड़िसी। राज भंग होयसी। मुलताण लखणाऊ लोग रोग सुं मरिस। सोरीपुर चंदेल महा दुकाल। रोटी साटे माणस विकिस्ये। पुरब महा पीड़ा। मध्य देस मंडोवर सुकाल। अंन झाझा निपजीस्ये। मालवे देस उतपात। अनाज सुकाल। सिंध देस का वावल आयस्ये। पछिम देस रजपुत मांहो मांहि खिज्यसी। उच देस अजमेर मारवाड़ गुजरात गरज्यसी। राज भंग। दाढ होयसी। देस मांहे कोहेक भुंकलो उठिसी। वागड़ देस सुख रहेसी।

-:समंत १८८२ फल:-

करमां धरमी बयासियो, मुकता वरसे मेह।
चोपदां झाझी होयस्ये, सगले वधे सनेह।१

चेत्र मुरधरां देस विरोध। वेसाख भोमि कंप होयसी। विरगह चालो। तुछि विरखा। अंन ससता। जेठ असाढ मेघ। सांवण भादवे मेघ थोड़ा। आसोज भाग सुभागी। अनाज सुकाल। काति अंन मुंहघा। भेड साली लाभ। मिनखां मरी पड़िसी। तिण थोड़ा। तुरक काबली खुरासाणी दिली आयस्ये। हिंदु आवे देस दुकाल पड़िसी।

-:समंत १८८३ फल:-

तियासियो त्रपट समुं, गुजरात उठेसी दुंद।
हिंदु तुरके लाग्यसी, पड़िसी सगले फंद।१

चेत्र चंडालि व्यापसी। वेसाख समता। जेठ असाढ फरका। सांवण वाय वाज्यसे। भादवे वाय विरखा। आसुज रस गोरस घणां। मगसर अंन मुंहघा। पोह माह सीतला को भार। टुटियो रोग वापरिसी। गुजरात मारवाड़ मेवाड़ सांभर एता देसां विग्रह। रीणथंभोर तुरक भव। उतर देस दुकाल। पछिम पीड़ा। पुरब सुरभख। चोर भव घणा।

-:समंत १८८४ फल:-

भाग सुभागी चोरासियो, सरसो समुं कहाय।
संचा करिस्ये धान रा, दमड़ा रोक लहाय।१

चेत्र वेसाख करवरा। जेठ असाढ मेघ। सांवण मेघ थोड़ा। भादवे आसोज मेघ

घणां। काति मगसर अनाज सुकाल। लोग सरोग। गुजरात मांहे व्रगह। अंन सुकाल। मारू उदवास। गुजरात व्राहमण मेवाड़ आयस्ये। भोमि कंपिसी। निहाव पड़िसी। व्रगह जुध होयसी। नागोर की भोमि पीड़ा। दिखण पीड़ा। हिंदु राज विचल्यसी। वागड़ समुं।

-:समंत १८८५ फल:-

पचियासो पापी समुं, उपजे ताव तप जोर।
सीसट सब संक होयसी, सगले पड़िसी सोर।१

चेत्र वेसाख मंदा। जेठ पिरथी विरोध। असाढ मेघ। सांवण मेघ घणां। भादवे मेघ थोड़ा। आसुज काति भला। पुरब देस दुकाल। पछिम दिखण उतर सुकाल। दिखण राज पीड़ा। मालवे भार। मलेछ देस देस मां जाग्यसी। पुरब देस जुध हुयसी। मंगलोर व्रगसी। गुजरात डुल्यसी। उजीण विग्रह थाय। नागोर की भोमि विग्रह। मांडल गढ वीजानगर मेवाड़ एतां देसां प्रसिध होयसी।

-:समंत १८८६ फल:-

छल बल समुं छियासियो, मेह सरस वरसाय।
धान चीणां बोहला हुवे, भुख सकल री जाय।१

चेत्र वेसाख मंदा। जेठ असाढ मेह। तावड़ा होयसी। सांवण भादवे अलप मेघ। कुवे रा पाणियां केवड़ा सींचीज्यसी। आसोज काति भला। तिडी आविसी। उतर देस भलो। खंडेले विग्रह होयसी। अन भाव होयसी। मारू मेवाड़ भुच्यसी। करमां धरमी होयसी।

-:समंत १८८७ फल:-

सतियासियो मारू भलो, दुरभख सार देख।
छोरू मां वित वेचिसी, वले गुजरात वसेख।१

चेत वेसाख फरका। जेठ असाढ भला। सांवण भादवे मेघ विरखा। आसुज मेघ। करमां धरमी। काति मगसर रस गोरस घणां। अन सुकाल। डाढ होयसी। गुजरात कटक चालो। अनाज दुकाल। अंन मुंहघा। गुजरात डुल्यसी। छोरू मां वित वेच्यसी। गुजरात मारवाड़ आविस्ये। अवर देस सुखी। मगसर संग्राम होयसी। समुं करवरो। मेवाड़ छत्र भंग होयसी। मेदपाट मारवाड़ समुं सखरो। अंन त्रण संच्या लाभ हुसी।

-:समंत १८८८ फल:-

मारू दुरभख अठियासियो, मांद सकल जुग मांही।

जल धारा वरसे घणी, सुखियां ने दुख थाय।१

चेत भलो। वेसाख मार वाढ होयसी। जेठ तिलंग देस पीड़ा। असाढ पछिम उतपात। सांवण अजोध्या पीड़ा। भादवे विरखा होयसी। नदी नाला पुरे आविस्ये। आसुज समता। काति विरखा। मंडोवर सेरगढ वेढि होयसी। ताप सीत सुं लोक मरिसी। गुजरात तुरक आविसी। चत्रकोटि वेढि। जुंहर होयसी। रजपुत मरिसी। राज नीरजी प्रथी वरस एक रहिसी। गुजरात समुं सुकाल होयसी। मेवाड़ सांभर करवरो। मारवाड़ महा दुकाल। अनाज रूई घ्रत मुंहघो होयसी। वागड़ नीरस।

-:समंत १८८९ फल:-

नीवासियो समुं सरस, मारू देस मंझारी।
साख बेऊ सरसी हुवे, निपजे देस चियारी।१

चेत्र वेसाख मरी पड़ीसी। जेठ असाढ समता। विरखा हुयसी। सांवण भादवे मेघ घणां। आसुज काति अन नेपति घणी। मगसर पोह माह अन सुंहघा। घ्रत गुल तेल समता। लोक महाजन सुखी। तुरक जायस्ये। हिंदु राज होयसी। गुजरात दिली को पातिसा आविसी। समंदर लग जाविसी। मारू पुन दान घणा होयसी। आबु छत्र पड़िसी। श्रब देस निपज्यसी।

-:समंत १८९० फल:-

निवो सनमानीक करवरो, विरगह वागड़ देस।
अंन मुंहघा जल थोड़िलां, अ साचा संदेस।१

चेत्र में देस गांव वसिस्ये। राजा प्रजा सुखी। वेसाख जेठ भला। असाढ विरखा होयसी। सांवण मेह थोड़ा। वाव वाज्यसे। भादवे राज पीड़ा। आसोज काति मेघ अंन भाव हुयसी। तीडी आविसी। भुरटिये देस कटक चालो होयसी। मेदपाट सुख उपज्यसी। बुंदी कोट राड़ि होयसी। सुखे विरख काटिसी। भुंय कंप होयसी। जटाध्य को अनाज स्वालख आयसी। समुं करमां धरमी होयसी।

-:समंत १८९१ फल:-

एकांणवो समुं करवरो, होयसी विरगह चाल।
मध्य खंड वारू होयसी, समुं वदेसे भाल।१

चेत वेसाख विरखा होयसी। गड़ा पड़िसी। जेठ फरको। असाढ विरखा। सांवण विरखा। भाद्रवे मंदि विरखा। आसोज काति भला। मगसर पोह समता। उजीण को राजा अजमेर आविसी। जुध होयसी। सांभर रजपुत

मरिसी। मांडल कटक चालो। मलेछ आविसी। मुथरा कटक चालो। मेवाड़ अजमेर की भोमि करवरो होयसी।

-:समंत १८९२ फल:-

समुं सरसो बांणवो, व्रगह चाल अपार।
मेह अपरबल वरसिस्ये, छलिस्ये धान भंडार।१

चेत्र वेसाख करवरा। जेठ उजीण वेढि होयसी। मांडल गढ राजा समेत मरिसी। असाढि विरखा। सांवण भाद्रवे अति विरखा। हेड़ंब आयसी। गांव वहिसी। आसोज काति समुं सखो होयसी। तीन देसां समुं होयसी। मारवाड़ अंन घणां निपज्यसी। खांडो वाज्यसी। अंति रूदर वहिसी। वजर पड़िसी। दिखण देस गुड डुल्यसी। राजगीरी राज भंग होयसी। तुरक आविसी। थल्या रजपुत घणां मरिसी। मलेछ वापरिस्ये। दिली छत्र भंग। पुगल मंडोवर पाणीपथ मेड़ते मेवाड़ मेवात मारू देस एता चंचल होयसी। फागण तां देस उजड़िसी।

-:समंत १८९३ फल:-

त्राणवे मारू व्रगह, समुं हुवे सुरभख।
गोहुं आवे परदेस रा, तदि लोकां हुवे सुख।१

चेत्र वेसाख गुजरात सिरोही जालोर भोमि दिसा अंति कटक। मारवाड़ श्रब अनल विनल होयसी। नागोर भुरटियो मांहो मांहि आवड़िस्ये। गिरां परबतां लोक ओला लेसि। मेदपाट व्रगह। जेठ असाढ सुख उपज्यसी। असाढ बीजे पखी विरखा होयसी। सांवण मेह खंचे। वाव वाज्यसी। उजीण नगरी व्रगह होयसी। रीणथंभोर विचल्यसी। भादवे आसुज काति समता। भोमि कंप। अगनि चालो होयसी। दिली खंड विणास। वरगह होयसी। फागण अंन समता।

।।एति विसन वीसी सपुंरण।।

।।अथ सिव वीसी व्रणते।।

-:समंत १८९४ फल:-

चोराणवे हुवे चोगणा, किरीयाणे मां जोय।
मांद घणा तिंहा उपजे, सुपनै सुखिया लोय।१

चेत वेसाख अंन मुंहगा। परजा रूंड मुंड होयसी। जेठ परजा पीड़ा। असाढ विरखा। सांवण फरको। भादवे विरखा। आसोज अंन सुंहघा। काति सरोग। द्रब मुंहघा। अंन लाभ होयसी। मगसर पोह अंन सुंहघा। माह सीत। फागण

विरखा होयसी। चहुं देस सुकाल। भय पीड़ा विग्रह। उनालु निपज्यसी। समुं करमां धरमी।

-:समंत १८९५ फल:-

पंचाणवो अंति पापियो, दिली लोकां दुख।
पुरब देस परजा दुखी, बीजा देसां सुख।१

चेत्र रस गोरस घणां। अंन समता। वेसाख करवरो। जेठ असाढ गोहुं मुंहघा। सांवण घोड़ा रोग होयसी। भादवे विरखा। आसुज अंन सुंहगा। तिडी आविसी। मंडोवर कटक चाल होयसी। काति मगसर पोह भला। समुं करवरो। कोठ सुकाल। फागण मेह होयसी। पुरब देस रा वांणियां ने घणो दुख होयसी। दिली मंडल व्रगह घणी। खुरदाल मच्यसी। अंन लाभ होयसी। उथल पथल राज होयसी। नव कोटि मारवाड़ करवरो हुयसी।

-:समंत १८९६ फल:-

करमां धरमी छियाणवो, संसार सगले जाण।
उंदर दाहो उपद्रव, करे करसण हाण।१

चेत वेसाख बुरा। जेठ राज भव विग्रह। असाढ काली पीली वाज्यसी। विरखा होयसी। सांवण फरको। सीतल वाव वाज्यसी। भाद्रवे विरखा मंदी। सुरभख होयसी। आसोज दुंद बीजे पखी विरखा। काति रस गोरस घणां। मगसर पोह कटक चालो। अंन मुंहघा। गुजरात दुरभख। अंन मुंहघा दुगाणी ८ होयसी। गुजरात अंन जायसी। मेदपाट उतर सुकाल। पुरब सुरभख। जंमना की भोमि समता।

-:समंत १८९७ फल:-

समुं सताणवो करवरो, अंन त्रण थोड़ा होय।
अंन रा संचा जे करो, आगे लाहो होय।१

चेत मंदो। वेसाख नगरे भव हुवे। जेठ मध्यम। असाढ देवायत विग्रह। विरखा होयसी। सांवण मेघ अंन पीड़ा। अंन सुं पियार। भाद्रवे विरखा। अंन मुंहघो। आसोज काति डाढ चालो। माह फागण अंन लाभ। सिंध देस दुकाल। नगर कोट की भोमि विग्रह। मेवाड़ मारवाड़ अंन घणां। मेवाड़ी परजा गरज्यसी। क्यो व्रगह। परजा सुखी रहे।

-:समंत १८९८ फल:-

अठाणवो अति आकरो, सगले मलवाई होय।
मांद घणां तिंहा उपजे, सुपने सुखियां कोय।१

चेत वेसाख मंदा। राज विग्रह। हिंदु मांहो मांही खिज्यसी। जेठ असाढ अजमेर भोमि हिंदु मरिसी। सांवण भादवे विरखा। आसुज काति भला। मगसर रसकस मुंहघो। पोह माह पीड़ा। फागण वाव वाज्यसी। मालवे विरखा घणी होयसी। कुंकण मगध देस दुकाल। मध्य देस छत्र भंग। मारवाड़ उतर दिसा सुकाल। सिंध लाहोर अति विरखा। पाणी सेती पीड़ा होयसी। नगर गांव नदी सुं वहिस्ये। बालकां भार। भुरटियो देस अंति निपज्यसी। अवर देस भला होयसी।

-:समंत १८९९ फल:-

नीरसो समुं नीनाणवो, नव कोटि मांहि।
करमां धरमी चोह दिसां, लोक वदेसे जाय।१
अंन त्रण होयस्ये अलप सा, निरधन अलप वोपार।
चोर घणां तिहां होयसी, देखे दुख अपार।२

चेत्र वेसाख करवरा। जेठ असाढ भोमि कंप होयसी। सांवण भादवे श्रब वसत मुंहगी। विरखा खंड मंड होयसी। आसोज काति पातालि पाणी अंन निपज्यसी। काति मगसर दुकाल। पोह माह चोर चांड होयस्ये। नागोर उदेग होयसी। परखंडे सुकाल। कनोज की भोमि पुरब डुल्यसी। मिनख चोपदां पीड़ा। खंडेले पीड़ा। मारवाड़ समुं नीरस होयसी। अंन मुंहघा। त्रण नासत। वोपारियां लाभ होयसी।

-:समंत १९०० फल:-

सईको सरसो निपज, हिंदु ग्रहे हथियार।
मार मलेछां सिर पड़े, दिली तणे दरबार।१

चेत्र वेसाख उतर ने दिसुं अनाज आयसी। चेत्र मंदा। वेसाख फरको। जेठ असाढ मध्यम। अंन मुंहघा। असाढ विरखा। सांवण भादवे विरखा घणी। धान समता। नदी काठ के देस सुकाल। अंन ससतो। आसुज काति समुं सखरो। मगसर अंन ससतो। कुंकण देस दुकाल। मांहो मांहि व्रगह होयसी। कटक चालो घणां देसां होयसी। मारू देस अक्रण होयसी। हाथी देस मांहे तुरक वापरिस्ये। तुरकां हिंदवी संग्राम होयसी। समुं सखरो होयसी। मारवाड़ व्रगह चाल होयसी। थलवट समुं सखरो। मारवाड़ समता। अजमेर दिली मंडल भला होयसी। अजमेर थी अगनि कुंण दुंद होयसी। उतर देस समुं सखरो होयसी। ओर देस सुरभख।

-:दोहा:-

सो वरसे समंत पालटे, नाक अंक सचवाय।
छमछरी अखर न पालटे, नुंवी नुवेरी थाय।१
सां छमछर सो वरस, बीसी तीन विचारी।
ए सदा सरबदा संगि रहे, पिंडत लहे विचार।२
पांच वार साठी पालटे, सईकी पलटे त्रिय वार।
तीन से वरसे एक हुवे, सुर ताल विचार।३
गुरू सन्य साठी संगि वहे, सदा सरबदा सोय।
वरस भेद व्रख सदा सुफल, साडे विरभा कोय।४
साठी सईकी सन्य गुरू, वले ज वरस विचारी।
दुहा दुरसी ज दखिया, परमाणंद विचारी।५
हरि करिसी सोह होयसी, होतिब हरि के हाथ।
ए चुतराई चातरी, वेद गरथ की बात।६
जोतिग मां सब कुछि लिख्या, है सब जोतिग मांहि।
हुणहार होतिब की, आगति लखी न जाय।७
वेद पढो जोतिग पढो, सब बातां समरथ।
मेह मोत अर रीजक के, कागद सांई हथ।८
साचो नांव विसन को, अवर न सचा कोय।
आकास साचो अरथ, धरा न सची होय।९
समंत ने झुठो कहे, मुरख लोग मजुर।
दिण देरावण क्यों नहीं, दालिद घर मां पुरे।१०
पंचायत मां पुछिये, राजा माने सोय।
सांई सेती सरखरू, लिख्यो स साचो होय।११
इण पोहमी उपर, परब न टाले कोय।१२

---

12. गोविंदराम जी बागड़िया

-:गोविंदराम जी बागड़िया (वि.सं.1750-1850):-

गोविंदराम जी बागड़िया गांव धोलासर (फलोदी) के निवासी थे। अपने समय के ये मान्य विशनोई साध और संस्कृत के विद्वान थे। संस्कृत में रचित इनका जंभाष्टक बहुत प्रसिद्ध रचना है। इस अष्टक के आठ छंदों में श्रद्धा भक्तिपूर्वक गुरू जाम्भोजी का महिमागान किया गया है। इसके निर्माण के संबध में एक कथा प्रसिद्ध है। कहा जाता है कि ईर्ष्यावश मुकाम में किसी ने उनको भोजन में जहर दे दिया, जिसका पता शीघ्र ही लग गया। इस पर ये संभराथल की ओर चल पड़े और साथरियों से कहा कि जो मैं बोलुं उसे लिखते जाओ। फलस्वरूप जम्भाष्टक का निर्माण हुआ। वहां पहुंच कर इन्होने रेती फांकी जिससे जहर उतर गया। इस घटना के कई वर्ष बाद तक ये जीवित रहे। लगभग 100 वर्ष की उम्र में संवत् 1850 के आसपास इनका स्वर्गवास हुआ। बाद में जंभाष्टक पर विष्णुदास ने गद्य में 'विष्णुविलास टीका' बनाई थी।

-:रचनाएं:-

1. जंभाष्टक- 8 छंद

-:जम्भाष्टक:- (8 छंद)

मुखे चारू शोभं महामंद हास्यं, करे जाप्य मालं गले जीर्ण चौलं।
महागैर रक्तं शिर स्थान जुटं, परब्रह्म रूपं भजे जम्भमीशम्।१
स्थले चोपवेशं वरे धूरवेष्टं, मुखे शब्द शास्त्रं श्रुतेः पार जातम्।
जनैर्वेष्टमानं सदा साधु वृन्दे, परब्रह्म रूपं भजे जम्भमीशम्।२
अदृश्योदरं दृष्टभूत तथापि, सदैवाभि मन्त्रं महायोग सिद्धेः।
करे चारू पात्रं महावृक्ष फालम्, परब्रह्म रूपं भजै जम्भमीशम्।३
स्वयं शेष रूपं स्वयं ब्रह्मा रूपम्, सदानिर्विकार सदा मात्र देहम्।
महाकान्ति शोभं जितं षड् गुणेशं, परब्रह्म रूपं भजे जम्भमीशम्।४

गतं रोग शोकं गतं द्वेष रागं, गतं पाप पुण्यं गतं क्रोध कामम्।
गुणातीत विष्णुं निराकार रूपम्, परब्रह्म रूपं भजे जम्भमीशम्।५
दया ज्ञान सिन्धुं ध्रुवं लोक बन्धुम्, शुचिं शीलवंतं शुभालोकवंतम्।
कृतं पाप दूरं मनो वाक दूरं, परब्रह्म रूपं भजे जम्भमीशम्।६
कृतानंद भक्तं निवृताक्षै लब्धम्, विनाक्षैर्प्रभुक्तिं जनस्यातिहार्दं।
मुखख्यात बोधंगतिं देहिनांच, परब्रह्म रूपं भजे जम्भमीशम्।७
महायोग वेद्यं हतं पापिनांच, नृणामेक गम्यं जलानाभिवाब्धि।
महादैत्य नाशं सदा धर्मपालम्, परब्रह्म रूपं भजे जम्भमीशम्।८

13. दीपो जी

-:दीपो जी (वि.सं.1750-1830):-

ये खिंदरोजी की शिष्य परम्परा में साजनजी के शिष्य थे। तथा देवोजी, पुरोजी व किशनोजी के गुरूभाई थे। देवोजी के पोता शिष्य व तिलोकजी के शिष्य माधोदास जी द्वारा विक्रम संवत् 1882 में 'ग्रंथांक 111' लिपिकृत किया गया था। इस आधार पर इनका कालक्रम संवत् 1750-1830 अनुमित है।

-:दीपोजी की रचनाएं:-

1. साखी-01

-:साखी-01:- (4 छंदों की)

कांगणा मेरे बाले श्रीरंग, अंति रूसनाइया।
बलियड़ा तेरी बांहण सोहदरा, देव जसोमति मईया।
बुलाय पटवा वल्या कांगण, और लाल गुंवालिया।
स्याही सपेदी और रंग रची, नखे नख दीव लाईया।
करंगची की इधक सोभा, जाति वरणी न जाईया।
दीप जपे नांव हरि को, कांगण रूसनाइया।१
तेरो कांगणौ बाला चत्रभुज, रतन जड़ाइया।
हीर मुकताहल, मोती मोल मंगाइया।
मोल मंगाए मांय हितकारी, सुणौ पियारे जग धणी।
महले मंगलाचार गावे, रूप शोभा अंति घणी।
ओपमा इधकार ओपे, नगे नग मिलाईया।
दीप जपे नांव हरि कौ, कांगण रतन जड़ाईया।२
तेरी खोलेगी ग्रहणि चत्रभुज, अंति रंग घोलिया।
तेरी खोलेगी राज्य दुलारी, जिस मनि रलिया।
राज्य दुलहनि हंसी दिल मां, रूप चत्रभूज मोहिया।

काने कंठी कपोल कुमल, नैन काजल सोहिया।
दांत दाड़ियौ तिलंग रंगीया, कांमणी रतनालिया।
दीप जपै नांव हरि को, डोरियां अंति घोलिया।३
किसनजी जीतोजी करि हांसी, वसदेव को नंदन कहिये।
मथुरा को वासी किसन कहिये, निकट जमना जल बहे।
कान्ह होयके गऊ चराई, किसन होय परसिध रहे।
असर सिंघारै कारज सारै, प्रीतम सू प्रीतियां।
दीप जपे नांव हरि कौ, किसनजी हरि जीतिया।४

14. रामलला जी

-:रामललाजी (वि.सं.1775-1850):-

ये परमानंदजी बैनिवाल के समकालीन और नगीना के सत्संग प्रेमी गृहस्थ विशनोई बताए जाते है। इनका नाम रामलाल था किंतु रामलला नाम से काव्य रचना लिखते थे। विशनोई साधुओं में प्रचलित परम्परा के अनुसार ये विशनोई कवि माने जाते है, इनकी रचनाओं से तो ऐसा कोई संकेत नहीं मिलता है। विशनोईयों के पास रूकमणि मंगल की प्रतियों का बाहुल्य तथा उनमें प्रचलित इनके हरजसों से भी इसकी पुष्टि होती है। पदम कृत ब्यावले रूप में इनके रूकमणि मंगल के छंदों का पाया जाना भी यही द्योतित करता है।

-:रामलला की रचनाएं:-

1. रूकमणि मंगल- 270 छंद

2. हरजस

-:रूकमणी मंगल:- (270 छंद)

-:राग देवगिरी:-

निगम जाको निति गावे, ध्यान शिव उर आनही।
आदि अनादि परब्रह्म जु के, भक्त नीके जानही।१
प्रथम सगरे साध वरणुं, गुरुदेव के चरणन गहुं।
कृपा कीजो तुम जगत जननी, वित समान हरि गुन कहुं।२
एक समै नारद मुनि आये, भीष्म के भवन ते गए।
नर नारी रणवास की उठ सब, जोगेस्वर के पायन तए।३
डंडवत प्रणाम आरती, बहोत विध सेवा करी।
कर जोर राजा भीष्म नै, जब आसिका मान ज वरी।४
रूकमनी की मात बोली, पुत्री चरणो लाग री।
मन भावतो वर देय नारद, पुरण प्रगटियो भाग री।५
कछु सुकच कै कबु हर्ष के, कर जोर कै ठाढी भई।

कृष्ण वर तुम पाय रूकमणी, यह आसिका नारद दई।६
पारब्रह्म अभै निरंजन, भक्त काज व धरे।
आदि अनादि सुन कंवर रूकमणी, कंथ कमला तोहि वरे।७
मात देवकी पिता वसुदेव, जदुवंस कुल उद्यत भयो।
तिथि अष्टमी वदि मास भादो, जन्म अर्ध निसा लियो।८
ता समै वसुदेव कारण, कंस उपाव बहुते किये।
तास समै गोकल सिधारे, सकल द्विज झुठे भये।९
अस्त न अंचपे जसोदा मात के, बहुत हित कर तहां रहे।
गोपी ग्वाल विचार हित, सबन कुं आंनद दये।१०
पुतना के प्राण नासे, दैत तणावत डस्यो।
शकटासुर को गरब गंजो, काली को मर्दन करियो।११
माटी खात मुख खोले जसमत, तीन लोक मुख दरसे।
कुबेर के दोऊ पुत्र तारे, कृष्ण के चरण ते परसे।१२
बछ ब्रह्म चोर ले गयो, कान्ह जात अहीर को।
उन करता वेसे डोर किये, समरथ स्याम सरीर को।१३
सुरपति को बल मेट के, बैठ रहे जदुनाथ ही।
बांवे कर पर धरियो गिरवर, निपट कोमल हाथ ही।१४
अघासुर को बदन फारियो, राख लिये वत्स गवालिया।
दावानल को पान कियो, गज मस्त दंत उपारिया।१५
नटवर भेख गोपाल धर के, मलन सुं माधो भिरे।
कंस केसि चाणुर मारे, दुख भक्तन के हरे।१६
उग्रसेन कुं राज देकर, छत्र अपने कर गह्यो।
बाल चरित विचार नारद, इंहा लोई इतनो कह्यो।१७
रास रचि कै वृदांवन में, ज्ञान ध्यान नृत नटी।
बाल विनोद करहे करड़ा, कंवर तुमरे वे पति।१८
स्याम वर्ण स्वरूप सुंदर, मोर पंख माथै दिये।
भक्त के हित गऊ चरावे, गोप बाला संग लिये।१९
जोग जज्ञ जप तप संजम, कृष्ण तैं कोई ना वडो।
कृष्ण पुर्ण ब्रह्म पावन, कृष्ण के गुन नित रटो।२०
मगन होके राज कन्या, कृष्ण के गुन गाईये।
कृष्ण विन सुन कंवर रूकमणी, आन चित न लाईये।२१

लक्ष्मी कुं वर देह नारद, आप तो वन कुं गये।
तदि नासे कंवर रूकमणी, हर मिलन के व्रत गहे।२२
गोपाल के गुन सुनके रूकमणी, चात्रक ज्युं निस दिन रटे।
स्याम स्वांत पिया मिलै जा दिन, ता दिन तैं तृष्णा हटे।२३

-:राग गोड़ी:-

सबलई है साध की रीत री, प्रीत लगी कृष्ण नाम से।टेक।
अति बाहि राज कंवारी, काहु भेद ना देत री।
प्रात समै स्नान करत ही, कृष्ण को नाम मुख लेत री।२४
तुलसी की सेवा करे री, अरू पुजे सालगराम री।
जा मंदर मारू कृष्ण वसे, सो तो महा पवित्र धाम री।२५
अति रहसी फुली फिरे री, हिरदे हरीजी को ध्यान री।
कारी घटा सुहावनी, मनो ऐसो ही कारो कांन री।२६
कारे गलीचा बिछाय के री, कारे काच में देखे मुख री।
कारे केश निहार के, अति होत करे जे सुख री।२७
कारो चोव मंगा के री, कारे तिल धर लेप री।
मन ही में मुस्काय के, मानो ऐसो ही कारो ते परी।२८
कारे मेघ कारे सीताफल, कारे करोंदा आन री।
कारी जामन मोल लेसो, तो राजसुता करे पान री।२९
कारे रंग में रूकमणि रची, कछु कारी भई आप री।
तीनो अंग सुहावनो, मति लख जाय माई बाप री।३०
कारे हरि रूकमणी रचि, ऐसो जो रचे कोय री।
रामलला ता दास को, फिरी आवागवण न होय री।३१

-:राग देवगीरी:-

कारो तो कजरा निकट राखे, नैनन में नित सारही।
कारे कान्ह सुं प्रीत रूकमणी, नेक नाह बिसार ही।३२
कारे कंठ में पोत राजत, कारी कर चुरियां रखे।
कारे पाट सुगुं ही पहुंची, कारे कर अक्षर लिखे।३३
कारे कर सुं मोर वैनी, हिये पे धर राख ही।
कारी सेझ सुहावनी, अति कारे फल ले चाख ही।३४
नील मनका माल गल में, नीला बरतन पेल से।
नील बरण है स्याम सुंदर, तामे मन निश दिन बसे।३५

जांके पंच भ्राता तात माता, कन्या वर है रूकमणी।
सुख को सागर रूप आगर, लक्ष निधि लक्ष्मी धनी।३६
देख देख कै लक्ष लक्ष्मी कुं, कुटंब सगरो मोहियो।
रूकमईयो कहे भीष्म सों, कोई भुप वारो जोईयो।३७
एक समै नारद मुनि आये, कृपा कर जिन वर दियो।
वै ब्रह्मर्षि जब हर्ष के, वसुदेव सुत को नांव लियो।३८
जान देहु इस बात कुं, वह राजा कोने कियो।
गावरी वन वन चरावै, छाछि पी पी वह जियो।३९
लख चोरासी जोनि में, कहुं कृष्ण बिन को चार ही।
कृष्ण पावे कृष्ण पीवे, कृष्ण जगत उधार ही।४०
कृष्ण को तुम ब्रह्म कहो, तो ब्रह्म के गुन गाइये।
बह्म ब्याहे किनके घर, सो तो मोह बताइये।४१
ब्रह्म पूजा ब्रह्म सेवा, ब्रह्मा कुं भज लीजिये।
ब्रह्म के कुल कर्म नाहीं, बेटी किस विध दीजिये।४२
जाकै कंचन कोट समृद्र खाई, रतन हीरा बहु जरे।
ब्रह्मादिक जाकी करे सेवा, इन्द्र आगे रहे खरे।४३
कहा भयो दिन दोई ते, जादू वंस कुल जे वाढो है।
आदि राजा सिसपाल चंदेरी, सूर सांवत गाढो है।४४
मात पिता को वचन लोप के, लग्न आप ही लिख दियो।
चावल चहोड़ा देत मस्तक, कह्यो काहू को ना कियो।४५

-:राग बिलावल:-

लगन लिखो अछी लगन सुं, सुभ घरी सुभ वारा।
जाहु चंदेरी ब्रह्मा भाट, चढ तुरी तुरवारा।टेक।४६
घरी नक्षत्र साध के, रवि चंद्र निहारा।
कन्या कुं तो दिन भले, लरके कुं है भारा।४७
कछु सुनी कछु ना सुनी, रूकमईया मतवारा।
लिखियो बहुत बढाय के, सुनो पंडित म्हारा।४८
पुर्व देस बुंदेल खंड, दम घोष है राजा।
जाको सुत सिसपाल है, करि आवो काजा।४९
कातिग महीना शुक्ल पक्ष, देव उठनी का साहा।
ब्राह्मण भाट खुसी भये, चल लीजै लाहा।५०

असुर वंस प्रसन भयो, सुन भीष्म राई।
मेवा बहुत मंगाय के, बांटी जुं बधाई।५१
नेगी बोल महाराजा, छठ सातैं कुं आवो।
रामलला के प्रभु है, उबटना अब लावो।५२
-:राग वसंत कानड़ो:-
तेल छुवो म्हारी राज कंवारी।
उबटण लाय विनायक पुजो, जाय मईया तुम पै बलहारी।टेक।
तप्त नीर अरू क्षीर क्षीरोदिक, चोकी आन स्नान कुं जारी।
अरी मईया मो तन ताप चढी है, दोय दिना याहि विध टारी।५३
जको द्योस धन्य है री, तुं ज कहावत लरकनी बारी।
दोर उठाय लई गोदि भर, मात पिता की प्रान पियारी।५४
जाको ब्याह सो तो चाहिये, तोह कहा दुख होय गयो वारी।
सोर उढाय पोढाय कै राखी, अति कल्पत मन में महतारी।५५
रजपुतेनी वनेनी ब्राह्मणी, आई सब नगर की नारी।
याके तो तन तोप चढी है, इंहा तो ब्याह की होत तेयारी।५६
रूकमणी कै चित चिंता और है, हाहा कहां रहे बनवारी।
असुर ग्रेह कबहुं नही जैहुं, प्रान तजुं हिये मार कटारी।५७
मुंड फिराय फटी जाय छाति, मोत रोग बढियो अति भारी।
पानी देख्या नांह सुहावे, करत बहानो ऐसो री प्यारी।५८
वलाय चलाय स्नान करायो, गुंध मोतिन मांग संवारी।
रामलला मानो सुर्य उदै भयो, छवि समुद्र भीष्म की दुलारी।५९
-:राग देवगीरी:-
अंग तेल लगाय रूकमणि, उबटना मंजन करो।
सोले सिंगार बतीस आभरण, विंदा मस्तक धरो।६०
कर के उसके हिये में, जदु बंधु मोकुं ना मिले।
आरसी में देख के मुख, नैन में आंसु बहि चले।६१
चहुं वोर नारी गावे भारी, आनंद उर विच गहो।
रूकमणि की मात बोली, थारे नैन आंसु क्यों बहो।६२
उबटना म्हारे मुख सुं मीडो, पलक तैं कनका खिस्यो।
खरा खरो रड़को ज भारी, म्हारे नैन आंसु युं बह्यो।६३
नर नारी सब उमंगे डोले, तरूणी वरण जुं भामनी।

सोभा न वरणी जाय पुर की, मनुं काम बन आई कामनी।६४
रूकमणी हिये सोच भारी, महा गाढी मोहि आय बनी।
किसे पठहुं द्‌वारिका लग, दुख नासो त्रिभवन धनी।६५
सिसपाल नै पत्री पठाई, लिखत करी न संक वे।
जहां लो सुर उदै अस्त होय, तहां लो निवते चकवे।६६
बतीस अक्षोहिणी चढियो दल ले, सिसपाल जरासिंध दंताभनु।
मदमस्त संदुर राते, कहां तांई लो गज गिनुं।६७
चले अराकी तुरकी ताजी, कछी जल घोरा नुं।
जर देस मंदेनी ले अबलक, कहां ताई लोअ गिनु।६८
ऊंठ खचर बैल वाहन, सुखपाल अरू रथ जे भनुं।
बाघ चीता श्वान सुकर, कहां तांई लो पशु गिनुं।६९
जिनके कान लंबे पुंछ छोटी, रासब अर बेताल की।
कुंदनपुर के लोग देखे, बरात आई सिसपाल की।७०

-:राग सोरठ:-

मेरे मन तो और थी, भई और की और।
रामलला रूकमणी कहे, प्रान तजुं या ठोर।७१
हा हा में तो हरि वरे, और सकल बल वीर।
रामलला सुनी असुर कों, लागी तजन शरीर।७२
ताहि दिन सुपनो भयो, मत डरपे राज कंवार।
तोकुं हरि ले जायगे, सकल असुर संघार।७३
सुपने ही उठ जाग के, पुछे मन अरू जीव।
रामलला रूकमण कहे, सु कही बिलवे पीव।७४
तुमरे नाम अनंत हैं, आद अंत और एक।
जै कोई तुमरो व्रत गहे, ताकी टरे न टेक।७५
तब रुकमणी सन्मुख हरि के, सुकचि गही पुनि लाज।
जे तुम द्‌वारिका नाथ हो, हम ले जावो आज।७६
पलक खुली पगरा पयौ, अरू वहा ही रह्यो जीव।
रमलला मन मैंमदी, कहि बोली पिव पीव।७७
उठ बैठि देखत वही, कहां विलंबे पीव।
रामलला रूकमणि त्रफत, काढे डारत जीव।७८
माता कहे सुन रूकमणि, चढोति महले जाय।

देखो क्युं न बरात कुं, माता लेत बुलाय।७९
राजसुता बोली नहीं, फिर माता सों वेन।
रामलला टपकन लगे, टस टस दोऊ नैन।८०

-:राग सोरठ:-

देखो म्हारी राजकंवारी, थारो दुलह बन्यो अति भारी।टेक।
तेल छूवो तंबोल हि खावो, पहरो सुन्दर सारी।
ओर कहै तो दुं मैं गारी, तुं लागे महतारी।८१
मेरे तो पति वसुदेव का नंदन, गोतम नारी जिन तारी।
सकल भवन को करता कहिये, सो है जीवन हमारी।८२
रावन के दश मस्तक छेदे, बीसों भुजा उपारी।
तांहि को मैं पंथ निहारूं, कित विलंबे बनवारी।८३
माय कहे सुन बेटी रूकमणि, ऐसी नांहिन कीजै।
बडे भ्रात को वचन जायगो, सीख हमारी लीजै।८४
हरि भजे सोई पुन भाई, राम भजे सो महतारी।
गुरु मुख सुन गोविंद गुन गावे, ताह कहुं मैं माता री।८५
जो देखुं तो हरि कुं देखुं, मेरे तो वरत येही।
जा दिन धरणी अकास न होता, ता दिन कृष्ण हमही।८६
भीष्म नारी पच पच हारी, रूकमणि कह्यो न माने री।
रामलला रूकमणि रट लागी, सांमही स्याम बखाने री।८७

-:राग काफी:-

आंगन कछु न सुहाय लाडली कुं।
तज्यो खेल गुडा गुडियन को, बैठ रही मुरझाय।१।टेक।
डार दियो है कसीदा कर से, गहे गिहार बलाय।
जारूं री ऐसी स्यान प, यह जनम अ विरथा जाय।८८
जेसे गऊ सिंघ कुं देखत, कंपत सगरी देह।
ऐसी सुक रही रूकमणि, इक नांहि न हो गई खेह।८९
आगोनी ले रूकमईया निकसे, सकल सभा नै लई।
कृष्ण कहां विलंब रहे, तम मन के परम सनेई।९०
जिनकी प्रीत गोपाल सुं, तिनकी तो यह रीत।
रामलला हरी रस छकी, तजी जगत परतीत।९१

-:राग विहाग:-

प्रण पाल्यो प्रहलाद को, धर मस्तक पै हाथ।
रामलला दुख रूकमणि, कहां विलंब नाथ।९२
नर नारी सब ही खुसी, सुन सुन नृप के ब्याह।
रामलला दुख रूकमणि, एक बिना नर नाह।९३
-:राग विहाग:-
दर्शन देहो मुरारी, अब मोह दर्शन।
मैं अबला दुख भारी मेरे प्रभु।टेक।९४
प्रभु सुधे में चल आवो, मेरे हिय की तप बुझावो।
प्रभु खबर लेहो क्युं न मेरी, यह काटो कर्म की वेरी।९५
कुरूक्षेत्र में गज घंटा टुटा, जहां भरही का ईंड न फुटा।
जेसे वेद पुराणा में भाखे, तेसे पांडु लाखा में राखे।९६
पहलाद अगन में वांचे, जग झुठा हरिजन सांचे।
द्रोपदा की बढाई सारी, अपने जन की करी रखवारी।९७
हरि हो संकट के साथी, जल बुडत राख्यो है हाथी।
प्रभु ओगन गुन करि लीजे, अपनी दासी कुं दर्शन दीजे।९८
रूकमणि पिया पंथ जोवे, सब नगर खुसी यह रोवे।
एक अपुरबी ब्राह्मण आयो, सो तो डरपति निकट बुलायो।९९
मैं तो पाय परूं मेरा भाई, एक बात कहुं समझाई।
तुमे बहुत कछु मैं देहुं, सांम को संदेसा कहुं।१००
नगर द्वारिका वासी, वांको कृष्ण नाम अविनाशी।
जहां खबर करो जाय मेरी, देऊं दक्षिणा बहुतेरी।१०१
जब द्विज मन भयो अनंदा, तब पायो परम सुख कंदा।
पत्री लिख दीजै री बाई, तुं म्हारी बहन मैं थारो भाई।१०२
थारी पाति लेकर धाऊं, एक पलक में द्वारिका जाऊं।
जब नैन की मिस लीनी, तब पैनी पलक की कीनी।१०३
मैं बेकुंठे चरणो राखी, पृथी बुडत रहिय न बाकी।
मछ ओतार तम धारियो, तहां मोकुं नांह विसारियो।१०४
तृतीये कछ भये तम स्वामी, तुम हो भुधर अंतरजामी।
वाराह नरसिंघ अरू बावन, श्री परसराम राम पावन।१०५
अनंत अवतार में संगी, म्हारो नवल नाह बहु रंगी।
मुख देखन की मैं प्यासी, मेरी विनती यह अविनासी।१०६

प्रभु जुग जुग में दासी तुम्हारी, अबके मैं कांय विसारी।
दिनां तीन में देहो दिखाई, ना तो मरहुं हलाहल खाई।१०७
अपनी जानके दर्शन दीजै, विनती मान कै सुन लीजै।
हो तुम जादुन के राई, जन रामलला के सहाई।१०८

-:राग जैजैवंती:-

गोपाल के गुण सुन के रूकमणी, पाना जुं पेरी भई।
फरफरा नीम रूत जैसे, पंछनी पिंजरे दई।टेर।१०९
सिंघ बल के स्याल लेई, जो न होय कमलापति।
निबल सोई बल नाह छाडे, तम समर्थ मोटा रथी।११०
वैरी मार संघार कै दल, वान संभलो यही।
निर्लज्ज मोकु नाह मानो, सरण चणीकै रही।१११
देवी म्हारे अंबिका है, मैं तहां पूजन आयहुं।
हरण कीजो वहां थे प्रभु, वेग विलंब न लायहुं।११२
पहलै हमकु दरस देके, पीछे मन सोई कीजिये।
मुझ न पीहरी विनती प्रभु, नीके सुनके लीजिये।११३
विनती थोरी लिखुं कछु मैं, बहुत करके मानियो।
दासी की अरदास म्हारी प्रभु, हिरदै मांह जु आनियो।११४
युक्त सुं पत्री जु लिख कर, विप्र के हाथन दई।
माथे छुवाय जु लई द्विज नै, द्वारका की राह लई।११५
लालच दिखायो जब जननी, बुढे ब्राह्मण पंथ गह्यो।
वृद्ध देही हार पहुंची, मारग ही में सोय गयो।११६
वहां नारायण सरब जानी, निद्रा सुं ब्राह्मण पग्यो।
जोगमाया पेठी सनमुख, द्वारका में जाय जग्यो।११७

-:राग बिलावल:-

ताला वेली लग रही, प्रीतम के काजा।
कही नहीं सकत पुकार के, मारे जगत की लाजा।टेर।११८
नींद मिटी क्षुधा घटी, नांही सेज सुहावे।
सगरोति धरती फिरूं, प्रीतम कब आवे।११९
पुछुं पडंत जोयसी, बालम कब आवे।
तन की मन की जीप की, हिये तृष्णा बुझावे।१२०
ऐसो स्यानो मिले कोई, पल घरी बतावे।

चरण धोय ताके पीऊं, जो कहे पीव आवे।१२१
काग उडावता दिन गए, रजनी गिन तारे।
पंथ निहारत दृग रहे, हाहा कर रे हारे।१२२
मन पछतावा कर रही, मुख हरी हरी जु पुकारे।
वेग पधारो सांवरे, अब कहां रहे प्यारे।१२३
प्रेम अग्नि अंत खरे, जरी जात है देही।
रामलला कहतो बुझे, मिले स्याम सनेही।१२४

-:राग देवगिरी:-

चहुं ओर घन घोर सिंधव, वने गढ तां मध्य रचे।
सो लेखन के कनक मंदर, रतन हीरा बहु खचे।१२५
जहां हंस चात्रक कीर कोकला, चितेरे पुर्ण चिते।
खग मृग मीन वत्स धेनु मंडत, ओर चित्र वरणु किते।१२६
जहां वाग राग सुहाग सुंदर, अस्व गज घुमत खरे।
अष्ट सिध नौ निध कहीलो, भुपति अनगिनत भरे।१२७
जहां बिछी जाजम और दुलीचे, चांदनी चादर तनी।
तां पर राजत सभा जादों, रूप रस रंग में सनी।१२८
सिंघासन की छब छाई, रतन चमकत सोभा बणी।
मोदत किया सर सखिया, तां पर श्री रूकमण धणी।१२९
बांके भाल पै पाग सोहे, झुक रही बावे खवे।
केसर तिलक लिलाट सोहे, अलक सोध में चुवे।१३०
बांके भुंहे काम मोहे, दृगन की पैनी अनी।
कुंडल रवि शशि किरण मानुं, नासिका अदुत वनी।१३१
नैन पागै कंवल दल दृग, स्याम मुख रेखे उठे।
दशन दमके दामनी जनु, अधर बिंब सपुंट छुटे।१३२
धु कंचुकी मोती माल राजत, कोस्तुभ मणी वणी साम तन।
बाजु बंध सुगंध सुंदर, कनक किंकणी काम कन।१३३
मनन सुं जरी मुद्रिका, गोपाल की अंगुरी ठनी।
मांग मोतियन की जोति लोपि, नख की सोभा घनी।१३४
रंग भीनो वाग सोह पतरी, कटि पटिका लग्यो।
अति लसी शिखाल सुंदर, संपूर्ण मन मंथ पग्यो।१३५
चरण पर धर चरण कोमल, या छवि सो रणछोड़जी।

चहन अंकुस सकल जब, अंग ध्वजा धनुज पद्म की।१३६
नारद सारद चंवर ढोले, खवासी उद्रव करे।
सुख समुह वसुदेव नंदन, क्युं न रूकमणी तोह वरे।१३७
परकमा दे हरी पगे लागे, बहुत विध आनंद कियो।
भुजा भर हरि मिले है, द्विज को बरोबर आसन दियो।१३८
चिरंजीव कल्याण हो प्रभु, द्वारिका समरथ धनी।
संदेसड़ो रूकमणि तनु, आदर कर लीज्यो सुनी।१३९
प्रेम भीनी खोल पत्री, विप्रन के हाथन दई।
प्रीतम के लिखे देख अक्षर, लाय हिरदै सुं लई।१४०
मछ कछ वराह ब उधरे, तां दिना चरणो रही।
पहलाद के समै भय दिखाई, इते दिने तब संग रही।१४१
हम चकोर तुम चंद्र माधो, तुम विना केसे जीवे।
तुम स्वांत बुंद म चात्रग ज्युं रटे, निस दिना सुर ते पीवे।१४२
सिंघ घेरी गा प्रभुजी, तुम विन को न छुटाय है।
तुम विना अब को न प्रभुजी, भुको भार उतार है।१४३
मात बिन जैसे बाल तरसै, धान सुके जल विना।
ऐसे तुम विना गति हमारी, ओर कहा मैं लिखुं घना।१४४
प्रीत की रीत कहां लो वरणुं, लघु वचन थोरे लिखे।
मैं जु दासी स्याम थारी, अबकी वेरां कियुं संके।१४५
पाति वाच उमंगी छाति, सुरत रूकमण में गई।
कुंदनपुर जाय प्राण पहुंचे, देह द्वारिका में रही।१४६
इब रसोई तुम करो स्वामी, कल प्रात ही उठ चले।
सुर नांही उगण पावे, जाय रूकमणि सुं मिले।१४७
नोबत निसान घुरे डंका, घंटा झालर संख बजे।
पहर रैण जब रही है पिछली, देव पहरे रथ सजे।१४८
रथहि में बैठाय द्विज कूं, सारथी आपन भये।
निकट आये कुंदनपुर के, देखि माढी मंडप छये।१४९
प्रात उठ उठ भुप मुजरे, कटहरे सुं जाय लगे।
दरबार मां रणछोड़ नाहीं, आज पोढे ना जगे।१५०
भवन समाचार सब, प्रतिहार नै नीके दये।
पहर रैण के कंवर जागे, ना जानु कित कुं गये।१५१

तबेले जाय ढुंढे जे रथ कुं, अस्व नांहि ठये।
काल्ह अपूर्वी विप्र आयौ, ता संग हरि उठ गये।१५२
हलधर कहें मैं अबहि जांनी, कुंदनपुर मां राजा एक है।
कन्या ताकै रुकमणी जिन, हरि मिलन की सई टेक है।१५३
कृष्ण बुध कुं कहा कहिये, ऐसे ही लक्ष न करे।
जहां चार खुंट के नृप आए, रार काहु सों होय परे।१५४
स्याम के जु सहाय काजै, पाछै से हलधर सजे।
सब दल जीत के मैं कृष्ण ब्याहूं, रणतूर निसान ही बजे।१५५
छप्पन कोड़ रथ सजे जादु, बरात अब नीकी सजी।
थरहरे शेष धरणी धुकी, ब्याहिये त्रिभवन धनी।१५६
हलधर कृष्ण दोऊ मिले भ्राता, सुभट सुंदर सुरमा।
रामलला प्रभु भक्त वछल, असुर गंजन ऊरमा।१५७

-:राग खंभावची:-

आगम भयो जब रूकमणी, फरकी बांई आंख।
दोर चढी जब महल पे, सकृत मोती नाक।१५८
चढी झरोखे रूकमणी, अरू देखे पिय की राह।
रामलला आनंद भयो, दृष करे नर नाह।१५९
पहले रही थी सुक के, जैसे चंद स एक।
रामलला हरि निरख के, टुटी तनी त एक।१६०
मगन भई सब सखियन में, डार दई कुल संक।
रामलला प्रफुलत भई, ज्युं निध पाई रंक।१६१

-:राग खंभावची:-

आये री हरी आयेरी, देख बदन सुख पाये री।टेर।
मोर मुकट मकराकृत कुंडल, पीतांबर छवि छाये री।
देख सरूप स्याम सुंदर को, आनंद उर मां बढाये री।१६२
माता कहे सुन बेटी रूकमणी, थारो तो प्रण राख्यो री।
हम रो ओगुन माफ करीजै, जो कुछ पीठ नाख्यो री।१६३
अस्व गज रथ फरहरे, निसान बजाई री।
जोजन चार पहुंम के उपर, बैठे है त्रिभुवन राई री।१६४
खल भल परी असुर के दल में, सुन सुन नोबत डंका री।
घुमे हाथी हीसे घोरे, दैतो ने मानी संका री।१६५

जेसे सुरज उदै होत है, जाय तिमर नसाई री।
ऐसे उछाह भयो रूकमणी, जन रामलला वल जाई री।१६६
-:राग देवगिरी:-
बरात कुं बेठाय ब्राह्मण, खबर रूकमणी की लई।
अपनी विदाई आन पाई, मुंह मांगी द्रब तां दई।१६७
तुझे देऊं सो थोरा पांडे, तै मनोरथ पुरिया।
अष्ट सिध नव निध दीनी, द्विज को दालद चरिया।१६८
मगन होय के असीस दीनी, चिरंजी हो तुम पुत्री।
जुग जुग अचल रहो जोरी, कृष्ण पुरण क्षत्री।१६९
स्वरनाई भेर नोबत बाजे, ध्वजा नेजा फरहरे।
डरपत लागे पुर वासी, यह निसान किस के घुरे।१७०
तत्काल तब इक मानस पठयो, कहो धोंपह कहां के।
अनंत देस में पुरी द्वारिका, नृप है यह तहां के।१७१
बारात अब इक और आई, राणी कहो कहा कीजिये।
अगूणी ले जाहु सन्मुख, आये कुं आदर दीजियै।१७२
दुखत होसी सुखत नांही, मन हमारा यों कहै।
खरच खोटा आपणां सदा, परनाले पाणी वहै।१७३
कुबुधि तुमरे पुत्र कीनी, सो तो भुकते छूट ही।
कर्म लिख्या सोई होयसी, पण कृष्ण ते क्यूं टुट ही।१७४
नारद मुनि ने वचन बोले, ते क्युं अहला जायसी।
यह ब्याहता है कृष्णजी की, और झूठा राजसी।१७५
नृप सब आय हुवा भेला, एक तेराक जुं जो रही।
अगोनी ले भीष्म निकसे, कुंदनपुर के गोर ही।१७६
देख सजन ऊजले, भीष्म कुटंब खुसी भयो।
अब की वारी कुंदनपुर को, दारिद्र सगरो ही गयो।१७७
ब्रह्मादिक जाके चंवर धारी, सनकादिक चरण सेवता।
इंद्र आरती साजही, रिषी मुनि जाके वेद पठिता।
निगम अगम बाणी भाखही।१७८
मोर मुकट कुंडल विराजे, कनक किंकनी मनि ठई।
देख छवि दुल्ह की भीष्म, पलकत सुं पलकन नई।१७९
दर्श कोट रतन सुं तिलक कीनो, इतो खेत में द्रब दियो।

दोऊ समधी बैठ के, अति हेत सुं सरबत पियो।१८०
भीष्म के भ्राता उठ बोले, विलम नांही कीजिये।
भोजन के समाचार अबही, देर नांही कीजिये।१८१
जनवासे कुं चले जानी, चढी झरोखे भामनी।
पाय दर्शन जगत पत को, भई मुर्छा कामनी।१८२
आसीस देवे सुंदरी मिल, पारब्रह्मा जय जय करो।
कृपा करो तुम सृष्ट कर्ता, कंथ रूकमणी यह वरो।१८३
नर नारी धिग धिग जो बोले, रूकमईया यह कहा कियो।
हंस मुख ते काढ मोती, काग के मुख में दियो।१८४
जनवासे चल दुष्ट आयो, नवौ मंदर हर लयो।
रूकमइयो अति ही रिसाय के, तात से बोलत भयो।१८५
बिन बुलायो कोन आवे, रंक हुं नहीं आवही।
निरादरा जो जाचक आवे, रैन दिन ते गावही।१८६
छत्री नहीं यह रंक कहिये, सिंघ सुता न जान रे।
संभार बोलतो डावड़ो, समे पन पहचान रे।१८७
डरो तो तुम गृह छाडो, अब ही राज काहे कुं करो।
अतिशय जादू के बड़े छत्री, रैयत होय के दिन भरो।१८८
कुबुधि नाहीं कह्‌यो मानै, कह्‌यो आपन राख ही।
विमुख बोले श्री हरि सौं, तर्क मुख ते भाख ही।१८९
रूकमईयो कहे सिसपाल सेति, जरासिंध से कोई करो।
यह चोरटा खोटा जु आया, मन हमारो युं डरियो।१९०
चोकी बेठावो नर जु नारी, सब दल रहियो राजही।
यह ग्वालिया प्रपंची खोटा, कोई दाव परे ले भाजही।१९१
हांजी जाण दोई स बात कुं, ऐसी छाती कौन की।
चहूं ओर द्‌वार बंध करावो, जहां नगम है पवन की।१९२
आदि देवी अंबिका जहां, रूकमणी पूजन चली।
नाना विध के होय कोतूहल, चार लाख सखी आय मिली।१९३
दोय लाख चोकी हंडवा, दोय लाख असवार ही।
एते सामगरी से कंवरी रूकमणी, अंबिका पूजन चली।१९४
कुंडली रूपि ताक बाजे, खंजरी मृदंग चंग।
गावत भामनि सुर सुहावन, काम की उपजै तरंग।१९५

दुलहनि नहीं पहुंची देवल, दुलहे पहले जाय रह्यो।
नर नारी सब भई चक्रत, जात किनहुं तां लह्यो।१९६
देवी के मंदिर जाय पहुंची, धोक दे चरणों रही।
आज मोने वर देह माता, सकल साची तो सही।१९७
पान फुल चढाय देवी, मेवा आगे बहु धरे।
संदुर बिंदा लाय मस्तक, घृत सुं दीपग वरे।१९८
सखी सहेली निकट ठाढी, विनती मैं बहुली करूं।
कृष्ण चंद्र यह मांग पाऊं, लोक लाज से मैं डरूं।१९९
बारे बरस थारी करि सेवा, कृष्ण वर के कारणे।
आज मोने वर देय माता, जाऊं तुम पर वारणे।२००
प्रसन होय बोली वाक वानी, कृष्ण वर तुम पाईयो।
भाग पुरण रूकमणि थारो, ब्याह तिंहु पुर गाईयो।२०१
मगन होय चलो रूकमणी, गावे मंगल चहुं ओर ही।
देहरा पाछै दियो हरि, निकस भये बांई छोर ही।२०२
रूकमणी हिये सोच कीनो, चौकी महारे संग रही।
कदाच आय कर गहे प्रीतम, होय और की और ही।२०३
घूंघट रो पट मोर ऊंचो, नेक वदन दिखाईया।
मुर्छा भये नृपति सब ही, सनमुख रथ ले आईया।२०४
नैन भर हर कुं निहारे, अंचल पट जु लियो।
सुकच के रमा बोली नांही, पलकन सुं आदर कियो।२०५
देखि छवि बनवारी जु की, मोहत भई सब नार ही।
हाक घोरा कृष्ण रथ के, बांह रूकमणी की गही।२०६
जंघन पर बैठाय लीनी, रथ जु आतुर हांकिया।
रुकमणी उर आनंद वाढियो, जय जय नर सब भाखिया।२०७
नगर में हलचल माची, हरण कन्या को भयो।
सुनी सिसपाल श्रवणो, खड़ग कर मांहि लियो।२०८
सुतर नाल कबान गोली, बान अति छुटन लगे।
दोऊ दल मैं मार माची, धीर कोई ना धरे।२०९
सेन में जोगनी जुगावे, धरणी अंबर एक सा।
चढियो जुरासिंध दल साजि कै, मानुं पोहमी ऊपर मेघ सा।२१०
एक एक रथ हाल चाल्या, पुहमी जहां तहां चले।

क्रोध भीने सुर डोले, आप आप में जुटे भले।२११
बाजे जुझाऊ सुन्या राऊ, जादु वंस सब गाटो खच्यो।
छुटी समाध कैलास शिव की, अंतरिछ नारद नच्यो।२१२
रोहणी सुत वाहड़े जब, मार अति वीच न लगी।
समेट हल सुं मार मुसल, कंकालनी सुती जगी।२१३
अरावा अति अधिक छुटे, समसेर वकतर झड़े।
पीठ देके न सुर भाजै, कवंध गिर सिर पड़े।२१४
टुटा जरजु माथे चोट हलधर, राजे युं विच ले फिरे।
तोड़ी जम सीस गिर परे, जोगनी खप्पर भरे।२१५
रूधर की वहे नदी चाली, कुंदनपुर के गोर ही।
रूंड मुंड डुबत डोलत, घुड़ड़ घुड़ड़ जु बोल ही।२१६
जहां गिरझ चीतल बाज सिकरा, धाय उतरी जोगनी।
बाघ चीता स्वान सुकर, सब ने लागी ओकनी।२१७
जरासिंध को जोर देके, भद्र रूकमईया कियो।
खड़ग सेती मुंड मुंडियो सकल, बांध रथ पाछे लियो।२१८
रूकमणी पाय लागी, नाथ युं नहीं कीजिये।
रणवास म्हारी करै हांसी, छाड तै दीजिये।२१९
गुसा कर गोपाल बोले, तरक याकी बहु सही।
अब जु मारूं छोडुं नाही, बात रूकमणी सुं कही।२२०
एजी मार के अब कहा करहो, मुंडवो ज कियो बुरो।
काढ द्यो प्रभु देस सेती, बहुर नहीं आवे डरियो।२२१
हलधर कहे युं कृष्ण सेती, बडे युं नाही करे।
पहले अपना देह सर्वस, बहुर मरे पापन परे।२२२
काल तुम्हारे सुता सुत होयसी, निकट कोईय न आय है।
सजन की गति करी ऐसी, बहुर किसके ब्याह है।२२३
नवा गांव बसाय के तुम, हलधर जी ने युं कह्यो।
वेसरम होय के रह्यो अध विच, बहुर नांही घर गयो।२२४

-:राग केदारो:-

जीते हैं जदू वंस जय जय, जीते हैं जदु वंस।
ले आए अपनी दुलहन, सब असुर किये हैं विध्वंस।२२५
पृथ्वी पति सब निवत बुलाये, ब्रहमा सेस महेस।

सोरठ सुचंगे देस में, जहां ब्याहे कृष्ण नरेस।२२६
माधोपुर में रच्यौ मंडप, रतन कलस धराय।
विधाता वेदी रची जांकी, छवि वरणी न जाय।२२७
आसा उमेदी बहुत आये, सुन के हरजी को ब्याह।
रामलला छवि चकवे आये, ओर कहां लो वरणु साह।२२८

-:राग परज:-

रतनागर सागर चढियो, छिन छन सोभा अगर।
रामलला हरि ब्याहिये, धन्य माधोपुर नगर।२२९
धन्य घरी दिन आज को, धन्य महुरत वार।
रामलला हरी ब्याहये, सुरपति राज कंवार।२३०

-:राग परज:-

सामा सिमटी है अधिक अनंत।
जय जय चवरी चढियो म्हारो श्रीभगवंत।२३१
साखा चार पढे गर्गाचार्य, महामंत्र सुं अग्नि जराय।
गंठ जोरा दुलह दुलन सुं, हाथलेवो हाथ लाय।२३२
भांवरी फिरत हरत सब को मन, दक्षिण ते बांवे आय।
देखत छवि दुलह दुलहन की, पावक शशि दुर जाय।२३३
कन्यादान भयो बहु विधि, चहुं दिस गझवा ज्ञान।
मोति मोहर रूपैया बरसे, पुरण सुख सुं मान।२३४
हलधर वसुदेव प्रसन हुय के, इप रीत कर ले सोय।
ब्राह्मण कहे चिरंजी वो भूपति, जन्म जन्म को मोह।२३५

-:..............:-

गारी सुनो जी रूकमणी कंथ जय जय।टेक।
हरी कारे जु माय अति गोरी, कहो सखी कारण कोन भयो।
तुम्हारा मन तो देवकी पे, कोई तो अचरज भयो।२३६
दोय बाप जाके दोय महतारी, देवकी जसोदा।
पहले जन्म लियो मुथरा में, बहुर सिधारे गोकल गाम।२३७
बहन चलाय दई अर्जुन संग, आप कहाये गोपीनाथ।
गारी गावे बहुत अनुठी, कुंदनपुर की नारी।२३८
उदै अस्त लो सुनी नांही, ना कोई ऐसो रजपुत।
फूफी इनकी चंच भारी, कंवारी नै जायो सुंदर पुत।२३९

दरजोधन की मेवा त्यागे, दासी सुत को खायो साग।
करमाबाई की खिचड़ी पाई, सो तो रही है मुख से लाग।२४०
वन मां इक वसत भीलनी, ताके झुठे खाये बेर।
गऊवन के संग डोलत वन वन, पाछे ते देत मुरली की टेर।२४१
सासु सीठने देत अति हित सुं, देख जोरी परम अनुप।
ब्रज के पीलु खाये देवकी, तिन जायो सुंदर पुत।२४२

-:..................:-

भोजन जीमो रूकमणी कंथ जय जय।टेक।
लई है बरात बुला जीवन कुं, मंडप तर वेठाय प्रीति।
छपन भोजन छतीस व्यंजन, परसे नाना भांत।२४३
गंगा सरस्वती जल भर लाई, गरमी लगी शिव करी वयार।
ब्रह्म जहां करवावे अचवन, पान खवावत इंद्र सवार।२४४
दोऊ समधी मिल बीरी बदली, हलधर समझ ले वीर।
ऐसी प्रीत रहो जुग जुग लो, जो लो सात समुद्रो नीर।२४५
धन धन सोरठ देस सुभदा, जहां आये त्रिभवन राय।
रामलला प्रभुली मन में, रूकमणी हरि वर कुं पाय।२४६

-:राग उबटन:-

ब्रह्मा विष्णु महेस सदा सुख पाईये।
ईस्वर गौरी मनाय चरण चित लाईये।२४७
बरखा रूत आय तो आगम आईया।
दादर मोर पपीहे सबद सुनाईया।२४८
सात सखी रलमिल सोदा कीजिये।
तेल फुलेल मंगाय मिलोनी दीजिये।२४९
सब सहेली रलमिल के पनघट जाईये।
सोने को कलस भराय दुल्हनी नहवाईये।२५०
नारी परम अनुप सो मंगल गावही।
हावो सुघर बुलाय उबटना लावही।२५१
नैनन काजर दीन संदुर भरी मांग ही।
चंदन कटोरा हाथ सुं अंग लगावही।२५२
एक चढियो है चंदन अंग, सुंदर देख चंदन मन हरो।
विसरही वेनी आन कट पर, निरख के अति ही डरो।२५३

कनक तरोना कान, आड अति राज ही।
केसर को गज मोती, अधर विराज ही।२५४
जरिया कंकण वल्या सोहै, गरे मोतियन को धरा।
खुल रही वेनी आन कटि पर, देखि अहिपति डरा।२५५
अंगिया अंग सुरंग सारी तन सोभई।
लहंगा अति छवि देत सकल जग मोहई।२५६
मोहे सकल जग निरख के, यह कमर की सोभा भई।
तेरे चपल नैन मराल गत पर मृग भुले चक्षई।२५७
थोर दिनन की वैस, सुध न संभाल ही।
दामनी ज्यों घन मांहि देख, छवि छाज ही।२५८
इति उत वै जब जाय, सकल चराचर ऊनिया।
आवत कुल उजयारी, चंद जैसे पूनिया।२५९
एक चंद युं दीप दुतो, अलख बैस सवारिया।
तेरी जोति वरणु गात की, छवि कनक सांचे ढारिया।२६०
नव खंभ रतन लागे, अधिक मंडप छाईया।
सब गुन रूप सुजान रूकमणी, सो ब्याह नै आईया।२६१
तेरे धन्य भाग सुहाग रूकमणी, कृष्ण वर ते पाईया।
चिरंजीवो पृथी नाथ जादु नाथ, सकल मंगल गाईया।२६२

-:राग भैरू:-

आवोजी जादु वंस नाथ कंकना तुम खोलो।
ताजो पीछे दुल तुम दुलहनी सें बोलो।२६३
बहुजी को हाथ देख मोहत ता भयो।
घुंघट में रम्यो चित पाते खोल्यो न गयो।२६४
जन करो कछु धनक नाही, अरड़ देके टुटो।
कंकणो राणी रूकम रो, घनु खाये छुटो।२६५
गोरधन कर पे धारे, वृक्ष दो ऊतारे।
अबकी बार स्यामा सुंदर, रूकमणी सुं हारे।२६६
हंस हंस कहे सब जु नारी, पाय बहु के परो।
के बुलावो माय कुं, अब सुकच काहे की करो।२६७
महा सुख की बरखा भई, जोरी विष्णु जोई।
हम ते सखी भागवान, ओर नाह कोई।२६८

देव पुजा कंकन छुटा, रंग महल ही रच्यो।
कनक मंदर कुसम सेजा, रतन हीरा ऊं संच्यो।२६९
राज करो नगरी द्वारिका, भक्त बछल श्री गोपाल।
रामलला जन गावे मंगल, कृष्ण भजै जन होय निहाल।२७०

-:कथासार:-

एक समय राजा भीष्म (भीष्मक) के यहां नारदजी आए। उनकी पत्नी ने रूकमणी को दंडवत कराया। नारदजी ने कृष्ण को वर रूप में पाने का आशीर्वाद दिया और उनकी महिमा बखानी। रूकमणी कृष्ण से ही नहीं, कृष्ण वर्ण मात्र से प्रेम करने लग गई। यह लक्षण देखकर रूकमैये ने उसके लिए वर देखने की बात माता-पिता से कही। उन्होंने नारद के वरदान की बात बताते हुए जगत उद्धारक कृष्ण का नाम लिया। इस पर उनके ब्रह्मत्व के सम्बंध में तर्क वितर्क करते हुए उसने चंदेरी के शिशुपाल के लिए, देवोत्थान एकादसी का विवाह तय करके लग्न भेज दिया। वह जरासंध सहित बतीस अक्षौहिणी सेना लेकर कुंदनपुर आ गया। अत्यन्त व्याकुल होकर रुकमणी ने देह त्याग का विचार किया। उसी दिन स्वप्न मे हरि-मिलन का आश्वासन मिला। वैवाहिक लोकाचार करने के लिए माता के समझाने पर रुकमणी ने स्पष्ट कह दिया- मेरे वर तो श्रीकृष्ण ही हैं। वह निरन्तर उनका स्मरण करने लगी। एक पूर्वी ब्राह्मण को देख उसने डरते हुए उसको बुलाया और विनय पूर्वक मुंह मांगा धन देने का कह कर पत्र द्वारा द्वारिका में श्री कृष्ण को संदेश भेजा। उसमें उनको तीन दिन में दर्शन देने और अम्बिका मन्दिर से हरण करने का लिखा। ब्राह्मण मार्ग में सो गया पर नारायरण कृपा से द्वारिका में जगा। श्रीकृष्ण पत्र में लिखा समाचार जानकर पहर भर रात्रि रहते ही विप्र के साथ रथ से कुन्दनपुर आ गए। सुबह कृष्ण को वहां न पाकर और उस ब्राह्मण के आगमन की बात जान कर हलधर ससैन्य बरात सजाकर कुन्दनपुर आए और वहां कृष्ण से मिल गए। उनको देखकर हर्ष से रूकमणी मूर्छित हो गई। उसकी माता ने अन्यथा बात कहने के कारण क्षमा याचना की। ब्राह्मण ने बरात ठहरा कर यह समाचार कहा और मुंह मांगी दक्षिणा पाई। कृष्ण की बरात के नगाड़े सुनकर पुरवासी डरने लगे। राणी की सलाह पर राजा भीष्मक ने अगवानी की और तिलक किया, उनके भाई ने समयानुसार भोजन की प्रार्थना की। बिना बुलाए कृष्ण के आने पर रुकमैये ने अपने पिता से उनके विषय में

बहुत बुरा भला कहा और चारों और चोकी बैठा दी ताकि वे कुछ लेकर भाग न जाए। रूकमणी अम्बिका पूजन को चली। उसके साथ चार लाख सखियां और इतने ही पहरेदार सवार थे। कृष्ण पहले से ही देवी के मंदिर पहूंच गए थे। रुकमणी ने देवी पुजा की और कृष्ण को पति रूप मे पाने का वरदान पाकर मन्दिर से चली। अपने चारों और पहरा देख उसने घूंघट उठाकर जरा सा मुंह दिखाया, जिससे सब नृपति मुर्छिन हो गए। तभी श्रीकृष्ण रथ लेकर सामने आए। उनको देखकर सब स्त्रियां मोहित हो गई। उन्हाने रूकमणी की बांह पकड़ कर रथ पर बैठा लिया और चल पड़े। इस पर दोनों ओर की सेना में भंयकर युद्ध होने लगा। शिशुपाल जरासंध और रुकम बुरी तरह हारे। रुकम को तो कृष्ण ने बाल काट कर रथ के पीछे बांध लिया। किंतु रूकमणी और हलधर के कहने पर छोड़ा। विजयी होकर कृष्ण सकुशल द्वारिका आए। वहां विधि पूर्वक धुमधाम से दोनों का विवाह हुआ। कुन्दनपुर की नारियों की मधुर गालियों के साथ आयोजन सम्पन्न हुआ।

-:हरजस-01:-

समझ मन मूरख मोरा रे।
तज अवजस जस सांचले, जुग जीवत थोरा रे।टेक
कह्या भयौ चढियो पालखी, अरू कोल धोरा रे।
ठोर नगारा चांब का, किया दस दिन तोरा रे।१
आप विस किया तिनक, पाया भल जोड़ा रे।
बोह कंकालण कूकरी, जैसै क्रम चंचोरा रे।२
कहा भूलो सुत वित देख के, महा मूरख कोरा रे।
अंत समै तोह देहै दगा, ऐ तो सकल भंगोरा रे।३
अहंम मनि दोयो छाड दे, भज नंद नंदन भोरा रे।
रामलला ऐसे विनसंगे, जैसे पानी का झोरा रे।४

-:हरजस-02:-

अब तो माने न हठीलो मेरी बतियां।१।टेक।
चार दिवस की चटक चांदनी, फिर आयेगी अंधेरी रतियां।२
छोड़ गुमान कान दे सजनी, सौत लगाय रही है घतियां।३
रामलला सिख मान हितापन, हरि हिय लाय जुड़ावै छतियां।४

15. हरचंद जी डऊकिया

-:हरचंद जी डऊकिया (वि.सं.1775-1860):-

हरचंद जी डऊकिया गांव झालामलिया (जोधपुर) के गृहस्थ विशनोई थे। कुछ काल तक ये और उदोजी अडीग समकालीन रहे थे। साहबराम जी राहड़ ने जंभसार के 24वें प्रकरण में इनके शास्त्र ज्ञान और प्रहलाद चरित का उल्लेख करते हुए कहा कि इन्होने बहुत से साखी 'सबद' और भजन भी गाए थे:-

झालामलिये भक्त इक भएऊ, प्रेमी जंभ गरू पे गएऊ।
साखी सबद भजन बहु गाए, सासत्र सुणे प्रम सुख पाए।
एकादस गीता जु विचारे, ज्ञान गम्य विष्णु उर धारे।
हरचंदजी डहुकिया अखी, प्रहलाद चिरत कीन्हो निपखी।
हरि कूं गाय मिले हरि संगा, सुरगां सुख नाना अति रंगा।

यहां 'सबद' को छोड़कर 'गाए' शब्द स्वनिर्मित रचनाओ के गाने का भाव द्योतित करता है किन्तु 'प्रहलाद चरित' के अलावा इनके केवल दो फुटकर कवित्त ही प्राप्त हो पाए।

-:हरचंदजी डऊकिया की रचनाएं:-

1. लघु हरि प्रहलाद चिरत- 172 छंद
2. फुटकर कवित्त- 02

-:लघु हरि प्रहलाद चिरत:- (172 दोहा-चौपाई)

-:दोहा:-

जंभ गुरू अब द्रवहु, मम देहु बुधि विसाल।
गाये चहुं प्रहलाद गुन, पुनि हरि चरित रसाल।१
गंगा के उप कंठ ही वरणे, सुख रिख राज।
विष्णु रात सुन मोक्ष भए, सप्तमे स्कंद समाज।२
सौनक सुनै जु प्रीति जुत, सूत उचारनहार।

तिनकी छांहि वरनन करूं, मम बुधि के अनुसार।३

-:चौपाई:-

जब नानाख्यान सुख ही गाए, परीक्षित के मन संशय आए।
ईस विषे दुतिया मोहि भाषे, करो कृपा ज्यूं दुरमति नासे।४
स्वायंभु वंश ही ध्रुव प्रचेतु, भक्ति करी जब कीनो हेतु।
पुन तांहि वंश वैण नरेशां, भक्ति बिनु बहु सहे ही कलेशां।५
सुनकर वचन बहुरी रिषी बोले, नृप की संशय ग्रंथ खोले।
ईश विशे दुतिया नहीं कोई, सब पर भाव बराबर होई।६
सब उपजावे सब प्रतिपारे, नाना विधि का संकट टारे।
सब पर प्रीति सब नै हितकारी, सबहिन के दुख हरण सुखकारी।७
तुम सों कहुं कथा इतिहासा, जिन तै छुटे भव के पासा।
युधिष्ठिर यज्ञ ही राजसूय कीने, नृप सकल बुलायहु लीने।८
पुन आराधे रिषी बहुतेरे, जिनके दरसन ....।
.... वचन तब बोले राऊ, काके प्रथ पुजिये पाऊं।९
सकल सभा जब ...., ... उचारी नहीं।
तब सहदेव ही गिराऊं चारी, प्रथम पुजण योग मुरारी।१०
जावे ...... महेश विधाता, ताके चरण सकल फल दाता।
सुनकर गिरा भीष्म हरखाए, साधु ...... सबही सुनाए।११
रूकमणी बैर हिरदे जब आयो, तब सिसपाल मनहि मुरझायो।
महा निंद्यहि वचन तब कहे, कृष्णचंद्र जब मोन ही गहे।१२
कब ते राज पदवी इन पाई, याकें कृत सुनो रे भाई।
इनकी आदि न जाने कोई, अहीर है किधुं जादव होई।१३
नंद महर घर गऊ चराई, गोप ग्वाल की झुठन खाई।
दधि माखन की चोरी कीनी, अहीरन के संग हेरी दीनी।१४
परत्रिया सों गवन ही कियो, छाछ मही को डाण ही लियो।
अपने बंधव मातुल मारे, काल जमन सों जुध में हारे।१५
जुरासिंधु भय सों बीनो, सरणो जाय सिंधु को लीनो।
कब लग कीर्ति करूं में यांकी, किस विध पुज करो तुम ताकी।१६
श्रीकृष्ण तब मन ही विचारे, शत्रु भगनी वचन हुं पारे।
चक्रहि सुदरसन कर में करे, सिसपालु के सिर ही हरे।१७
तब एक अदभुत भए तमासा, आत्म जोति ही गई अकासा।

बहुरि कृष्ण के मांहि समाई, साजोज्य मुक्ति सहज तिन पाई।१८
बैरी मित्र सम गति पावे, माधव लीला लखी न जावे।
वैर भाव सिसपाल समाए, भय कर कंस मुक्ति ही पाए।१९
विषै भाव सों गोपी तिरी, पांडव सनेह ते मिल गए हरी।
भक्ति माघ करे नारद प्रहलादा, माया की सब मिटी उपादा।२०
पंच प्रकार गोविंद जे भजे, सेई सही जगत भय तजे।
वैण पंचम मध्य एक नै करी, ताते देह बहुर तिन धरी।२१
बहुर परीक्षत प्रशन ही कीनी, सिसपाल मुक्ति सहज ही लीनी।
ताकी पुर्व कथा सुनाओ, गुप्त ही चरित्र प्रगट कर गावो।२२
तब सुख कहे सुनो हो राई, ताके चरित बहुत है भाई।
विष्णु पारषद याही जानो, सनक श्राप कर जन्म ही मानो।२३
दोय जन्म आगे जुध कीन्हे, त्रितिये मुक्ति लाभ ही लीन्हे।
तब ही बहुर वचन सुनाए, सनक श्राप केसी विध पाए।२४
तब सुख कहे चिरत सुण मोसों, कथा पूरातन भाखत हुं तोसों।
यै ही प्रसन युधिष्टर किन्हें, देव रिषी तब उतर दीन्हे।२५

-:दोहा:-

देख मुक्ति सिसपाल की, धर्म सुत पुलके गात।
नारद सों पुछत भए, पुर्व जन्म विख्यात।२६
यहु गति दुर्लभ जोगियां, कोउव क लखिहुं माघ।
सो गति पाई सहज ही, धनि धनि याको ही भाग।२७
पंडु पुत्र का प्रशन सुन, नारद लहे अनंद।
कहण लगे इतिहास तब, धर हिरदै गोविंद।२८

-:चौपाई:-

सुनो राय यह उतम आख्याना, जाहि सुनंत छुटे दुख नाना।
हरि के चरित भाखंत हुं तोसों, सावधान हुय सुनिये मोसों।२९
वैकुंठ हि लोक विष्णु को धामा, अति आनंद मई आठों जामा।
महा अनुपम छवि को गावे, देख्यां वरनै रू कहत न आवे।३०
कहां कहुं महिमा मैं जांकी, आन ओपमा रही न वांकी।
काल कर्म सुभाव न व्यापे, माया द्वंद कछु नहिं तापे।३१
जां पुर भक्ति करें सो जावे, आन उपावन को उपावे।
महा विष्णु निस तहां विराजे, सहित पारषद लछमी राजै।३२

एक समै मन मांह विचारी, लीला करण की इच्छा धारी।
गोविंद मतो हिरदै धर लीन्हो, भक्तन पर ही अनुग्रह कीन्हो।३३
ब्रह्म पुत्र सनकादिक नागर, ज्ञान रू भक्ति दोनों के आगर।
ताके हिरदै पौंऊप जाई, वैकुंठ लोक देखिये भाई।३४
जै रू विजै हिरदै पुन घेरे, कोऊ आज जान नहिं देरे।
ताहि समे सनकादिक आए, पेठ पोल तुरंत अटकाए।३५
सनक ही कोप महा तब कीनो, जै रू विजै को श्राप ही दीनो।
राक्षस जोनि तुरंत तुम जावो, दरसन जात अटक फल पावो।३६
अंतरजामी तब ही जाने, पोरि मध्य तब कीन पयाने।
नंदादिक पारषद साथा, आए कंवल फिरावत हाथा।३७
पीतंबर घनस्याम सरीरा, हेम मुक जड़ित मनि हीरा।
कोमल चरण कमल सम राजे, नख श्रेणी ससि किरण विराजे।३८
जिन चरनन सुं निकसी गंगा, सपरस करत ही निर्मल अंगा।
अंकुशाहि रेखा अभिरामा, तलह अरूण पृष्टि पुन स्यामा।३९
नुपर चारू रवि कारी, पीन जंघ सोभा अति भारी।
कोश पदकुल पीत धोती, महोघकाश तड़ित मणि जोति।४०
कटि किंकणी सोभा अति पावे, देखत कोटिक काम लजावे।
उद्र त बली नाभि गंभीरा, भृगुपद सोभित हेम जनु हीरा।४१
वाम भाग महालक्ष्मी राजे, उर आभुषण बहु विधि छाजै।
कंध बाल केहरी दर ग्रीवा, बाहु विशाल सोभा की शीवा।४२
शंख चक्र गदा रू पदमही, हस्त चारू हुलावन सदमही।
केपुर कंकण मुद्रिका राजे, कोटि भानु नख तेज विराजे।
अधर अरूण मनोहर हासा, ललित कपोल उभत ही नासा।
रूचिर दशन हीरन की पांति, मुलकत मधुर तड़ित सम क्रांति।४४
साम चिबुक मध्य अरूणहिं बिहु, निरखंत हिरदे प होय अनहु।
कचहि कुटिल मेचका अति सोहे, मक्राकृत कुंडल मन मोहे।४५
नीरज नयन सित अरूनारे, चितवन शांति भक्तन भय हारे।
विकट भृकुटि अरू भाल विशाला, सुंदर तिलक सोभा के आला।४६
क्रीट मुकट रूचिर अति राजे, देखत अनंग अनक हि लाजे।
कंठ कोस्तुभ मनि, अति हिलावन वैजंति वन सुहावनि।४७
अद्‌भुत रूप कहे नही नांवे, भाग वडो सो दरसण पावे।

वेश किसोर कोमल अति अंगा, तारद पुत्र लहहि हरी संगा।४८
देख रूप मुनि मन हरखाए, नारायण के दरसण पाए।
प्रभु छवि निरख सनकादिक फुले, सुख सागर में मुनिजन झुले।४९
गुढ वदे तब विष्णु ही वायक, तुम हो सकल मुनि के नायक।
इन अपमान संतन को कीन्हो, ताको फल ततकाल ही लीन्हो।५०
असुर जोनि अब सरापे ही, तुम करि कृपा बहु रह्या ऐही।
अराध जन्म सात में पाही, विरोध जन्म तीसरे आही।५१
भक्ति दुहेली जै विजै हारे, तीन जन्म के युध ही धारे।
श्राप लज्ञो हरी पुरी ते गिरे, हाहाकार सुरन मिल करे।५२
सनक आपको कीन्हो व्याजा, रासब विष्णु देव के काजा।
भरथ खंड में लीला करणी, ले अवतार भक्ति विस्तरणी।५३

-:दोहा:-

विधि तनय मरीच रिषी, ता सुत कासब जान।
जाके घर जन्मत भए, तव दती उदर में आन।५४
रिषी बैठे जब ध्यान में, संध्या समै विचार।
कामातुर निज नारी भई, कस्यप हुं संके न टार।५५

-:चौपाई:-

वन ता सेती वचन उचारे, तब सुत होय महा भय कारे।
तिहुं लोक को अति दुखदाई, जिन के संग नरक में जाई।५६
पति सेती दती वचन उचारा, केसी विधि अब होहि अधारा।
कस्यप कहे सुनो हो नारी, तेरो भाग महा अति भारी।५७
तव सुत के सुत ऐसो होई, महा साधु तारे कुल दोई।
अजातशत्रु विवेकी साहु, नारायण के सेवग आहु।५८
भक्त वंश अवतार हु धरही, महत पुरूषठ पास नां करही।
ज्ञान रू भक्ति वैरागहि आगर, विष्णु उपास कसब विधि नागर।५९
घट घट आत्म राम विचारही, राग द्वेष हिरदे तें टारही।
निस दिन करही संत समाजा, होहि सकल भक्तन सिरताजा।६०
पुत्र ही सुवन साधु सुन पाए, दति के उदर आनंद बढाए।
जे रू विजै हि उदर में गए, अपसुगन हु नाना विधि भए।६१
गरजे कुप धरणी पुन कंपे, मानो काल चहुं दिस झंपे।
जुगल जन्म ही जगत में लए, हिरणकस्यप हिरणाक्ष ही भए।६२

जन्मत ही बहु कष्ट हु दीना, अति हुसे तुलुप्त सब कीना।
पृथ्वी हु जाय रसातल रई, स्वायंभु मुनि के संका भई।६३
ब्रह्म मिल जब विनती करी, सुकर हु देह विष्णु तब धरी।
विधि नासा पुटभा अवतारा, प्रथम ही भए अगुष्टाकारा।६४
पुन सेल ही समान सरीरा, जल के मध्य वेसे धीरा।
शुकर हु अगुथ्थी पुंछीजै, करी सुंड ज्युं कमल विराजै।६५
पृथ्वी आन सलिल पर कीन्हे, पीछे जु दयत सो लीन्हे।
कछु एक का लहरी क्रीड़ा करे, दयत ही प्रांण गदा कर हरे।६६
जैजैकार सुर नर मिल भाखे, हरी अपणे तब धाम सिधाए।
हिरणाकश्यप सोक अति कीन्हो, माता को बहु ज्ञान ही दीन्हो।६७

-:दोहा:-

मृत्यु कृपा कर निज भ्रात की, हरी को बैरी जान।
हिरणाकश्यप गए वैकुंठ ही, हरण विष्णु के प्रान।६८
दयत ही राज कुं देख के, तब कियो विचार।
सुक्ष्म रूप धर किये, ताहि हिरदै आगार।६९
हरि न मिले वेकुंठ में, फिर आए निज धाम।
दयतन सुं पुछत भए, किस विध सरहे काम।७०

-:चौपाई:-

दयतन सब मिल मतो उपायो, हमरै मत में ऐसो आयो।
जेसे वृक्ष के काटे मुला, सहज सुकही डाल फल फूला।७१
त्युं ही डाल देव सब जानो, विष्णु मुल सब ही के मानो।
पुन विष्णु है नित धर्म अधारा, धर्म नाश भए विष्णु की हारा।७२
सनातन धर्म उठाय ही दीजै, जीवत मृत्यु विष्णु युं कीजै।
तबही उपद्रे पृथ्वी पर कीने, वेद मरजाद उठाय ही दीने।७३
प्रथम उठाये भक्ति वेरागा, जज्ञ महोछब सब हरी को अनुरागा।
जप तप तीर्थ सेवा सुभ कर्मा, एकादसी आदि बहु धर्मा।७४
वेद पुराण कोऊ नहीं मानै, मन मुख धर्म सकल ही ठाने।
हिरणकस्यप ही अति तप कीनो, व्हे प्रसन्न ब्रह्मा वर दीन्हो।७५
दिव्य शत वर्ष अगुंष्ठ पर रहे, तथा अस्तु विरच यों कहे।
अजर अमर व्हे घर ही आए, दयतां के मन हरख बढाए।७६

-:दोहा:-

ताहि समे सब जगत की, मिट गई आद रू व्याद।
कायाधु के गर्भ ते, प्रगट भए प्रहलाद।७७
हरख हिंवे बढियो तिंहु लोक में, जन्म भक्त को जान।
सर्वात्म सुख मई भए, उदय होत जिमि भान।७८

-:चौपाई:-

बालक वेस रूप में सुंदर, तुष्ठ पुष्ट कहुं लिपे न हुं दर।
सातक सुभाव सकल मन भावे, देख देख जननी सुख पावे।७९
पांच वर्ष के जबही भए, तब हरी चरण कंवल चित दए।
बाल क्रीड़ा पर दरसन धारे, राम राय को रूप निहारे।८०
आहुत छवि आनंद के मुला, साम स्वरूप रूपी तद कुला।
ऐसो रूप सदा मन मांही, निस वासुर कछु जाने नांही।८१
हिरणकस्यप जब मन में जाना, प्रहलाद पुत्रही भए सयाना।
ताते गुरू के पास पठाऊ, राजनीति के धर्म सिखाऊं।८२
शुक्राचार जु बुलायहु लीन्हे, प्रहलाद पुत्र संगही कीन्हे।
विद्या साल प्रहलाद ही गए, सखा देख आनंद मई भए।८३
द्विज पाटी तब लिख कर दीन्ही, सो प्रहलाद कछु नहीं चीन्ही।
शुक्रहु पुत्र तब वचन उचारे, हम कछु कहे लिखो तुम वारे।८४
तब प्रहलाद वचन युं बोले, अंतर गति की परगट खोले।
राम नाम मोहि लागे नीको, हरि के भजन बिनु सब जग फीको।८५
विष्णु नाम हिरदै लिख लीन्हो, ओर जंजाल सागहु दीन्हो।
शुक्र हु पुत्र तब वचन सुनाए, ऐसी विद्या कहां से पाए।८६
असुरन की विद्या पढ लीजै, ताते विघ्न सहज ही छीजै।
ऐसे वचन पावे, मोको मार रू तोहि मरावे।८७
बहुर वचन प्रहलाद उचारे, तुम तो भोरे विध कुं वारे।
जठर अगनि में रक्षा कीनी, ताकी श्रुत कछु नहीं लीनी।८८
गर्भ मांझ कीनी प्रतिपाला, ता विनु को है मारन हारा।
विप्र हुं हार घर ही कुं गए, सखा बहुर पुछते भए।८९
गुरु के वचन न माने भाई, ऐसी बुध कहां तुम पाई।
पूरव कथा प्रहलाद चलाई, या विधि भक्ति हिरदै में आई।९०
मम पिता गए तपस्या काजा, असुर पुरी दाही सुर राजा।
निज जननी को बंध कर लीनी, नारद हु मुनि कृपा तब कीनी।९१

सुर पे छुडाय निज आश्रम में लाए, भक्ति ज्ञान वैराग सिखाए।
बहु उपदेस माता कुं दीन्हे, सो सब हिरदे बैठ मैं चीन्हे।९२
बहुर सखा तब वचन उचारे, किस विध उपजे सुख हमारे।
मधुर वचन प्रहलाद सुनाए, भक्ति रू ज्ञान वैराग सिखाए।९३
प्रथम नोधा भक्ति ही भाखी, प्रेमा परा और पुन दाखी।
घट घट आत्म राम ही देखो, ईश्वर अंस सकल ही लेखो।९४
मन ईंद्री निश्चल कर लीजै, राम राय को जाप जपीजै।
तिंह लोक की छाडो आसा, विष्णु भजन तैं कटहे पासा।९५

-:दोहा:-

सुने वचन प्रहलाद के, सबके उपजी प्रीत।
हरी चरण हिरदै धरे, तजे असुरन की रीत।९६
एक दिवस प्रहलाद को, राजा लिवे बुलाय।
गोदि राख पुछत भए, विद्या पढे किंही भाय।९७

-:चोपाई:-

प्रहलाद वचन सहज सुं भाखे, राजा की कछु संक न राखे।
केसव कथा सों प्रीति ही कीजै, ताते सहज अविद्या छीजै।९८
माधव को जस बहु विध कहिये, भज भज विष्णु हिरदै सुख लहिये।
पाद सेवन अन अरचन ठानै, कर दंडोत दासा तन आने।९९
सखा भाव नित हरि सों कीजै, तन मन सकल अरप ही दीजै।
नोधा भक्ति भली विध जाने, परम पुरूष की सेवा ठाने।१००
यह विद्या मेरे मन भावे, ताते जन्म बहुर नहिं पावे।
ऐसे वचन प्रहलाद सुनाए, राजा के मन क्रोध बढाए।१०१
गोदि मांहि ते दीन्हो डारी, बहु विधि भय मई गिराउचारी।
विप्र वेदगो देव सन्यासी, ऐते है सब विष्णु उपासी।१०२
हम इनको विश्वास ही कीन्हो, ताते पुत्र बिगार ही दीन्हो।
मम बैरी को ध्यान सिखायो, सुत नांही कोउ शत्रु जायो।१०३
रे विप्र इनहु फेर ले जावो, मम वैरी को ध्यान भुलावो।
बहुर प्रहलाद विप्र ही लाए, साम दाम दंड भेद बताए।१०४
विप्रहुं पचे तब बहुत अयानां, पुन: प्रहलाद के वैही ध्याना।
बहुरि विप्र राजा पै आए, करि विनती वचन सुनाए।१०५
मोरे वचन प्रहलाद न धीजै, जो भावे सो वांको कीजै।

तबहिं तुरंत प्रहलाद बुलाए, मधुर वचन कहि के समझाए।१०६
मेरे भ्रात विष्णु ही मारे, पुनि उनके तुम नाम उचारे।
मेरे कहे छाडि अब देहु, तो तुम मोको अधिक सनेहु।१०७
तजै नाम हि देहु जो राजू, नहीं तजै तो मारिहु आजु।
कहै प्रहलाद त्रिलोक न भावे, राज पाट की कौन चलावे।१०८
मैं तो पिता विष्णु को मांनु, ता विनुं झूठ सकल ही जांनू।
इसे वचन प्रहलाद सुनाए, हिरणकस्यप उर क्रोध बढ़ाए।१०९

-:दोहा:-

दयत राज अति कोप कर, बोले वचन करूर।
लोह जंजीर ही आन कर, मारूं आज जरूर।११०

-:चौपाई:-

लोह जंजीर आन कर भारे, जन प्रहलाद के पांव हुं डारे।
जल के मध्य डबोयो जाई, तब पुन गोविंद करी सहाई।१११
बहुर पकर कुप में दीन्हो, डारी धुर जतन बहु कीन्हो।
कुप मध्य पुन केसव राखे, जैजैकार सुर नर मिल भाखे।११२
बहुर सिखर तै दीन्हों डारी, अचरज कीनो एक मुरारी।
पर्वत फुट मिले तब मही, दुग्ध ही फैन पृथ्वी जब भई।११३
बहुर असुर यों करे अंदेसा, है कोउ देव पुत्र के भेसा।
कल्प कल्प सम रजनी जावे, मारे विना नींद नहीं आवे।११४
राय कहे सुणो असुर समाजू, मो जीवत ही लेसी राजू।
भगनी कहै सुणो हो वीरा, अब मैं मेटूं तुमरी पीरा।११५
महादेव के चरण मनाऊं, अग्नि हुं मध्य में सहिज जराऊं।११६
काष्ट मंगाय रूचि ता संवारी, चहुं दिस जतन कियो अति भारी।
ढोटा संग प्रहलाद ही लीन्हे, चिता मध्य परवेस ही कीन्हे।११७
दस दिस अग्न लगाय हु दीन्हो, हाहाकार सुर नर मिल कीन्हो।
माता के मन भयो अचैना, हाहा पुत्र कब देखुं नैना।११८
सखा साधु सरब करै अंदेसा, कहां गए वै बालक भेसा।
तिंहु लोक मध्य भयो विषादु, कब मिल देवे निर्मल सादु।११९

-:दोहा:-

सोकातुर दुख मई भए, रोवत बीती रात।
हिरदो प्रहार निज बाण सों, बिखर गए सब गात।१२०

-:चौपाई:-

असुर कहे टोटा कहां भाई, प्रात भयो अजहुं न आई।
होरी जर बर हो गई खाखा, निज जन को परमेसर राखा।१२१
भक्त हुं द्रोह ते टोटा जरी, असुरन धुर परस्पर भरी।
नाम धुलेड़ी तब ही दीनो, हिरणकस्यप पुन विषाद ही कीनो।१२२
भक्त राज तब घर ही आए, जननी के उर आनंद बढाए।
प्रहलाद के जब परसे पाई, संतन के जब बंटी बधाई।१२३
हरी शब्द उचारण ही करे, हिरणकस्यप को हिरदो जरे।
अनेक कष्ट ओर पुन दीने, पुनः पुनः श्रीपति रक्षा हुं कीने।१२४
कछु एक काल स्वाति में गए, बहुर प्रहलाद बुलाय हु लए।
रे प्रहलाद वाद मति मांडि हु, मेरे कहे भक्ति तुम छाडिहु।१२५
कहे प्रहलाद हरी अनुराग हुं, प्रान जायकि भक्ति न त्यागहुं।
देखत राय जब असी रिसाए, खंभ पास तब तुरंत बंधाए।१२६
काढ खड़ग प्रहलाद हंकारे, कहां बसे है विष्णु तुमारे।
घट घट व्यापक है नित रामा, विष्णु विनां कहां कोहे धामा।१२७
मो तो खड़ग खंभ के मांहि, हरि विनु तिल भर खाली नांही।
तब कर कोप खंभ प्रहारा, सिंह सबद भयो गुंजारा।१२८
खंभ फार प्रगटे नरसिंहा, दिप्तमान सिर पुंछ रू जंघा।
हिरणकस्यप कछु भय क्रुधा, अल्पहु काल हरि लीनो जुधा।१२९
कछु क काल प्रभु क्रीड़ा करे, हिरणकस्यप के प्रान ही हरे।
ब्रह्मा वचन हरी सबही पारे, गोद राख के उदर विदारे।१३०
ग्रीव विच अति क्रोध मई भासही, तिंहु लोक मानो करे ग्रासही।
शिव ब्रह्मदि सकल मिल आए, देख रूप महा भय पाए।१३१
सुन अवतार रमा पुनः आई, पतिहि देख रू अति डराई।
सकल सुर नर कै अति भय मन मांहि, स्तुति करए को सामर्थ नांही।१३२
विधि प्रहलाद सों वचन सुनाए, करहु स्तुति हरि परहुं पाए।
विधि बाणी सुन उर में धारी, तब प्रहलाद ही गिराउ चारी।१३३
जय नृसिंह अनंत अपारा, महिमा अमित लहे को पारा।
प्रकृति पार पुरूष के स्वामी, जग आधार सकल उर जामी।१३४
नेति नेति नित श्रुति सुनावे, अगाध अगाध हि भव विधि गावे।
भक्तन हेतु धरो अवतारा, अनिति उथाप धर्म विस्तारा।१३५

सात्विक दृष्टि प्रभु अबहि कीजै, सकल विश्व को अति सुख दीजै।
मैं हुं दीन हरी दास तुम्हारो, कृपा दृष्टि कर मोहि निहारो।१३६

-:दोहा:-

वचन सुने प्रहलाद के, प्रसन्न भए श्रीराज।
हस्त कंवल सिर पै धरे, मांग मांग पहराज।१३७

-:चौपाई:-

मागुं कहा दयानिधि देवा, निस दिन करूं तुमारी सेवा।
पूरण कृपा प्रभु मो पै कीजे, प्रेम भक्ति चरणन की दीजै।१३८
मोर पिता को सदगति देहु, सकल जीव सुखी कर लेहू।
तुम से पुत्र भए है जाके, कहा मुक्ति को संशो ताके।१३९
एक वचन हमारो कीजै, सब पृथ्वी को राज ही लीजै।
तोसे साधु महा दुख पायो, कष्टहु देख मैं वेगन आयो।१४०
अब मोहि अनाथ नाथ को केही, महा कलंक मेरे सिर रहही।
जीवन मुक्त सदा तुम होऊ, काल कर्म नहि व्यापे कोऊ।१४१
राजपाट सर्बही है फीके, तुमरे चरण लगे मोहि नीके।
राजपाट मोको नहीं दीजै, दीन जान जानके संग ही लीजै।१४२
सिर धर छत्र तिलक पुन कीनो, राजपाट वरखाई दीनो।
बहु अस्तुति सुर नर मिल करी, पुन निज धाम पधारे हरी।१४३
देवन बहुत पुष्प बरसाए, अपने अपने धाम सिधाए।
बहुत काल लग राज ही कीनो, सब परजा को अति सुख दीनो।१४४
त्रिविध ताप न कबहुं व्यापे, ईश्वर दीन्हे सुख अमापे।
अनन्य भक्ति उपजी नर नारी, प्रेम भाव कर भजे मुरारी।१४५
प्रहलाद राज पुत्र ही दीनो, आप गवन निज इंछा कीनो।
माधव रूप हिरदै में ध्यावे, विष्णु के गुण निस दिन गावे।१४६

-:दोहा:-

कबहुं सुरग पाताल में, कबहुं मरन के लोय।
कबहुं जाय वैकुंठ में, आड रहित भए सोय।१४७
प्रथम जन्म कहे जै विजै, तुम सुं कहे सुनाय।
अबहुं दुतिये जन्म वरणन करों, सुनहु युधिष्ठिर राय।१४८
ब्रहमा पुत्र पुलस्त, विश्रवा ताके पुत।
जाके घर जनमत भए, रावण कुंभकरणुत।१४९

-:चौपाई:-

जन्मत ही बहु उपद्र कीनो, विष्णु धर्म उठाय ही दीनो।
सुर गण सकल विनती करी, पुन अवतार लए तब हरी।१५०
सुर्य वंश दशरथ भए राई, ताके ग्रह जन्महै जाई।
राम रू लखन भरथ भए चारू, पुन शत्रघन व्युह अवतारू।१५१
कोशक संग हि यज्ञ में गए, ताड़का सुबाहु प्रथमही हए।
अहल्या तार गीध पुन तारे, जनकराय के यज्ञ सुधारे।१५२
सीता विवाह अवध पुन आए, पिता वचन सुन वनहि सिधाए।
श्रिंग हुवेर प्रियाग पुन गए, चित्रहुं कुट दडंक वन रहे।१५३
रावन आन जानकी हरी, कपि सेन्या प्रभु बहु विध करी।
सेतु बांध हरी रावण मारे, कुंभकरण मेघनाद संघारे।१५४
बभीषण ही दीनो राज, अनन्य भक्ति दुतियो पहराज।
बहुर राम अजोध्या आए, राजनीति के धर्म चलाए।१५५
बहुत काल लग अवध ही रहे, पुरी सहित वैकुंठ ही गए।
हरी लीला यह तुम सौं कही, बहुर सुनो जो आगे भई।१५६

-:दोहा:-

दोय जनम कहे जे विजै, त्रितिये कहुं बहुर।
चंद्रवंश दमघोष नृप, ता घर जनमे सुर।१५७

-:चौपाई:-

ताके नाम कहै सिसपाला, चंदेरी के भए भुवाला।
ताहि वंश दैतब क त्रही भए, औरहु अनेक दुष्ट पुन जए।१५८
अति अन्याय पृथ्वी पर कीना, देव मिले हरि सरणो लीना।
बहुर धरे विष्णु अवतारा, यदुवंश हि देव कुंवारा।१५९
व्युह अवतार श्रीकृष्ण हि लए, बलि अनिरुद्ध प्रद्युम्न ही भए।
मथुरा जन्म गोकुल पुन आए, पुतना अधावका सुर धाए।१६०
केसी आद सकल संघारे, अक्रुर साथ मथुरा पधारे।
कंस हि मार द्वारिका गए, लक्ष्मी हु जन्म भीष्म के लए।१६१
पिता नामही रूकमणी दीनो, सिसपाल सेती संबंध ही कीनो।
विवाह समै श्रीकृष्ण ही आए, हरी रूकमणी पाणिग्रहाए।१६२
तद के वैर सिसपाल चितारे, बहुत भांत दुरवैन उचारे।
तब श्रीकृष्णचंद्र ही हए, ताते मुक्ति सहज ही भए।१६३

ओर विदुरथ आदि वक्र दंता, सब को मार करैगे अंता।
हरी के हाथ मरेंगे जेते, सहज परम गति पावे तेते।१६४
-:दोहा:-
तीन जन्म कहे जे विजै, च्यारहु हरी के जान।
पुरव चरित्र सिसपाल के, वरणे सब आख्यान।१६५
-:चौपाई:-
नारद स आख्यान सुनाए, धर्म पुत्र अति आनंद पाए।
संशो मेट सकल भ्रम भान्यो, सखा भाव तज ब्रह्मा पिछान्यो।१६६
भीष्म पिता और सब भाई, श्रीकृष्ण के अति पुजै पाई।
अब राम कृष्ण में भेद न जांनो, सब अवतार विष्णु के मांनो।१६७
बावन पर कमठ अरू मीना, बहु अवतार हरि पुनि लीना।
तिनकी कहे सुनै अरू गावे, ते ततकाल तत को पावै।१६८
-:दोहा:-
श्रीमती श्री भागोत में, वरणे चिरत अपार।
तिनकी आसै देख के, कछु एक किये उचार।१६९
नारद कहे युधिष्टर ही, सुख ही परीक्षत राय।
सूत उचारे सबन कूं, मैं निज मति ही सुनाय।१७०
लघु दीर्घ की गम नहीं, ना कछु जोर न तोर।
केसव ..... का मानियो, सरल वचन है मोर।१७१
आस पास की साख ले, किये ग्रंथ प्रकास।
दया सर्व संत राखियो, हरचंद तुमरो दास।१७२

-:फुटकर कवित्त:- (2 कवित्त)
यह तन जढ तूं जान, तिंह इंद्री प्रकास।
इंद्री ईश्वर मन, मन बुध विना न भास।
बुध को साखो जीव, जीव परै ईश्वर ही जानो।
ईश्वर है निरधार, जगत आधार ही मानो।
हरचंद ऐसे ईस में, राखो बुध कूं गोय।
तो कामादिक जीत हो, दुरजय बैरी सोय।१
वै महूरत कब होय, बाक विष्णु बखाणै।
चित चितवन सब छाड, ध्यान घनस्याम ही ठाणै।

राग द्वेस को त्याग, विस्व एह ब्रह्मा ही भासै।
मन इंद्री मृत्यु पाय, गहू एक ईश्वर को आसै।
बहे बाण हिरदै लगै साध, लक्ष इस सिध लहू।
हरचंद कहै गुरू सत सूं, बार बार यह बर चहूं।२

16. गंगाराम जी

-:गंगारामजी (वि.सं.1783-1883):-

गंगारामजी खिंदरोजी की शिष्य परम्परा में ताजोजी के शिष्य थे। लगभग 100 वर्ष की आयु में इनका देहांत वि.सं. 1883 में हुआ था:-

अठारे सत तिरासिये, तिथ सात मधुमास।
गंगारामजी हरि भज, कियो वैकुंठे वास।

गंगारामजी के शिष्य गोरधनजी, सुरतरामजी, रावलजी, वीरमजी, लालोजी, विजैरामजी, गंगाविशनजी, रामचंदजी व गुमानीरामजी थे। अपनी रचना में ये अपना गंगादास नाम रखते थे। साहबराम जी ने इनकी प्रशंसा में लिखा है कि ये गंगा के समान पवित्र और निस दिन वेद पुराण वाचा करते थे:-

गंगारामजी गंगा समाना, निस दिन वाचे वेद पुराना।

इनके द्वारा विक्रम संवत् 1854 को गांव अलाय में किसनोजी सिहाग के घर पर 'ग्रंथांक 58' लिपिबद्ध किया गया था।

-:गंगाराम जी की रचनाएं:-

1. हरजस- 03

-:हरजस-01:- (4 छंदों का)

हिंडोलै में कांई झूलो राज, तोसूं अरज करूं ब्रजराज।टेक।
अगर चंदण को बण्यो हिंडोलो, मलियागिर क पटा।
रेसम डोर पवन परवाई, उमड़ी सावणिये री घटा।१
सब सखियां मिल न्हावण चाली, बरसण लागो मेह।
पितांबर की करत छावनी, ऐसा समझ सनेह।२
म्हे झूला म्हारो श्याम झुलावै, भली बनी रैनी।
उड़ उड़ अचला परत, भुजन पर निरखत चंद बदनी।३
कुज विराट में स्याम विराजै, भली बनी छिव आज।
गंगादास कहूं भेदन वरणी, सोभा कही महाराज।४

-:हरजस-02:- (6 छंदों का)

भई एक लोभ की नदियां, खिवइया सुध ना परिया।टेक।
पुकारौ राम अपने को, लंघाय दे पार मेरी नईया।१
कठन रा लोभ की धारा, ब्रह्मा जुग जात संसारा।
घड़ा जब नीर का फुटा, पात जैसै डाल सै छूटा।२
योही नर जान जिनगानी, अबहूं किन चेत अभमांनी।
तजो मन लोभ चतुराई, रहो नर संत जन भाई।३
न भूलो देख तन गोरा, जगत मां जीवना थोरा।
जगत यो हिरेन का सुपना, समझ देखो कोई नही अपना।४
सजन परवार सुत दारा, भया उस रोज सब न्यारा।
निकस जब प्रान जावगे, कोई नही कांम आवैगे।५
सदा नही सजन देहा, लगावो राम सै नेहा।
कठन जम काल का घेरा, कहै गंगादास जन तेरा।६

-:हरजस-03:- (धुन)

आये म्हारै जंभ गुरू जगदीस, सुरनर मुनिजन बंदै सीस। ।टेक।
लोहट घरि अवतारा रे, धनि बड भाग हमारा रे।१
अलख निरंजन आये हो, म्हारै भगतां रै मन भाये हो।२
घट घट मंझ बिराजै रै, सहज सबद धुनि गाजै रे।३
जिनके चरन कोऊ ध्यावे रे, सो तो च्यारूं पदारथ पावै रे।४
जंभ गुरू की आसा रे, जस गावै गंगादासा रे।५

17. सुरतराम जी

-:सुरतराम जी (वि.सं.1787-1887):-

ये गंगाराम जी के शिष्य थे। इनका स्वर्गवास लगभग 100 वर्ष की आयु में वि.सं. 1887 में हुआ था:-

अठारे सत सतासिया, तिथ पूनम माधव मास।
सुरतरामजी सुरत करी, कियो अमरपुर वास।

इन्होने विक्रम संवत् 1858 में गांव जांभोलाव में 'ग्रंथांक 113' तथा विक्रम संवत् 1884 में 'ग्रंथांक 156' लिपिबद्ध किया था।

-:सुरतराम जी की रचनाएं:-

1. हरजस- 05

-:हरजस-01:-

गुण साध का गाऊं, हौई जसी विधि कहै समझाऊं।टेक।
स्वांति सील समता उरि जिन कै, कांम क्रोध नही व्यापै मन कै।१
राग दोष अहंकार न ल्यावै, मन बुधि चिंत राम ही गावै।२
वाकी लै रामै हू सौई, मौ बिनि दूजो नांही कोई।३
वैं जन है मेरा निज दासा, उन कियौ मौ मांही वासा।४
तने सूरतराम कहै जन सोई, वाकी महमां हरि मुख होई।५

-:हरजस-02:-

ऐसा सतगुरू दाता भैंटिया, जंनम मरण का दुखड़ा मेटिया।टेक।
जी साहिब सूं कौल ज कीन्हां, सतगुरू मिलत तुरंत ही चीन्हा।१
ग्यांन भगति का लेखा भाख्या, च्यारि जुगा सुं बहता राख्या।२
राम नाम निज तत बताया, काल जाल सुं लिया बचाया।३
उनमुन दिसटि जग लै चालौ, नीची दिसटी ऊंची मति न्हालौ।४
सील संतोष दया उरि धारो, न्हकामी होई राम उचारो।५

जन सूरतराम ऐ हिरदै धारौ, ऐही ग्यांन सतगुरू का विचारौ।६

-:हरजस-03:-

दरस करत दिल कौ भै भागे, मन में हूं मगन भई।१
ऐक मुख सूं म्हमां कौ बरने, कहत न जाई कही।२
निरभै सूरतराम सतगुरू भजि, सूरति में मूरति लही।३

-:हरजस-04:-

ऐ साई गुरू तौ मूरति म्हारा मन में बसी।
मन में बसी री म्हारै, और न कसी।टेक।
निति उठि वाकौ ध्यान धरत हूं, भीतर होत खुसी।१
पलक न छाडत सूरति मूरति कूं, गदगद पेम हसी।२
जन सूरतराम सति कहत, सुनू सब प्रगट राम जसी।३

-:हरजस-05:-

श्रीपत गोत उधारा जग मे।टेक।
श्रीपत गोत सुनि सिनकादिक, इम्रत पियै एक धारा।
ध्रुव पहलाद सभी ने, नारद सिमरत बारमबारा।१
भगत सरूप सिसट कै उपावन, वेद व्यास विसतारा।
है जग में वेकूंठ निसांणी, भगत अनेक उधारा।२
सैंस धार निकसी सुखमु से, तीन लोक उजियारा।
श्रवन सुनत सकल नर नारी, कोट पाप अघ जारा।३
सारद सेस निगम नित गावै, मेरा कूंन विचारा।
सुरतराम श्रीपत की महमा, गावै संत पियारा।४

18. खैरातीराम जी मेरठी

-:खैरातीराम मेरठी (वि.सं.1800-1860):-

खेरातीराम जी मेरठी का अपरनाम खैरा शाह भी था। कहा जाता है कि ये लालासर के महंत विष्णुदासजी (वि.सं.1800-1885) के समकालीन मेरठ के वैश्य गृहस्थ विशनोई थे तथा संवत् 1860 के आसपास लोहावट गांव में इनका स्वर्गवास हुआ था। एक अन्य मत के अनुसार ये रासोजी के शिष्य तथा परमानंदजी बैनिवाल के गुरूभाई थे।

-:खैरातीराम जी मेरठी की रचनाएं:-

1. बारहमासो

-:बारहमासो:-

अषाढ समै विनती करै, खैरा साह अधीन।
तुम बिन व्याकुल नैन है, जैसे जल बिन मीन।१
अषाढ में सोवे परी, खुवाब देखै कांमनी।
अंबर लगे बिजली खिंवे, दुख देत दूना दांमनी।२
हर बार उठ मत बोल कोयल, पिव बिना नैन झूरै।
कारी घटा चहूं ओर छाई, पवन परवा अति चलै।३
वन मोर बोलै पुसय लू, सुन सुन वचन विरहन जरै।
औसर न जाना इस्क का, तिन की बलायां सिर परै।४
तेरी जूदाई सूं सजन, सब प्रांन मेरे जर गए।
बीच रूत अषाढ चाल्या, सब मांन मेरे मर गए।५
असाढ समझावै हे सखी, तूं मोहि दोस न लाव री।
वै तुझे चाहे था तब, तूं माती फिरै थी बावरी।६
देख के कारी घटा, बैठी लटा सिर खोल कै।
तूं रही मगरूर होय, मीठा न चाहा बोल कै।७
अब तो समझ तूझ कूं परी, जब में भई निआदरी।

नैन लागे लोचना देखी, गिगन पर बादरी।८
अब तो सुन री निद्रांन, तैने पिव रमाय के क्या लिया।
हाथ ते जस खोई कै, समान औजस का किया।९
असाढ कहै हम भी चलै, बैठी मन समझाय।
हमरा दीस अदीस है, बिछरे तुमरे भांय। १०
आया महीना बारवां, जो चूक थी सो सब कही।
खैरा कहे मुझ तारियो, मत बुझियो खोटी खरी।११
कहै खैराती मेरठी, सुनियो बारै मास।
आस दरस लागी रहो, जब लग घट में सास।१२

19. मयारामदास जी

-:मयारामदास जी (वि.सं.1800-1870):-

विल्होजी की शिष्य परम्परा में बलिजी के शिष्य सामुजी, सुखोजी, व हरनाथजी हुए। उपरोक्त सामेजी (श्यामदास) के शिष्य मयारामजी थे। मयारामजी के गुरूभाई जैरामजी व कानुजी थे। इन्होनें विक्रम संवत 1849 को गांव अलाय में थापन हरकिशन जी के पठनार्थ 'ग्रंथांक 256' तथा संवत् 1851 में 'ग्रंथांक 254' लिपिकृत किया था।

-:मयारामदास जी की रचनाएं:-

1. अमावस्या कथा- 148 छंद

2. फुटकर छंद- 02

-:अमावस्या व्रत कथा:- (148 छंद)

-:कुंडलियां:-

प्रथम बंदू गुरूदेव कूं, दूतिये बंदू सब साध।
विसनु बंदू पुन्य तीसरे, जां ते मिटे जु व्याध।
जां तै मिटे जु व्याध, आधि सब मन की नासै।
जिनकी कृपा प्रताप ते, ज्ञान हिरदै प्रकासे।
कटत करम सुख उपजै, पावै अदभुत भेव।
ऐसो दीन दयाल जो, प्रथम बंदू गुरूदेव।१

-:चौपाई:-

सब संतन कुं मस्तक नाऊं, निज गुरू के पुनि पांव पसाऊं।
जिनकी कृपा निरमल बुधि पाऊं, मावस कथा वरण सुनाऊं।२

-:दोहा:-

करि प्रणाम करत हूं, मावस कथा बनाय।
जाकै व्रत ते जात है, पातक सबै नसाय।३
पूछत अरजन कृष्ण सूं, पर उपगारी वैन।

मयाराम जाके सुने, उपजत है सुख चैन।४

-:चौपई:-

जिहि विधि कलि के दोष न लहिये, सोई उपाय मोहि प्रभु कहिये।
कलि में पापी प्रगट भये, सरम धरम त्याग जाप जज्ञ गए।५
कांमातुर विषिया चित दीनां, सब नर अबला के अधीनां।
ऐसै पुरष प्रगटे कलि मांही, लाज श्रम जिनके कछु नांही।६
ए सब लोगन कैसे जावै, तुव चरनन कूं कैसे पावे।
सो उपाय कहिय मोहि आप, जिंह विधि नास होहि सब पाप।७
अर्जून मावस व्रत जो करै, ताकै पाप सकल ही जरै।
ज्यूं वृक भेड़ अनेक विडारे, सूको काठ अग्न ज्यूं जारै।८
त्यूं इंह व्रत करे जो लोई, ताके पाप रहे नहीं कोई।
मावस की महिमा अति घनी, असै भाखी त्रिभुवन धनी।
इहि व्रत करत पाप सब नासै, हिरदै उजल ज्ञान प्रकासै।९
दीन दयाल दीन प्रतपारक, संसय हरन ज्ञान विस्तारक।
मावस को निरनो मोहि कहो, कृपा करि इहि सांसो दहो।१०
सुनि अर्जुन तोहि कहुं इतिहास, जाहि सुनत सांसो होय नास।
विप्र एक सोमदत नाम, रहै गंगा तट करि विश्राम।११
ताकै एक पुत्र सुखकारी, पुत्र मात पुनि एक कुंवारी।१२
गंगाजल में करे सिनान, नीके सेवे श्री भगवान।
गीता गायत्री षट करम, कणवृति करि साधे निज धर्म।१३
च्यार जने मिली कासी रहे, खावण पीवण हरि निर्वहे।
तिनके घरे जति इक आयो, सोमदत ताहि सीस नवायो।१४
चरन धोए आसन बैठारी, अस्तुति करि बहुत विस्तारी।
वृद्ध ब्राह्मणी आय चरन पुनि लागी, आसीस दई होहु सुभागी।१५
ब्राह्मण पुत्री डंडवत कीनी, चिरंजी होह आसीस मुनि दीनी।
मुनि आसीस ब्राह्मणी जब सुनी, मन मांही आसंका गुनी।१६
कैसे वचन कहे तुम स्वामी, अति अदभुति हे अंतरजामी।
मौकूं वर असौ तुम कह्यौ, सो भगवान सदा तुम रह्यो।१७
मम पुत्री कुं असी कही, चिरंजीव रहो सदा तम सही।
सो ए कैसे वचन बखाने, हम तो समझत नहिं अयाने।१८
याको उत्तर हम कुं दीजे, संशय छेद विलंब न कीजे।१९

सुनियो दोऊ चित लगाई, याको ब्यौरो कहुं सुनाई।२०
तुव पुतरी फेरे जब फिरिहै, ब्याह समे याकौ पति मरिहै।
चौथे फेरे फिरेगी जबे, काल ग्रासि है पति कूं तबै।२१

-:दोहा:-

मम वचन सुनि लीजिये, हिरदे धरि विसवास।
चौथे फेरे होयगो, याके पति को नास।२२

-:चौपई:-

वचन सुनत दुखी अति भये, मानों तुसार कंवल वन हए।२३

-:दोहा:-

दंपति कै दुख उपन्नौ, कहे विकल है बैन।
याको कोउ उपाय कहो, जातै होई सुख चैन।२४
विघन विनास जास विध होई, कहि समझायो हम कूं सोई।२५
कहुं उपाय तुमहि एक बखानी, तुमरे दुख की होवै हानि।२६
गूजर एक कदली वन बसै, विभो विलास तास बहु हुलसै।
गाय भैंस धन जांकै घणो, अन्न तास गृह केउक मणो।२७
दासी दास कहा लग कहिये, गिणतां कहुं पार नहिं लहिये।
अति सुलक्षणी ताकै वाम, सोभागवती है ताको नाम।२८
सो वह मावस व्रत नित करे, विध विधान सहित आचरै।
बारह मावस करै चित लाइ, दान देय विप्रन कूं गाई।२९
दुध दही सकल बरतांही, अंन परायो भीट नांही।
ब्राह्मण साध जो कोउ आवै, मनसा भोजन तिन ही करावे।३०
मावस बारे इहि विध करे, दान पुन्य नीको आचरे।
जो वा गुजरि इहि ठां आवे, या बाई के पति हि बचावे।३१

-:दोहा:-

चौथे फेरे फिरत ही, मावस को फल देई।
माहा भयानक मृत तै, बाह बचाय पुन लेइ।३२

-:चौपई:-

विभो तास गृह असौ कह्यौ, गिणतां कहुं पार नहिं लह्यो।
ताको आवैण किहिं विध होई, कहि समझावो रिषजी सोई।३३
उनके घरे धर्म को वासा, पर उपगारी हरि के दासा।
सोमदत तुम इही विचारो, ताते करे है काज तुमारो।३४

सोमदत्त तब प्रसन्न भयो, श्रीपात कूं भोजन दयो।
भोजन करके आसिका दीनी, सबहिन सूं अज्ञा पुनि लीनीं।३५
मुनि के चरन सकल ई लागे, असतुति करत बहु अनुरागे।
मुनि अपनी इछिया चलि गयो, सोमदत्त कूं इचरज भयौ।३६
पुत्र सुनो कहै पित मात, कदली वन कूं जावौ तात।
हम पै तो कछु चल्यौ न जाई, ग्रसे जुरा थकै है पाई।३७
ताते तम यो कारज करो, मात पिता अज्ञा सिर धरो।
तमरो ईसर करि है भलो, कदली वन कूं अब तुम चलो।३८
मात पिता अज्ञा सुनि लीनी, कदली वन कूं अंछिया कीनी।
सुभ दिन देखि चालतो भयो, चलत चलत कदली वन गयो।३९
शुभ आश्रम देख्यो जब नैन, गयो विषाद भयो उर चैन।
वृक्ष बहुत जांहि नहिं गिने, अंब अनार आंवरे घने।४०
महवा अंबली ताल तमाला, कैथ पाकरी जंब रसाला।
वेलि बिटप तृन सफल सफूला, मत भमर गुंजहि रस भूला।४१
वट पीपर गिनती को करै, अति उतंग देखत मन हरै।४२
नील सघन पलव फल लाला, अवचल चाह सुखद सब काला।
विपुल विचित्र विहंग मृग नाना, करि कोकिल करि है गाना।४३
चकवा चातक हंस चकोर, अलिगन गावत नाचत मोर।
सरवर तहां सोभा छवि इधके, तिण मध्य पंकज है बहु विधके।४४
युं वन देख अनेक प्रकारा, लांघे बहुत नदी गिर नारा।
असै करत वनहि लंघि गयो, बड़ो सरोवर देखत भयो।४५
करि सिनानि निर्मल जल पियो, विप्र पयाणौं आगे कियो।
बहु दिन बीते नेरो आयो, आश्रम देख्यौ अति मन भायो।४६
भीर भार तहां बहु विध देखी, हिरदे उपज्यो हरख विसेखी।
बांमण साध जती संन्यासी, अरू तपोधन वसै उदासी।४७
संत पुरषन के आश्रम घने, बखान सवटु जांहि न गिने।
तपस्या करै अरू जोग्य विचारे, सदा सर्वदा ज्ञान उचारे।४८
अस वन में गुजरी रहै, धरम नेम नीकै निरवहै।
सदाव्रत दिन ही प्रति देवै, हरिजन कुं हित करि नित सेवे।४९
आगे जान की जुक्ति न बनी, भीर भार देखी तहां घनी।
चाकर बाबर चेरी चेरे, हाली पाली है बहुतेरे।५०

ते सब ताकी आज्ञा चलै, धन पुरूष कूं बहुत मिले।
गुजरी बैठी घर के मांही, तातै ताकूं मिलियो नांही।५१
सदाव्रत को सीधो लियो, ब्राह्मण पुत्र भोजन कियो।
युं करता बीते दिन सात, गुजरी मिलि न काहू भांत।५२
जाय न सक्यो आगे बहु भीर, मन में विचार कियो मति धीर।
गोबर खात उकरड़ा पड़यिा, मानस बहैत तहां अड़यिा अड़यिा।५३
खात सकल या डारो ढ़ोय, तो गुजरी से मिलणों होय।
ब्राह्मण पुत्र खात बुहारे, मारग गली जिन सबै सुधारे।५४
ते मार्ग ए भले संवारे, धन्य धन्य कहि ही जन सारे।
आश्रम के सब लोग लूगाई, द्विज महिमा करहि इधकाई।५५
या ब्राह्यण की सुनी बड़ाई, देखण कूं दासी इक आई।
दासी देखि अरू घर में गई, बात सकल गुजरी सूं कही।५६
एक पुरूष आयो है बारे, गलियां की सो खात बुहारै।
गली सकल सांकड़ी भई, तिण बुहारी चौड़ी करि दई।५७
दासी वचन सुन्यो जब कानां, गुजरी कियो मन उनमानां।
प्राति सांगवो बारे ढारूं, खात बुहारत पुरूष निहारूं।५८
ता दिन सांगवो बारि ढ़ारियो, खात बुहारत विप्र निहारियौ।
दासी म्हेलि रू ताहि बुलायो, छाड़ि सांगो सीस नवायो।५९
द्विजवर तबै आसिका दीन्हीं, सीस चढ़ाय गूजरी लीन्हीं।
काहे खात बुहारो देवा, याको हमे बतावो भेवा।६०
दूरो देस ते मैं चलि आयो, आज तुम्हारो दरसन पायो।
कासी नगरी हमरो वासा, तहां सूं आयो तुमरे पासा।६१
मोकूं आया दस दिन बीता, तुमहि न मिले बढ़ी उर चिंता।
ताते मैं इह कियो उपाय, जिहि विधि तुम सुं मिलियो आय।६२
तबै गुजरी भाखी एह, बाको द्विजवर उत्तर देह।
कहा काज है तुमरे देवा, ताको मोहि बतावो भेवा।६३
एक जति हमरे आयो, मो पित मात सीस नवायौ।
मम बहनि पुनि डंडवत करी, तब श्रीपात बानी उचरी।६४
सोमदत्त तुव पुत्री जो है, ब्याह समै विधवा इह होहै।
ब्याह समै मरि है पति याको, मो पितु कह्यो उपाय कोउ ताको।६५
घोसराय जो इंहि ठां आवै, याकै पति ही यह बचावै।

एक अमावस को फल देई, याके पति हि बचाय यूं लेइ।६६
इंहि उपाय बिना पति मरिही, अवर काहू सूं काज न सरिही।
इह कहि वचन जति चल गयो, मो पित मात हिरदै दुख छयौ।६७
मात पिता वृद्ध अति आही, मारग उनपे चल्यो न जाही।
ताते मोकुं अज्ञा दई, तिहिं कारण आयो मैं सही।६८
करूणा करि तम वहां पधारो, तम तै सरही काज हमारो।
पर उपगारी हरि के दासा, इह हमरी पुरवो आसा।६९
मम गृह काज सकल परिहरिहूं, काज तुमारो मैं इह करिहूं।
द्विज महिमा तो श्रीमुख गाई, तुम सेवा ते हमहि भलाई।७०
तुम जो हमरी गली बुहारी, ता को अघ लागो मोहि भारी।
तम कारज आऊं सब साध, तब ही मिटिहै इह अपराध।७१
अब तो तुम अपने घर जावो, जोतिषी पूछिर लगन कढ़ावो।
सगाई करि कागद लिखि दीजो, सोधि लगन दिन विलंब न कीजो।७२
तब मैं अहूं तुमरे धाम, इंहि विधि सिध करिहूं तुम काम।
मनसा भोजन तुरंत करायो, दइ दखणां घरिहि सिधायो।७३
मात पिता के चरनन परियौ, चरित पाछले सब उघरियौ।
केउ दिन बीते आनंद जुता, बड़ी भई सोमदत की सुता।७४
मात पिता तब इह विचारि, ब्याह लायक अब भई कुमारी।
आप सरिखो ब्राह्मण देखि, षटक्रम सहत अचार विसेखि।७५
ब्रह्मदत पुत्र रूप गुन धाम, सिवदत है तास को नाम।
सिवदत सेती करी सगाई, सुखी भए समधी सम पाई।७६
ब्याह करण की मन में आंनी, लगन कढ़ावो द्विज ज्ञानी।
लगन मास दिन ठावो करी, कागद लिखायो द्विज तिहि घरी।७७
सिध श्री गुजरी जोग, तुम आयां कटहि इह रोग।
पर उपगारन करूणा रासी, कदली आश्रम के तम वासी।७८
दोष रहित हरि के गुण गावो, कृपा करि हमरे गृह आवो।
हम दीनन कुं इह वर दीजो, कागद देखत विलंब न कीजो।७९
कागद ले कासी दहि दियो, कदली वन हि हालतो कियो।
वायु वेग जन धावन कियो, कागद जाइ गुजरी दियो।८०
मुख ते समाचार कहै वरणी, हिवे जांवणी ढ़ील न करणी।
द्विज धावन कूं भोजन दियो, समाधान निज कुटम्ब को दियो।८१

सुता पुत्र नाती जामात, पुत्री पुत्र वधू अरू तात।
दासी दास सेवक सेवकणी, हाली पाली जांहि न गिणी।८२
निज निज काम सबै लगाए, आदर दे सब कुं समझाये।
तिण में पुत्र वधू एक स्याणी, सबहि लायक वाकूं जाणी।८३
सुधर सुलक्षन है गुन मई, ताहि बुलाय सीख इह दई।
सील सुभाय रूप गुन भीनी, ताहि बुलाय सीख इह दीनी।८४
हे बहू मैं कासी जाऊं, मास छइक में पाछी आऊ।
गृह तणी जाबतो कीजै, साध विप्र कूं भोजन दीजै।८५
तुम देवर देवराणी दासा, इन सबहिन कुं दई दिलासा।
भयानक काज गृह हवैसी अति, धीरज राखि बिहजै मती।८६
वह विघन मैं ही परिहरिहूं, हरि कृपा ते नैक न डरिहूं।
बंधू कह्यौ सब ही प्रमाण, बखत देखि तुव कीजो पयाण।८७
आप आइज्यौ वेगा घरे, जिन हमकूं न जावो विसरे।
गांव लोकनि दिलासा देय, तिगुने वीस चाकर संग लेय।८८
दुघरियो साध पयाणो कियो, साथ अपार संग पुन्य लियो।
सरिता परबत बहु लांघत भए, केउ दिन बीते कासी गए।८९
डेरो सकल वारे ही राख्यो, निज जनि सूं असै भाख्यो।
मैं जाऊ छूं ब्राह्मण धाम, अपने अपने लागो काम।९०
सोमदत के मंडियो विवाह, गावहि गीत करि उछाह।
वेद धुनि करे जहां विप्र, तहां आवे खरी इह छिप्र।९१
देखी उछाह मगन मन भई, इह उछाह कहां वहां दई।
होम जाप तहां द्विजवर करै, निरमल वेद वांनी उचरै।९२
इह तमासो देखे छाने, याको भेद न कोउ जाने।
ब्राह्मण ब्राह्मणी सोच मन करै, बींद बींदणी फेरे फिरे।९३
असे फेरा लिया तीन, चौथे फेरे भयो मलिन।
गिरण लग्यौ ब्राह्मण जमात, सबहिन के उपनो दुख गात।९४
कंठ गत प्राण आय रह्यौ, तब गुजरी वचन यूं कह्यौ।
अरे ब्राह्मण पुत्र सुन्य भाई, जो तोकूं है दुख इधकाई।९५
एक अमावस को फल लेह, इह फल करि जीवहु तुव देह।
मावस को फल जो है साच, व्रधो आरबल इह मम वाच।९६
जब गुजरी भाखो वैन, तब द्विजवर के उघरे नैन।

होय सचेतरू बैठो भयो, सांसो सोग सबन को गयो।९७
सकल सभा इचरज भई, धन्य धन्य सबहिन कही।
होणे लागो हास विलास, सोमदत की पुगी आस।९८
सोमदत बोल्यो तिसि घरी, तम हम पे करूणां बहु करी।
घोसराय तुम सम जग थोरे, निजगृह काज तज्यो हित मोरे।९९
कहां बड़ाई तुमरी कीजै, जिनके दरसन सूं अघ छीजै।
विसनु भक्ति जो हिरदे धरे, तासूं केसो काज न सरै।१००
तबै गुजरी बोली बांनी, साध संगत नय मारग छांनी।
सरै काज सो तुमरी सेवा, हम इह निहचै कीनी देवा।१०१
जो नर तुमरी सेवा करे, सोई इह भवसागर तरे।
इह कहि बेन रसोइ दीनी, निज डेरे कूं इछा कीनी।१०२
तब बोल्यो ब्राह्मण जमात, सबहि समत कही इहि बात।
इह मोसूं मोटो गुण कीधो, जीव दान तुम मोकूं दीधो।१०३
दूरि देश ते आये अबै, सांहण बांहण थाकै सबे।
इह एक करूणां पुनि कीजै, दिन पांच सात विलंब लीजै।१०४
इह सुनि बेन गुजरी भनै, इंहा रह्या हमकू नहीं बने।
बहुत प्रकार करी मनुहारी, मानी नहीं काज गृह भारी।१०५
सोमदत के सुता जमाई, तिन्है उढ़ाए बेस मंगाई।
सबहिन पे अज्ञा पुन्य लई, कदली वन कुं चालत भई।१०६
पांच आदमी ले ता सूत, साथे चल्यो सोमदत पूत।
चलत चलत गांवे एक देख्यौ, ताहि निकट सरवर सुभ पेख्यो।१०७
सरवर मध्य कंवल बहु फूले, गूंजत मंजु मधुप रस भूले।
चातक चकवा सारस हंस, बुगला बतक आरड कुलंस।१०८
जलचर विपुल कोलाहल करहि, बृहित बैर मुदित मन हरहि।
सघन छांह बहै तृविध्य बयारि, डेरो लियो सरवर की पारि।१०९
सिनान करन विप्र तहां आयो, ताहि गुजरी निकट बुलायो।
करि प्रणाम बूझे तिथवार, तब ब्राह्मण इह कियो उचार।११०
आज सिध जोग तम जानो, वार रवि तिथ चवदसि मानो।
काल्हि है सोमती मावस, धर्म तृन बढ़े मानु रितु पावस।१११
दान पुन्य जो इहि दिन करै, अनंत गुणो ताको फल फरे।
कहै गुजरी सब ही जानै, मावस फल हमसूं नहीं छाने।११२

मावस प्रात इंहि ठां करिहां, तुम्हरी कृपा ते निस तरिहां।
प्रात समे आइज्यौ बरे, कहि प्रणाम गयो द्विज घरे।११३
गूजरि धाम भई जो रीति, सोई कथा सुनो दे प्रीति।
बड़ो पुत्र गुजरी को हुंतो, राति समैं घर मांही सुतो।११४
ताकी त्रिया ही गुनमई, सेझ सवारन घर में गई।
पतिहि जगावै जाग्यौ नांही, सोच विचार कियो मन मांही।११५

-:दोहा:-

सेझ सवारन कारन, गई हुंति घर मांह।
चमकि उठि अति विकल हवै, मरियौ देखि निज नांह।११६

-:चौपाई:-

पतिहि देखि विकल हवै गई, सासु वचन सुमरत पुन्य भई।
तबहि मन में इह ज्ञान विचारियौ, सासु असौ वचन उचारियौ।११७
होसी विघन विहजै मती, तातैं इह कहणो नहीं किती।
जागृत मांहि हुतो पति परियो, वसन उढ़ाय कपाट जु जरियो।११८
मन में धीरज धारि सुभागी, उदियो सूर काम तब लागी।
निस अब सेष सबै इहां न्हाए, विप्र गांव के सब बुलाए।११९
सिनान करण विप्र जे आए, तिनकुं गुजरी वचन सुनावे।
तुमरे गांव मांहि जे विप्र, तिन सबहिन कूं ल्यावौ छिप्र।१२०
मनसा भोजन सबकूं देहूं, जीवन जनम लाभ इह लेहूं।
मावस को व्रत इहि ठां करो, मन वांछित भोजन विस्तरो।१२१
पइ खोल नाणों तब दीधो, याको देवजी लावो सीधो।
द्विजन कही सबही परमाण, निज जिन घर कूं कियो पयाण।१२२
ग्राम देव आये तब सारे, नारी नर तरण वृध बारे।
ल्याए मैदो घृत रू दालि, करी रसोई सरवर पालि।१२३
सिनान संपाड़ो सबहिनि करियौ, पाठ पुन्य नीकै उचरियौ।
सबही ब्राह्मण गुजरी आगे, नांव ठांव ले जीमन लागे।१२४
मनसा भोजन तिने जिमाय, करी चरन सिर नाय।
बालक वृद्ध नारि नर जेते, मनसा भोजन जीमे तेते।१२५
सब विप्रन कुं डंडवत कीनी, मनवांछित आसिका मुनि दीनी।
इहि प्रकार मावस व्रत कियो, दान विपुल विप्रन कूं दियो।१२६
मुदत होइ द्विज निज गृह गए, पाछे भोजन करत ए भए।

सबहिन जन सुं अज्ञा लई, कदली वन कूं चालत भई।१२७
इहां व्रत जो गुजरी कियो, ताही पुन्य करि वहां सुत जियो।
पति पासि त्रिया ही बैठी, धीरज धरि मनमांहिं सैठी।१२८
होइ सचेत उठ बैठो भयो, तब त्रिया को संसो गयो।
निज त्रिया सूं ऐसे कही, आज नींद बहुत मैं लई।१२९
त्रिया कहै नींद की बातां, नीकै कहिहै तुमरी सोता।
पति उठ बाहां ते गयो हथाई, गृह कारज करिहि चितलाई।१३०
केतन दिन गुजरी आई, कदली वन में बंटत बधाई।
वधू आय पाय सब लागी, आसिस दई होहू सुभागी।१३१
पुत्रादिक माता सूं मिलै, गई दुचिंताई आनन्द झिले।
पुत्र वधु वृतांत बखान्यौ, सासू काहे सकल इह जान्यो।१३२
तिहि कारण वन में व्रत कियो, भोजन दान द्विजन कुं दियो।
ता पुन ते विघन इह गयो, पुत्र सुनत अति तै विसम भयो।१३३
बात सकल ब्राह्मण सांभली, कदली वन में नित रंग रली।
पुत्रवधू कूं सौंप्यौ भार, महिमा करी बारही बार।१३४
ब्राह्मण पुत्र चलन तब भयो, करि प्रणाम द्रव बहु दयो।
खरची जीमत निज घर आयो, मात पिता कूं सीस नवायो।१३५
सोमदत पूछियो समचार, सो इसो सुत कियो उचार।
बारे उमावस गुजरी करै, विध विधान सहित आचरे।१३६
अमावस दिनए काज न कीजे, अन परायो कबहुं न लीजै।
तेल न जीमे अंग न लगावे, कांदा मूला कबहुं न खावै।१३७
सोवा बैंगण गाजर त्यागै, मद मांस तै दूरिहि भागै।
रूंख न काटें हल नहीं खड़ियै, आखेटै कबहुं नही चढ़िए।१३८
लीलो दांतण कीजै नांही, पंथ न चलिये मावस मांही।
मावस दिन खाट नहीं सोवे, दधि नहीं मथै बसन नहीं धोवे।१३९
चोरी जारी मिथ्या वाद, हिंसा दंभ कपट मन स्वाद।
ए सकल मन में नहीं ल्यावै, निर्मतल गुण हरिजी के गावे।१४०
कथा किरतन हरि जस सुने, विष्णु नाम प्रीति सूं भने।
इही प्रकार मावस व्रत राखे, ताको फल नारायण भाखे।१४१
गउ सहंस दान फल जितो, मावस व्रत राख्यौ फल बितो।
और सकल तीरथ जो न्हावै, मावस व्रत तैसो फल पावे।१४२

मावस व्रत की इह बड़ाइ, अन्तकाल वेकुण्ठे जाइ।
सूको काठ अग्नि ज्यूं बारे, इह ब्रत ऐसे अघ कूं जारे।१४३
मावस कथा सुने जो कोई, दस गऊ दान फल होई।
अच्युत कही अरजन के आगे, कथा सुनत पाप सब भागे।१४४

-:दोहा:-

संवत ससि सर वसु धरा, मास नभा पख स्याम।
तिथ सांत्यम शनिवार तब, कथा जु करी मुकाम।१४५
ब्रह्मादिक पावै नहीं, अदभुत जांको भेव।
पींपासर सौ प्रगटे, द्वादश कारण देव।१४६
सुभ सुथान देवल प्रगट, झंभ देव को धाम।
अमावस महमा सहित, कथा करी जू मयाराम।१४७
सीस धरणी धर करत हूं, नमस्कार सौ बार।
इष्टदेव मम झंभगुरू, लीला हित अवतार।१४८

-:कथासार:-

यह 148 छंदों की कथा है। मयाराम जी ने विक्रम संवत् 1851 में इसकी रचना की थी:-

संवत ससि सर वसु धरा, मास नभा पख स्याम।
तिथि सातम शनिवार तब, कथा करी मयाराम।
(धरा-1 वसु-8 सर-5 ससि-1 = अर्थात 1851)

इस कथा का सार इस प्रकार है:- काशी के सोमदत ब्राह्मण के घर आए किसी अतिथि यति ने बताया कि उसकी पुत्री के पति की मृत्यु विवाह के समय चोथे फेरे में होगी किन्तु यदि कदलीवन निवासिनी घोसराई नामक धरमप्रिय गुजरी अपने एक अमावस्या व्रत का फल उस समय उसको दे दे, तो वह बच सकता है। सोमदत्त ने अपने पुत्र को गुजरी के पास भेजा। वह वहा गलियों मे झाड़ु लगाकर उससे मिलने में सफल हो गया। गुजरी ने उसे समाचार मिलने पर आने का वचन दिया। कालान्तर में विवाह तय करके उसको बुलावा भेजा। वह अपनी बड़ी बहू को घर का काम सौंप तथा सम्भावित किसी भी आपत्ति में न डरने का उत्साह दिला कर चली। चोथे फेरे में गिरते हुए वर को एक अमावस्या व्रत का पुण्य सौंप कर बचाया। वापस आते समय राह में उसने सोमवती अमावस्या का विधिपूर्वक व्रत करके दान पुण्य किया। इधर गुजरी का बड़ा पुत्र रात्रि में सोते हुए मर

गया किन्तु इस व्रत के पुण्य से वह पुनर्जीवित हो गया। अन्त मे इस दिन करणीय और अकरणीय कृत्यों का उल्लेख किया गया है।

-:फुटकर छंद:-

-:कवित:-

जेठ आदि रवि कछ, मछ असित मधु बांनां।
कोल मधु ग्रह आदि, नृसिंघ माधव भौ तु जाना।
माधव सित सिव नैंन, फरस धर प्रगटै जानुं।
मधु ग्रह सीत राम, भाक बावन सित भांनु।
कृष्ण असित वसु भाक में, जेठ सित जुर बुध जानि।
ता दिन निकलंक मयाराम, व्रत कियां अघ हानि।१

-:सवैया:-

हाथियन के दांत के खिलुना नाना भांत बने,
बाघ की वघंभर सिव संकर चित लाई है।
सामर की सोज पै अटकै सिपाही लोक,
गेंडे की खाल राजा राणा मन भाई है।
मिरघ की मिरघछाला ओड़त है जोगी जति,
बकरी की खाल हुं तो पानी भर पाई है।
नेकी और वदी दो अखीर ही जावेगी,
मयाराम मानस की खाल सो काम न आई है।१

20. विष्णुदास जी

-:विष्णुदास जी (वि.सं.1800-1885):-

ये खिंदरोजी की शिष्य परम्परा में लालोजी के शिष्य और लालासर साथरी के महंत थे। पीतांबरदासजी और नारायणदासजी इनके शिष्य थे। साहबराम जी राहड़ ने जंभसार के 24वें प्रकरण में इनको जन्म मरण के बंधन से मुक्त विष्णु स्वरूप बताया है:- "विष्णुदासजी विष्णु स्वरूपा, जन्म मरण त्यागे भव कुपा"। विष्णुदास जी ने गोविंदराम जी बागड़िया कृत जंभाष्टक की 'विष्णदास विलास' नाम से टीका गद्‌य में लिखी थी। इनका स्वर्गवास विक्रम संवत् 1885 में हुआ था:-

अठारे शत पंचासिया, माधव मास सधीर।
विष्णुदास कुसा बरतप, सटके तज्यो शरीर।१

-:विष्णुदास जी की रचनाएं:-

1. हरजस
2. विष्णुदास विलास

-:हरजस-01:- (6 छंदों का)

अब मेरी सुणिज्यो अरज मुरार।टेक।
परबस भई सभा में केसव, द्रोपती करत पुकार।१
फाटी नाव समंद में जाता, प्रभु उतारो पार।
मैं अबला कुछ बल नहीं मेरो, एक नांव आधार।४
चमक उठै जदु नायक रमता, द्रोपती की सुणी पुकार।
चक्र सुदरसन करगै धारै, गुरड़ भये असवार।५
भक्त काज प्यादो हुय धाये, गुरड़ तज्यो तेहि वार।
विष्णदास महाराज पधारै, अबर बध्यौ अपार।६

-:विष्णुदास विलासः- (जंभाष्टक की टीका)

-:दोहा:-

मायातीत त्रिगुण रहित, श्री गुरू जंभनतोस्मी।
सकल भुवन प्रकाश, सच्चिदानन्द रूपोस्मि।१
श्री गुरू पदरज आन के, सब संतन के पाय।
मौली उपर धार के, टीका करू सुहाय।२

।।अथ टीका।।

श्री जंभेश्वर कुं नमस्कार करूं हु। कैसै है। सबके ईश्वर है। परब्रहा रूप है। परे स परे है। सत सत सरूप है। सब के भजने योग है। अति सोभायमान है। मुख जिनों का और मंद मंद हास्य है जिनो का। संका- महाराज के हंसने का प्रयोजन क्या है ? समाधान- हंसने से कुछेक मुसकान हो जात है। सो दर्शनो के प्रकाश से महाअंधकार जो अज्ञान है, सो दूर हो जाता है। ओर ज्ञान रूप प्रकाश होता है। हाथ के विचे माला है, जिनसे स्वस्वरूप का जप करते है।

-:दोहा:-

श्री गुरू सत सरोज पद, बसे हिरदै मम आय।
जंभाष्टक प्रवध को, दोनो तिलक बनाय।३
शुद्धा शुद्ध की गम नही, अक्षर का नहीं बोध।
विष्णोदास अस्तुति कर, सत जु लीजो सोध।४

----

21. हरिकिशन जी

-:हरिकिशन जी (वि.सं.1800-1899):-

ये खिंदरोजी की शिष्य परम्परा में सरूपोजी के शिष्य तथा लालोजी व कानोजी के गुरूभाई थे। हरिकिशन जी अपने समय के प्रतिष्ठित और प्रसिद्ध साधु थे। इन्होंने विशनोई पंथ और समाज संबधी केसोजी गोदारा द्वारा आयोजित परम्परा में नवीन रक्त का संचार और पुनर्गठन किया था। साहबराम जी कृत जंभसार के 24वें प्रकरण के इस कथन की पुष्टि होती है:-

हरिकिशनजी हरि अवतारा, एक समय गए गंगापारा।
भिस्ती का हार सकल किए दुरा, चोटी पटा दुर किए जुरा।
सास्तर पोथी बाचंत नितही, गंगा पार चलत रहे जितही।

हरिकिशनजी के शिष्य भगवानदासजी, जयकिशनजी, तारारामजी, परसरामजी, मयारामजी, जैरामजी, जैतरामजी, भगवानदासजी, केवलदासजी थे। इनका स्वर्गवास जांभा गांव में हुआ था। वहां अगुणी जागा के पास दक्षिण में बनी छतरी पर संवत् 1899 के मिगसर सुदि 10 को इनका देहांत होना उत्कीर्ण है। अन्यत्र निधनकाल के संबध में किंचित भिन्न मत भी मिलते है:-

अठारे सत निनाणवे, वद पांचे मधु मास।
हरिकृष्णजी हरिशरण, भयो समीपे वास।

एक अन्य उल्लेख इस प्रकार है:-

समत 1898 वे चेत वदि 3 तीज।
हरिकिसनजी तन त्यागियो पायो मोख द्वार।

शिलालेख की मौजुदगी में ये मत मान्य नहीं हो सकते। इनके द्वारा लिपिबद्ध छः हस्तलिखित प्रतियों का समय संवत् 1886 से 1892 तक का है। विक्रम संवत् 1873 को लोहावट में 'ग्रंथांक 298' लिपिबद्ध किया। दुसरी प्रति 'ग्रंथांक 304' संवत् 1880 में लिपिबद्ध की। तीसरी प्रति 'ग्रंथांक 199' संवत् 1886 में तथा चौथी प्रति 'ग्रंथांक 104' संवत् 1887

को लोहावट में लिपिबद्ध की। पांचवी प्रति 'ग्रंथांक 46' संवत् 1891 में तथा अंतिम प्रति 'ग्रंथांक 38' संवत् 1892 में लिपिबद्ध की।

-:हरिकिशन जी की रचनाएं:-

1. पत्री- गद्य पद्य मिश्रित

-:पत्री:- (गद्य पद्य मिश्रित)

-:चौपाई:-.

सिध श्री सर्व ओपमां लायक, सत्य धर्म के सदा सहायक।
श्री साहब सांई, तुमरी संख्यां पार न पाई।१
सेस सहंस मुख कियो निरधारा, संत महात्म बार न पारा।
संत अनुपम है सब सारा, श्रुत समृति कियो निरधारा।२
क्रोध दावानल कूं हो तुम सांति, तुम सु दिष्ट लहै बहु कांति।
चरण मांह जो पीड़ा होई, देह पाई प्रभु मुक्ति सोई।३

सुभ सुथांन गांव कांट जोग। पत्री लिखी हरिकिसन लोहावट सो तुंम जोग्य। १००८ श्री साध महाराजजी श्री गंगारामजी जोग। दास हरिकिसन खानाजाद की नुवण ......अठै रा समाचार भला छै। श्री विसनुं के प्रताप सों घड़ी घड़ी रा आनंद छै। आपरा सदा भला चाहिए। घड़ी घड़ी खेम कुसल चाहिजै जी। तथा उपरायंत समाचार सुणा था। सू म्हे दलगीर बहुत हुवा। पिण बस काई नहीं। सो आपरे पग में पीड़ा बहुत हुई। तथा अपरायंत खबर आई। पीड़ मठी पड़ी छै। जठा सो म्हे सुणी पछै मन प्रसन्न हुवो। पिण आप चिठी वले लिखी नहीं। सो खबर आई नहीं। अठा अपरायंत चिठी लिखता रहजो जी। आप कोई टहल फुरमावजो। मिह सुहावती होय जो कहजो। सु कृपा करो जिण सूं बसेप राखो छो सु राखजी। सर्व साधा नूं नुवंण वांचजो जी..सर्व साधां जोग्य हरिकिसन की नवण वाचजो जी। कृपा भाव राखजो। म्हे अठे आनंद सों गांव लोहावट में बैठा छां। थापन करमे रै घरै। थापन केसै री नवण थापन करमे री नवण... बाजरी भाव पायली 26, गोहूं पायली 15, मूंग पायली 14, मोठ पायली 26, घृत सेर 5, तेल सेर 9, गुड़ सेर 8, ...सर्व जिनस भाव। समत 1873 रा मिती आसोज बदि 2 वार सुरजवार

-:दोहा:-

श्री महाराज तुम जोग्य हो, नवण बांचजो साध।
भूल चूक जो हो लिखी, छिमां करो सर्व साध।१

22. पोकरदास जी

-:पोकरदास जी (वि.सं.1800-1850):-

-:रचनाएं:-

1. नुगरी सुगरी को झगड़ो- 16 छंद

-:नुगरी सुगरी को झगड़ौ:- (16 छंद)

हरिजन साकट नारि, बातां बहोत अड़ी।
कूप चड़ी पणियार, दोनों झगड़ पड़ी।टेक।
बोली हरिजन नारि, मोहि भर लेणै देरी।
देरी लागैगी तेरी छांट, जायगी गगरी मेरी।
तुम पिछै भर लीजियै, कांई होत अ बार।
इतरो जद सुगरी कह्यौ, बा जल उठी नुगरी नार।१
बोली साकट नार, क्या विष्णु होय आई।
अंत हमारी जात, क्या तैरै चुतराई।
तुं पीछै भर लीजिये, सब दुनियां भर जाय।
जे तुं भगतण रांम की कहिय, तो न्यारो कुप खिणाय।२
तुम तो साकट नार, धरम की बात न जाणौ।
हिरदै नहीं हर नांम, अपणी बुध वखाणौ।
तुम संग जिया जूंण की, चोरासी की देह।
म्हासुं झगड़िया क्या हुवै, तुं पैली भर लेह।३
तोसी तो देखी घणी, नित उठ पाखंड करती।
पाणी पीवती छाण, बा न्हाय न्हाय रोटी करती।
बाली सू बूढी भई, ओ पाखंड कियो नांय।
ओ कुल अब ही बिगड़ियो, स कोई न्हाय न्हाय रोटी खाय।४
मेरे राजा रांम, सब देवन को देवा।
मनसा वाचा लाय कै, करूं में हरि की सेवा।
मैरै तो प्रण राम को, और न तो जांचू आंन।

वै प्रभु सुख की रास, है पारब्रह्मा भगवांन।५
मैं पुजूं सब देव, पीर गौगे ने ध्याउं।
करूं कड़ाई खीर, घर बैठी दड़काउं।
गंगा न न्हाउं गोमती, न कोई पोहकर जाय।
पुजुं देवी चंडका, तन भर खाय अघाय।६
हरि तज पुजै आंन, से अन्यायी कहिये।
वै नीचन कै नीच, ताकै संग न बहिये।
आंन चढावो खात है, जांण मड़ा को अंग।
जां घर हरि की भक्ति न होई, तजिये वांको संग।७।
मेरो तो परण्यो भलो, कह्यो ज मेरो मानै।
मैं राखूं मेरा बाल, वो नित उठ कै पांणी आंनै।
पीसै पोवै कर धरै, मैनै खुलाय र खाय।
पोठो कचरो रेड़ कै, कहूं तो बारै जाय।८।
तुम तो नुगरी नार, नर कूं बस कियो।
टूक स्वांन जु खाय, धृग है बाको जियो।
कै कुवै में पड़ मरै, कै काहूं उठी जाय।
थांसी नुगरी नार को, दरसण करै बलाय।९
थारो तो परण्यो बुरो, नित उठ मुंड मुंडावै।
कर ऊपर जल मेल कै, बैठो तिलक बणावै।
पतर सो सिर लियां डोलै, सब कुल मारियो लाज।
भाई बंद कड़ुंबै सूं तोड़ी, बलती कहूं हूं आज।१०
तुम तो साकट नार, राम नाम कबहूं नां लियो।
साध संगत म बेस, राम रस कबहूं न पियो।
बुध हीण बिभचारणी, महा मुढ अग्यांन।
जिण घर हर की भगति न होई, सो घर सदा मसान।११
एक दिन कलिये को बाबो, मोडा लेकर आयो।
तेरी बंदी मूसल लेके, फल सै जाय डरायो।
पांणी पलींडै ना भरूं, चूलै करूं न आग।
दई मारिया मोडा घेर दै, पीवर जास्यूं भाग।१२
एक दिन कलिये रो बाबो, माला ले घर आयो।
मेरी बंदी मूसल लेकर, चरखलियो बिखरायो।

छोरा छोरी फैंक कर, कंण कंण कियो अनाज।
देई मारिया माला फैंक दे, ना तर घर फूंकूली आज।१३
कंठी माला सरूप ऐ, विष्णु का ऊजल बाना।
राम नाम की टेक, ना कोई जुग में छाना।
राव रंक सब ही निवै, तिरलोकी का ईस।
जम ही दावो ना करै, सिर ऊपर जगदीस।१४
बोली तीजी नार, नुगरी कुं झूठी कीनी।
सत कोई सिंवरो रांम, सभा सब यूं कह उठी।
रीछ भील बांदर तारिया, रांम नाम लिव लाय।
तेरे गोगे पीर सूं, कोई एक तिरियो हो तो बताय।१५
नुगरी लागी पाय, सुगरी सु दिछिया लीनी।
आप जैसी उनमान, नुगरी कूं ऐसी कीनी।
बुर चीती मेलो भयो, पोहकर ज्ञान विचार।
रांम नाम प्रताप सूं, बाजी जीती सुगरी नार।१६

23. ऊदो जी अडीग

-:ऊदो जी अडीग (वि.सं.1818-1933):-

विशनोई पंथ में तीन ऊदोजी बहुत प्रसिद्ध हुए- ऊदोजी तापस, ऊदोजी नैण और ऊदोजी अडीग। ऊदोजी तापस की रचनाएं उपलब्ध नहीं है। ऊदोजी नैण की साखी, हरजस, कवित्त आदि रचनाएं उपलब्ध है। ये दोनों हुजूरी थे। ऊदोजी अडीग के पिता केसोजी अडिग गांव रूड़कली (जोधपुर) के निवासी थे। ऊदोजी का विवाह इस गांव के निकट स्थित गांव बीसलपुर में साहबी बैनिवाल के साथ हुआ था। ये अत्यंत सम्पन्न किसान और बचपन से ही धार्मिक प्रवृति के थे। इनके पास 200 बीघा जमीन तथा एक कुआ था जो 'पिछड़ियो बेरो' कहलाता था। रूड़कली गांव के पास यह कुआ अब भी इसी नाम से प्रसिद्ध है किंतु उसका पानी पीने या सिंचाई के काम नहीं आता। गांव के बीच इनका घर भी मौजुद है। इनके विरक्त हो जाने की घटना बहुत प्रसिद्ध और रोचक है। एक बार ये अपने कुए से पानी निकाल रहे थे। उस समय सर्दी का मौसम था और खुब ठंडी चल रही थी। पानी निकालते समय संसार की नश्वरता और अपने जीवन पर विचार करते हुए इनको वैराग्य उत्पन्न हुआ और यह कहते हुए 'लाव' (कुए से पानी निकालने की रस्सी) को वहीं छोड़कर विरक्त हो गए:-

आव जाव उठ बैठ, ठंडी बाजे बुक रे।
भजियो नहीं भगवान, ऊदा तेरी चाकरी में चुक रे।
एक हाथ में लाव, एक हाथ में रास, ऊंठा बेवो बुक रे।
भजियो नहीं भगवान, ऊदा तेरी चाकरी में चुक रे।
भजन न कियो ऊदा, ठंडी रात लहरका भुख रे।

वहां से अपने घर न जाकर मालवा की ओर चले गए तथा विशनोई संत सुंदरोजी को गुरू बनाकर साधु हो गए। यह घटना संवत् 1867 की बताई जाती है, जब इनकी आयु 45-50 साल की थी। इनके कोई संतान नहीं थी। भेष लेने के चार पांच वर्ष बाद ये रूड़कली आए थे। उस समय उनकी स्त्री भी सन्यास लेकर उनके साथ चली गई। तब से मालवा को केन्द्र

बनाकर ये अनेक स्थानों में भ्रमण करने लगे। प्रसिद्ध है कि एक बार होली के दिनों में ये रूड़कली में विराजमान थे। गांव में कही इन्होंने स्त्रियों को फाग के अश्लील 'लुर' गाते हुए सुना। ये वहां पहुंचे और उनको मना करने लगे। स्त्रियों ने कहा- स्वामीजी फगुआ में यह नहीं गाएं, तो कुछ तो गाएं ही, आप ही बताइए क्या गाएं ? इस पर वहीं बैठकर इन्होंने तत्काल उसी 'ढाल' में 'लुर' बनाकर गाई और बोले कि गाना है तो इसको गाओ। यह लुर विशनोई पंथ में विशेषतः मारवाड़ में बहुत प्रसिद्ध और प्रचलित है। 114-115 वर्ष की दीर्घायु में संवत् 1933 के आसपास ऊदोजी का स्वर्गवास हुआ। इससे पुर्व उन्होंने अपनी सब जमीन और घर दुर के रिश्ते की एक बेटी पारी और जंवाई सिमरथाजी के नाम कर दी थी। सिमरथाजी फिटकासनी गांव के बाबल गौत्र के थे। सिमरथाजी के पुत्र मुकनोजी हुए जिनका परिवार वर्तमान में रूड़कली गांव में निवासरत है। ऊदोजी के हाथ की लिखी हुई दो प्रतियां उपलब्ध है। इन प्रतियों की पुष्पिकाओं से भी इनके विषय में प्रमाणिक जानकारी मिलती है। प्रथम प्रति 'ग्रंथांक 232' की दो रचनाएं इन्होंने क्रमशः संवत् 1837 के जेठ सुदि 8 और संवत् 1838 के जेठ बदि 10 बुधवार के दिन गांव रूड़कली में लिपिबद्ध की थी। दोनों ही बसतोजी पुत्र सांवत पुंवार के पठनार्थ लिखी गई थी। इसमें इन्होने स्वयं को केसोजी का पुत्र बताया है। इससे उनका घर बारी होना सिद्ध होता है दुसरी प्रति 'ग्रंथांक 261' में कवि का स्वरचित "प्रहलाद चिरत" है जो संवत् 1869 की आषाढ सुदि 6 बृहस्पतिवार को लिपिबद्ध किया गया था। इसमें वे स्वयं को सुंदरोजी का चेला लिखते है। स्पष्ट है कि इस समय तक वे भेष ले चुके थे। विल्होजी की शिष्य परम्परा में नरायणजी के चेले दुरगोजी, गांगोजी, सुंदरोजी व नरसिंघजी हुए। उपरोक्त सुंदरोजी के शिष्य उदोजी अडिग, प्रहलादजी, सांवतजी, गैनुजी, रूघोजी, दानुजी व सुखोजी थे। साहबराम जी राहड़ ने जंभसार के 24वें प्रकरण में उदोजी के विषय में लिखा है:-

उद्‌ववजी अणभे अधिकारी, नाना सास्त्र किए संवारी।
जंभ गरू के दरसन भये, प्रहलाद चिरत विष्णु चिरत कहे।
कवत छंद नानां विध बाणी, उद्‌ववजी बहु भांत बखाणी।
बहुत काल लग जग में रहे, फेरू सुध संप्रधा गये।

-:उदोजी अडीग की रचनाएं:-

1. प्रहलाद चरित- 349 छंद

2. विष्णु चरित- 110 दोहे-चौपाई

3. कक्का छैंतीसी- 37 कुंडलियां

4. लुर- 9 छंद

5. फुटकर छंद- 33 छंद

6. साखी- 03

-:प्रहलाद चिरत:- (349 छंद)

-:दोहा:-

प्रथम बंदू गुरु देव कूं, दुतियै श्रब साध।
त्रितिये बन्दू महा विसनु, कहूं चिरत प्रहलाद।१

-:चौपाई:-

प्रहलाद चिरत अब वरण सुनाऊ, हरि गुण साधा अज्ञा पाऊं।
भगवंत भगत भेद नहीं कोई, हरि जित जहां हर कीर्त होई।२
भगवत भगत एक ही अंगा, जैसे जल के मांह तरंगा।
हरिजन है हरि ही के अंसा, भगति मुगति सुख विलसै हंसा।३
संत चिरत निगम निस गावै, मैं अलप बुध काहा वरन सुनावै।
कछु चिरत मैं कहूं बखानी, मन बुद्धि चित विमल करू बानी।४
हरि को प्रेम पियारो साधु, राकस वंस भयौ पहलादू।
जांकी कथा सुनो सब कोई, वेद पुराण बद है सोई।५
नारायण वैकुंठ विराजै , महाराज लिछमी संग राजै।
एक समै हरि अंछिया करी, श्रीविसनु लीला मन धरी।६

-:दोहा:-

अपने मन में उधवा, ठठियो ठाट महाराज।
मरत लोक अवतार लूं, भगति बधारण काज।७

-:चौपाई:-

जहां माधव तांहा सदा वसंत, हरि दरसण आये सुर संत।
सिव सिनकादिक नारद आये, ब्रह्मा आदर सबौ पाए।८
पुसब गींद हाथ हरि लई, बसंत खेलन की अंछिया भई।
ले हरि गींद पर बावै, सीस चढाय सुर साध चलावै।९

द्वारपाल बैठे जाहां आई, तां पर हरि जी गींद चलाई।
जै विजै ले सीस चढाई, बहुरि गींद हरि पै नहीं बाई।१०
नारायण कह्यौ हम पै बावो, भहु परसपर खेल रचावौ।
जै विजै कहै सुनौ गुंसाई, तम सनमुख नहीं हाथ चलाई।११
तब हरि कह्यौ दोस नहीं तुम कुं, गींद खेल खुशी है हमकुं।
मम आज्ञा तम माथै मांनौ, तम कछु मन में दोस न जानौ।१२
बाहो पुसप भाव तो जिको, बसंत खेल लगे मोहे नीको।
पुनः पारषद कही इम बातां, सांमी सामो होय न हाथा।१३
द्वारपाल हुकम नही राखै, तब कर कोप वचन हरि भाखै।
हमरें कहै पुसप नहीं बाहौ, तम तो हम पर खड़ग समाहो।१४
कहर वचन हरि एक सुनायो, द्वारपाल हिरदै भय पायो।
उठ प्रतिहार पौल में गये, उभै परसपर सोचत भऐ।१५
द्वारपाल आपस में बूझै, कांहा चूके हिरदे न सुझै।
हरि के विहंग वचन उं मानै, ब्रह्मा सिव सेस नहीं जानै।१६
अज्ञा भंग पोरीया होई, एक हरि की अंछिया जानो सोई।
भगत हेत हरि जगत उपाई, अवतार बिना नही जानो भाई।१७
भूमण्डल में लीला करणी, ले अवतार भक्त विसरणी।
हरि की रचना हरि ही जानै, सुरनर मुनिजन काहां पिछानै।१८

-:दोहा:-

अगम गत भगवंत की, समझै का प्रतिहार।
श्राप दियो सिनकादिकै, ताका सुनो विचार।१९

-:चौपाई:-

ब्रह्मापुत्र सिनकादिक च्यारी, ब्रह्मावेता तिन में इधकारी
नगन मगन गोविन्द गुन गावै, रहै सूर चंद अंछा जांही जावै।२०
सदा काल अवसथा कैसी, पांच बरस के बालक जैसी।
जीवन मुकत विज्ञान विचारी, आप रहत सब में इधकारी।२१
प्रात समै सेस जांहा जावै, सेस सहंस मुख कथा सुनावे।
मध्यान संभू मंडल आवे, सुईछा विधलोक सिधावे।२२
सिंध्या भई वैकुंठ की आसा, हरि दरसन की बढ़ी पियासा।
ठाडे रोम हिरदे मुख विगसे, हरि दरसण कुं मन में हुलसै।२३
दोढ़ी भीतर पैठत भए, छड़ीदार अटक युं कहे।

हरि होकम विन भीतर जावै, सामै रिसाय कहां उतर आवै।२४
सिनकादिक क्रोध करि भाखै, हरि दरसण जाते को राखै ।
दियो श्राप असुर होय जावौ, दरस जाते अटके फल पावौ।२५
द्वारपाल मन में भै पाए, नारायण ताकुं समझाये।
दिज वचन मिथ्या नहीं जाही, हुवो असुर भूमि के मांही।२६
तब प्रतिहार कहे कर जोरी, बहुर कब आवै इंह ठोरी।
हरि द्वारापाल सूं बात सुनाई, दोय विध मोह मिलोगे आई।२७
अराध जनम सातम या होई, विरोध जनम तीसर आ होई।
उभै प्रकार कह्यौ जब हरि, द्वारपाल आसंका करी।२८
आराध अवेरो विरोध सवेरो, याका प्रभु जी करो नवेरो।
बिसरे मित्र से संगत पावै, सो कह्या विन समझ नहीं आवे।२९

-:दोहा:-

मित्र मित्र टुक बिसरै, बैरी बिसरै नांह।
अराध विरोध युं अंतरो, यूं समझो मन मांहि।३०

-:चौपाई:-

जान अजान भेद नहीं कोई, पारस परस लोह कंचन होई।
प्रीत बैर कर सनमुख रहे, सोई जन मेरो पद लहे।३१
भगति दुहेली मन में हारे, तीन जनम जुध विचारे।
श्राप लग्यौ हरिपुर सुं गिड़े, सुर गत छाड़ असुर गत पड़े।३२
जिस विध जलम लियो संसारा, तांह उभै का कहूं विचारा।
जाहां घड़ी पुल जैसी जो होई, बूरी भली वेद कहे दोई।३३
भली पुल नेम भला सुत होई, खोटी पुल नेम दुष्ट सुत होई।
कासब राज दती घर राणी, विधन खेल की सुनौ कहाणी।३४

-:दोहा:-

कासब बैठो ध्यान में, संध्या समै विचार।
रुतवंती आगै खड़ी, अरज करत है नार।३५
कामातुर वह बल भई, उठ करो अंगीकार।
वेमुख किये सुं दोष है, सुनियो कंथ विचार।३६
कासब कही समझाय के, त्रिया न लगो ग्यान।
रूतदान दियो निज नार कूं, छाड विसन को ध्यान।३७

-:चौपाई:-

पीछे नार बहोत पिसतानी, हे दई मोह काहां मत ठानी।
कासब वचन कहे समझाई, तम सुं होय असुरन दुख दाई।३८
असे पुत्र नरक ले जावे, कहां पीव कैसे गत पावे।
यूं त्रिया के मन धोखो रह्यौ, कासब उतर कहतो भयौ।३९
सुत के सुत असौ जु होई, परम संत तारे कुल दोई।
विसन भगत संतन हितकारी, सुरनर सबही होत सुखारी।४०
-:दोहा:-
सम दिष्टी सीतल सदा, हिरदै स्वांत स सम ज्ञान।
सत्रु अजीत सुहद रहे, असौ परम सुजान।४१
-:चौपाई:-
करुणावत दया इधकारी, निमै भूत बिनै बहु भारी।
नीत अनीत विचारन हारा, सार असार विवेक विचारा।४२
माया मोह ते परम वैरागी, आतम ज्ञान वासना त्यागी।
तन मन जीत चरण चित धरही, लोक लाज सब परहरही।४३
प्रेम मगन हर को गुण गावही, नाम टेक हृदय गह धावहि।
असे लछन की सब कहे, दती सुन हिरदे सुख लहे।४४
जै अरू विजै असुर तन हुए, दती ओदर आवत भए।
ग्रभ ध्या का सुरनर भय पावै, असुर आंच सही नहीं जावै।४५
जुगल जलम जगत में लए, हिरण कसब हिरणाछ जु भए।४६
-:दोहा:-
असुर जन्मे संसार में, डरे लोक सब देख।
चाल सब विपरीत की, महा भयानक भेख।४७
-:छन्द पदड़ी:-
तपे है जु दैत महा तेजवंत, श्रब देव नाग नर डरहे जुत।
बलवंत भये महाअसुर जोध, नरदेव नाग ते करत विरोध।४८
नरलोक जीत गए इन्द्र लोक, भय पाय देव सर्व तजी है ओक।
करी है जु गाज हिरणाक्ष दैत, यूं विकल भए इन्द्रादि सहेत।४९
तिहुं लोक दइत लीनो जु जीत, भुज ठोक रहे ज अस्वर अजीत।
बरस दस सहंस ढुंढत होय, नरदेव जुध पुजै न कोय।५०
धरणी ज चापी पाताल मांह, पृथ्वी करत भई जब त्राह त्राह।
सप्तलोक जहां ब्रह्मा निवास, सुर सभी तै गये ब्रह्मा पास।५१

महां धरणी बिना कछु होत नांह, देईत चापी पाताल मांह।
कहे पाहि पाहि विध सरण तोह, कर जोड़ करि विधि विसनुं यादह।५२
प्रथी दुखी हरि सुनिह जु एह, कृपा निधान करणी जु गेह।
ततकाल भए है वाराह सरूप, विसमत होत विध देख रूप।५३
ढूंढ गये जब धरण लार, घूघाट करत गए जल मंझार।
उठियो जु दैत मांहा सुन्यौ है सोर, बेहु परस्पर जुध भयो है घोर।५४
हरि गदा पर सिर दियो दईत मार, धरणी जु दाढ़ पर लई है धार।
जै जै सबद भयौ सुर समाज, प्रिथी जु थाप सुर कियो है काज।५५

-:दोहा:-

धर धीरज दे अभै कर, विसनु गये निज द्याम।
दैत भ्रात रह्यो दूसरो, हिरणाकुस है नाम।५६

-:छन्द पदड़ी:-

हिरणाकसप जब कियो है क्रोध, हरि मम भ्रात सत्रु मारूं ज सोध।
तिहुं लोक फिरियौ दैत जास, हरि मिले नहीं गये सुकर पास।५७
तम गरू मंत्र विधि देहो बताय, मम भ्रात वैर जिम लहुं जाय।
हरि कृस होय मैं लऊं जीत, सोई मंत्र बताय दिज देव मीत।५८
जिग होम जाप पूजादि सेव, या विध पुष्ट होत देवादि देव।
भाव भगत मेटे हरि कृस होय, तम करो तप बढ़ै तेज तोय।५९
तब दैत करत विपरीत रीत, नरदेव नाग सब लिये है जीत।
धरम मेट अधरम उपाय, जिग जाप दुई है छुड़ाय।६०
दिज देव गऊ मांहा दुखी कीन, दैत त्रास सबही बुरी दीन।
मारू जु विसनु अरू विसनु दास, हरि भगत काढुं जु स्वांस।६१
हरि भक्त मेटे सबही दैत, नर विष्णु नाम नहीं प्रकट लेत।
हरि है सत्रु मम मारियौ जु भ्रात, ताहि नाम लेत करहु घात।६२

-:दोहा:-

सुरनर सब ही जीत कर, रैयत किये सब देश।
हरि जितन कूं मन कियो, तप कुं चल्यो नरेस।६३

-:चौपाई:-

राजा मंत्री लिये बुलाई, सब मेरी सीख सुनो मन लाई।
घोड़ा हाथी देस भण्डारा, ग्राम ग्राम रहियो रखवारा।६४
राज काज तम नीकै करियो, मिल परवार भूप निसरियो।

हेत गयौ तपस्या के काजा, असुरपुरी आयौ स्वराजा।६५
पाछै इन्द्र अवसरू पाई, दैत्य पुरी कुं घेरी आई।
चहुं दिस अगन लगाय हूं दीनी, असुवर त्रिया बंद कर लीनी।६६
सुर असुर है आदु बैरी, दाव पड़ै इन्द्र कीवी गैरी।
अमरापुर सुर चले पुलाई, नारद मिलगे मघ में आई।६७

-:दोहा:-

देव रिखी कुं देख कै, प्रसन्न भये सुर राय।
सीस निवाय आदर कियो प्रसै मुनि के पांय।६८

-:चौपाई:-

नारद बोले कर सनमाना, देव राज तुम सुनो सुजाना।
अबला बंद करे तुम आनी, निंद करम कर लाज न जानी।६९
बालक हत त्रिया नही मारुं, असुर अंस कौ खै कर डारूं।
दीन बछल हरि साधु सोई, पर पीड़ ते दुखी जु होई।७०
असुर त्रिया बंद कर आनी, यां के ओदर साधु जानी।
परम भगत परमेसर प्यारो, हरि सुं प्रीत जगत सुं न्यारौ।७१
असुर साले सुर नै हितवाई, गऊ विप्र संतन सुखदाई।
अजात सत्रु विवेकी साधु, नाम प्रहलाद हरि सेवक आदू।७२
कौन चूक असुर घर होई, विध संजोग मिटै नहीं कोई।
किनक कुंडी अरू डाब मांही, एक मौल भिन्न कुछ नांहि।७३
ऊंच नीच का नहीं विचारा, हरि कुं भजै सो हरि का प्यारा।
त्रिया गम साधु सुन पाये, असवर छाड़ि रिख पास रहाये।७४

-:दोहा:-

रिख कुं त्रिया सूंप कै, आगे चले सुर इन्द्र।
नारद आश्रम ले चले, गावत गुण गोविन्द।७५

-:चौपाई:-

सीतल वचन मुनिवर भाखै, दे असीस पुत्री कर राखै।
छाजन भोजन करै प्रीतपाला, असे मुनिवर दीन दयाला।७६
हरि गुन सुन मुनि वैन वजाई, मन प्रहलाद को लियो चुराई।
कथा कीर्तन हरि गुण गावै, ज्ञान ध्यान बहु भांत सुनावै।७७
प्रहलाद सुने ग्रभ के मांही, भयो दिढ ज्ञान विसरियौ नांही।
तारग मंत्र सुनावै सारही, सो प्रहलाद कियो उर धारही।७८

गावै गुनै हिरदै हरखानै, मात गात गुफा कर जानै।
पर घर पुत्र होय जो आवै, माता मन में बहुत लजावै।७९
तब यूं कही नारद मुनि जोसी, तम घर गये पुत्र तव होसी।
बेटी बहन मुनि कहे भाखै, बहोत सुखी पोष दै राखै।८०

-:दोहा:-

ग्रभवास प्रहलाद जु, सरनै सिरजन हार।
आगै अस्वर तपस्या गये, तांका सुनो विचार।८१

-:चौपाई:-

मिंद्राचल के जाय निकेता, जोग ध्यान धरम भए सुचेता।
आस मार इडग होय रह्यौ, ब्रह्म ध्यान आनंदे गह्यौ।८२
तन मन जिंके ना लीलाई, देह वदेह सुध नहीं काई।
तुचा मास चिंटी चुग लीना, अस्त रहे दीमक घर कीना।८३
दिव बरस उग्र तप कियो, देख विधाता हलस्यो हियौ।
चढ़ कराल ब्रह्मा जु आऐ, अमी कमण्डल कर में लाये।८४
तब विध सिंच्यौ इमृत नीर, तुष्ट पुष्ट जब भयो सरीर।
होय परसन विध बोलै बैन, दैत मांग वर बोलै नैन।८५
जो कुछ तेरी अंछिया होई, मांगौ वर मैं देऊ सोई।
जो विध प्रसन भये तुम मोपै, वाचा दहौ वर मांगु तोपै।८६
दिन रैण मरूं नही बारै मासा, धरण मरूं नहीं अरू आकासा।
बाहर मरूं न भीतर मरूं, ब्रह्मा सिष्ट में अमर होय फिरूं।८७
नहीं कोई देह विधाता, एह वर मोही देऊ।
मस्तक ब्रह्मा यूं कही, पाय वर चाल्यो सही।८८

-:दोहा:-

तपसा कर वरदान ले, अस्वर पहुंतो घर आय।
तही समै नारद मुनि, त्रिया दई पहुंचाय।८९
कुल कुटंब मित्र मिले, पुर जन मिलै जु वृंद।
नर नारी हरखत भऐ, घर घर भऐ अनंद।९०

-:चौपाई:-

दावण राज करै सुख पावै, रंग रलियां करता दिन जावै।
प्रहलाद जनम भयौ है आई, सुरनर सब ही बंटत बधाई।९१
कहते भये सब मंगल चारा, सुरनर सरब ही भए सुखारा।

माता के उर आनंद भऐऊ, पुत्र देख हिरदै से लेऊ।९२
बाल सरूप में सुन्दर, तुष्ट पुष्ट कऊ लिप न दुंदर।
बरस चत्रय बाहर जहै, लरकन साथ खेलता रहै।९३
पांच बरस में जां दिन हुए, तबते सुरत संभावे रत भऐ।९४

-:दोहा:-

ग्रभ थका प्रहलाद कुं, नारद दिनो ज्ञान।
पांच बरस को सुरत कर, धरत विसनु को ध्यान।९५

-:चौपाई:-

प्रेम भक्ति हिरदे में आई, गुरु कृपा से नहीं विसराई।
बाल केल रसवा दिन साथा, निसदिन गावै हरिगुण गाथा।९६
गदगद कंठ गिरा सुहाई, कबहु प्रेम मगन रह जाई।
ठाढे रोम नैन जल वरसे, प्रफुलत हुए हिरदै में हरषे।९७
अनन्य प्रेम भक्ती उर छाई, कुल लाज काण रही न काई।
एक दिवस अस्वर सुन पाई, मम बैरी की कीर्तन गाई।९८
मित्र कुटंब दैत बुलाए, तांही छिन ही हजुर ही आऐ।
दैत कहै अब पिरोहित बुलावो, प्रहलाद कुं ध्यान भुलावौ।९९
सुक्राचार ज लिए बुलाई, असुर कहै सुनहो द्विजराई।
अस्वर विद्या प्रहलाद पढ़ावो, राजनीत नीकै समझावौ।१००
दिज ले चले राज कंवारा, मंगल साज लिये कर सारा।
पहुंचै आय जहां चटसाला, आगे पढत हुतै तांहा बाला।१०१

-:सोरठा:-

करके बहुत विधान, पुजै गणपति सुरस्वती।
दहौ विद्या वरदान, विप्र कहें कर जोड़ के।१०२

-:चौपाई:-

एह वर दीजै देवी देवा, प्रहलाद पढै विद्या को भेवा।
उना पाटी लिखकर दीनी, सौ प्रहलाद कछु नहीं चीनी।१०३
विप्र कहै प्रहलाद सुनीजै, अक्षर धोखै विद्या भनीजै।
चितकर सुनो हृदय धर राखो, मैं पुन कहूं सोई तुम भाखौ।१०४
प्रहलाद कहे पांडे सुन लहिये, कितने अखर विद्या कहिये।
विप्र कहे सुनो राज कंवारा, बावन अखर विद्या विसतारा।१०५

-:दोहा:-

प्रहलाद कहे पांडे सुनो, बकवाद करे कुन मोह।
और पंचासु छाड़ के, मैं पढसुं अखर दोय।१०६

-:चौपाई:-

कण अक्षर पढसुं दिज दोई, ओर पचासुं पराल सम होई।
दोय अक्षर जौ हरि रस होई, तज पचास जानै छोई।१०७
हरि अखर हिरदै पढ़ राखुं, मिथ्या और काहेकु भाखुं।
हरि गुन पढिया गुन्या लिख जान्या, विसनु भजन मेरे मन मान्या।१०८
विसनु नाम मूल गह्या, डाल पात फूल फल आया।
सुंवा आंख्यो कुवै सुं टरे, नैन हीन कुवै पर मरे।१०९
मिसरी गीरी गीदोड़ो जीमे, सो थोहर रस काहे कूं पीवै।
पांडे कहे सीख मोह मानो, अस्वर विद्या नीकै कर जानौ।११०

-:दोहा:-

विद्या सब पढ़ लई, जद किया नाम अभ्यास।
इमृत कौ पै पान कर, बाकी रही न पियास।१११
विप्र कही बहु भांत सुं, मानी नहीं प्रहलाद।
दिज हारी घर कुं गऐ, पावन कुं प्रसाद।११२

-:चौपाई:-

पीछे सखा कहे कर जोरी, कंवर सुनो विनती ऐक मोरी।
गुरु के वचन कछु नही मान्यो, तुम का पढ़े हम मरम न जान्यौ।११३
विसनु नाम पाटी लिख लीनी, अखर छाडै सब दीनी।
हरि हिरदै में सतकर जान्या, और एकल मिथ्या कर मान्या।११४
विसनु भजन को गुण मोहि भाखो, अखर नाम को ओगण दाखौ।
अस्वर भज्या का काहा दुख होई, विसनु भजन को सुख कहो सोई।११५
विसनु भजन वैकुंठ निवासा, अस्वर नाम नरक में वासा।
लोहा नाव असर को नांय, ले बोहर भव सागर मांय।११६

-:दोहा:-

विसनु नाम है सूर सम, हिरदै प्रकास अपार।
संसार नाम अंध कूप है, उर में घोर अंधार।११७
विसनु नाम चौरासी मिटै, महाकाल भैव जाय।
सुख सागर जीवन मुक्त, अभै परम पद पाय।११८

-:चौपाई:-

कब थे भऐ असे तम ज्ञानी, नांव प्रीत हिरदै में जानी।
ऐसी सीख कहां तम पाई, सो प्रहलाद कहो समझाई।११९
नारद मुनि से पाए ज्ञाना, तब तै करू विसनु को ध्याना।
गुरु प्रताप नाम विसवासा, निरभै भजुं साड सब आसा।१२०
इहां नारद मुनि कहो कद आए, तमै नारद पै कब सिधाऐ।
हम रहे सदा तुमारे संगा, इहां नारद को नहीं प्रसंगा।१२१
मम माता रिख आश्रम रही, तद हरि कथा सुनी जिन कही।
मुनि मात कूं ज्ञान सुनाया, ग्रभ थका जद मैं सुन पाया।१२२
पितंबर घनस्याम सरीर, सीस मुकट जड़त मणि हीर।
मंद हास कंवल दल नैन, भृगुलता उर लिछमी चैन।१२३
रूप चत्रभुज वैस किसोर, मनोहारी ध्यान सदा उर मोर।
मुनि क्रिपाल हम उपर भाए, तातै ज्ञान हिरदै में रहे।१२४
प्रहलाद कहे सखा सुन लीजै, हरि के चरण कंवल चित दीजे।
सखा मन में भै विचारै, विसन भज्यै असुर मोह मारे।१२५
प्रहलाद कहै नहीं कोई मारे, जांकै परमेसर रखवारे।
ग्रभ मांझ कीनी प्रीतपाला, वै अब क्यूं भूलै दीन दयाला।१२६

-:दोहा:-

तीन लोक जिन रचे, रिजक मौत जिन हाथ।
प्रहलाद कहे मारे कवन, सदा संगाति साथ।१२७

-:चौपाई:-

जो परगट सिंवरा गोपाल, अस्वर मार करे पैमाल।
हिरदे में हरि सिंवरण राखां, मुख सुं नाम असर को भाखां।१२८
हिरदे और मुख और ही गावै, साध नहीं वै चोर कहावै।
हिरदै मांही मित्र कहै, मुख सुगाल सभा में दहै।१२९
ताकी वचन सहे नहीं कोय, हरि प्रसन्न किसी विध होय।
सखा कहे दैत डर राखां, को दिन नाम नृपत को भाखां।१३०
जब घर लगै वसंदर आई, कूप खीनन को करै उपाई।
प्रहलाद कहै सखा सुन लीजै, घर जलंतो कद कूप खनीजै।१३१
जागत चितवै सुपनै आवै, पहलु भज अंत हरि धावै।
प्रहलाद कहे मन कुं तजियै, निरभै होय नारायन भजियै।१३२
दैत त्रास हिरदै में आवै, असुर इसो विन मोत मरावै।

हम तो बालक कति एक बातां, यातै तीन लोक मरे पातां।१३३

-:दोहा:-

सुरनर सब ही संकही, सुण दाणु की त्रास।
सखा कहे प्रहलाद सुं, किम आवै विसवास।१३४
आगो पिछो होय रहै, मनसा रहे नांय।
कायर काचा मता, पलक पलक के मांय।१३५

-:चौपाई:-

अग्यान भरम भयो उर मांही, तब लग हिरदै थिरता नांही।
भयो भरम विसवा विसै, भूले इष्ट दूसरो दीसे।१३६
कांच महल स्वांन पग धरै, भरम्यौ कूकर भुंस भुंस मरे।
जाहां झाकै जांहा चहुं दैखै, अपनो रूप आप भर लेखे।१३७
भरम्यौ केहर देख्यौ कूप, प्रति बिम्ब जानै दूसरो रूप।
सिंघ सबद कूप में हुवौ, भरम्यौ केहर कूवै पड़ मुवौ।१३८
है किसतुरी मृग ही पासा, भरम्यो वन वन सुगंधै घासा।
है मांही अरू नहीं पिछानै, यूं भूले इष्ट अंन ही जानै।१३९
विसनु व्यापक घट घट मांही, ज्ञान विचारो दुजो नाही।
पूर रह्यौ सब ब्रहमंड मांही, हरि विन तिल भर खाली नाही।१४०
अपनो इष्ट आप में जानो, द्वितीयै भरम हिरदै तै मांनो।
कीर भरम नलनी कुं गही, बंध्यौ आप बांध्यौ को नांही।१४१
यूं भूल आतमा आप बंधाना, जलम मरण दुख तै नाना।
झूठो भरम अरू मोह पसारा, हरि बिन को आतम आधारा।१४२
यौ जुग मृग तृसना जल जानु, भरमत ही मृग तजै पिरानु।
सीत कोट ऐसौ संसारा, सुपनै संपत भरम पसारा।१४३
इन्द्री सवारथ सुख के करमे, तातै जीव चौरासी भरमे।
दिढ विसवा वीस हिरदै राखो, प्रेम प्रीत सुं हरि रस चाखो।१४४
विसन विना अपनो को नाही, समझ विचार देख मन मांही।
हरि सिंवरिया अस्वर कहा डरावै, महाकाल सुन सुख पावै।१४५

-:दोहा:-

सोवत ही जाग्या सखा, भयो अग्यान ते प्रकास।
निरभै हरि हरि कहत है, छाड जगत की आस।१४६

-:चौपाई:-

सखा सीख मान सब लही, हरि सिंवरण लगा सही।
अस्वर विद्या चटड़ा सब त्यागी, उर में प्रीत विसनु से लागी।१४७
जिन प्रहलाद कुं गुरू कर मानै, निरभै विसनु विसनु बखानै।
प्रसाद पाय विप्र जब आऐ, हरि नाम जपत है सखा सवाये।१४८
ततकार लगी हर नांव की, विसनौ विसन भणंत।
पांडे देखे जल बले, हरि हरि सबद भणंत।१४९
खीज वचन दिज ऐसै कही, प्रहलाद सीख काहां तै लही।
कुल विद्या कुं दीनी दाटी, काल्हा कुमल पढ़ियौ सुऐ पाटी।१५०
पिता कोप रीसाय तोई, क्यूं असौ पढे घर में दुख होई।
पिता प्रसन्न सो विद्या पढियै, और सुरन की विद्या छडिये।१५१
पढ़ुं पाठ प्रसन्न हुवै सभा, तातै पावै जीव विसरामा।
कलप वृछ तज संबल सेवै, इमृत छाड़ विष कुण लेवे।१५२
-:दोहा:-
असुर विद्या असुध है, सुध नीको हरि नाम।
काम धेन का पैं पिया, काहां खरी सूं काम।१५३
-:चौपाई;-
बहु उपदेश विप्र जु दीना, सो प्रहलाद कछु नहीं चीना।
दिज करी पुकार अस्वर के आगै, प्रहलाद सीख एको नही लागै।१५४
बिगड़े आप अरू सखा बिगाड़ै, सीख न माने बहुविध ताड़े।
अस्वर लीनो प्रहलाद बुलाई, बुझे गूझ गोद बैठाई।१५५
मैरे लाड तुमारो भारी, विद्या कहो पढियौ तम सारी।
ऐसी विद्या पढियौ उर मांही, तुमरे कुल में पढियौ को नाही।१५६
श्रवण कीर्तन सुमरण करूं, चरण सेऊं पूजा मन धरूं।
विसनु वंदन दास सखायन, आतम अरपण करू नवेदन।१५७
नवध्या कर प्रेमा मन लाउं, इस विध सदा विसनु कुं ध्याऊं।
एह विद्या मेरे मन माना, सुनकर दैत बोहोत उकलाना।१५८
बोलै असुर दैत बहु त्रासा, मैं दिज कियो तोर विसवासा।
कंवर कुं नीकै न पढायौ, मम बैरी कौ ग्यान सिखायौ।१५९
विपर याकुं फेर ले जावौ, राजनीत नीकै समझावौ।
दंड दे चटसाल रखावौ, साम दांम दंड भेद सिखावौ।१६०
दिज ले चले चटसाला, उं इ नामासी लिखो तम बाला।

असुर गुरू ने कहा प्रहलाद, असुरो की उल्टी विद्या लिखो।१६१
प्रहलाद कहे लिखु गोपाल, हरि बिन कून इके जंजाल।
त्रास दई पांडे बहु आई, प्रहलाद अंग लगी नही काई।१६२
सुक्र पुत्र सुं नांह डराना, निरभै सिंवरै श्री भगवाना।१६३

-:दोहा:-

क ख ग घ सब साध ले, ओम नमो सिध आद।
बावन अक्षर कंठ कर, लिखो कंवर प्रहलाद।१६४

-:चौपाई:-

झूठी विद्या साच कहावै, कूकंस कुटण नहीं पावै।
अक्षर दोय पढ़ा मैं आदू, पांडे कहा करे बकवादूं।१६५
सुर विद्या तुमरे काह लेखो, सोच विचार हिरदै में देखो।
तुम पिता कौ भ्रात जु मारियौ, तां बैरी को नाम उचारियौ।१६६
तुम प्रहलाद कछु नही सोचो, काहा कहुं महामत पोचौ।
नाचै कूदै लोक रिझाही, ए राज कंवर के लछन नांही।१६७
मृदंग ताल पखावज बजावै, हाथ मजीरा हरि जस गावै।
नृप कंवार यह सांग बनावै, हम लाजै तोह लाज न आवै।१६८
साम दाम दंड भेद विचार, सुरनर कंपै दिष्ट निहार।
पिसण मार करै प्रहारो, सो कहिये नृप राज कंवारौ।१६९

-:दोहा:-

दसुं दिसा कुं जीत कै, पिसण लगावै पांय।
अनवी नवावै दंड दे, सो नर पैकंबर कहाय।१७०

-:चौपाई:-

राजकाज कछु न पेसो, भरम्यौ फिरै बावरो जेसो।
भरम्यौ करे आन की सेवा, तज विसनु इष्ट निज देवा।१७१
भरम्यो बोहत करै पाखंड, हरि वेमुख फिरै नवखंड।
नांव बिना श्रब भरम ही जानु, पांडे तब मैं कहां पढे पुरान।१७२
विप्र तम तो छड़े अबोध, हमकूं कांहा सिखावो बोध।
भरम्यो आप कांहा भरम भाजै, साच झूठ की सिध न जानै।१७३
भरम्यौ आप औरां नै भरमावै, दिस भुल्यो काहां दिसा बतावै।
पुरब गंग पिछम दिस जावै, दर पड़े गंगा कांहा ते न्हावै।१७४
यूं तम भरमै विध अजाना, परमेसर सुं नांही पिछाना।

तुमरा पिता सब दिसा जीता, सुरनर नागर है भैभीता।१७५
दुनिया सब ही संका मानै, हरि कुं छाड हिरणकस जानै।
पूत पिता को जो जगावै, सोई जग में सपूत कहावै।१७६
महि मण्डल में मौत न जांकी, आज्ञा पालौ तांह पिता की।
मात पिता है सिरजण हारा, हरि बिन सबही झूठा सारा।१७७
साचा हरि हिरदै में राखुं, झूठो पिता काहे कुं भाखूं।
सुगरो गुरु आयस सिर धरे, नुगरो गुरु कौ कह्यौ न करै।१७८
नही कीजै बहु वाद विवादू, हमरो वचन मान प्रहलादू।१७९

-:दोहा:-

एक हरि की भक्ति बिन, नुगरो सब संसार।
सुगरो सोई जानियै, सिंवरे सिरजण हार।१८०

-:कवित:-

लगी नांव सुं प्रीत, चित मोह अवर न आवे।
कांहा करे बकवाद, बावरे कही वै सुनावे।
हरि रंग लागी मोह, रंग अवर न लागे।
जिन पियो पिउख, विष नही इम्रत आगै।
रत मतवारे नांव के, मिथ्या वाद न भावही।
प्रहलाद कहै पांडे सुनो, निसदिन हरि गुण गावही।१८१

-:चौपाई:-

कंवर सुनौ विनती एक मोरी, बार बार मैं कहुं निहोरी।
पिता तुमारो मारै तौही, दैत बुरो त्रास दै मोही।१८२
मारै कौन जो राखे दैयाला, जिन ग्रभ मांझ कीनी प्रितपाला।
सांडे मुरगे बहुविध कही, प्रहलाद सीख एक न लेही।१८३
भैय विनती कर गए दिज हार, जाय पुकारे राज द्वार।
पटकी पाग नृप के आगे, कंवर सीख एको नही लागै।१८४
हम पच हारे मानै नांही, अब कछु दोस न हमरे मांही।
भैय त्रास एकौ नही मांनै, निरभै विसनो विसनु बखानै।१८५
अस्वर सुनत ही दाझन्यौ अंगा, टूक टूक करूं तन भंगा।
मंत्री कहै पुत्र घर सोभा, ऐसो कबहु नहीं कीजै छोभा।१८६
सुत से सोभा इधक विराजै, जैसे किनक कान छिव छाजै।
तूटै कांन किनक काहा करिये, ...।१८७

-:सोरठा:-

इण सुत से भलौ अउत, मेरो कह्यौ न राखही।
कांही करूं इण पूत, नाम विसन को भाखही।१८८

-:दोहा:-

कियो हुकम कुवाला कुं, सैहर ढंढोरौ फेर।
मारन काज प्रहलाद कुं, सब कुं लावौ टैर।१८९

-:चौपाई:-

जो प्रहलाद ने मारे आई, जां पर कोप करे नृप राई।
अस्वर आये ले ले समसेर, प्रहलाद लियो चहुं दिस ते घेर।१९०
छूरी कटारी ले तलवार, सींग सहथी करै प्रहार।
तुपक तीर बावै बहुतानी, मारो मार उचारै बानी।१९१
जहर प्याला पावै आन, प्रहलाद करे जु इमृत पान।
श्रप अंग दीन्है लिपटाई, कुंजर दिये झुकाई।१९२
संकल सांडे सिपे चालहि, ईट पखान चलावै भालही।
अस्वर दीवी चहुं दिस तै मार, प्रहलाद अंग नहीं लगा लिगार।१९३

-:दोहा:-

घाव एक लागौ नही, दैत रहै पचहार।
किंचत संक न मानही, नारायन आधार।१९४

-:चौपाई:-

दैत सुणी उठी उर आगी, प्रहलाद चोट एको नहीं लागी।
मंत्र पढ़ियौ कंवरो को सही, अस्त्र सस्त्र लागै नही।१९५
दैत कहै लेजो जल मांई, सिलता मांही दहौ बहाई।
लौह जंजीर पांव में डारा, ले डारियौ मंझी जल धारा।१९६
जल में डुबत कियो हरि याद, जले विसनु कह ये प्रहलाद।
लगहे त पांव तो गीरे पहलाद, पदम तिरे ज्यूं पहलाद।१९७
अस्वरां के मन इचरज हुवौ, ऊं जल मांही प्रहलाद न मुवो।
अस्वर खीज कियो हंकारो, अंधा कूप प्रहलाद ही डारो।१९८
दैत दुत कहे समझाई, अब प्रहलाद बचेगो नांई।
अस्वर जपै जो एके बारी, नृप कुसी हुय उं लहै उचारी।१९९
विसनु खुशी हुवै कर सोई, तातै मार सकै नहीं कोई।
अंध कूप में दीनो डारी, दाटियो कूप कियो धूल भारी।२००

थले विसनु प्रहलाद ही भाख्यौ, नारायण थल मांहै राख्यौ।
माता बहोत मन में पिसतावै, अबके पुत्र किसी विध आवै।२०१
दैत सुखी हुवा मन मांही, अब प्रहलाद निकसे नांही।
आयो प्रहलाद भजत गोविन्दा, उदै भयो जिम पूरण चंदा।२०२

-:दोहा:-

देखे मात प्रहलाद कुं, सीतल हिरदो होय।
दादर मोर पपईया, घन बरसंता जोय।२०३

-:चौपाई:-

लेप्यो लेस्यो दाटियो कूवो, थल मांही प्रहलाद न मूवो।
कूवै दाटियो सरियौ न काजु, मो जीवंता लेसी राजु।२०४
मूल मंत्र याकै मन मांही, जल थल अस्त्र मूवो नांही।
प्रहलाद कुं तुम पकड़ो धाई, गिरवर सेती दहो गुड़ाई।२०५
दीर्घ रूंख कंटाला, महा कंदरा खोह कराला।
जहां सिंघ बाघ बहुतेरा, हरे पड़त प्राण तिण केरा।२०६
अनड़ पहाड़ उतंग बहु भारी, तह सिखर तै दीनौ डारी।
भक्त चोट तै डरियौ पाहारा, स्थल भयो छुटी धारा।२०७

-:दोहा:-

विसनु मस्तके परबते, पड़त कह्यौ सत भाव।
यूं पंछी असमान तै, धरै सहज धर पांव।२०८

-:चौपाई:-

प्रहलाद सुखी सहज सुं आयौ, हरखी मात साधे सुख पायो।
प्रहलाद दैख दैत उकलाना, पापी मन में बहु पिछताना।२०९
अब तो कछु उपायन न लागै, काहा करूं इण सुत के आगे।
पुत्र पुत्र कहै दैत बुलायो, तब प्रहलाद सहज सूं आयौ।२१०
मानो पुत्र वचन एक मेरो, राजपाट कुं नैरू सब तेरो।
मुख सुं पिता कहे जो हमकुं, जब राज तिलक में देउ तुमकुं।२११
राजकाज सुं मो मन नांही, विसनु पिता बसे उर मांही।
असर सरण परमेसर कहिये, ता विन सरण को न रहिये।२१२
दैत कहै सुनियो प्रहलाद, कहां मंत्र उर लीनो साध।
जल थल गिर लोहा नहीं मरै, प्रहलाद इष्ट कुवन उबरै।२१३
बहोत त्रासना दीनी तौही, कवन जड़ी पीड़ा न होई।

अमर जड़ी जग जीवण जांणी, काल कष्ट नहीं व्यापै प्राणी।२१३
मौही मंत्र नारायन नामा, हरि है इष्ट सरै सब कामा।
विसनु विसनु दुनियां सब गावै, मार दिया सब ही मर जावै।२१४
प्रहलाद इष्ट तमारो ऐसो, कौउ कथ नीह व्यापै कैसो।
सिंवरण मांही वौती रीत, ऐक उपर एक हिरदै प्रीत।२१५
रोटी पेट पर बांधे रही, जिमे बिन भूख नहीं जाई।
पांणी राखै आपन पास, पिया बिना न जाए पियास।२१६
ओषद है घर मांही घसाही, पिया बिना रोग न जाही।
खांड खांड करता दिन जाही, बिन पायै मुख मीठा नाही।२१७
सौ मण आग लिख रू में धरै, रूहि ढेर तिनक न जरै।
तनिक चिनक आगन की धरे, रू का ढेर पलक में जरे।२१८
सांचो नावै हिरदै में रहै, सब ही पाप पलक में दहै।
इमृत कलस घर भीतर धरै, बिन पिया मुरख नर मरे।२१९
पीऊं बले मुख मांही पीवै, अजर हुवै नर जुग जुग जीवै।२२०

-:दोहा:-

सोई नाम सती लहै, सो लहे कौ गत हार।
सति जीवे संग पीव के, फिर आवै संसार।२२१

-:चौपाई:-

बाछो घर वन में गऊ चरे, हरखे हिये मुख सुं तिण गिरे।
असौ हिरदै हरि सुं प्रेम, ताकै सदा कुशल ही खेम।२२२
नटणी सुरत बरत पर पाउं, दुनियां देखे सबही चाउं।
असौ ध्यान धणी सुं धारै, जगत कूं जीत आप कुं तारे।२२३
जां की प्रीत विसनु सुं लागी, जलम मरण की संसा भागी।२२४

-:दोहा:-

प्रहलाद प्रछया प्रेम की, अरू नहचे की रीत।
दैत सुण दुख पावियो, मन भयौ दुचित।२२५

-:चौपाई:-

महम सुं डरै देव नर अही, कंवर मन संका कछु नही।
दैत कहै काहा करूं उपाउं, प्रहलाद मरन की लगै दाउं।२२६
बड़ी साना बहु विध दीनी, सो प्रहलाद कछु नहीं चीनी।
तीन लोक संका मोहे मानै, प्रहलाद निसंक संक नहीं आनै।२२७

नैणे नींद न आवै कोई, जा दिन रैन छमासी होई।
निसदिन दाणु सौच विचारे, लहे नेसास त्रिसास डारै।२२८
-:दोहा:-
दैत हिरदै में हार कै, करण लगै बहु सौच।
देख भजन प्रहलाद को, मान्यो आपन पौच।२२९
-:चौपाई:-
पिता धरम कछु नहीं जानै, मौह आंण संक्या नहीं मानै।
सुत नहीं कोई सत्रु जायौ, सत्रु पुत्र को भेख बनायौ।२३०
श्रप अंगुष्टे डसै जु आई, नख चख जहर हुयै जाई।
काट अंगुष्ट दुर बहावै, नहीं बीच रैखि प्राण रहावै।२३१
नहीं काटै मोह अंगुष्ट करै, विष विफर अरू प्राण ही हरे।
याकुं कीजै वैग प्रहारा, अनेक जतन कर दीजै मारा।२३२
-:दोहा:-
अस्वर कहै प्रहलाद कौ, मोह करो जिन कोय।
दुखदाई मारियौ भलो, या मारिया सुख होय।२३३
कुटम्ब आपणो लियो बुलाई, प्रहलाद मरण को कहो उपाई।
सुन लीजो तम असुर समाजु, यो मो जीवंत लेसी राजु।२३४
हरि हरि कहे प्रहलाद है वैना, देख्या अगन पड़ै मोह नैना।
चन्दन बिड़े में उगो बांसा, पड़े अगन सब वन को नासा।२३५
अस्वर कहै कहो क्या करिये, प्रहलाद मुवा बिन महादूख भये।
अस्वर रह्यौ मन उणौ होई, एह प्रहलाद नै मारै कोई।२३६
-:दोहा:-
भगवैनी कहे निज भ्रात सुं, छाड़ो मन दलगीर।
तुमरो कारज मैं करूं, मेरो बजर सरीर।२३७
-:चौपाई:-
सिव वर दियो अभैगत पाई, बजर काया जलुं नहीं काई।
सुत लै बैछु अग्न विच जाई, हुं साल तुम्हारो मेटु भाई।२३८
मोह बजर सरीर नहीं बरही, प्रहलाद अग्न सहज सुं जलही।
ढोढा कहै सुनहौ भाई, हूं अगन बिच जालुं जाई।२३९
सुण प्रहलाद मरण को दाउं, अस्वर के मन भयो उछाउं।
होली कहै सुनहो राजा, प्रहलाद जलन को करिये साजा।२४०

अस्वर मिलकर साज बनायो, प्रथम सब मिल थंभ रूपायो।
चिता संवारण सब मिल आये, विध विध को बहु काठ मंगायो।२४१
रूई गंज किया बहुतेरी, तेल कहो किता मण डारी।२४२

-:दोहा:-

सजल रचियो चवड़ो बहु, ऊंचौ जांण अवास।
सूत पलेटियो सांवठो, जतन कियौ चहूं पास।२४३

-:चौपाई:-

अस्वर बाजा बजावत जावै, अबखल आज गीत जु गावे।
फागुण सुद पुनम जु आई, जदि होली असुर पुजाई।२४४
ढोढ़ा आयस ले विच पैठी, गहे प्रहलाद गोद ले बैठी।
दैत मिलै तब ढोढा धोकी, साधां सौग अस्वरा असौखी।२४५
जपै हिरणाकुस हरि कुं छाडै, प्राण बचाय अगन से काढै।
अग्न गिणे नहीं साध असाधु, पावक सोखै सुन प्रहलादु।२४६
सजन कहे नीके समझाई, छिन छिन हरि कित करै सिहाई।
ऐक बैर हिरणाकस भाखै, असुर कहै अगन तै राखै।२४७

-:दोहा:-

सैस धरा तज पालटै, पिछम उदै हुवै भांण।
हरि तज दाणव नहीं जपुं, इण जिभ्या इण प्रांण।२४८
जद कर कोप होलका बोली, चहुं दिस अग्न प्रजालो दोली।
प्रहलाद पकड़ अग्न में रही, हरि दोषण होली जद भई।२४९
होली को मुख देखै आई, हरि सुं बेमुख अधोगति पाई।
दाणव मन में हरखत भए, चहुं दिस लाय वसंदर दऐ।२५०
हथियार लिये सब हाथे, खड़ै चहुं दिस आय।
सावधान सब कौ रहौ, रखे ज निकस नहीं जाय।२५१

-:चौपाई:-

जाली अग्न चहुं दिस वाढै, अणी जोड़ अस्वर सब वाढे।
खबरदार मत दिजो जानी, मारो मार उचारै बानी।२५२
कुंत बान बहु तीर चलावै, बाजा डेरू डाक बजावै।
झालो झाल मिली सब आई, हरि प्रहलाद सिंवरियौ मन मांही।२५३

-:दोहा:-

ज्वाला माल कुले विसनु, युं उचरियो पहराज।

जिनकुं अग्नि सीतली भई, ढोढ़ा गई स्व दाझ।२५४

-:चौपाई:-

ज्यूं जलै लाख अग्न में गैरी, ज्युं होली भई भसम की ढेरी।
प्रहलाद प्रेम हरि जांको दासा, तत छिन लियो अपने पासा।२५५
असुर भये मन में कुशयाली, अब प्रहलाद दियो नींव जाली।
दैत्य हरखि अपणें घर आया, साधां कै मन सोक बढ़ाया।२५६
माता के मन भयो अचैना, हाय पुत कब देखे नैना।
रोवै झूरै विलाप रू करै, सुत देखि विन कल नहि परै।२५७
आंगन के बिच खेलतो बाला, बोले तोतरे वचन रसाला।
वा सुरति कब देखहु नैना, इस विध कहै त्रहै के बैना।२५८
माता मन में करे अंदेसा, कब देखवै बालक भैसा।
साधु सखा करै अंणराई, कहां रह्यौ संतन सुख दाई।२५९
साध सभा में सोभत वकैसा, नक्षत्रा मांही चंदा जैसा।
साधु झुरे बहुत मन मांही, मंडली को मांण दिसै नांही।२६०
नर पसु पंखी भऐ उदासी, कहां गये वै सुख के रासी।२६१

-:दोहा:-

इसी विध सोचत संत सबै, सखा मित्र निज मात।
परम भक्त प्रहलाद बिनु, दुष्कर बीती रात।२६२

-:चौपाई:-

सचेव मित्र मिले नृप पे आयै, राजा सेती वचन सुनाऐ।
प्रहलाद जाल्यौ अगन कै मांही, फूंफी क्यूं घर आई नांही।२६३
भूवा देह बजर की होई, अग्न मांह जले न कोई।
बिती रैन अजु नहीं आई, कहा अग्न में रही लुकाई।२६४
का देवी चढ गई आकासे, कै कांह दिस निकसी जाहां से।
अस्वर भए कठा सब ही, सल सौधण कुं चाल्या तब ही।२६५

-:दोहा:-

कसी कुदाली हाथ ले, सोधण लागा सब।
भुवा बजर भसमी भई, अस्थ जु लादा निठ।२६६

-:चौपाई:-

भेद बिना भूवा जल गई, प्रहलाद अगनि में दाझन्यौ नई।
नफर वचन कहन युं लगै, कहे आपस में तो दिस भागै।२६७

बिना भेद भूवा जल गयी, प्रहलाद अग्नि में जला नही।
दैत्य ऐसे वचन कहने लगे, एक दुसरे पर दोष देने लगे।२६८
प्रहलाद मूवो नहीं भूवा मारी, धूड़ राख आपस में डारी।
पीसण न मुवो मारी भूवा, खेह उड़ाय खुवार स हुवा।२६९

-:दोहा:-

संत बैर छुटै नही, द्रोह करौ जिन कोई।
होली जुग जुग जलत है, प्रतक देखो लोई।२७०

-:चौपाई:-

प्रात भए प्रहलाद ई आए, वानी चड़ी जु कंचन ताऐ।
हरि जिन हीरा कंचन तास, सह कसौटी दुति प्रकास।२७१
जल पिया जिम मिटै पियासा, माता मन की पुरबी आसा।
साध मिलै हिरदै हरिखाई, घर घर बंटण लगी बधाई।२७२
कथा कीर्तन हरि गुण गावै, मिलै परस्पर प्रेम बढ़ावै।
चले लोग चहुं दिस ते आवै, जिन प्रहलाद को दरसन पावै।२७३
सुनै ज्ञान लहै है उपदेसा, चहुं दिस सब बढ़ियौ प्रवेशा।२७४

-:दोहा:-

परचाये प्रहलाद जु, संत कोड़ तेतीस।
संक न मानै अस्वर की, सिरै श्री जगदीस।२७५

-:चौपाई:-

मुख से बोले सब सुरवाणी, जल कूं छांण करै जीवाणी।
जीव दया बहु दिल सांपजै, सील संतोष सुच सुचाजै।२७६
विसनु पुजा प्रसाद ही लेवै, आन देव पर दिष्ट न देवे।
जी जकाण सब दीनो डार, निरभै सिंवरै सिरजण हार।२७७

-:दोहा:-

पंथ चल्यो प्रहलाद को, ज्ञान ध्यान उपदेश।
भक्ति बढ़ी भगवंत की, सह न सक्यौ नरेस।२७८

-:चौपाई:-

अस्वर खीज कर बोलै बैना, प्रहलाद समझ हमारी सैना।
सुरनर नागर रैतस मेरी, अब तुम सरण वचै किस कैरी।२७९

-:चंपक छन्द:-

मैं सरणा जिसका लिया, जिन सुरनर नाग जु किया।

रिवै चंदा नछत्र भासै, सब उसकी दती प्रकासे।२८०
जिणने चवदै भवण रचाया, धू सेस कौरम लग गाया।
जाकुं निगमै त्रिलोकी गावै, ताका पहला पार नहीं पावै।२८१
जिन किया पवन सूं पांणी, आरू व्योम अगन धर जांनी।
हरि च्यार खान जिन किया, तामैं लख चौरासी जीया।२८२
हरि विश्व सकल कौ नाथा, सब रिजक मोत उस हाथा।
जिकै इंड कदास अखण्डा, जाकै रोम कोट ब्रह्मंडा।२८३
जांकु सिव ब्रह्मादिक गावै, वांको पार सेस नहीं पावै।
मैं सरणा उसका लीना, ताते गुरु प्रताप ते चीना।२८४
हरि इष्ट हमारे सोई, जांकु चीन्है विरला कोई।
मैं नाम उसी का लेउं, नित चरण कंवल कूं सेऊं।२८५
तब प्रहलाद खंभ के बांधा, असर खड़ग सिर पै साधा।२८६

-:दोहा:-

कहां विसनु बसत है, प्रहलाद बतावौ मोहै।
अब मैं तोकूं मारहूं, कून छुड़ावै तोहै।२८७
मो में तो में खड़ग में, सकल ओर भरपूर।
महिधणी या खंभ में, तम मत जाणो दूर।२८८

-:छंद पधड़ी:-

मोह बताय कहां खंभ मांह, कर कोप असर जब खड़ग बांह।
फाटौ ज खंभ भयो दोय फाल, कर गाज प्रगटे सिंह पंचाल।२८९
माहा तेजब तन नरसिंघ रूप, सै कंपमान भयो असुर भूप।
कर गिरियों खड़ग भागौ पुलाय, डेहली जु बीच जब गह्यौ है धाय।२९०
कर ग्रह उछंग लियौ उठाय, इल अंबर बही उरू लियौ बैठाय।
विध वर दियो असर संभार, त्रियोदस मास कियो बधार।२९१
अरध बिंब सूर दिवस नहीं रात, नरदेव नाही नरसिंघा गात।
लोह बजर नहीं लियौ नख बधार, ब्रह्मा जु वाच सबद इहै टार।२९२
महाजुध बुध नरसिंह धार, नख उदर बिदार दियो अस्वर मार।
भयंकर बदन विकराल दांत, उदर विदार गल लियो है आंत।२९३
महा तेजवंत अरू रक्त नैन, सिर पूंछ आन विरधी चैन।
अस्वर मार करी है जुं गूंज, भय कंपमान तिहुं लोक धूज।२९४
ब्रह्मादि सिव सुर देव राज, श्रीया सहत आए दरसावन काज।

महा प्रलय काल को देख, सनमुख होत नहीं देव एक।२९५

-:दोहा:-

श्री न सनमुख आवही, नरसिंघ तेज ही जोय।
सनमुख रहै पूठी सरी, तेज सह्यौ नहीं कोय।२९६
जैसा छूना सिंह का, रंचक भै नहीं होय।
यूं प्रहलाद निरभै खड़ै, और डरे सब कोय।२९७
जिनके हित अवतार लै, तांह उपर नेह।
दास कहै सोई करे, भक्त बछल बिड़द एहै।२९८
नरिसंघ तेज सुर देख कै, रहै प्रहलाद दिस झाख।
प्रहलाद तबै नरसिंघ सुं, अरज करी मुख भाख।२९९

-:चौपाई:-

अहौ मम इष्ट देवन के देवा, सुरनर नाग लहे को भेवा।
नमो नरसिंघ तम इष्ट हमारै, मैं भयो निरभै प्रभु सरण तमारै।३००
तुम्हारो तेज नै जीव बरनी, धूजै गिगन अग्न जल धरणी।
अमी दिष्ट प्रभु अबही कीजै, सुर नर नाग सुखी कर लीजै।३०१
ताही छिन भए सीतल रूपा, रूप मनोहर बहुत अनूपा।
देव सकल सनमुख भए बाढे, दरसन देख प्रेम बहु बाढै।३०२

-:दोहा:-

ब्रह्मा सीव इन्द्रादि सुर, परसै प्रभु के पाय।
हाथ जोड़ अस्तुती करत, अहौ सुरन के राय।३०३

-:छंद मोतीदाम:-

नमो नरसिंघ म्हा तेजवंत, तिंहु लोक भए भयवान जंत।
नमो नरसिंघ संघारण दैत, नमो नरसिंघ रूप सदा तोहै जैत।३०४
नमो नरसिंघ भेस नमो सिंघ नाद, तिंह लौका है मांहि सुन्यौ तेहि साद।
नमो सिंघ देव नमो सिंघ राज, भवन चत्रदस सुनि तोहि गाज।३०५
नमो सिंघ गात नमो सिंघ अंग, नमो सिंघ देह दीरघ उतंग।
नमो सिंघ मुख नमो सिंघ नैन, नमो सिंघ कंध वरणै कुण वैन।३०६
नमो सिंघ हाथ नमो हरि पांय, नमो सिंघ पूंछ वरण्यो नहीं जाय।
नमो नरसिंघ जु आद पुरुष, हम श्रब देव चले तोह रूख।३०७
अग्न चंद सूर दूती तौ प्रकास, पांचु तत मांहि रहे तम भास।
नमो प्रहलाद हेत अवतार, नमो तुझ लिये भवपार।३०८

नमो नरलेप नमो निराकार, सुर संतन हेत धरौ अवतार।
नमो श्रब व्यापक म्हा विसन, भक्तन काज धरियौ तन कृसन।३०९
नमो हरि भक्त बछल दयाल, हम सरण तोहि करो प्रितपाल।३१०

-:दोहा:-

भिन्न भिन्न अस्तुती करी, सुर सुरन कही कर जोड़।
पाहि पाहि तुम सरण हि, राख चरण की ओड़।३११
सुन अस्तुति सुरन की, प्रसन्न भए भगवान।
अमी दिष्ट सुं दैख कै, करत भए सनमान।३१२

-:कुंडलियां:-

नरसिंघ तब प्रहलाद कै, हस्त कंवल धर सीस।
तुमरे निज भक्ति है, यूं बोले जगदीश।
युं बोले जगदीश, तम नाम की टेक न छाडी।
जु दुख दीन्हो दैत, त्यूं मम प्रीत जू बाढ़ी।
मैं पल पल आयौ नही, तुम तज्यौ न मन रंग।
भक्त बछल बिड़द काज है, यूं भाखै नरसिंघ।३१३

-:दोहा:-

मांग मांग प्रहलाद तुम, प्रसन भयो मैं तोय।
जो तुमरी अंछा हुवै, मम अग्या सुं होय।३१४

-:चौपाई:-

मांगु काहा सुनो मम सामि, तुम सब जानो अंतर जामी।
सकल विश्व को दुख मोहि दीजै, सब ही जीव सुखी कर लीजै।३१५
स्वामी देकर उरन होई, सेवक लहै सा विरथा सोई।
स्वामी सदा कृपाल ही रहै, सेवक सदा टहल में बहै।३१६
प्रेम भक्त अस साधु संगत, कृपा करदो नरसिंघ।
जो संगत में आए लोई, कोड़ तेतीसुं तारै सोई।३१७
पांच क्रोड़ तेरे संग तारूं, बाकी जुग जुग सबै उधारूं।
चौथे पोहर मिलै तेतीस, अब राज करो बोले जगदीस।३१८
सुरनर नाग राज सब फीको, तुमरो नाम लगे मोह नीको।
मोकुं राज काज नहीं भावै, चरण सेउ मेरे मन आवै।३१९
राजकाज तुमकुं ही देऊ, जब लग मैं वैकुण्ठ न जेऊ।
मेरी आज्ञा करो तुम राजु, अनन्य भक्ति दे सारूं काजु।३२०

मान वचन प्रहलाद जु मोरा, बैर बैर मैं करू निहोरा।
तुम नहकाम भगत मोह प्यारो, तोसु कबहु न होउ न्यारो।३२१
भक्त रिण मेरे सिर रहै, प्रेम पास बांध्यौ कहां जहै।
भक्त बछल मेरो बिड़द कहिये, तुमकुं कुछ दियां मोहि चहिये।३२२
कियो तिलक छत्र धर दियो, राज को साज नहीं इछियो।
प्रहलाद को हठ, दीनो हरि राज ....।३२३
जय जय सबद भयो तिंहु लोका, उपज्यौ हरख मिटियो भय सौका।
गिगन विवान रहै सुर छाई, पुसपां की विरखा बरसाई।३२४
विसनु भये जब अंतर धाना, सुर गये अपने अस्थाना।
हरि की भक्त भयौ नर नाहा, घर घर भक्त चड़ियौ परवाहा।३२५
जांको भूप भक्त जो होई, प्रजा भक्ति करै सब कोई।
कथा कीर्तन मंगलचारा, विसन भजन लागी ततकारा।३२६
हरि की भक्ति करै अखंडा, प्रहलाद पंथ चल्यौ नव खंडा।
सतयुग राज प्रहलाद जु भए, सुख संपदा नाना विध छए।३२७
लाख बरस लु जीवौ सोई, अकाल मृत मरै नहीं कोई।
प्रजा सुखी संकट नहीं आनै, सब कोई करै विसन को ध्यानै।३२८
राजा प्रजा पुत्र सम जानै, परजा नृपति ताकर मानै।
बारै मास वृक्ष फल फूलै, रिख ध्यान करै जीमै फल मूले।३२९
प्रहलाद करै विसन कौ ध्यानही, राजकाज चिंता नहीं आनही।
होम जाप पूजा मन लावै, कथा कीर्तन हरि गुण गावै।३३०
चक्र सुदरसन विसनु पठाए, प्रहलाद प्रज रिछा कुं आऐ।
अज्ञा मेट अनीति करै, जिको सीस सुदरसन हरै।३३१
हुकम मेट सिकै कौ नांही, चक्र सुदरसन सुं डरै पांही।
जैसे कंवल जल में नहीं छिपै, युं प्रहलाद न माया लिपै।३३२

-:दोहा:-

पांच करोड़ प्रहलाद संग, संत गये सुरलोक।
जुरा कष्ट व्यापै नही, जनम मरण भव रोग।३३३

-:चौपाई:-

इन्द्र पदी प्रहलाद ही पाई, नाना सुख वरणी न जाई।
सतयुग में प्रहलाद उधारे, त्रेता हरिचंद सत सुभारे।३३४
रोहितास कंवर तारादे रानी, विसनु हेत परहाथ विकानी।

नरपत नीच घर पाणी छाल्यौ, तन धन दे हरि मार्ग चाल्यौ।३३५
हरि हेत बिक्यो सत नहीं टरियौ, सात क्रोड ले हरिचंद तरियो।
द्वापर युग युधिष्ठर राय, सती द्रोपदा कुंता मांय।३३६
अर्जन भीम नकुल सहदेव, पांचु पाण्डु करी हरि सेव।
अजर जरे असत न भाखै, कृसन अज्ञा सिर पर राखे।३३७
जांका कारज हरि जी करिया, नवक्रोड़ ले सहजे तरिया।
कलजुग में हरि आप, विसनौ विसन जपायौ जाप।३३८
जोग सरूप सतगुरू धारिया, प्रहलाद वचन सुं आप पधारिया
सतगुरु सुध कृपा पाई, च्यार वरण कुं भक्ति दिढाई।३३९
जम्भ गुरु कीवी परमोध, अपना जन सब लिया सौध।
जीव दया हरि नाम बताया, सील सिनान सतपंथ चलाया।३४०
सत छोत रूत टालही जाणै, ईधण बांणी पांणी छाणें।
जम्भगुरु वैकुण्ठ सिधारे, कोड़ द्वादस पार उतारे।३४१

-:दोहा:-

पंच सात नव बाहरा, मिलै कोड़ तैतीस।
बिछड़िये प्रहलाद सुं, सौ मिलै जगदीस।३४२

-:चौपाई:-

कोड़ तेतीसुं संत सब राजै, पारी जाता मध विराजै।
संत करै नित इमृत पान, बैसन कुं मनसा जु बिवान।३४३
साधां के हरि दरसन देहै, जीवन मुक्त परम सुख लेहै।
साध समागम नित जांहा होई, ताको सुख वरणै काहां कोई।३४४
भगत भगवंत महमा अपारा, सारद सेस नहीं पावै पारा।
उधो दास कहै कर जोरी, कांहा लू वरणि मो मत थोरी।३४५
मछर उडेग नहीं पहुंचे, खग पार न पावै खगपंत सोचे।
प्रहलाद महमा अनंत अभेवा, अलप बुध कहा जानु भेवा।३४६
हरिजन हरि मिश्रत गुन गायो, प्रहलाद चिरत ए वरन सुनायो।
बालक बोले तोतरी बानी, मात पिता उर लहे पिछानी।३४७

-:दोहा:-

मम वाणी सुध करण कूं, कियो जस विसतार।
घट वध अक्षर जो होय, लीज्यो सबै सुधार।३४८
समत अठारे अड़सठा, माघ सुकल पक्ष जान।

तिथि तीज संपुरण भयो, प्रहलाद चिरत आख्यान।३४९

-:विष्णु चरित:- (110 दोहा-चौपाई)

-:चौपाई:-

श्री गुरु संत चरण सिर नाऊं, अज्ञा होय विष्णु जस गाउं।
महा विष्णु को चिरत अपारा, सुरनर मुनि जन लहै न पारा।१
पार ब्रह्म विष्णु घण नामी, विष्णु केवल अतंरजामी।
विष्णु पूरण परम अखंडा, जाकै रोम कोट ब्रह्मंडा।२
विष्णु अलख लखै नहीं भेवा, विष्णु है परमात्म देवा।
विष्णु अवगत गत को जानै, बुध सारू सो बोध बखानै।३
साम सेत विष्णु नहीं पीला, हरिया लाल उष्ण नहीं सीला।
विष्णु कै नहीं रूप न रेखा, लिख्या न जावै विसन अलेखा।४
विष्णु निकट नहीं कुछ दूरा, विष्णु पूरण है भरपूरा।
विष्णु है अछित अपारा, विष्णु रचै दुय तिय है सारा।५
विष्णु सब ईसन के ईसा, जगन्नाथ विष्णु जगदीसा।
विष्णु आद मध्य अवसाना, विष्णु पूरण परम निधाना।६
विष्णु निर्गुण रूप अनूपा, विष्णु है विज्ञान सरूपा।
विष्णु निरंजण है निराकारा, भक्त हेत धरहै साकारा।७
विष्णु अंछा कर ओंकारा, त्रिगुण माया कर विसतारा।
पांच तंत कर कियो इंडा, विष्णु सता अखिल ब्रह्मंडा।८
विष्णु सब वैराट ही सोहै, सब साकार विष्णु अंग जोहै।
खार सैन माहा विष्णु विराजै, ऐसे सेज्या लिछमी संग राजै।९
विष्णु पदमनाभ है सोई, ताहां ब्रह्मा की उतपत होई।
विध विष्णु की आज्ञा पाई, तीन लोक बहु सिष्ट रचाई।१०
सुरनर नाग अस्वर जो भऐ, चर अरू अचर जीव बहु ठऐ।
च्यार खान अरू लख चौरासी, सिरजै जीव विष्णु अवनासी।११
विष्णु व्यापक रहै सब मांही, विष्णु बिना चेतन को नांही।
विष्णु ही पाले विष्णु ही पोषे, सब जीवन कूं विष्णु संतोषे।१२
तारा अग्न सूर चंद सोई, सब में तेज विष्णु का होई।
पुरुष प्रकृत का पसारा, भक्त काज कीनो संसारा।१३
भक्त बछल विष्णु विड़द भाखै, भीड़ पड़यि रछा कर राखै।

विष्णु दीनानाथ कहावे, सरणागत सुरनर सुख पावै।१४
रमा विष्णु वैकुण्ठ विराजै, गदा चक्र रछा के काजे।
भक्त हेत विष्णु उर चीनौ, कर कर राज अवल पद दीनो।१५
रिभदेव विष्णु अवतारा, उभदूण सिनकादिक च्यारा।
विष्णु भए मछ के रूपा, सतव्रत कुं दियो ज्ञान अनूपा।१६
बिन ही प्रलै परलौ दिखलायौ, माया को प्रभाव बतायौ।
ईला अस्वर पाताल ही चांपी, पृथ्वी त्राह त्राह कर कांपी।१७
विष्णु धरे वाराह अवतारा, धर डाढ़ा पर लई उधारा।
विष्णु हयो हिरणाक्ष्य जु पापी, सरजीव करे विष्णु धर थापी।१८
विष्णु कोरम रूप धराना, मिंद्राचल का किया मथाना।
विष्णु वासक नेता कीना, चवदै रतन समंद मथ लीना।१९
विष्णु मोहनी रूप धर आए, असुर डोहे सुर इमृत पाए।
वेद धनंतर विष्णु अवतारा, मरत लोक कीनो उपकारा।२०
हैग्रीव रूप विष्णु जु कीना, असुर मार वेद विधि दीन्हा।
विष्णु भये पृथु अवतारा, छिती अन दियो सारा।२१
विष्णु रूप कपिल मुनि कीन्हो, सांख ज्ञान माता कुं दीनो।
विष्णु कला मन्वतर सारा, विष्णु भए जज्ञ अवतारा।२२
विष्णु अनुसूया पूता, दत्तात्रेय भये अवधूता।
विष्णु धरे हंस अवतारा, सनकादिक को कह्यौ विचारा।२३
क्षीर नीर जु भिन्न भिन्न कीना, आत्म तत्व विध कूं दीन्हा।
नर नारायण बद्री अवतारा, ज्ञान भक्ति कीनो विसतारा।२४
प्रहलाद गही विष्णु की टेका, हिरणकस्यप कियो बहु धेखा।
तब प्रहलाद खंब के बांधा, अस्वर खड़ग सीस पर साधा।२५
कहां विष्णु अस्वर युं भाखै, प्रहलाद विष्णु खंब में दाखै।
फाटत खंब भयो गुंजारा, विष्णु धरै नरसिंघ अवतारा।२६
पकड़ अस्वर के ओदर विदारे, दैत मार प्रहलाद उबारे।
गज कूं ग्राह गह्यौ जब जल में, करूणा सुणी विष्णु तब पल में।२७
रमा सेझ सुख विष्णु विसारी, खगपत घर कीन्ही असवारी।
गरूड़ थके हरि प्यादे ध्याऐ, रूप चतुर्भुज चक्र चलाऐ।२८
काटियो फंद गयंद कियो मुक्ता, करण सिध विष्णु भगवंता।
बावन रूप विष्णु धर आये, बलि के छल पाताल पठाये।२९

इन्द्र कूं निर्भय कर दऐ, बलि की भक्ति विष्णु बस भऐ।
विष्णु कला फरसा अवतारा, छत्री मार किये खंखारा।३०
महा विष्णु दसरथ सुत रामा, सुरनर मुनिजन लीन पूरण कामा।
कौसल्या कुं ज्ञान सिखायौ, अपनो तेज प्रताप दिखायौ।३१
रिख को जिग संपूर्ण कियो, अस्वर मार विष्णु जस लियो।
पद रज राम सिला पर डारी, गौतम नार आहेल्या तारी।३२
जनक जज्ञ में धनस जु तोड़े, सीता परण असर मद मोड़े।
पिता भगत के वचन जु पारे, सीता सहत वनवास पधारे।३३
वन में विष्णु असुर सिंघारे, निरभै किये रखेसर सारे।
प्रेम देख सिंवरी के आए, झूठे बैर प्रीत सुं पाए।३४
ऊंच नीच विष्णु नहीं चीन्हा, सिंवरी कुं निरभै पद दीन्हा।
महाबली बाली हरि मारे, सुग्रीव आद सखा किये सारे।३५
हनुमान हरि को निज दासा, मुख हरि नाम चरन की आसा।
रूघनाथ रजा सीस पर धारे, अज्ञा पाय सब काम सुधारे।३६
विष्णु सैल संमद पर तारे, रावण आद अस्वर बहु मारे।
छिन में विष्णु लंक लुटाई, सुर तेतीसुं बंद छुटाई।३७
भभीषण कुं पाट बैठाए, सीता सहत अवधपुर आए।
भरथ सत्रुघन लिछमन रामा, पूरण विष्णु व्यूह अभरामा।३८
सुर्य विष्णु रघुवंशी राजा, वरण आश्रम धरम बांधी पाजा।
अमरीख नृप विष्णु को दासा, श्राप दैण आयो दुरवासा।३९
चक्र सुदरसण रिख तन जारियो, तीन लोक में भटक जु हारियो।
सिव ब्रहमा विष्णु नहीं राखे, नृप सरण जाय ऐसे भाखै।४०
तब रिख चले नृप पे आए, ज्वाला मिटी प्रेम सुख पाए।
भक्त बछल विष्णु का वाना, अपने दास कुं इधिक बखाना।४१
महाविष्णु किसन अवतारा, ब्रज में कियो चिरत अपारा।
वसुदेव देवकी के जनमे जाई, नंद महर घर बंटी बधाई।४२
पूतना प्रान प्रथम सोखा, तांकु विष्णु दई निज मोखा।
झूलो झूला संकटासुर मारे, मार लात भू मांह पछाड़े।४३
माटी खात माता मुख वायो, तीन लोक मुख मांह दिखायो।
चांच फाड़ बकासुर मारे, अघासुर मुख पैस विदारे।४४
वृषभ अस्वर विष्णु मारे, पूंछ पकड़ भू मांह पछाड़े।

जमना जल में काली नाथे, ग्वाल गोपियन के जीम्यौ हाथे।४५
नख उपर हरि गिरवर धारियो, इन्द्र को प्रभु गरब जु गारियौ।
प्रलय काल मेघ में टारी, ब्रज मंडल की करी रखवारी।४६
ब्रज को बाल भयो नहीं बंका, मधवा मन में मानी संका।
काम धेन लेह हरि पे आऐ, इन्द्र अपराध छिमा करवाऐ।४७
वनरावन में धेन चराई, कुंजन में खेले जद्राई।
साथ हरि गोकुल से, मथुरा को प्रस्थान किया।४८
जोवती प्रीत हिरदे हरि चीनी, प्रेमा भक्ति गोपियन कूं दीनी।
कृष्ण कृष्ण भज्ञ भई अनूपा, आपो बिसर भई हरि रूपा।४९
राधा कृष्ण कृष्ण कहे राधा, प्रेम डोर परस्पर बांधा।
भक्त अक्रूर संग हरि लऐ, गोकुल सूं हरि मथुरा गए।५०
कुबज्या चंदन प्रीत सुं दीनो, सो श्री कृष्ण अंगीकृत कीनो।
त्रिबंक कुबरी होत करूपा, कृष्ण कृपा करी रूप अनूपा।५१
कृष्ण कला को पार न पावै, जैसो भाव तैसो दरसावै।
सखी कृष्ण कुं असे जानै, प्राकृत नर सुं आप समानै।५२
जोबन जौती हर कुं जोवै, कोट काम इधको मन मोहे।
जोगी ज्ञानी भक्त हरि देखै, पूरण विष्णु अखण्डत लेखै।५३
मात पिता बालक ही जानै, अस्वरां को भय हिरदै आनै।
अस्वर कृष्ण कुं ऐसे देखै, महाकाल को काल सेखै।५४
मल अखाड़े पकड़ पछाड़े, कंवलिया पीर कुंजर ही मारे।
रंगभूमि जहां जिग रचाई, बलबीर सहत खेले जद्राई।५५
चोटी पकड़ मंच तै डारे, कृष्ण कंस कुं पकड़ पछाड़ै।
वसुदेव देवकी छुटाई, सखा उद्धव सुं करी मितराई।५६
अगरसेन पुत्र दीनो राजु, भक्त हेत कीनो सब काजु।
गुरु को मरतक पुत्र जीवायौ, जमराजा पै तुरंत मंगायौ।५७
काल जमन कुं भसम कराई, उतर दिसा मुचुकन्द पठाई।
विसकर्मा कुं अज्ञा दीनी, हाटक पुरी द्वारका कीनी।५८
मथुरा को छोड़कर हरि द्वारका धाऐ, तब ही ते रीणछोड़ कहाए।
सोला संहस नरकासुर घेरी, करूणा करी सरण हरि तेरी।५९
जोखता प्रीत हिरदै हरि जाणी, मार नरकासुर वरि हरि रानी।
सीसपाल जीत रूखमणी लाए, जुरासिध बलबीर भगाए।६०

विप्र सुदामा मित्र करे, कृष्ण कृपा कर दालद हरे।
पुरंद पुरी पलक में कीवी, हय गय पट रजधानी दीवी।६१
दरजोधन अभमांनी दीठा, त्यागे मेवा लगे न मीठा।
प्रेम देख विदर घर आऐ, लुखो साग प्रीत सुं पाए।६२
पंडव हरि सुं भए पराइन, पांच पांडु छठे नारायन।
अरध रात दुरवासा आए, सुते पंडव जाय जगाए।६३
रिख कहै मो भोजन दीजै, श्राप सोच राजा मन छीजै।
नृप कहे मोह दहो जरराई, रिख वेमुख जीवन का भाई।६४
कहै द्रोपदा कृष्ण अराधो, हरि चरणां में हिरदै साधो।
कृष्ण कृष्ण जब करूणा करी, तब हरि परगटे ताही घरी।६५
पंडव बहु असतुति करी, कृपा करके बोलै हरी।
भाव भूखे मोहे भोजन दीजै, हाजर हुवे सो हाजर कीजै।६६
साग पात द्रोपदा एक दीनो, पाय प्रीत सुं अचवन कीनो।
रिख त्रिपत भऐ तिहुं लोका, कृष्ण किये ऐह चिरत अलोका।६७
दे आसीस चले रिख सोई, तुमरी जै सत्रु खै होई।
पंडवा को सत विष्णु राख्यौ, इतिहास पुराण भागवत भाख्यौ।६८
गही दुसासन द्रोपदा रानी, दरजोधन की सभा में आनी।
दुष्ट दुर्योधन मन में खीजै, अंबर खोस नगन कर दीजै।६९
तब द्रोपदा करूणा करी, लज्या मोरी राखो हरी।
चीर खांच दुसासन हारा, अंबर प्रवाह बढियो अपारा।७०
द्रोपदा लाज करूणानिध राखी, पूरण संत परगट कहै साखी।
पंडवा की दासा तन कीनी, जिग में झूठ उठाय हरि लीनी।७१
कुंती सती हिरदै हित चिन्ही, सखा भाव अरजन सूं कीनी।
पारथ के हरि सुवारथी भऐ, गीता ज्ञान अरजन कुं कहे।७२
वैराट रूप श्री कृष्ण दिखायो, अरजन को अहंकार गमायो।
पांडव भारथ मांह जियाए, दरजोधन निरवंश गमाये।७३
भारथ में भीसम पण राख्यो, अपनो वचन झूठ कहै दाख्यौ।
दैत वकत्र सिसपाल ही मारे, भक्ति हेत बहु असुर संघारे।
साजौज मुक्ति दे दानव तारे।७४
जुरा व्याध पापी एक होता, वन में जीव हत्या करे बहोता।
खैंच बान हरि कै पद दीनो, मृग मुख जान घात जिन कीनो।७५

मृग जान जुरा दोर के आयो, रूप चत्रभुज दरसन पायो।
सीत लागो ज्युं तन थररायौ, भैभीत भयो आपो बिसरायौ।७६
त्राह त्राह कर सरण आयो, ताकुं सुरग सदेह पठायो।
वैरी मित्र सम गत पावै, विष्णु की गत लखी न जावै।७७
जो नर हरि सुं लिव लायो, सेई प्राण परम सुख पायो।
काम क्रोध सुं नरक ही जावै, हरि भजियां सदगत पावै।७८
विख आस कृष्ण सुं करी, से गोपी भवसागर तरी।
असुर कृष्ण सुं क्रोध कराई, साजोज मुक्त परम गत पाई।७९
अकथ कथा कृष्ण की कहावै, विष रूप इमृत हुय जावै।
सुभ असुभ विष्णु सुं करै, लीन भए भवसागर तिरे।८०
तातै मुनिजन निसदिन गावै, सुन सुन चिरत परम गत पावै।
सुभ विष्णु अवतरै जदुवंसा, भु भार मेटियो जिन संसा।८१
विष्णु व्यास कला अवतारा, वेद पुराण निरणै कियौ सारा।
बहुर व्यास भागवत गाऐ, अपने उर आनन्द बढ़ाऐ।८२
बुध बोध पाखण्ड विसतारा, हरि बुध गयासुर मारिया।
संतन काज कलयुग में सारे, नाना विध विष्णु वपु धारे।८३
कलकि अन्त में विष्णु वपु धरहे, असुर मार सतजुग पुन करहे।
जुग जुग विष्णु धरे अवतारा, अधरम मेट धरम विस्तारा।८४
महा विष्णु के चिरत अपारा, हर अवतार लहे कौ पारा।
अनंत रूप महा विष्णु कहियै, सुरगुन नुरगुन पार न लहिये।८५
चत्रानन विध विष्णु उचारै, नेत नेत कह निगम पुकारै।
सैस संहस मुख कथा सुनावै, विष्णु चिरत को पार न पावै।८६
विष्णु चिरत सत कोट अपारा, सिव उमा संवाद विचारा।
सिव ध्यान धरै गुन गुनै, नाम संहश्र उमा भनै।८७
बालमीक हरि के गुन गाये, ऐक अरब कहै पार न पाऐ।
विष्णु ध्यान सिनकादिक धारे, निसदिन आतम तंत विचारै।८८
विष्णु चिरत सारदा लिखै, अविरल बानी निसदिन बकै।
तोह हरि गुन पार न पावै, चिरत अपार लिख्या नहीं जावै।८९
गनपत चवदे विद्या निधाना, विष्णु चिरत लिखि पार न जाना।
लोमस अद्वीत विष्णु विचारै, गुपत भक्त हिरदै में धारे।९०
नारद तुमर वीन बजावै, लीव लीन भए विष्णु गुन गावै।

नव जोगेस्वर ग्यान विचारै, विष्णु चरित हृदय में धारै।९१
जनक वेदह देह सुद त्यागी, विष्णु चरण कंवल अनुरागी।
रवि सुत विष्णु नाम उचारे, तीनो लोक न्याव विचारे।९२
पारषद विष्णु हजुरी दासा, निसदिन चरण सेवन की आसा।
खगपत वाहन विष्णु हजुरी, चरण छाड नहीं जावै दूरी।९३
गरूड़ गयो जाहां भक्त जु वासा, हरि चिरत सुन्यौ मेटियो मन संसा।
काग भसुंड हरि मुख में पैठा, बह ब्रहमण्ड उदर में दीठा।९४
तब परमात्म रूप जाना, विष्णु चरित अपार बखाना।
काकभुषुण्ड अगस्तन भजे विष्णु नामा, पूर्ण विष्णु सालगरामा।९५
विष्णु नाम का सुन अतिहासा, अगस्त कह्यो सुन्यौ सुत व्यासा।
अज्यामेल पापी जम मारियौ, सुत होय नारायण नाम उचारियौ।९६
विष्णु पारषद तुरंत छुटाऐ, जम की मार कुं कार भगाऐ।
जान अजान नाम हरि को असो, अग्न दहे बहु वन कूं जसो।९७
विष्णु कीरतन सुख मन गावै, श्रीमत भागोत सुनावै।
सुन्यौ प्रीछत पंडव पोता, श्रप डस्यौ सदगत होता।९८
सुख पै सुनी सूत सो गाई, सहंस अठयासी रीख मन भाई।
विष्णु कीरतन कलम करही, महा अघोर पाप सुं तरही।९९
संत केवट हरि नाम जिहाजा, भवजल तरण को एहि समाजा।
सतयुग विष्णु ध्यान जो धरता, त्रेता जिग विष्णु हित करता।१००
द्वापर विष्णु पूजा अरचा, कलि सुन तरै विष्णु की चरचा।
कलि कालह हरि नांव अधारा, जो सिंवरै सो उतरै पारा।१०१
जो विष्णु नाम सुं प्रीत लगावे, सोई निरभै पद पावै।
विष्णु नाम जो सिंवरै मन में, त्रिविध ताप मिटै सब तन में।१०२
विष्णु महिमा अनंत बतावे, अनंत कोटि विष्णु गुण गावै।
वै जन हरि को पार न पावै, मगन होय चरणो चित लावै।१०३
अलप बुध सुन्दर मम बानी, विष्णु चिरत कहां कहे बखानी।
श्रवण जिभ्या हिरदौ जोहै, विष्णु नाम सुं पावन होहै।१०४
कलि में विष्णु संत सरूपा, जंभ गुरु माहा जोग अनुपा।
विष्णु भगत पर जो करै, अनंत कोट सतसंग तरै।१०५
ता दास दास के उद्धव दासा, विष्णु चिरत कहियौ अतिहासा।
गुरु बुध दीनी तेहि उर माना, विष्णु चरित कहियौ बखाना।१०६

हरि चरित अपार कहां बुध वरणै, उदोदास विष्णु तोह सरणै।
तुछ वाणी सुं काहा प्रभु रीझै, अपनो जान कृपा मोह कीजै।१०७
नमो नमस्ते वार न पारा, जै जै विष्णु सकल आधारा।
गुण गाउं जांणु नहीं भेवा, चरण सरण मोहि राखो देवा।१०८

-:दोहा:-

अनाथ नाथ असरण, निराधार आधार।
जन ऊधो कुं तारियै, अपनो बिड़द विचार।१०९
हरि अवतार अनंत, अनंत चिरत अवगत तण।
गावै मुनिजन संत जस भव जल तरण।११०

-:कक्का छैंतीसी:- (37 कुंडलियां)

कका केवल किसन भजो, हिरदै धर विसवास।१
आंन भरोसो छाड दो, राख राम की आस।
राख राम की आस, ज्यूं पतिवरता पत सैवै।
तन मन अरपै प्राण, पीव विनी चित न दैवै।
नहचै भज हरि उधवा, टल जाय जम का धका।
मन माधो सुं प्रीत कर, केसव जप रे कका।१
खखा खरची बात है, जम जालम सिर तेरे।
मजारी ज्यूं तक रह्यौ, मूसा दूत उत हेरै।
मूसा दूत उत हेरे, जिव दर सुंदर बणावै।
काल झपैट आंण, युंही आरंभ रह जावे।
जंवर तणा दल भारी उधो, हरि विन कोउ न रखा।
सायब जी को सुमरण कीजै, खरो भरोसो खखा।२
गगा गोवंद गाईये, कर कर उतम प्रीत।
किरत गाय किरतार की, ज्यूं जनम जायगो जीत।
जनम जायगो जीत प्राणी, सांसो सांस संभारो।
अवसर आयो तोह, मत गाफल हुय हारो।
उधव दास विचारो मन में, हरि विन कोय न सगा।
संकट माही सहाय सदाई, गिरधर गाय रे गगा।३
घघा घट घट रम रह्यो, ज्यूं पथरै आग।
विन सतगुरू नही पाईये, खोज रहे सब माघ।

खोज रहे सब माघ पिरांणी, गुरू विन लह न आसै।
चकमक कड़ै अग्न प्रज्वलै, युं गुरू ज्ञान प्रकासै।
उधव या संसार में, सतगुरू समा न सगा।
गुरू सेवा हरि पाइयै, घट में प्रगट घघा।४
ड़ड़ा रड़वड़तो फिरै, जीव चौरासी मांहि।
भव सागर में भरमतां, कहुं काल थिर नांहि।
कहूं काल थिर नांहि प्राणी, जीव बहुत दुख पावै।
जाहां ताहां मारै काल, किसन बिन कुंण छुडावै।
उधव सिंवरौ विसन कुं, निस दिन रहो खड़ा।
कंवलापत को ध्यान धरो, ज्यूं रूलता रहो रड़ा।५
चचा चितवन चित की छाड, गहो गुरू ग्यांन।
तेरा चितवन झूठ है, करन हार भगवांन।
करन हार भगवांन, भरोसो हरि कै रहियै।
वरत मांन वरताय, नेम धर्म नित गहियै।
उधव उर विश्वास धर, हरि सुं रहियै सचा।
आपो मेटो हरि भजो, चितवन तज रे चचा।६
छछा छलबल छाड कै, न्ह कपटी हुय रहियै।
सेवा सतगुरू संत की, साचै मन सुं गहियै।
साचै मन सुं सेव निरंतर, सतगुरू किरपा करसी।
उधोदास प्रीत कर हरि सुं, गऊ धावै ज्यूं बछा।
दीन दयाल हुवैगा तब ही, छलबल तजियै छछा।७
जजा जुग में जीवण, बोहो थोड़ा रै भाई।
धुंवै का लहलोर ज्यूं, जाता वार न लाई।
जाता वार न लागै जीव कुं, नहीं भरोसा तन का।
सांसो सांस सिंवर ले सायब, छाड मनोरथ मन का।
उधव आसा एक ईसवर की, सिर ऊपर राम रजा।
ध्यांन धरो धरणीधर को, ओ जुग जाय जजा।८
झझा झटपट कीजिये, सुकरत दोना हाथ।
दिया लिया तैरै संग चलैगा, और न चालै साथ।
और न चालै साथ जीव कै, कै सुकरत हरि नाम।
नाम विना भवसागर भरमै, आगै ठोर न ठाम।

मात पिता सुत नार हुं लैनी, भीड़ पड़िया सब भजा।
उधव लावा राम भजन का, लेह झड़ाका झझा।९
नना ना कारो नां करो, वित सारू दत देह।
हुंडी के से दाम है, वैकुंठा भर लेह।
वैकुंठा भर लेह प्रांणी, हरिजन कै मुख वाय।
सुपात्र कुं दान दियो तेरो, कदै न निरफल जाय।
तन मन धन दे उधव, हरि कुं अरपन करना।
माया सब ही म्हाविष्णु की, ना ना मत कर नना।१०
टटा टंटा जगत का छाड, भजो रूघवीर।
भव सागर की धार सुं, उतरिये ला तीर।
उतरीयै ला तीर, नाव कै बेड़े पैठो।
सतगुरू खेवण हार, चरण गह संगत बैठो।
एक मन हुय कै हरि भजो, कर जुग सुं मन खटा।
उधव कंवर बांध भजन की, टंटा तज रे टटा।११
ठठा ठगबाजी संसार है, मात पिता सुत नार।
सगा सनेही गोत कडुंबो, आन मिल्या दिन च्यार।
आन मिल्या दिन च्यार, अंग सुनै न सनेहा सांधै।
गाय बजाय लडाय हंसावै, मोह फंद में बांधै ।
ठग बुटी पाय करै बावरा, खारै कुं कहै मिठा।
तड़फ तड़फ मर जावै उधव, ओ जुग ठरे ठठा।१२
डडा डरकरि चालियै, ले संत बोलाउ साथ।
ठगबाजी या जगत में, अग्यान अंधेरी रात।
अग्यान अंधेरी रात मुसाफर, ग्यांन भांण दिन वहियै।
लालच लोभ मोह की फासी, काम क्रोध ठग कहियै।
पांचु इंद्री फास चलावै, यामै मन ठग वडा।
उधवदास चेत हरि सिंवरो, डरकर चलियै डडा।१३
ढढा ढालो को नही, विनां भज्यां भगवांन।
उर में सोच विचारो प्राणी, चली जाय सब जिहांन।
चली जाय सब खलक पलक में, ज्यूं बादल की छाया।
धन जोवन अंजरी को पांणी, अरू सपनै की माया।
आतर हुय हरि सिंवरो, मन मां छाडो झुठा रढा।

उधव सांस भरोसो नांही, ढील न करिये ढढा।१४
णणा रिण संनवंध सु, मात पिता सुत नार।
सत्रु मित्र पसु पंखी, ले दे चलण हार।
ले दे चलण हार, जीव का सगा न कोई।
करम जेवड़ी मांह बंध्या, भुगतै सब लोई।
उधव तुं नही काहु का, तेरा कोई न होणा।
सांसो सोग मोह नही करणा, राम किसन कहो णणा।१५
तता ताते लोह ज्यूं, ओ दम जाय अमोल।
नर दम सब में इधक है, विना भजन मत खोल।
विना भजन मत खोल वो, होर ओसर नही आवै।
भरथ खंड भुंय लोक, भगत को खेत कहावै।
जन तप मह रवि लोक सुर, नर तन चाहै अता।
उधव दुरलभ पाईयै, विसन सिंवर ले तता।१६
थथा मन थिरता करौ, ध्यान धणी को धारौ।
सुंदर वदन कंवल दल लोचन, घनसांम सरूप विचारो।
घनसांम सरूप विचारौ, उर में श्रवण किरतन समरण।
चरण सेवा अरू अरचन वंदन, दास सखा आतम अरपण।
नवध्या कर कै प्रेम बढावै, ज्यूं कटै जीव की विथा।
सांस उसांस सिंवर हरि उधो, थिर मन कर थथा।१७
ददा देही गारमी, गरव करो मत कोई।
संबल के से फुल है, देखण के दिन दोई।
देखण के दिन दोई, छवि ला जिसा काच का सीसा।
यो तन मोती ओस का, तम क्यूं न भजो जगदीसा।
उधव देही राछ विरांणौ, वडै भाग सै लदा।
सुकरत सिंवरण कर ले प्रांणी, देर न करियै ददा।१८
धधा धंधा हात सुं, मुख सिंवरो हर नाम।
हिरदै साचि प्रीत कर, ग्रीही साध कौ कांम।
ग्रीही साध को कांम, दासा तन फल भारी।
सेवा सतगुरू संत की, रीझै आप मुरारी।
जिन आपा मेटिया हरि भज्या, सुकरत का फल लधा।
अनन भाव सुं भजियै, उधो धीरज धर उर धधा।१९

नना नारायण भजो, सचल मन कूं राख।
मन परतीतन उपजै, सुणौ प्रातम साख।
सुणौ प्रातम साख, अज्या मेल पापी रहता।
लियो नारायण नाम, अंत्र पुत्र के हेता।
जम कुं मार बचग्यो हरजी, ऐसा हरि का सरना।
उधो दास विड़द सुण हरि को, नारायण भज रे नना।२०
पपा पाप न कीजियै, न्यारा रहिये नित।
जो करै सो भरै एकैला, सुत मात पिता नही मित।
माता पिता नही मित जीव कै, जद जम पकड़ चलावै।
नरक कुंड में बोह दिन भुगतै, चौरासी दुख पावै।
अपणो पीड़ सोई पराई, उर खोजो आपा।
उधो दास दया दिल पालो, पाप न करि पपा।२१
फफा फाटा ना मिलै, मन मोती अर काच।
सजन दुरजन क्यूं भया, जीव रहिया कपट सुं राच।
जीव रहिया कपट सुं राच, झूठै लालच लागी।
अपना प्रीतम छाड, आन सै लग्या अभागी।
नह कपटी हरि मित सुं, उधव चाहत नफा।
कपटी सुं नर ना मिलै, तो हरि क्युं मिलहै फफा।२२
बबा बोह जुग भटकिया, धर चौरासी देह।
नर नारायण तन दियो, हरि को समझ सनेह ।
हरि को समझ सनेह, प्रभु किरपा करी भारी।
नर तन चाह, सोई तुम दियो मुरारी।
मुक्त द्वार आय उधवा, मत लो मारग लंबा।
सुख सागर विसराम करो, विसन भजो रे बबा।२३
भभा भव अटबी फिरै, उंच नीच अवतार।
क्रम तंतु बंधे आतमा, सुख दुख भोग अपार।
सुख दुख भोग अपार, चौरासी भरम भूलाना।
त्रिजग जुण अपार, जीव कुं नहीं ठिकाणा।
उधव सुर नर नाग में, लाभ कहुं नह लभा।
भजन बिना छुटै नही, भव अटवी रे भभा।२४
ममा माया मद में, भुल गयो संसार।

अन धन संपत सायबी, मात पिता सुत नार।
मात पिता सुत नार, दुलैनी हय गय मिंदर माल।
इंद्री को सुख चाह कै, विसरियौ दीन दयाल।
असन वसन कौ रंग में राता, जोड़ी पुंजी जमा।
उधव जीव जमारो हारियो, माया मद में ममा।२५
यया आया जगत में, जाया जै सब कोय।
राजा रंक रूपा, तसा मरण भेद न कोय।
इमरण भेद न कर जवर दल, बुढा बालक तरणा।
सुर असुर नर नाग किन्नर जक्ष, दिन आय सब मरणा।
नहचल नाम नारायण को, चंचल हरि की माया।
उधवदास जायगा सबही, जो जीव जग में आया।२६
ररा राम पुकार लै, रैण दिवस इकतार।
आठ पोहर की फिरादै में, कदैक सुनै पुकार।
कदैक सुनै पुकार, सांम सनमुख होय झाखै।
जाय दालद सब दूर, हरि अपणौ कर राखै।
उधव तन मन अरप कै, रोपो पांव खरा।
मिनख मजूरी दैत है, तो क्युं राखे राम ररा।२७
लला लालच लागो प्राणियो, देस बदेसां जाय।
जो कुछ लिख्यौ ललाट में, सोई मिलसी आय।
सोई मिलसी आय, उदम करोव दुभांता।
राई घटै न तिल बधै, जो कुछ लिख्यौ विधाता।
हिमत राखो हरि कुं सिंवरो, सांम सीयाय में भला।
उधव उदम सैजे कीजै, लालच तजियै लला।२८
ववा वारी आपणी, नैड़ी आवै नित।
दिया सेत सनेसड़ा, सो क्युं सोवे निचत।
सो क्यूं सोवे निचत, सूल चलै का करणा।
सुत मित माय न बाप, एक सायब का सरणा।
आया हलकारा हरि का, उधो पल भर खड़ा न रहबा।
बारी आई आपणी , विसन भजो रे ववा।२९
शशा सारै जगत में सब, मुतलब के यार।
स्वारथ मिटै जु आपणौ, कौई न करै पियार।

कौई न करै पियार, माता पिता कुं देखो।
थकै हात अरू पांव, बात न पूछै एकौ।
उधौव मैलो हाट को, ओ जुग जाण असा।
साम विना को संगी नांही, सायब भज रे शशा।३०
षषा खरा कोल किरतार सुं, किया गरभ कै मांहि।
आठ पोहर चौष्ट घड़ी, तम कुं विसरू नांही।
तम कुं विसरू नांहि, गरभ की संगट मेटो।
जनमत गयो विसार, माया मोह लपेटियो।
मात पिता मोह बालपणै मै, त्रण त्रिया मन रखा।
विरध भयो चिंता भई, उधव जीव खरो हरांमी षषा।३१
ससा सारो को नही में पड़ियो, मोह कै फंदा।
काम क्रोध लोभ मोह सुं, हिरदै हुय गया अंधा।
हिरदै हुय गया अंधा, सतगुरू ग्यांन कछु नहीं सुझै।
तन मन अरपु पावां पड़ कै, अंध अग्यानी बुझै।
ग्यांन अंजन सलाका देकै, हिरदै नैन करो अछा।
उधोदास सरण सतगुरू की, करो सुमाखा ससा।३२
हहा हाहा खात हुं, सांस सांस सो वार।
पग पग खुनी पतत हुं, रोम रोम गुनैगार।
रोम रोम गुनैगार, अदल सुं जीवन छुटै।
त्राह त्राह प्रभु सरण, फदल किया फंद तुटै।
पतत उधारण विचारो, जब जीव का निसतारा।
उधोदास कह कर जोड़े, हाहा करहुं हाहा।३३
लृला लिख्या लिलाट में, विध का टरै न अंक।
एकै ओदर उपना, एक राजा एक रंक।
एक राजा एक रंक, कमाई भुगतै न्यारी।
उधो करै जो आतमा, हरजी पुरै सारी।
एक झरोखे छत्र सिंघासण, त्रणी हय गय चाला।
एक रोगी अरू पेटही दूभर, लिख्या लाभै लृला।३४
क्षक्षा खलक तणां, नर नहीं जाणै कोय।
पल में ब्रम्हांड प्रले करे, पल में पैदा जोय।
पल में पैदा जोय, कोट ब्रहमांड बनावै।

सुरनर मुनिजन नाग, पार कोई नहीं पावै।
भाजण घड़ण समरथ प्रभु, सांस सांस करै रह्या।
उधोदास उसी कै सरनै, जीव कुं कबहुं न क्षक्षा।३५
ककै सुं मै कसिया कुंडलिया, क्षक्षिये लग सब भाख्या।
मौमन मूरख कारणै, पिंडत कुं नही दाख्या।
पिंडत कुं नही दाख्या, संतो साधु किरपा कीजो।
उधोदास कहै कर जोड़ै, मोहि अपणो कर लीजौ।
जंभगुरू अचरज उर में, संत सबै सिर रखेसुं।
क्षक्षिये लग सब भया संपूर्ण, कहिया कुंडलिया ककै सुं।३६
समत अठारै चौरासियो, श्रावण किसन पख तीज।
अलप बुध जाणू, कहा सतगुरू हंदी रीझ।
कहा सतगुरू हंदी रीझ, बुध जब भई परकासा।
मिटियो आन उर भरम, गही तमारी आसा।
जा दिन में संपूरण भई, तिथ तीज बुधवार।
उधव वरस चोरासियो, कहीयै समत अठार।३७

-:हरजस-01:- (लुर, 9 छंदो का)

गिरधर गोकल आव, गोपी सनेसो मोकलो।
मोह दरसण को चाव, प्रेम पियारा कानजी।टेक।
थारै माथै मुकट सुढाल, केसर तिलक जु हदै बण्यो।
मोहन नैण विसाल, सुंदर बदन सुहावणो।१
गूगर थारै केस, कानां कुंडल झलकंति।
ओही मनोहर वैस, म्हारै मन रम रह्यो।२
गल बैजंती माल, पीतांबर कट काछनी।
हाथ लकुटिया लाल, सांम सलूणा सांवरा।३
गावौ छतीसूं राग, गिरधर मुरली मोहनी
मोहे सुर नर नाग, गोपी मोहै गुवालिया।४
वै दिन कान चितार, महीड़ौ मो पै मांगता।
अब तम गए विसार, मुथरा मै महाराज बणैहो।५
चेरी कंस की दास, भल बसाई भावनी।
वा संग कियो निवास, सहंस सहेली छाड कै।६

थानै झूरै जसोदा माय, राधा पलक न वीसरै।
ललता जीव ललचाय, दरसण कारण दूबली।७
थानै झूरै बिरज की नार, घर घर झुरै गुवालिया।
गऊ तिण तज्यौ मुरार, बछड़ा खीर न पीवही।८
उदौ कहै कर जोड़, कांय बिसारी कानड़वा।
म्हारी अरज सुणो रणछोड़, दर्शन दया कर दीजिए।९

-:मंगलाष्टक:- (5 छंद)
सीस निवाऊं सब संतन को, कर विनती कर जोड़।
विघन हरण मंगल करण, दुख मिटै जु करोड़।१
शिव सगती गणपत अरच, विघन मिटावण हार।
सभा सिध परवार में, दोय कुल मंगलाचार।२
वास परमला जे सझै, चंदन अगर कपूर।
पांच लाडु सिवा सु थंभ, शिव तंबोल हजूर।३
चंदन कपूर सीतल निवै, अगर निवै बहूत।
अनड़ विनायक सिंवरियै, गंवर तिहारो पूत।४
विघन हरण मंगल करण, ब्रह्मंड थरपण बिन थंभ।
अनंत कला विष्णु नमो, ऊधोपति श्री जंभ।५

-:गुरू महमा:- (01 कवित्त)
गुरू देवन के देव, गुरां सा अवर न कोई।
भव में डूबत जीव, सतगुरू तारै सोई।
अधरम मारग मेट, धरम कै राह चलावै।
सुकरत खरची बांध, गुरू निज धांम निभावै।
नांम जिहाज भव सागर तणी, सतगुरू खेवण हार।
गुरू सरण नौका गह, उधव उतरे पार।१

-:कुसंग को अंग:- (03 कवित्त)
कुढोर हरियाय ताय, संग दूजो जावै।
संग सूं खावै मार, डींगरो गलै बंधावै।
कदलो काटै बैर, संग सूं पान चिरावै।

बस बीड़ो बन माय, ताह संग सकल जरावै।
नीच करम कर नरक देह, और बूडै संग लेह।
जन उधव नहीं जाइयै, कुसंगत फल एह।१
कालर करसन वाय, कहो क्या कृषि निपावै।
हिंजा हदै वास रह्या, गनका क्या सुख पावै।
नागै नर के पास, कहो क्या धोबी धोवै।
किरपण आगै जाचक, कहो क्या दालद पोवै।
ग्यांन हीन सठ संग तै, उधव क्या फल पाय है।
यूं मिनखा देह हरि भजन बिन, इकारथ जाय है।२
बांझ नार घर वास, कहो क्या पुत्र पिलावै।
प्यासो मिरग जल ध्याव, कहो क्या नीर पिलावै।
उसर भूम खिण कूप, नीर मीठा कहा आवै।
सुबो सबल सेव, कहो किसा फल पावै।
मुरख संगत पाय कै, उधव यूं खाली रयौ।
मिनखा देह हरि भजन बिन, नर पापी निरफल गयो।३

-:करण को अंग:- (24 छंद)

-:सवैया:-

माया है अपार तोही, पार नही पावै।
कोय सुर नर नाग, परै तुही भगवान है।
देव दानु नाग नाथे, ता हितै त्रिलोकी नाथ।
तिंहु लोक मांहि ऐक, फिरै तेरी आन है।
पूरन ब्रह्मा तुंही, पूर रहे सब कांम।
कभी हु न काऊं, प्रभु किरपा को निधांन है।
कहत हूं दिन रैन, दया करो कवल नैन।
उधव कुं मुसकल, तुहारै आसान है।१
पीलहुं की टेर सुन, वेर नही लाए।
प्रभु चकर तै फंद काट, गज मोख कियो है।
द्रोपदा की लाज काज, चीरहुं बढाए बहु।
दुष्टही की सभा माह, मांन राख दियो है।
प्रहलाद भीर परी, नरसिंघ देह धरी।

असूर कुं मार प्रभु, संत सरण जियो है।
निरधारां आधार प्रभु, सरणाई साधार।
उधव विचार विड़द, सरणौ आय लियौ है।२

-:छंद:-

पांव परोट जगाउं प्रभुजी, सोय रहे सुख सेज मंहि तो।
पाती लिखाय संदेसो पठाउं, गए होत परदेस कंही तो।
सुनत नाय पुकार सुनाउ, रूठे मनाऊं कर जोर जंही तो।
जान अजांन भए जग जीवन हाहा, अबनासी जोर नंही तो।३

-:कवित्त:-

जोर नहीं जगदीस, राज रजा सिर उपरे।
अणहुणी पल मांह, करस किरता तुम करै।
तुम नही काकै हात, हाथ सब तेरे आवै।
सुर असुर नर नाग, नाथ कर नाच नचावै।
तुम समरथ माहाराज हो, देखो दया निहार के।
कह उधो प्रभु तारियै, अपणो विड़द विचार कै।४
तार लियो प्रहलाद, जल गिर अग्न मझारा।
तार लिए गजराज, कबु निंह लागी वारा।
तारे झिंवर व्याध, नीध्र वैकुंठ सिधाए।
गिनका अज्यां मेल, काहां लग कहुं सुनाए।
परभू तेरे नांव सुं, जल तारे पाषान।
उधव केती वात है, तम समरथ भगवांन।५
अंछिया कर ओं उंकार, विष्णु तम विस्व रचाई।
लख चौरासी जून, खान तम च्यार बनाई।
ओपत खपत सब हाथ, भूल रती नही जावै।
सांस फिरतै सारे, पोष सबकू पहुंचावै।
रोम कोट ब्रह्माण्ड है, सब की लेवण सार।
जन उधो कूं तारियै, समरथ सिरजन हार।६
हो समरथ के समरथ, सब ईसन के ईसा।
निरधारा आधार, भगत बछल जगदीसा।
गरब गंजन गोपाल, अनाथ के नाथ कहावै।
विध कुं करै जु कीट, कीट ब्रह्मा पद पावै।

ऐसे समरथ साम हो, सरणो मोकूं दीजिये।
जन उधो की विनती, अब अपनो ही कर लीजिये।७
अपनी गत गोपाल, आप ही जाणो आपै।
सुरनर मुनिजन नागां, कही नही जावै कापै।
परम भगत पारषद, तांही असर कर डारै।
वध कहते बहु जीव, सुरग से देह सिधारै।
जो चाह सोई करै, अस्रा अपनी आचरै।
जन उधौ की विनती, राज रजा सिर उपरै।८
फिरी द कुवै कै मांह, सीस उंधो लटकायौ।
पिंजर सूक भए कीर, बै दीदार दिखायो।
मोरधज तन अरध, आरा ले सीस बढायो।
जब तुठे जगदीस, किरपा कर पाय लगायो।
कसोटी कस कस लियै, ताय ताय किये लाल।
विन ताए तारै उधौ कुं, तेर जातुं दीन दयाल।९
राज तज्यौ तुम काज, राज तब ध्रुव कूं दीनो।
तज्यो बभीछन सांय, जद सांम लंका को किनो।
दियो द्रोपदा चीर, चीर हरि ताह बढायो।
धनै जिमाया बीज, बिज विन खेत निपायो।
दाता के दातार हो, दीनां दै सब कोय।
विन दीना दै उधौ कुं, प्रभु दाता जांनु तोय।१०

-:छंद मनहरण:-

मैरे तो सिन्यास नांह, व्रत उपवास नांह।
करम जोग जांनु नांह, नही दैत दत कूं।
खटकु में जानु नांह, सम दम जम नांह।
क्रिया की कसोटी नांह, न जानु जैनत कुं।
आन को उपास नांह, सरोधा अभ्यास नांह।
परख को ग्यांन नांह, न जानुं पांच तत कूं।
कहत उधव ऐम, कछुव न जानु नेम।
काहु कूं न जोनु मैंतो, जानु कवलापत कुं।११
जोग जिग जप नांह, इंद्रिहुं तप नांह।
प्रणायाम होत नांह, मल बार वाट है।

काम क्रोध लोभ मोह, राग दोष सांसो सोह।
विकारन सु भरियो बोह, डुबन को घाट है।
क्रिया हुं करतुत हीन, विष मां लवलीन।
नीच नमै नीच मन, निपट निराट है।
उधव तुहारी सरण, पतत पावन करण।
तम विन नांह प्रभु, तरबै को घाट है।१२
कोउ पढियो विद्या वेद, कोउ करै अर्थ भेद।
कोउ कह गीत छंद, काथब उचार है।
कोउ साधै जंत्र तंत्र, कोउ साधै विध मंतर।
कोउ साधै घड़ी पुल, सरेदा विचार है।
कोउ करै तप त्याग, कोउ करै रंग राग।
कोउ किवि बात री, सुं बांणी विसतार है।
कहत उधव ऐम, कछुवन जांणे नेम।
मेरे तो एक प्रभु, नाम को आधार है।१३

-:इंदव छंद:-

प्रहलाद की लाज कै काज, प्रभु ततकाल पधारै।
खंभ फड़ै नै सिंघ वणे, अर दुष्ट तणो नख ओदर विदारै।
तिहुं लोक धूजा, प्रहलाद लज्या जन जान उबारे।
उधोदास कह भगवंत नमो, भौ दूर कर निज संत उधारे।१४
गज ग्राह गह्यो तब थाक रह्यो, ररकार कह्यो ललकार।
टेर सुनी प्रभु गरूड़े चड़ै ततकाल, तजे सुख सेज श्री।
खगपत थके जद पाव पयादे, चकरां सु फंद जु काट परी।
उधोदास कह करूणानिध सामि, संत उधारण साम हरि।१५

-:सोरठा:-

साम सकल सिरताज, तम सम दूजो कौ नही।
करणामई माहाराजै, पतत उधारण तम धणी।१६

-:सवैया:-

जरा व्याध तीर तांण, प्रभु के लगायौ बांण।
तांही कु विवांण सुरग, सैदेही पठायो है।
बंकी मारणै कुं धाई, थण विषहु लगाई।
ताह वैकुंठ पठाई, अभै पद पायो है।

सिसपाल कियो दोख, ताकुं प्रभु मेल्यो मोख।
साजोज मुक्त मांह, जाय कै समायो है।
निज अपराधा सुं तो, प्रभ गत लाधी।
उधव विड़द सुण प्रभु, सरण तोह आयो है।१७
सत जुग त्रेता युग, दवापुर कल जुग।
जुग जुग नांव लियो, सोई प्रभू तारियो है
उंच नीच पेख नांह, पाप पुन देख नांह।
जोई जोई सरण आयो, ताही कूं उधारियो है।
व्याध गीध अजामेल, गिनका सी तारी।
केती निरभै निसंक कर, जम भव ढारियो है।
विड़द भरोसा राख, सरण तोह आयो।
उधव की लाज राख, प्रभु क्यों विसारियो है।१८
मैं हुं महा दीन, तम दीन के दीनानाथ।
दीन के दयाल प्रभु, दया मोह पर कीजिये।
सुन हो किरपा निधांन, किरपा अब कीजै जांण।
सरण हूं तुंहारी सांम, अपनो कर लीजियै
कहत हुं करूणा सागर, करूणा मेरी सुन नागर।
आप विना विथा आव, धरम धम छीजीयै।
उधव तुंहारो दास, करत हुं अरदास।
अंत्र पंक दोष दूर कर, दरसण दीजिये।१९

-:इंदव छंद:-

भाव के तंदूल चाबै मुठी भर, दास सदांमे के दालद मारे।
हय गह चौरंग लिछमी दीनी, छीन में कंचन महल संवारे।
असुर बभीछण सीस नवायो, लंकपति कर छतर धारे।
भाव के भूखे अनाथ के नाथ, उधव अनाथ कुं लहो उबारे।२०

-:कवित्त:-

जत गत पत जगदीसा, सुनो एह अरज हमारी।
निरधारा आधार प्रभु, हम सरण तुहारी।
मरण पड़ियो की लाज, सोई तम राखो स्यांमी।
तम हो दीन दयाल, प्रभु मेरे अंतरजामी।
वार वार ऐह विनती, बोह तपूं ससां साम सुं।

अपराध समि प्रभु कीजियै, उधौ दास गुलाम कुं।२१
तुमरी अंछिया प्रभु, निस तार हमारो।
पतत पावन भगवंत, सुन्यौ हम नाम तुम्हारो।
आद अंत रू मध, तरे केई स अपारा।
गिनती करत अरू कहत, लहत नंही को।
अजामेल गिनका जिसा, तारे पतत अनंत।
जन उधो की विनती, असरण सरण भगवंत।२२
प्रभु तेरे नांव की महमा, कह सके न कोय।
हलका ते भारी भया, भारी हलका होय।
भारी हलका होय, पाणी पर तर गए पथर।
नाम लेव लिख नाम, तुल्या नही तुलछी पतर।
माहजन माया तुल धरी, अपनी बहु कछु गांम की।
उधव प्रभूता अगम है, प्रभू तैरे नाम की।२३
प्रभू तेरे नाम की, महमा अगम अपार।
अज्यामेल गिनका तरै, विना प्रीत भव पार।
विना प्रीत भव पार, नांव को सुन्यौ सहारो।
करणी कछु न होय, प्रभू सरणागत थारो।
विड़द विचार सुद लीजिए, उधवदास गुलांम की।
दावणि पकड़ी दीन हुय, प्रभू तेरे नांम की।२४

-:साखी-01:- (4 छंदो की)
नारायण नाम अनंत, अनंत अवतार ज्यूं धाइयै।
किरत अपरंपार, प्रेम प्रीत सूं गाइयै।
प्रेम प्रीत सूं गाइयै नै, राख उर परतीत।
लोक लाज सब परहरो, छाड़ कुल की रीत।
तन मन दीजै प्रीत कीजै, सिंवरियो भगवंत।
महमा श्री महाराज की, नारायण नाम अनंत।
अनंत अवतार ज्यूं धाइयै।१
प्रभू धर धर रूप अनेक, संता का कारज सारिया।
मछ कछ बाराह व्यास, नरसिंग बावन धारिया।
नरसिंग बावन धरे धनंतर, हंस हयग्रीव जांन।

बहीपत कपल मुनि, सनकादिक मुनि मांन।
राम रिषभ फरस कन्हड़, बुध निकलंकी देख।
जगे धुरू हरि परगटे, धर धर रूप अलेख।
संता का कारज सारिया।२
केसो किसन करतार, गोविंद गिरधर गाइयै।
कंवल नैन कपाल, चरण चतुरभुज धाइयै।
गोविंद गिरधर गाइयै नै, मोहन मन में धार।
गोपाल दामोदर मुकंद माधो, सिंवरो सिरजन हार।
नाम नरहर अंतरजामी, विसनुं नाम आधार।
अलख अजोनी ब्रह्म सिंभू, केसो किसन करतार।
गोविंद गिरधर गाइयै।३
अनंत कलां सूं आप, पूरण ब्रह्मा पधारिया।
अंस कला अवतार, बोह विध कारज सारिया।
बोह विध कारज सारिया नै, नेम नित आचार।
त्यूं ही जंभ गुरू आविया, प्रहलाद वाचा सार।
कहै ऊधौ सुणो साधो, जपो हरि का जाप।
भगत बस भगवंत खैले, अनंत कला सूं आप।
पूरण ब्रह्मा पधारिया। ४

-:साखी-02:-

मिनखा देही है अणमोली, भजन बिना विरथा क्यूं खोवे।
भजन करो गुरु जंभेश्वर का, आवागवण का दुखड़ा खोवे।
गर्भवास में कवल किया था, कवल पलटे हरि विमुख होवे।
बालपणे बालक संग रमियो, जवान भयो नारि बस होवे।
चालीसां में तृष्णा जागी, मोह माया में पड़ कर सोवे।
बेटा पोता और पड़पोता, हस्ती घोड़ा बग्घी होवे।
धन कर ऐश करू दुनियां में, मेरे बराबर कोई न होवे।
गर्व गुमान करै मत प्राणी, गर्व कियो हिरणाकुश रोवे ।
गर्व कियो लंकापति रावण, सीता हड़ कर लंका खोवे।
सच्चा पायक रामचन्द्र का, हनुमान बलकारी होवे।
तन में तीर्थ न्हाय त्रिवेणी, ज्ञान बिना मुक्ति नहीं होवे।

ज्ञान नहीं बन के मुगे ने, किस्तूरी वन वन में टोवे।
अड़सठ तीरथ एक सुभ्यागत, मात पिता गुरु सेवा से होवे।
दोय कर जोड़ ऊदो जन बोले, आवागवण कदे ना होवे।

-:साखी-03:-

पृथ्वी का थांबा पड़िया, लीवी लांप की ओट।
जंभेश्वर नै छोड़ कै, दीवी मुसाणा धोक।१
मेड़ी मुसाणां सीतला, पूजै कर कर कोड।
जीव पड़ैलो नारकी, जम कूटैला भोड।२
गोगो पूजै प्राणियां, भादरवै के मास।
पकड़ भुजा जम कुटसी, धर्मराज के पास।३
पड़ां बंचावै भील सूं, ऊभा बाले तेल।
जमराजा हंस बोलिया, तू दो दिन करले खेल।४
नेम धर्म सब छुट गया, दया गई सब उठ।
जमो दिरावे ठोड सूं, गई हिंये की फूट।५
ढाढी डूमा नै दान देवै, लेवै माजनो पाड़।
जूंणी पावै भूत की, उभो सुणावे राड़।६
गउवां रा गौवा रोकै, आडी छपावे बाड़।
विसनोइयों विसन भणौ, और दीजो सब छाड़।७
जंभ गुरु हीरा विणजिया, कियो वैकुंठा वास।
ऊदो बोलै विणती, मैं थारे चरणां को दास।८

24. प्रीतम जी

-:प्रीतम जी (वि.सं.1830-1905):-

प्रीतम जी द्‌वारा विक्रम संवत् 1875 में सबदवाणी 'ग्रंथांक 220' लिपिकृत की। इसमें पद्‌य प्रसंग सहित 117 सबद दिए गए है। इस हस्तलिखित ग्रंथ के लिपिकाल के आधार पर प्रीतम जी का कालक्रम 1830-1905 अनुमित है।

-:प्रीतम जी की रचनाएं:-

1. संध्या आरती- 01

-:संध्या आरती-01:- (6 पंक्तियों की)

संझिया आरती विष्णु की कीजै, मन विच कर्म चरन चित दीजै।१।टेक।
पहली आरती हिरदै में धरियै, मनसा वाचा करमना सुं करिये।२
दुसरी आरती विष्णु कुं सेवा, व्है प्रसन्न भक्ति वर लेवा।३
तीसरी आरती वैकुंठ विराजै, तड़त स्याम पितंबर गाजै।४
चौथी आरती महा प्रले सांमी, वड़पात कियो विसरामी।५
पांचमी आरती प्रीतम गावै, महा विष्णु कूं सीस निवावै।६

25. मोतीरामजी

-:मोतीराम जी (वि.सं.1850-1925):-

खिंदरोजी की शिष्य परम्परा में विष्णुदासजी के चेले पितांबरदासजी व नारायणदासजी हुए। पिताम्बरदासजी के शिष्य मोतीरामजी, दयारामजी, जगरामजी, पदमुंजी, मनसारामजी व खेमदासजी थे। उपरोक्त मोतीरामजी के शिष्य नृसिंहदासजी व गंगादासजी हुए। विक्रम संवत् 1907 को मोतीरामजी ने गांव धोरू में कुशलोजी गोदारा के घर पर 'ग्रंथांक 18' लिपिबद्ध किया था।

-:मोतीराम जी की रचनाएं:-

1. आरती

-:आरती-01:-

संझिया आरती विष्णु तुम्हारी, चरणों की सरण मोहि राखो मुरारी।टेक।
पहली आरती कंवलावर की, सकल सिरोमणी सचराचर की।१
दुसरी आरती प्रेम प्रकासी, अंतर घट घट के तुम वासी।२
तीसरी आरती पुष्प विराजै, भक्ति हिरदै संसे दुख भाजै।३
चौथी आरती वैकुंठ निवासी, लक्ष्मी सहित करो तुम वासी।४
पांचवी आरती मोतीराम गावै, महा विष्णु को सीस निवावै।५

26. लीलकंठ जी

-:लीलकंठ जी (वि.सं.1860-1920):-

विक्रम संवत् 1915 में बिहारीलाल जी विशनोई द्वारा कालपी में लिपिबद्ध 'ग्रंथांक 389' में इनके दो छप्पय और कवित्त मिलते है। ये वेचु नाम से काव्य लिखते थे। एक छप्पय में इन्होंने अपने गुरू खींयोजी का नामोल्लेख किया है:-

सेवक जान कृपा करी, वेचुव के उर फुल।
खिंयोजी के दरस, इम जांभाजी समतूल।

खींयोजी सुप्रसिद्ध महंत हरिकृष्णदास जी के गुरू भाई कानोजी के शिष्य थे। खींयोजी के शिष्य गुलाबजी व लीलकंठजी थे। अनुमानत: खींयोजी का समय संवत् 1825 से 1900 तक है। इस प्रकार लीलकंठ (वेचु) का समय उपरोक्त अनुमित है। संभवत: ये कालपी की ओर के निवासी थे।

-:लीलकंठ की रचनाएं:-

1. छप्पय- 02
2. कवित्त- 04

-:छप्पय-02:-

सरण भये अब सुनहु, बात हमसे अनाथ की।
हमसे बहु तक करे, सुनै तुमने सनाथ की।
भरम राख गुरूदेव, मोहि निजदास जान अब।
अब वेचुव सुकवि निहार, दया कर भूल तजौ सब।
सब जात मोहि निदरत इहा, वर मुक्त पदारथ पाय हो।
गुरूनाथ नाथ तुव नाथ सुन, सु भौसागर नही आय हो।१
कोमल सुभाव अति साध, सदां मुख हसत विराजै।
अमल कमल वर वंदन, चानु सुंदर छव छाजै।
नख सिख होत उदौत, मनौ जाके अंग अंगन।

दान ज्ञान अस देत बहुर, आव तन हि मंगन।
सेवक जांन क्रपा करी, वेचुव के उर फुल।
खिंयोजी के दरस, इम जांभाजी समतूल।२

-:कवित्त-04:-

अलख नाम जांकौ, लख परत है न कहूं।
काहै चार पांच षट मुख, सदा खोई करतु है।
वेचुव सुकवि जीव, कलिजुग के निरख।
आप मरमु न जांनै कोउ, करतु ऐसे चरितु है।
परब्रह्म आन गुरू, जांभाजी होत भये।
सोई नाम लैलै, नर भौसागर तरतु है।१
बीकानेर भूम आछी, भई है पवित्र पावन।
जब तै आप परब्रह्म, जांभाजी अवतरे।
चिमितकार माता और, पिता को दिखाय।
आप भयो अचिरज्ज, यह नजौनी संकट परे।
वेचुव सुकव दास, सरनांगति पाहि पाहि।
कोमल चरन कमल, दुति हिये मा मंझ में धरे।
महाअधम पातिकी कुजाति की, ठिकानौ नांहि।
तेरौ नांम लैलै सब, भवसागर सौ तरे।२
जीवन के मुक्त हेत, आयौ आप ब्रह्मा रूप।
बीकानेर भूंम मांझ, लोहट ग्रह गयो है।
परब्रह्म पूरण प्रभाव कौ, प्रकास कीन्हौ।
वेचुव सुकव सरण, याही तै भयो है।
तेरौ नांम लियो, भवसागर डर दूर भयो।
विचरत संसार मांझ, निरभै कर दयो है।
कोऊ जिन भूलौ साध, भाखौ निज नांम ही को।
सोई आप रूप गुरू जांभाजी भयो है।३
जेही भार भुंजै कौ, सुंदर विवेक कीन्हौ।
जेंही जल छांन कर, निरमल सचायौ है।
जेही जल और कौन, दास पांन करन दयो।
उज्जल क्रिया सौ जन, स्वर्ग कौ पठायौ है।

वेचुव सुकवि सरण, जाकैं लवलेस भये।
छूटत भ्रम बंद यह, मेरै मन आयो है।
कोई जिन भुलौ साध, भाखौ निजनांम ही कौ।
सोई परब्रह्म आप, गुरू जाम्भोजी भये है।४

27. गोविंदराम जी गोदारा

-:गोविंदराम जी गोदारा (वि.सं.1860-1950):-

गोविंदराम जी गोदारा जांगलु के गांव के थापन और जाम्भा 'अगुणी जागा' साथरी के महन्त थे। खिंदरोजी की शिष्य परम्परा में हुए हरिकिसनजी के पोता शिष्य रतनदासजी इनके गुरु थे। गुरू जाम्भोजी की शिष्य परम्परा में ये 14वें और खिंदरोजी की परम्परा में 11वें थे। जाम्भा साथरी के दोनो स्थानों 'आगुणी जागा' और 'आथुणी जागा' के निम्नांकित महन्त इन्हीं की परम्परा में है:- (1)आगुणी जागा- आगुणी जागा के महंत गोविंदरामजी गोदारा हुए। गोविंदराम जी गोदारा के पश्चात उनके शिष्य धमाणा (सांचोर) निवासी राजाराम जी पंवार महंत बने। राजाराम जी पंवार के पश्चात उनके शिष्य बनियां (लालासर) निवासी जियाराम जी बाड़ेटा महंत बने। जियाराम जी बाड़ेटा के पश्चात उनके शिष्य करावड़ी (सांचोर) निवासी गाढुराम जी सारण महंत बने। गाड़ुराम जी सारण के पश्चात उनके शिष्य सिढां (फलोदी) निवासी कौशलदास जी कालीराणा महंत बने। कौशलदास जी कालीराणा कृपाराम जी के शिष्य थे, ये बाद में गाढुराम जी सारण के 'खोले' (गोद) आकर उनके शिष्य बने थे। इन्होने विक्रम संवत् 1998 को भेख लिया था।

(2) आथुणी जागा- गोविंदराम जी गोदारा के शिष्य सांवतराम जी थे, जो कि आथुणी जागा के तत्कालीन महंत धनोजी के खोले जाकर उनके शिष्य बनकर धनोजी के पश्चात आथुणी जागा के महंत बने थे। सांवतराम जी के पश्चात उनके शिष्य धोलासर (फलोदी) निवासी हरीदास जी गोदारा महंत बने। हरिदास जी गोदारा के पश्चात उनके शिष्य सिवाड़ा (सांचौर) निवासी भरथराम जी सोहु महंत बने। भरथराम जी सोहु के पश्चात उनके शिष्य कानासर निवासी रणछोड़दास जी गोदारा महंत बने। इन्होने विक्रम संवत् 1997 को भेख लिया था।

साहबराम जी राहड़ भी आरम्भ में गोविंदराम जी गोदारा के ही शिष्य थे जो बाद में गुलाबदास जी के 'खोले' (गोद) गए। गोविंदरामजी का

जीवनकाल वि.सं. 1860-1950 है। इस संबध में इनके द्‌वारा लिपिबद्‌ध आठ हस्तलिखित प्रतियां उपलब्ध है। विक्रम संवत् 1884 में 'ग्रंथांक 36' और विक्रम संवत् 1885 की कार्तिक सुदि 5 को 'ग्रंथांक 34' गांव जाम्भा के जम्भ-मंदिर में लिपिबद्‌ध की। इसी वर्ष संवत् 1885 में एक अन्य प्रति 'ग्रंथांक 128' भी लिपिकृत की। संवत् 1907 में 'ग्रंथांक 213' और संवत् 1910 में 'ग्रंथांक 229' लिपिबद्‌ध किए। साध गोविंदराम जी द्‌वारा विक्रम संवत् 1907 के मार्गशीर्ष सुदि 7 को सबदवाणी लिपिबद्‌ध की गई, जिनमें बिना प्रसंग के 120 दिए गए है। विक्रम संवत् 1933 को जांभोलाव में 'ग्रंथांक 225' लिपिबद्‌ध किया, जो कि मोतीरामजी के शिष्य गंगादासजी ने लिखाया था। अंतिम प्रति 'ग्रंथांक 288' संवत् 1950 की आषाढ़ बदि 13 को लिपिबद्‌ध की गई थी। संवत् 1950 में इसके थोड़े समय पश्चात् ही वे स्वर्गवासी हो गए थे। प्रसिद्‌ध है कि इस समय इनकी आयु 90 वर्ष की थी। संवत् 1885 में ये 'साध' थे, आयु लगभग 25 वर्ष की रही होगी। इस प्रकार इनका जन्म संवत् 1860 में होना ठहरता है। ये जाम्भा में स्वर्गवासी हुए। वहां इनका समाधि चबूतरा बना हुआ है। विशनोई पंथ के पुनर्संगठन, प्रसार, प्रचार और एकसुत्रता के लिए इन्होंने महान उद्‌योग किया। कवि होने के साथ ही ये महान विद्‌वान्, तत्वज्ञानी, प्रसिद्‌ध गायक और पंथ के मान्य व्याख्याता और आचार्य थे। इसकी पुष्टि साहबरामजी के कथन से भी होती है। साहबरामजी राहड़ ने जंभसार के के 24वें प्रकरण में इनके विषय में लिखा है:-

गोविंद तो गोविंद ही जानो, यां में फेरसार मति मानो।
जंभ भक्त के कहिये आगु, चार वेद वक्ता बड भागु।
कवि बड़े जस शुक्राचार्य, असा कोईय न भया आचार्य।
ताके दरसण सुं अघ छीजै, राग सुण्यां सुं गंद्रफ रीझे।
तत्ववेता है बड उपकारी, धन्य अवनी ता परसचारी।
दिगविजई पंडत बड वक्ता, गुणग्य तग्य जाणत सब जगता।
नाना धर्म पंथ में धारे, पर उपकारी संत पियारे।
गोविंद तो गोविंद सम जानो, कलु अवतार भए तेहि जानो।
ताहि के शिष्य साहबरामा, जंभसार कीन्हो निज धामा।

साहबरामजी ने जंभसार में अन्यत्र भी गुरू महिमा और संतो के कुल वर्णन में इनका श्रद्‌धा भक्ति पूर्वक उल्लेख किया है।

-:गोविंदराम जी गोदारा की रचनाएं:-

1. वील्होजी की स्तुति- 14 छंद

2. साखी- 02

3. लोहावट साथरी की महिमा- 13 छंद

4. विसनु सरूप- गद्य

-:विल्होजी की स्तुति:- (14 छंद)

पूरण गुरू परमात्मा, जंभेसर जगदीस।
आदि पुरूष अवचल तुंहि, तोहि नवाऊं सीस।
तोहि नवाऊं सीस, सरण मैं लीनी तोरी।
सरणागत कूं मान, पालना कीजो मोरी।
त्रिष्णा प्रबल प्रवाह अति, धारा बहै अपार।
गोमंदराम की विनय सुन, लीजो मोहि उदार।१

-:कवित्त:-

भव भय नासन, एक भूंम रवि कोट प्रकासा।
सस्रायुध कर चार, नील घन आभा भासा।
कनक रूचिर पटु पीत, रतन मन कुंडल राजत।
अमल कमल दल नेत्र, बाहु आजान विराजत।
विश्व व्यापक विष्णु सोई, अस्म देह त्रिय उधरिये।
गोमंदराम लियै प्रेम सूं, हाथ जोड़ वंदन करिये।२

-:सवैया:-

वील्हजी महाराज राज, संतन के सिरताज।
अग्या मान जांभैजी की, देह जिन धारी है।
पंथ मा प्रगट भयै, क्रिया धर्म हाथ लियै।
लोगन निहार टेर, दया विस्तारी है।
कांम क्रोध लोभ मोह, मद मास दुरि किये।
पाप छुटाय कर, धरम अनुसारी है।
गोमंदराम सुख मांन, सरण आय लीनी जांन।
बार बार वील्हजु कूं, वंदना हमारी है।३
रवि के प्रगट जैसे निसा दूर छिन मांहि,

वील्ह जु वचन किरन हृदय तम भान्यो है।
प्रात काल जल छान नित ही स्नान करै,
होम जाप नेम कर हृदय सुख मान्यो है।
विष्णु भजन अंति प्रकट बताय दियो,
भजन प्रताप कर अंतरजामी जान्यो है।
गोमंदराम निसकाम कहां लू बड़ाई करै,
वील्ह देव पंथ धर्म आय छान्यो है।४
बीकानेर फलोधी जु देस देस धर्म धारे,
छिमा हूं संतोष जिन सील विस्तारे हैं।
गंगापार देस अरु कालपी कन्नोजपुर,
तहां वील्ह देव गुरु धर्म निज धारे है।
और हूं अनेक जीव वील्हजी मिलाये सीव,
अज्ञानो उथाप पुनि जोधाणैं पधारे हैं।
सूरसिंघ राजा परचौ पाय कै मगन भये,
कहै गोमिंदराम हाव भाव जु वधारे है।५
वील्ह देव महाराज धर्म धार बांधी पाज,
गुड़ै गांव लोगन कुं दर्शन आय दिये हैं।
और गांव जहां तहां शिक्षा को स्थाप करै,
अज्ञानौ उद्धार अरु उपदेस किये हैं।
ऐसे हू अनेक भांत पंथ मांहि कीनी शांत,
सार क्रिया धार कर लोग सब जिये हैं।
वील्हदेव अंति रामड़ास धाम मान,
लोक मान चाव सूं वधार कर लिये हैं।६

-:छप्पय:-

जिण नगरी धर्म दृढ़ाय संत सिंवरण नर सूरा।
सझै सुचील सिनांन, जुगति जरणां पण पूरा।
मेल्हि मन्यौ भिरांति, भरम भोलावै भानै।
जपै एक विसन, आन की सेव न मानै।
ओलख्यौ गुर जांभो सही, जांको धन्य जीवत जियो।
वील्हाजी को दीन जीविजै, तो जिण नगरी वासो लियो।७

-:सवैया:-

वील्ह गुरु देव जू की पारहू न पावै कोऊ,
सेस हू महेस सुक सनकादिक मोहे हैं।
ऐसे इस रामड़ास गांव में आनंद किये,
जीय लोग भक्ति हूं प्रेम रस मोहे है।
शिष्य हूं सेवक जाकी आग्या हू न मेटे कोऊ,
खान सुलतान राजा रंक हूं विमोहे हैं।
रामड़ास गांव के जु नाम के अर्थ सुनो,
जहां वील्ह देव जु विराजमान सोहे हैं।८
राजा जु निवास कियो तातै भयउ रामवास,
अवतार जंभदेव जु बखानिये।
सोई जंभ आय रामड़ास मांहि धाम कियो,
जंभ को स्वरूप वील्ह देव जु प्रमाणिये।
वील्हैजी को धाम सो तो अधिक अनूप,
मथुरा की छिव जैसी ब्रज भूमि जानिये ।
और हू अनेक कोउ तीर्थ जगत जेते,
ऐसे वील्ह धाम जग प्रसिद्ध सु मानिये।९

-:कुंडलियां:-

सिरै सिरोमणि रामड़ास, जहां वील्हैजी को धाम,
जांकै पद रज परसतां, मनसा पूरण काम।
मनसा पूरण काम, तास कोउ सीस नवावै,
मिटै अखल अध नास, जास कोउ सरणै आवै।
पंथ सुधारण कारणै, वील्हो कियो निज धाम,
जाको दरसण करत ही, मनसा पूरण काम।१०

-:सवैया:-

वील्हजी महाराज तब धामहि सिधारे,
जब संवत सोलासै अरु तिहत्तरो वखाणिये।
सूरज उत्तर दिस काल सोई जानो,
रितुहि बसंत मधु मास जु प्रमाणिये।
विष्णु वरत सुदी सोउ एकादसी तिथी,
मानो वार में सू आदितवार आदित्यवार मानिये।
उतरा नखत मानो धुरव कर जोग जानो,

तुल सो लगन काल अमृत सूं जानिये।११
संत जो गुलाबदास वील्है ज की सेवा करे,
वील्है जु क्रिपाल होय प्रेरणा सु किये हैं।
मिन्दर बनाइबे की मन में विचारी येहू,
आरंभ रचाय मन साथ कर दिये हैं।
वील्हैजी महाराज संत मन की जु लई जांन,
अपनो भगत मान हिरदै लाय लिये है।
साध ही साहबराम उनकी अज्ञा मान,
धरम हू कि पाज जान हुलसाये हिये है।१२
साध ही साहबराम सूंदर बनायो धाम,
आठों जाम विष्णु नाम मंदिर में गाइये।
मिंदर की सुंदरता नित ही है छवि रूप,
इंडो ही अनूप रूप समाधि को ध्याइये।
संवत उनीस सो जु इग्नारै की साल मिंदर,
क्वार सुदी पुन्युं वार सुक्र हु सुनाइये।
साहबराम जु की भेंट, ये ही मानो मेरे प्रभु,
टैलहि सों नित चित चरणां में लाइये।१३
वील्ह धाम आय कर जप तप कर नेम,
तन मन कर वस चित क लगाइये।
नर नारी सब आय मेवा मिष्ठान लाय,
होम जाप धूप खेय, चित कूं लगाइये।
सात परकमां देवै सब दुख हर लेवै,
मान मद दूर कर पाप कूं बहाइये।
कहै साध गोमिंदराम सबन को सारै काम,
वील्ह जु कै धामहि कूं सीस आय नवाइये।१४

-:रचना सार:-

इस रचना में गुरू जाम्भोजी और वील्होजी की स्तुति के पश्चात वील्होजी के पंथ उन्नयन सम्बन्धी कार्यों, उनके समाधि स्थल रामड़ावास और वहां साहबराम जी द्वारा मन्दिर बनवाए जाने का वर्णन है। रचना का मुख्य उद्देश्य विल्होजी और उनके कार्यों का श्रद्धा भक्ति पूर्वक उल्लेख करना ही है। इससे वील्होजी के सम्बन्ध में कतिपय महत्वपूर्ण बातों का पता

चलता है- गुरू जाम्भोजी की आज्ञा से उन्होंने देह धारण की, पंथ में आकर क्रिया धर्म को सम्भाला, लोगों को पाप कर्मों से छुडाकर धर्म पथ पर लगाया और अनेक नए व्यक्तियों को 'पंथ' में मिलाया। बीकानेर, फलौदी, जोधपुर, कालपी, कनोज आदि अनेक स्थानों मे धर्म प्रचार किया, उसकी नींव बांधी और विष्णु जप का उपदेश दिया। अज्ञानो नामक एक नास्तिक का उन्मूलन किया तथा जोधपुर के राजा सुरसिंह को 'परचा' दिया। अनेक भांति से 'पंथ' की सेवा करते हुए अन्त में ये रामड़ावास में आकर रहने लगे। राम के निवास करने के कारण यह स्थान रामड़ावास कहलाया, जहां गुरू जाम्भोजी भी गए थे। गुरू जाम्भोजी के स्वरूप वील्होजी ने यहां विक्रम संवत् 1773 के चैत सुदि 11 रविवार को उतरा नक्षत्र में समाधि ली। इनकी प्रेरणा से साधु गुलाबदासजी ने यहां पर समाधि मन्दिर बनवाना आरंभ किया जिसको साहबरामजी ने संवत् 1911 के आसोज सुदि पूर्णिमा शुक्रवार को पूरा करके कलश चढाया। अन्त में कवि इस वील्ह धाम पर आकर हवन पूजा करने का अनुरोध करता हुआ पुन: उनकी स्तुति करता है।

-:साखी-01:- (6 छंदों की)

कपिल सरोवर धाम, कलजुग तीर्थ थापियो।
देस फलौधी माय, भाग परापति पावियो।
भाग परापति पावियो नै, किरपा करी जगदीस।
आय तीर्थ परगट कियो, सही बिसोवा बीस।
कपिल मुनि ताप्यां यहां, तपिया रिखेसर जोग।
जंभ सरोवर नाम है, परगट कहै सब लोग।
कलजुग तीर्थ थापियो।१
द्वापुर जुग के माय, बहु जगि कर हरि पूजियो।
पांडू परमारथ रूप, वेद व्यास सूं पुछियो।
वेद व्यास सूं पुछियो नै, किरपा करो भगवान।
दिव्य दृष्टि है आप की, हम से करो बखांन।
ऐसो तीरथ जगत में, जहां अनंत गुणो फल होय।
जिण तीरथ म्हे जगि करां, मनसा पूरण होय।

वेद व्यास सूं पुछियो।२
कलू ज मध के माय, पाप पूरे जग छायसी।
तीरथां घटै परभाव, दीस दीस दोष दरसावसी।
दीस दीस दोष दरसावसी नै, धरम क्षीण संसार।
श्रुति पुरांण भागवत, मानै नहीं लिगार।
धर्म अंस राजा हुवै, पुछे श्रुति विचार।
गोप तीरथ परगट करै, महमां बधै अपार।
घर घर मंगल छावसी।३
कपल सरोवर नाम, कृतजुग में कह दाखियो।
तीरथ इधक अनूप, वेद व्यास जी भाखियो।
वेद व्यासजी भाखियो नै, पांडू चलिया परदेस।
जगि करण के कारणै, आया बागड़ देस।
विविध भांत सू जगि कियो, उतम तीरथ जांण।
हेत करि हरि पूजियो, पांडू परम सूजांण।
जंभेस्वर यूं दाखियो।४
तीरथ जांभोलाव, प्रीत करे कर जाइयो।
हरख करे मन कोड, जांण गंगा न्हाइयो।
जांण गंगा न्हाइयो नै, माटी सूं मन लाय।
निसार माटी करो पूजा, निवत साध जिमाय।
विष्णु मंदर होम कीजै, परकम्मा कर प्रीत।
साखी हरजस सबद गावै, कर कर उछब रीत।
जंभेसर गुण गाइयै।५
तीरथ बडो तलाव, जहां जाय सूत फिराइयै।
भाव भगत मनसार, सहस्र गुणौं फल पाइयै।
सहस्र गुणो फल पाइयै नै, जो सैवे निष्काम।
साजो ज मुक्ति मिलै, मन पावै विसराम।
अड़सठ तीरथ उपरे, जंभ सरोवर धांम।
जांभेस्वर की कृपा सेती, वरणत गोविंदराम।
श्री जंभेस्वर धाइयै।६

-:साखी-02:- (6 छंदों की, राग धनाश्री)

मेधा नांम वैकुंठ, अखंड जोत जहां राजिये।
जगमग जोत प्रकास, बांरो पार न पाइये।
बांरो पार न पाइये नै, जगमग जोत प्रकासे।
सूरज जहां है नहीं, कोट तणो रवि भासे।
ससियर जां है नहीं, सीत नहीं छै काय।
ताव तहां व्यापै नहीं, जुरा न वियापै नाय।
अखंड जोत जहां राजिये।१
सतचित आनंद रूप, एको हुं बहोता हूं।
कियो सबद प्रकास, प्रक्रिती भई तिहूं जोत हूं।
प्रक्रिति भई तिहूं जोतहूं नै, त्रगुण विरती धार।
सतगुण रजगुण तमोगुण, कियो बहुत विस्तार।
तीन देवता मै भए, ब्रह्म विष्णु महेस।
यांसु सारो जग भयो, काटो कोट कलेस।
एको हुं बहोता हूं।२
जिण रच्यौ ब्रह्माण्ड, तीन लोक चवदा भवन।
मनु मरिचादि होय, देव दांणु परगट किया (यवन)।
देव दांणु परगट किया नै, चौरासी लख जीव।
और जुण भिंन भिंन करी, सब को सतगुरू सीव।
जड़ चेतन रचना रची, कियो उदर में वास।
ग्यान बिना नहीं ध्यान जो, चिदानंद को भ्यास।
सतगुरू बिना न पाइये।३
सिंवरो सांम सरूप, आंन देव नां ध्याइयै।
विसनुं जपो और जाप, मोक्ष परम पद पाइयै।
मोक्ष परम पद पाइये नै, जो सिंवरे हर नांव।
मंन इच्छा सारी फले, फलै मनोरथ कांम।
ऐकागिर मंन कूं करो, दुबध्या दूर गुमाय।
सिंवरो साचै सांम कूं, जलम मरण मिट जाय।
आंन देव नां ध्याइयै।४
चरण सरण हरि नाम, भव सागर कु लांघियै।
भगतां भांजण भीड़, जुग जुग में जस गाइयै।
जुग जुग में जस गाइयै नै, संता सदा सहाय।

दुष्कति मार दुख मैट कै, दीनो धरम बधाय।
भगत बछ्छल महाराज कूं, भजियै बारम बार।
भगती कियां भव उधरै, हरि चरण चित धार।
भवसागर कुं लांघियै।५
विष्णु परम दयालु, सोइ जंभेस्वर अवतरियो।
भगतां सुधारण काम, कलू में पंथ परगट करियो।
कलू में पंथ परगट करियो नै, पापी किया पैमाल।
पापी बहु परचाइया, सोधिया जीव दयाल।
सुध जीव सोधिया हरि, दीयो कवल निभाय।
गोविंदराम कहै जंभ ने सिंवरो, हित चित लाय।
भरम न भूलौ भाइयौ।६

-:लोहावट साथरी की महिमा:- (13 छंद)

-:कवित्त:-

पूरण गुरू परमात्मा, अविगत अलख अभेव।
जंभगुरू महाराज है, देवां ही अतिदेव।
देवां ही अतिदेव सृष्टि ओतार जु लीन्हो।
लोहावट कर वास, राजन कुं परचो दीन्हो।
जोधांणै रो मालदेव, सांगो रांण चित्तोड़।
रावल जैतसी परचवहु, पगे पड़ए कर जोड़।१

-:दोहा:-

विसनोई सो गुरूमुखी, जात भलुंडिया जांण।
चरण पादुका मेल्ह कर, थाप्यो सिंघासण आंण।२
वृदांवन की रैण का, पावन सुध सरूप।
ज्यूं जंभ गुरू के चरण सुं, भूमि भई अनूप।३
सो भूमि भई साथरी, कहीय कारण कूण।
यह संतो संसय हरो, कृपा करो सुख भूण।४
गुरीष्ट मांहि प्रवीण, जो बुद्धि भगतां तणी।
निश्चयै कर सरूप, तातै कहियै साथरी।५
अर्थ धर्म अरू कामना, जो चहै पर निर्वाण।
साथरी सु पूजा करै, विविध प्रकार सुं आंण।६

-:सवैया:-

जंभ धांम आय कर, जप तप जम,
नेम करत धरत ध्यांन, विष्णु गुण गाईयै।
नर नारी सब आय, मेवा मिष्टांन लाय,
होम जाप धूप खेय, चित कुं लगाईयै।
सात परकम्मा देवै, सब दुख हर लेवै,
मान मद दूर कर, पाप कुं बहाईयै।
कहै साध गोमदराम, सबन को सारै काम,
जांभैजी की साथरी कुं, सीस आय नवाईयै।७

-:दोहा:-

जंभ गुरू पूरण बह्मा, संत सबै सिरमोर।
गोयंदराम विनय करै, सीस निवाय कर जोर।८
जंभगुरू धर्मालय, निरधारां आधार।
सारद सेस महेस मुनि, कोउ न पावै पार।९
भक्तांधीन सो जंभ गुरू, धर्म चलायो सार।
विष्णु धर्म की उपासना, क्रिया नेम अचार।१०
भांग तमाखु छोतरा, अमल मास मद पांन।
विष्णु उपासी एहि तजै, हिरदै तत सुजांन।११
संवत अठार सै समै, ओर सईको मांन।
फागुण मासे आदिही, तिथि तिरियोदश जांन।१२
साथरी की साला बणी, सोई समईयो जांण।
साध गुमानीराम जी, साल कीवी हित मांण।१३

-:रचना सार:-

इस रचना में कवि गुरू जाम्भोजी की महिमा का वर्णन करते हुए लिखते है कि गुरू जाम्भोजी लोहावट में रूके थे, जहां उनकी मुलाकात जोधपुर शासक राव मालदेव से हुई। गुरू जांभोजी ने राजा को परचा दिया। उस स्थल पर भलुंडिया गौत्र के एक गुरूमुखी विशनोई ने गुरू जाम्भोजी के चरण पादुका का सिंघासन स्थापित किया। कवि लोहावट साथरी की महिमा का बखान करते हुए अंतिम छंदों में लिखते है कि साध गुमानीराम जी ने विक्रम संवत 1800 फागुण बदि 13 को इस साथरी की सालाओं का निर्माण कराया था।

-:विसनु सरूप:- (गद्य)

श्री नारायणजी का सरूप इस भांत है- स्यांम रंग कमलनेन चतुर भुज। मोहनी मूरत कीट मुकुट साजै। अंग अंग पर भुषण विराजै। कोसतभ मणी वो बैजंती माला परै। पीताम्बर की कछनी काछै। उपरना रेसमी ओढे। चारू हांथां में संख चक्र गदा पदम धारण किये। संख वो चक्र के दो हाथ ऊपर उठाये। पदम वो गदा के दो हाथ नीचै कौ लटकाये। घुंघर वाले बाल मंद मंद हास ताप हारणी चितवन। उंन के बांवै तरफ लिछमी जी ईस सरूप सें है- एक श्री बहुत सुंदर विजुली ऐसी अंग की चमक। पीतांबर पहिनै कानां में करण फूल। हाथां में कंगन वो कड़ा। गले में मोती वो रतन के हार। सीस में चूड़ामीणी। पैरां में पायल वौ कड़ा। नाक में नथ। लिछमी जी श्री नारायण जी जड़ाऊ सींगासण बेठे है- जब ऐसे सरूप का ध्यांन सीनकादिकां ने किया तब वैंकुठनाथ नै कहा मैं तुम से बहुत प्रसण हूं। कुछ वरदान मांगो। यह वचन सुनते ही सीनकादिक हाथ जोड़कर बोले कि माराज यही वरदान मांगते है कि तुमारे चरणा में भगती हमारे हिरदा में बनी रहकर आपकी कथा वो लीला वौ सतसंग में सुण नमन ईंछा लगी रहै। जब नारायणजी ईंछा पूर कर वरदांन दिया। तब सीनकादिक बैकुंठनाथ कौ डंडवत कर नै उपरांत विदा होकर चले गये।

---

28. खेमदास जी जाखड़

-:खेमदास जी जाखड़ (वि.सं.1865-1951):-

खेमदास जी जाखड़ सलुंडा गांव के निवासी थे। इनके गुरू पीताम्बरदास जी थे। खेमदासजी जाखड़ के गुरूभाई दयारामजी, मोतीरामजी, जगरामजी, पदमुंजी व मनसारामजी थे। तथा शिष्य जगरामजी, जीवणदासजी, हरीदासजी, भुरारामजी, बिहारीदासजी व जानकीदासजी हुए। ये लालासर साथरी के महंत थे। इनका देहांत 85 वर्ष की आयु में लगभग वि.सं. 1951 के आसपास हुआ था। इनका समाधि चौक भींयासर साथरी में है। खेमदासजी ने परमानंदजी बैनिवाल द्वारा लिपिकृत 'पोथो ग्रंथ ग्यान' 'ग्रंथांक 201" को सुरक्षित रखकर विशनोई पंथ की महान सेवा की। उपरोक्त पोथे के सुरक्षित रहने की घटना का विस्तार से वर्णन 'परमानंद जी बैनिवाल के जीवन परिचय' में दिया हुआ है।

-:खेमदास जी जाखड़ की रचनाएं:-

1. कवित्त- 02

सुब है सुमरण मांय, साच में सुच कहावै।
सील सही तो सुच, सुच मन मारियो पावै।
सुच सोई सम दृष्ट, सुच पर काम तै ग्यारा।
दया धर्म सै सुच, सुच सत सुधि वहारा।
खेमदास यातै घणी, आद सबद सबही कही।
स्रवन नेत्र मुख नासिका, सुची ज्ञान इंद्री गही।१
भ्रष्ट भजै नही राम, भ्रष्ट कृतृम कूं ध्यावै।
मन मनसा नहीं ठोड़, भ्रष्ट बिखिया चित्त लावै।
जग के चलै सुभाव, निंदा करै मन साचा।
दया धर्म नहीं करे, भ्रष्ट अखज ही राचा।
भ्रष्ट सोई समझै नहीं, भ्रष्ट कुमारग पग धरै।
यह लक्षण सब भ्रष्ट के, खेमदास जन परहरै।२

29. साधु मुरलीदास जी

-:साधु मुरलीदास जी (वि.सं. की 19वीं सदी):-

-:रचनाएं:-

1. फुटकर छंद- 02

-:फुटकर छंद- 02:-

राम गुण गायो जिन, एतो सुध पायो है।
चढवे को धोरा गजराज, सुख पास घणी,
जीमण को अनेक भांत, भोजन बणायो है।
कपड़ा अमोलख बिन, पहरै ही बगस देत,
चेरी और चाकर, हजूर ही कहायो है।
महलन ही में बैठ, रणवास ही को लेत सुख,
पुन परताप तातै, बिड़द ही सवायो है।
मुरली कहै मन तातै, तूं भजन कर,
राम गुण गायो जिन, एतो सुख पायो है।१
राम हूं न गायो जिन, एतो दुख पायो है।
धापन ना मिलत धान, चिंता मरै हतै प्रांण,
चलत पयादे पंथ, मूढ मति छायो है।
हीन परवार गिर, बास ना बनंत ताकै,
कपड़ा न मिलत, होत चाकर परायो है।
करत मजूरी खेत, खोद के बेचत भारे,
तोही न भागै भूख, रन को दबायो है।
मुरली कहत मन, तातै तूं भजन कर,
राम हु न गायो जिन, एतो दुख पायो है।२

30. पीताम्बरदास जी

-:पीताम्बरदास जी (वि.सं. की 19वीं सदी उतरार्द्ध):-

ये खिंदरोजी की शिष्य परम्परा में विष्णुदासजी के शिष्य थे। विष्णुदासजी का देहांत विक्रम संवत् 1885 में हुआ था। पीताम्बरजी के हाथ की लिखी हुई छः प्रतियों का समय संवत् 1877 से 1890 है। गंगारामजी के शिष्य रावलजी के पठनार्थ संवत् 1877 को 'ग्रंथांक 112' लिपिबद्ध किया। विक्रम संवत् 1877 को 'ग्रंथांक 12' और संवत् 1880 को जयपुर में 'ग्रंथांक 27' लिपिबद्ध किया। तथा संवत् 1881 में 'ग्रंथांक 24 व 25' और संवत् 1890 में 'ग्रंथांक 141' लिपिबद्ध किया। पीताम्बरदास जी द्वारा विक्रम संवत् 1878 जेठ सुदि 12 को सबदवाणी लिपिबद्ध की गई, जिनमें गद्य प्रसंग सहित 121 सबद दिए गए है। इनके शिष्य दयारामजी, मोतीरामजी, जगरामजी, पदमुंजी, मनसारामजी व खेमदासजी थे। इन सब पर विचार करने से इनका समय मोटे रूप से उन्नीसवीं सदी का उतरार्द्ध ठहरता है। साहबरामजी राहड़ ने इनको परम दयालु, त्रिकालज्ञ, महान प्रवीण पंडित और ब्रह्मावेता बताया है। इनका विशेष संबध लालासर साथरी से था, जहां ये तथा दुसरे प्रसिद्ध साधु खेमदासजी जाखड़ प्रायः रहा करते थे। जंभसार के 24वें प्रकरण में साहबरामजी राहड़ ने इसका उल्लेख किया है:-

पीताम्बरजी परम दयाला, बड़े पंडित पेखी त्रिय काला।
ब्रह्मावेता पंडित परवीणा, परमेश्वर में भए लवलीना।
पीताम्बरदासजी खेमदास ही, जग में कीने जोग विलासही।
लालासर हरि सेवक भए, साल करी पुज्यमान ही रहे।

-:पीताम्बरदासजी की रचनाएं:-

1. हरजस- 01

-:हरजस-01:- (5 छंदों का, राग सोरठ)

समझ न आवै हो माधोजी, बांकी रीझ तुमारी मोकों।टेक।
दरजोधन के मेवा त्यागे, भाजी भावै आछी।
तीन लोक में नाही अघानो, चोरत झूठी छाछी।१
जानत हो लक्ष्मीपति सांमि, कुबज्या में रूचि मानी।
सात समुद्र चरन निवासा, रीझै सदना के पानी।२
देवन के देवापति हो प्रभु, तुमकूं लाज न आवै।
ओछी टहल पंडवन सुत की, झूठी पतल उठावै।३
नाय न जानै धोय न जानै, करमाबाई खीचड़ा करावै।
उतारि हांडड़ा आगै राख्यौ, माधोजी भोग लगावै।४
जो तुम करो सोई बन आवै, मो पै कहत न आवै।
जन पितांबरदास जीवन, जन को जस बढावै।५

31. परसराम जी

-:परसराम जी (वि.सं.19 वी सदी उतरादर्ध):-

विक्रम संवत् की उन्नसवीं शताब्दी उतरादर्ध में दो परसराम हुए थे और दोनों ही समकालीन थे। एक परसराम गंगाविष्णुजी के शिष्य थे, जिनकी हस्तलिखित प्रतियों का लिपिकाल संवत् 1887 से 1897 तक है। दुसरे परसराम साधु हरिकिशनजी के शिष्य थे। यहां इन्ही परसराम जी का उल्लेख है। खिंदरोजी की शिष्य परम्परा में हरिकिशनजी के शिष्य परसरामजी, भगवानदासजी, जयकिशनजी, ताराराामजी, मयारामजी, जैरामजी, जैतरामजी, भगवानदासजी व केवलदासजी हुए। उपरोक्त परसराम जी के शिष्य रतनदासजी, जगनाथजी व नंदरामजी थे। इनके हाथ की लिखी हुई तेरह प्रतियां उपलब्ध है। इन हस्तलिखित प्रतियों का लिपिकाल संवत् 1878 से 1889 के बीच का है। इन्होंने विक्रम संवत् 1879 के मार्गशीर्ष वदी 12 वार बुधवार को लोहावट में सबदवाणी लिपिबद्ध की, जिनमें गद्य प्रसंग सहित 123 सबद है। विक्रम संवत् 1878 में पांच प्रतियां "ग्रंथांक 348, 298, 122, 171" व एक प्रति लोहावट में लिपिबद्ध की। विक्रम संवत् 1879 को लोहावट में 'ग्रंथांक 69 व 70' लिपिबद्ध किए। नगीना में संवत् 1882 को 'ग्रंथांक 54' लिपिकृत किया। संवत् 1884 को गांव धवा में 'ग्रंथांक 114' और साहबराम की पोथी से गांव जांभोलाव में 'ग्रंथांक 44' लिपिबद्ध किया। संवत् 1887 में जांभा में 'ग्रंथांक 32' और गांव फतेपुर में संवत् 1889 को 'ग्रंथांक 51' लिपिबद्ध किया। साहबराम जी राहड़ ने जंभसार के 24वें प्रकरण में इनकी केवड़े के परिमल से इनकी तुलना की है:-

हरिकिसनजी हर के दासा, परसरामजी सिख निर आसा।
गंगा जमना सम भए निरमल, केवड़े सम ताकि परमल।

परसराम जी का स्वर्गवास वि.सं. 1900 के आसोज बदि 3 सोमवार के दिन हुआ था:-

समत 1900 रा आसोज बद 3 तीज ससीवार।

फरसरामजी तन त्यागियो भेंटिया विसन दवार।

-:परसराम जी की रचनाएं:-

1. दोहा- 03

-:दोहा-03:-

सुवा सुपरा बोलिए, विपरा बोलो कांय।
छंदा जहां रा छाइए, जिण रे बसिए गांव।१
जैसै कुआ जल बिनां, खिणा न तैसै काम।
मनखा देही पाय कर, भजो नही भगवांन।२
दीसण लागा रूंखड़ा, नेड़ो आयो गांव।
परसा विलम्ब न कीजियै, लीजै हरि रो नांव।३

32. केसोदास जी सिंवर

-:केसोदास जी सिंवर (वि.सं. की 19वीं सदी):-

केसोजी सिंवर धवा गांव के गायणा विशनोई थे। इनका वंश वृक्ष इस प्रकार है:- सिंवर गौत्र के जाट पेमोजी ने विशनोई पंथ अपनाकर जांगलु गांव में निवास किया, जिनके वंश में क्रमश: दावदजी, नारोजी, करमोजी, हरदासजी, देवीदानजी, भाखचंदजी हुए। उपरोक्त भाखचंदजी के पुत्र केसोजी हुए। केसोजी की पत्नी मानी तंवर अपने पुत्र सुरजजी सिंवर के साथ पंथद्रोहियों से लड़ते हुए विक्रम संवत् 1887 आसोज सुदि नवमी को धवा गांव में शहीद हो गई। उपरोक्त वीरांगना मानी तंवर को मां सती का दर्जा दिया गया। इस घटना के बाद केसोजी गृहस्थी छोड़कर साधु बन गए तथा रावलजी को अपना गुरू बनाया। रावल जी खिंदरोजी की शिष्य परम्परा में गंगाराम जी के शिष्य थे। केसोदासजी सिंवर के गुरूभाई मयारामजी, बालकिशनजी व जैरामजी थे। केसोजी द्वारा भवानीपुरा गांव में रहते हुए विक्रम संवत् 1891 को 'ग्रंथांक 144' और 'ग्रंथांक 109' लिपिबद्ध किया गया था। विक्रम संवत् 1922 में लिपिबद्ध एक हस्तलिखित प्रति 'ग्रंथांक 96' की पुष्पिका में लिखा है:- 'परमहंस साध केसोदासजी के पठनार्थ'। केसोजी के पठनार्थ लिखी गई इस प्रति के आधार पर इनका संवत् 1922 में मौजुद होना प्रमाणित होता है। कहा जाता है कि बाद में वे डंडाली गांव में चले गए जहां उन्होंने जीवित समाधी ली, वह स्थान वर्तमान में गायणा भाखर कहलाता है। केसोजी के दुसरे बेटे चैनारामजी के सात पुत्र हुए, जिनके वंशज "चैनाणी सिंवर" कहलाए तथा ये हरियाणा, राजस्थान व पंजाब के विभिन्न गांवों में निवासरत है। केसोजी सिंवर का एक दोहा भी प्रचलित है जिनमें उनके गांव व गौत्र उल्लेख मिलता है:-

सब कवियों का दास हुं, केसव मेरा नाम।
सिंवर जात का गायणा, धवाज है निजग्राम।

-:केसोजी सिंवर की रचनाएं:-

1. मंगलाष्टक- 36 छंद

-:मंगलाष्टक:- (36 छंद)

श्री गुरनपति वृहस्पति कहै, देवनपति गोविंद।
देवन पति ब्रह्मा ववै, साधन पति पतिअंब।१
कवियन पति नाग अभशेखा, गनियन पति कक्किहत गनेशा।
बुधियन पति विनायक जानौ, सुघड़न पति स्वरसती मानो।२
अगन तेज पति बीज पति मानी, प्रानन पति प्रैमत्रवानी।
अवलंब पति अकास कहीजै, गरवेन पति पृथ्वीसु भनीजै।३
वारन पति रवि पखन पति शोभा, मासन पति भादुवा व्योमा।
ओषध अनपति त्रिण पति दरभा, वनास पति पत पीपल घरभा।४
जुगन पति सतजुग मृत्युलोक, लोकपति कहत सतलोक।
सतियन पति सीता हरिचंद, संतोषीयन पति अमरीक स्वछंद।५
दातारन पति बलि राजा, जाचकन पति बावन साजा।
चरणामृत पति उतम गंगा, पवितरन पति तुलसी हरि संगा।६
पतिव्रतां पति लक्ष्मी कहीयै, नदियन पति जमनाजी लहियै।
विद्यान पति वेद धुन मानो, सुधन पति गायत्री जानो।७
धरमन पति जीवजु दया, सुंदरन पति सीलजन भया।
जोधांनन पति कामजु देवा, मरजादा पति सुमेर गिरेवा।८
महमा गहरन पति समुद्र, रतन पति अमृत जनु धर पर।
वोजन पति स्वरवकद वाजा, बैदन पति धनंतर राजा।९
धनकन धारियम पति सिव संकर, राजन पति जो कहत मन्वंतर।
छंदन पति गायत्री छंदा, आनदा पति ब्रह्म नंदा।१०
मंत्रन के पत उंकारा, अक्षरन के पत है आकाश।
नाथन के पत ओजग नाथा, ना जोगेश्वर पति विष्पाता।११
सांख्य ज्ञान पत कपल मुनेवा, ब्रह्मा ज्ञान पत रिषभदेवा।
मासन पत अघन कुं मानौ, पावस पत भादरवा जानौ।१२
रूतन के पत बसंत कहिजै, रतना के पत इमृत लहीजै।
वैदन पति धनंतर मानौ, मुनियन पति व्यास मुनि जानौ।१३

वाजा में पत संख लहीजै, आवध के पत बजर कहीजै।
चक्रन के पत चक्र सुद्रसन, धनुष धारिन पत राम सिरोमन।१४
भक्तन पति प्रहलाद भणीजै, अटलन पत धुराज गिनीजै।
सिधन पति गोरख अपारी, जोगन पत भरथरी भारी।१५
भंडारन पत कुबेर भंडारी, मेघमाला बृखा पत भारी।
दीपन पत है जंबु दीपा, खंडन पत भरत खंड अनूपा।१६
जोधान पति रति पति कामा, जतीयन के पत कतरस्यामा।
कुल सुंदर पत कहियै सीला, धरमसेत पत राम सुशीला।१७
डंड दैन पत है धर्मराजा, लिंगुरन पति अंगद विराजा।
रीछन पत है जामवंता, कपियन के पत जति हनुमंता।१८
भाईयन के पत भरथ भणीजै, शेषग पत लिछमण गीणीजै।
कुल तारण भागीरथ जोहै, पुत्रन पत श्रवण सम कोहै।१९
पुरीयन पत अजोध्या पुरी, थांनन पत मुथरा जहां हरी।
माता पत देवकी मानो, पिता पत वसदेव ही जानौ।२०
नंद जसोदा पत वड भागी, दसरथ पत है हिरदै अनुरागी।
वदेही पत जनक ही जानौ, त्यागी पत सुखदेव बखानौ।२१
कौपन के पत है दुरवासा, रिषियन पत जमदिगन निवासा।
पैजन पत फरसराम विरोधन, आभमोनि पत है दुरजोधन।२२
दुख काटण पत है विक्रमजीत, चवदे विद्या पत भोज पुनीत।
करन राजा छत्री पत है, साच वचन युधिष्ठिर पत है।२३
मल पत भीमसेन सो थिर है, धनुष धारियन पत अर्जुन वीर है।
पंडित पत जोसी सहदेवा, रूपन के पत नुकल अभेवा।२४
कुवारियन की पत कुंतादेवी, देव्यान पति शेपतादेवी।
क्षैत्रन पति गया गत दाता, धरम पति कुरखेत निष्पाता।२५
जीव दया धरम पत जानौ, सरधा को पत पुन बखानौ।
दांनन में पत अनदान पवित, पात्रन में पत है जु अतीत।२६
अभ्यागत व्रण पत ब्राह्मण है, उचौ आश्रम पत सिन्यासी है।
ब्रह्मानापत कै पत भृगु भणीजै, संन्यासी पत दत जांणीजै।२७
तुलाधार वैस पत जानौ, चित्रगुप्त सुंदर पत मानौ।
पंछी कै पत गरूड़ कहीजै, सरपन के पत सेस लहीजै।२८
मृगन के पत सिंघ वैही है, जलजंतन पत मकर सही है।

अश्वन में पत उच्चैश्रवा, गलंन पत ऐखत गरवा।२९
रिखीयन को पत मंत्रखानौ, देवरिषि नारद पत जांनो।
ब्रह्मावर्ज पत सनत कुमारा, दासन के पत विद्र विचारा।३०
जीवन के पत लोमस कहियै, कनियन के संकर लहियै।
तिरिया कौ पत पुरख बखानौ, परजा को पत राजा जानौ।३१
व्रतान पत सिरे एकादसी, तिथन में पत है द्‌वादसी।
प्रबी पत अमावस कहियै, जामन पत अजैपाल कहियै।३२
इंद्री को पत मन ही जाना, देही कौ पत जीव पिराना।
पाप हरण पत हर कौ नामा, विघन हरण पत है घनस्यामा।३३
बंधन को पत मोह धरे है, मुकतन को पत वैराग सिरे है।
हरि अरपण पत है शुभ कर्म, करम खंडन पत ज्ञान सु धर्म।३४
प्रेमन के पत गोपका, लीलापत श्री कृष्ण।
पतवरता पत लक्ष्मी, सकल के पति विष्णु।३५
पत अनंत को गिन सके, मंगल सुणीयो साध।
कर जोड़े केशव कहै, मिटै सकल अपराध।३६

33. साहबराम जी राहड़

-:साहबराम जी राहड़ (वि.सं.1871-1948):-

साहबराम जी राहड़ का जन्म विक्रम संवत 1871 को हुड़िया गांव में तारोजी राहड़ के घर हुआ था। जिनका संक्षिप्त वंश परिचय इस प्रकार है- राहड़ गौत्र के जाट मेहन्दोजी के पुत्र ठुकरोजी हुए, जिन्होने विशनोई पंथ अपनाया था। ठुकरोजी के पुत्र रतनोजी व जैतोजी हुए। रतनोजी राहड़ ने पारवा गांव में निवास किया था, रतनोजी के वंशज हुड़िया गांव में बसे। हुड़िया गांव में रतनोजी के वंशज तारोजी राहड़ के पांच पुत्र हुए- तुलछोजी, चैनोजी, जसरामजी, अणदोजी व साहबरामजी। इसका उल्लेख स्वयं साहबराम जी राहड़ ने जंभसार के 18वें प्रकरण में किया है:-

महेंदो ठुकरो रतनो राड़ा, दीन्हो जंभ विवांणे चाड़ा।
तारे भक्त के पुत्र पांचा, होम करे नित सबद ही वांचा।
तुलछो चैनो जसराम अनंदा, साहबराम जंभ के बंदा।
जेहि साहब जंभसार बनायो, जंभगुरू को दरसण पायो।
कृपा कर हिरदे में रहेऊ, ताते जंभसार कहि दएऊ।

साहबराम जी राहड़ वील्होजी की शिष्य परम्परा में जांगलु गांव के थापन गोविंदराम जी गोदारा के शिष्य थे। साहबराम जी ने जंभसार के 23वें प्रकरण में अपने गुरू के संबध में लिखा है:-

साहबराम के सतगुरू मानो, गोविंदराम गोविंद कर जानो।

गोविंदराम जी गोदारा जांभा 'आगुणी जागा' के महंत थे, इन्होने अपनी रचनाओं में साहबरामजी की बहुत प्रशंसा की है। साध गुलाबदास जी रामड़ावास में विल्होजी के मंदिर का निर्माण करा रहे थे लेकिन विक्रम संवत् 1909 को उनकी मृत्यु हो गई। तब साहबराम जी ने स्वर्गवासी गुलाबदासजी के खोले (गोद) जाकर मंदिर के काम को आगे बढाया तथा विक्रम संवत् 1911 को मंदिर पुर्ण करवाया तथा अगले वर्ष उस पर कलश स्थापित करवाया। साहबरामजी ने जंभसार के 23वें प्रकरण में इसका उल्लेख किया है:-

गुलाबदास हूं जी की चादर, वील्ह दई साहब कर आदर।
साहब करियो वील्ह पर मंदर, दस इग्यारे साल महासुंदर।

साहबराम जी राहड़ ने अपने गुरू गोविंदराम जी गोदारा की आज्ञा से ही पारवा गांव की रामा से विवाह करके गृहस्थ बने थे। विवाह के पश्चात कई सालों तक नांधड़ी गांव में रहे फिर पंजाब के दुतांरावाली गांव में बस गए थे। साहबरामजी ने अपनी रचना सार बतीसी में इसका उल्लेख किया है:-

अमल राज अंग्रेज का, हांसी अरू हिसार।
पच्छिम उतर नांधड़ी, विष्णु कुल सुख सार।

साहबराम जी के तीन पुत्र रूपरामजी, गणेशारामजी व लक्ष्मीनारायणजी हुए। दुतारांवाली गांव में ही विक्रम संवत् 1948 मार्गशीर्ष सुदि 11 को साहबरामजी का निधन हुआ था, इनकी समाधि पर भव्य मंदिर बना हुआ है। साहबरामजी राहड़ द्वारा विक्रम संवत् 1908 से 1948 के मध्य लिपिकृत 18 प्रतियां उपलब्ध है। विक्रम संवत् 1908 में 'ग्रंथांक 95 व 211' और रामड़ावास में संवत् 1910 में 'ग्रंथांक 94, 279, 281' लिपिबद्ध किए गए। संवत् 1925 में 'ग्रंथांक 182' और फिटकासनी में संवत् 1935 को 'ग्रंथांक 327' लिपिबद्ध किया। गांव नांधड़ी में संवत् 1936 में 'ग्रंथांक 187' व 1937 में 'ग्रंथांक 202' लिपिबद्ध किया। संवत् 1939 में 'ग्रंथांक 91 व 92' और संवत् 1940 में 'ग्रंथांक 371 व 373' लिपिकृत किए। संवत् 1944 में 'ग्रंथांक 88' और संवत् 1944-1947 के मध्य 'ग्रंथांक 193' (जंभसार की अंतिम प्रति) नाधड़ी में लिपिबद्ध किया। साहबराम राहड़ द्वारा लिपिबद्ध अंतिम प्रतियां 'ग्रंथांक 183, 184 व 185' है। साहबराम जी राहड़ के पुत्र गणेशराम जी राहड़ द्वारा लिपिकृत 7 प्रतियां उपलब्ध है। संवत् 1940 में 'ग्रंथांक 45 व 186' लिपिबद्ध किए। संवत् 1946 से 1950 के मध्य अपने भाई लक्ष्मीनारायण राहड़ के साथ 'ग्रंथांक 192' लिपिबद्ध किया। संवत् 1945 में 'ग्रंथांक 369' और संवत् 1950 में 'ग्रंथांक 390' लिपिबद्ध किए। संवत् 1956 को गांव दुतारांवाली में 'ग्रंथांक 286' तथा अंतिम प्रति संवत् 1980 में 'ग्रंथांक 324' लिपिबद्ध की। साहबराम राहड़ के वंशज वर्तमान में दुतारांवाली गांव में ही निवासरत है। साहबराम जी के बेटे गणेशराम जी के दो पुत्र प्रेमसुख जी राहड़ व संतकुमारजी राहड़ हुए। भारत सरकार ने संतकुमारजी राहड़ को पर्यावरण के क्षेत्र में उत्कृष्ट योगदान हेतु इंदिरा गांधी पर्यावरण पुरस्कार प्रदान

किया था। साहबरामजी के दुसरे पुत्र लक्ष्मीनारायण जी के दो बेटे धौंकलरामजी व विष्णुदतजी हुए। विष्णुदत्तजी के बेटे लविन्द्रजी राहड़ के पुत्र लॉरेंस जी विशनोई हुए। साहबराम जी राहड़ ने जंभसार के 23वें प्रकरण में जोधपुर के राजा सुरसिंह के सम्मुख वील्होजी का कथन इस प्रकार वर्णित किया है:-

पीथेजी रा गुलाबदासा, जां सिस होसी नित निवासा।
गोविंदराम साहब कर पेशी, गुलाबदास रै खोले देसी।
सो मो पर करसी असथाना, बड़ो गुणी होय अणभैवाना।
सार बतीसी सबद गुंजारा, महामाया असतुति सारा।
अमर चालीसी आदिक ग्रंथा, पान प्रवाना आदक पंथा।
जंभसार बोह वरणन करसे, सतरा पीढी सो अवतरसे।
रूपराम अरू गनेसरामा, लिछमी नारायन सुत धामा।

-:साहबरामजी राहड़ की रचनाएं:-

1. सतलोक पहुंचने का परवाना- 03 छंद
2. सार शब्द गुंजार- 183 छंद
3.सार बतीसी- 42 छंद
4. अमर चालीसी- 44 कुंडलियां
5. महामाया की स्तुति- 44 छंद
6. साखी-02
7. हरजस (भजन)
8. आरती
9. जंभसार- 24 प्रकरण (24000 छंद)

-:सतलोक पहुंचने का परवाना:- (3 छंद)

-:पवंगम छंद:-

ॐ हंस निरंजन देहा, सोहं श्रुति माया है।
सोहं पुरुष का पार न पाया, सोहं आत्म राया है।
ॐ सोहं अजप्या आप, जपै सो बजर काया है।
ॐ सोहं सांसा सब घट, हिरदै ध्यांन बताया है।१
त्रिकटी ध्यांन त्रिवेणी तीर्थ, सो गंगोदक न्हाया है।

पल पल परबी अड़सठ तीर्थ, सो अजप्या में आया है।
ऊं सोहं मुक्ति की माला, विसनु ब्रह्मा गाया है।
सहंस्र जाप राम नित रटते, कृष्णचन्द्र नित ध्याया हैं।२
इन्द्रादि देवाधिक वेदा, नैएति नैएति कहि आया है।
शिव शक्ति नित ध्यान धरत, सब पियो सो अमृत पाया है।
बीज मंत्र गायत्री एहि, स्वगुरु ने दरसाया है।
साहबराम दिया परवाना, शब्दों शब्द समाया है।३

-:सार शब्द गुंजार:- (183 छंद)

-:दोहा:-

पांवर विषई नस्त मत, निंदक जड़ अज्ञान।
बिन आंकूरी आत्मां, एह मति दीज्यो ज्ञान।१
गुह्य मंत्र निज सार है, सार शब्द गुंजार।
केवल ज्ञान वदेह कूं, करै पलक में पार।२
तूंहि सच्चिदानंद है, तूंही सत्य सरूप।
आद अलख घर आपनो, वरनो अजब अनूप।३
पिंड अरू ब्रह्माण्ड में, रह्यो सकल भरपूर।
उनमुन नेजा फरहरे, साहब निरखो नूर।४
आंकूरी कूं ओषदी, जिज्ञासु कुं जान।
अज्ञानी कुं अति कठनि, विज्ञानी कुं भान।५

-:इन्दव छन्द:-

मछिहू मछ फिरे जल भीतर, मछी को पंथ पंछी का पिछानै।
ब्रह्म विचार करै कवि कोविद, ब्रह्मा ववेक सबी कर छानै।
जो कोइ जान सके जो कदाचित, गुंगे को गुड़ कहां स्वाद बखाने।
साहबराम गुरां गम दीनी सो, गूंगे कि सेनी तो गूंगो हि जानै।६

-:छप्पय छन्द:-

अद्र्ध अद्र्ध बहु शुन्य, शुन्य ताहां रहै सदाई।
पूर्व पश्चिम शुन्य, शुन्य की सिध न पाई।
उत्तर दक्षिण शुन्य, असंख जोजन में गाई।
दसुं दिशा में शुन्य, वेद के अन्त बताई।
शुन्य बीच एक शब्द है, अमित कोट रवि चंद।

असि अशेष अज साहिबराम, सद चिद आनंद कंद।७
शुन्य में शब्द सदा ऐक राजत, शुन्य दसौ दिस हैं चहुं औरा।
नहतंति निज कंवल सुधारियो, सु सहे सकलि सिंघासन जोरा।
वंसी की टेर तुंही तुंही तननन, भेरी सो नाद घननन घोरा।
पिंड ब्रह्मंड में पूर रह्यौ रिव, साहब राम सरूप सो तोरा।८
आदहु ब्रह्म अनाद अखंडत, नाद सदा ऊं नाम कह्यौ है।
सोहं सत पुरुष भयो परगट, अंग नहीं एक सीस ठयो है।
हंस असंखां ही अंग वसै, ब्रह्मंड असंखां हि रोम रह्यौ है।
साहबराम श्रुति भई प्रगट, सांस वास सत लोक भयो है।९

-:छप्पय छन्द:-

सत लोक सब से सिरै, सबन ते परै प्रकासे।
सत्त ईस को सीस, कोटि रवि इदक उजासे।
सत कंवल दल अवलि, संपुट चहूं दिस विच भासै।
सत शब्द झंणकार, ऊं गुंजार उहां से।
अलख अलेख अजोनि अज, अखंड अनामि ईस।
तीन बखत दरसन हुवे, साहब राम हरि सीस।१०
अग्र उपाधि टरै, कोट नख तेज अग्र सम।
ससि शांत केइ कोटि, प्रश्न मुख प्रफुलित इम।
विज्जवलि कोटि अनेक, जोत गन तन दरसे हम।
च्यार धाम चहुं दिस बने, बीच अखंडित आप।
साहबराम हरि हंस मिले, जपे सुं अंत्र जाप।११
ऊं जाप अखंड, लोक सांमीपे सरसे।
सोहं जाप सुं तेज, मोक्ष सारूपे दरसै।
तत जाप त्रिय काल, संत सालोके प्रसे।
सत जाप साजोज्य, हंस जाय मिले सो हरि से।
एक अंग जिन जप किया, मिले मोक्ष में जाय।
साहबराम चहुं अंग जपै, ते जोत में जोत समाय।१२
ब्रह्मा शिव ससि सूर, शेष शारद सुर सारा।
नित प्रति करै विचारा, उसे नही जांनन हारा।
अष्टादस षटसार, नैति कहि वेद उचारा।
असौ पुरुष अकाय, कहो कुन पावै पारा।

अद्‌र्ध उर्ध मध लोक के, जांन न सके कोय।
साहबराम सतगुरु गंग मिल, सब गंगोदिक होय।१३
कहूं पुरुष प्रताप, सबन ते है व्रवंडा।
रोम रोम प्रति ताहि, कोटि कही ब्रह्मंडा।
प्रलय थान भूतान, दुष्ट को दंड सर चंडा।
छिन में करै संघार, लोक चवदे नव खंडा।
सप्त दीप सुरलोक कलू, कोइयन पावै पार।
साहबराम सतगुरु मिलै, तो दिल अन्दर दीदार।१४

-:पवंगम छन्दः-

सत असंखा जोजन, सो जन सतलोक विसतारा है।
तेरा असंख शुन्यतर उपर, दोय दल कंवल अकारा है।
सतरा असंख पंखड़ी पूरण, रहता अधर अधारा है।
साहबराम अनामी अन्दर, पावै संत पियारा है।१५
कंवल कोस में डोड़ी जैसै, बीच पुर दा वासा है।
हाटक हीरा मांणक मोती, गढ़ मढ़ पोल प्रकाशा है।
तारा तड़त अग्न ससी संखा, रवि सत कोट उजासा है।
साहबराम सतलोक रोम रवि, कहत खद्‌योतां हांसा है।१६
सत लोक में हंस असंखा, च्यार धाम चहूं औरां है।
इस प्रकार के अनहद बाजै, शब्द होत घनघोरा है।
सोला सुत्र पुत्र पंनरा, सदा रहै कर जोरा है।
साहबराम सबै नहतंति, अमीतंत उन ठोरा है।१७
नापद नगर अमर अस्थाना, तेज पुंज की काया है।
नहतंति नर नारी असंखा, अलख पुरुष निरमाया है।
अंमीतंत असताने बने बहु, ईमरत भोग भराया है।
साहिब दरस परस पिय प्यारी, भगत भिन्न रहाया है।१८
सतलोक महा कंवल कोष में, बाहर बहुत अमराई है।
विसै वास लियां पुरुष उपास्या, तिन बे पुरी बसाई है।
जुरा मरण जिनके दुख नांहीं, उर रहे जमराई है।
साहबराम वा सतगुरु बच्चा, शब्दों शब्द समाई है।१९
अमर ने अछर मिल सुख घर, अधर धजा फरराय रही।
श्रुत समांनी प्रभु की बानी, रहि जो अछै पद पाय वही।

श्रुत सनेहा प्रभु की देहा, सोला सूत उपजाये सही।
उन कर नामा ठोड़ ठिकाना, साहबराम सुजान कही।२०
श्रुति रमै सांसा दूसरी बाहर, तीसरी फूल स्नेहा है।
सुकरत हंस सहज ते शुन्य, भई सु जंभन देहा है।
तेज सनेहा नाम खुमारी, सील अनंगा ऐहा है।
धर्म सुकन्या सुजन मुनि भ्रिंगी, साहब खोजन खेहा है।२१
सांस सुहेला और सोहंगी, दशमी सांस रसिला है।
सेसरू मेला सुत स्रबंगी, उपजे श्रवन लीला है।
नाम व सुरंगा सांस सुभाई, अछै सुभाव रहिला है।
स्वांत सुभाव अरू भाव ववेका, साहब नाम कहिला है।२२
सांसा अमर सुं प्रेम सनेहा, सांसा ही जल रंगी है।
सुत संतोष कदली ब्रह्म ही, दया पालना संगी है।
सत्तरा सांस अदल सुत बाणी, जोग सतायन अंगी है।
पनरा रहे पुरुष के पासा, साहब सदा अभंगी है।२३
सोलाई सुत्र सोलाई पुत्र, सोलाई सांस बखाना है।
सोलाई करै सबन की रछिया, सोलाई सूत निरवाना है।
सोलाई भिन्न भिन्न अस्थूला, सबका ऐक ठिकाना है।
एक ही प्रीत एक विवहारा, साहब सत अस्थाना है।२४
सोला सुत अरू हंस अनेका, नहतंति निज लोक रहै।
अमीतंत आनंद अखण्डी, कोई न तास तूल कहै।
अमर लोक अनहदी अदभूत, मन वच काय न कोय लहै।
नैति नैति वेद उच्चारे, साहबराम निसकाम वहे।२५

-:इंदव-छन्द:-

श्रुति सनातन है सत संगी, सोरंग अनेक रचे ततकाला।
सोलाई सुत्र सोलाई पुत्र, पुत्री एक बनाई विशाला।
उति सति सावत्री लक्ष्मी शची, जो असंख मनन केरी माला।
साहबराम मूल सेई मस्तक, पान फूल फल पेड़ रू डाला।२६

-:पवंगम छन्द:-

सतलोक ते दूर फराकत, कोरम ध्यान धरियौ ताहिं।
मुख से फेन फूल सम निकसी, रवि सम ससी छिब झलकांहि।
पुरुष पुत्र ऐक धर्मराय मन, खेलत कुद परियो जांही।

साहब सहज छाप दिवी सत की, जुग छतीसुं सुन मांही।२७
प्रगटियो पुरुष काल विकराला, दसमो अंश रह्यौ बाकी।
सतलोक ते भिन्न भयो जब, सिष्ट रचन भई बुध जाकी।
तप कर लीना कोरम चीन्हा, त्रिय त्रिय धून भई सत ताकी।
साहिबराम आदहि ते विगरी, नास्त कर्म करियौ न्हाकी।२८
तोरे सीस रीस भई कोरम, म्हा शुन्य थरराय रही।
क्रोधा अगन भई घट भीतर, ता दिन त्रिसना भूख भई।
सार भाग ससि को हरि लीनो, पनरा तिथ घट बदति गई।
रात दिवस पख मास समतसर, साहब कीने काम सही।२९
त्रि सिर काट रची त्रिलोकी, सप्तधात सुमेर धरियो।
सप्त पताल सेसलूं नाला, सप्त स्वर्ग शिव लोक अरियो।
सप्त दीप नव खण्ड चतुर्दश, जोजन कोट पचास करियो।
तप तप शब्द सुन्यो सरवना में, साहबराम सब काम सरियो।३०

-:दोहा:-

होठ कंठ रसना रटो, कोट वर्ष किरतार।
सार शब्द ऐक पलक में, करै पतित कूं पार।३१
सार शब्द गुंजार है, प्रगट रतन पचीस।
साहबराम सत लोक की, पेड़ी विसवा वीस।३२
सार शब्द गुंजार को, अर्थ विचारे कोय।
बिन सतगुरू सांसो मिटे, बहूर जनम नहीं होय।३३
तुहिं तुहिं तुहिं तुहिं कान में, सोई सोई शब्द विचार।
साहबराम सोइ सत है, ताहू में चित धार।३४
श्रुति में सिमरण करै, भिन्न जोन गहि मोन।
मिलै सच्चिदानंद में, साहब वरजे कोन।३५

-:पवंगम छन्द:-

धरमराय तप ताली लागी, सार शब्द उर धार रह्यो।
जुग छतीसां या विधि बीते, नख धारी सुत ताहि भयो।
सातूं समंद संवारे छिन में, अधिकारी सत लोक गयो।
साहबराम पुरुष भऐ प्रसन्न, पारस सार सुताहि दयो।३६
अमर आदि अष्टंगी कन्या, अमर लोक से आंन खरी।
नहतंती नर सवालक्ष भरि, सत्य सींव पर आंन धरी।

तेज पुंज ससि सुर असंखा, धरमराय पै गई न वरी।
निगलत नार पुकारत पुरुष हि, साहब काटियो सीस हरी।३७
काटियो सीस दयो कोरम कुं, नहतंती निज लोक गयौ।
वाय तत को सीस संवारियो, मल कूंती मृत लोक भयौ।
सवा लक्ष भऐ भूतात्मा, भूतात्मि यहु भूत ठयो।
साहबराम सबन ते न्यारो, नाम निरंजन ताहि कह्यो।३८
नाम निरंजन कोइयन अंजन, श्री जन भंजनहारा है।
मन माया उनही तै उपना, जिन यो जग विसतारा है।
अहं एक बहुता भव स्यांमी, असै वेद उचारा है।
साहबराम अनामी जां पर, ताका वार न पारा है।३९
अष्टंगी अव्याकृत माया, निराकार महतत ठऐ।
अष्ट धात को लिंग बनायो, नख चीर भग भोग दये।
सुरति समाद लगी जु चोसट, सत रज तम त्रिय पुत्र भये।
साहिबराम सबन कै कारक, पारक मारन हार रहे।४०
सतगुन स्याम विष्णु घन नामी, विश्व सुं व्याप रह्यौ सारे।
अष्टंगी से अज्ञा ले उन, पिता दरस कर चित धारे।
गऐ पाताल शेष पर सोऐ, लगी फूंक होय गऐ कारे।
नव नाला चढ़ गये अमरपुर, साहब काल कर्म जारे।४१
रजगुन भयो ब्रह्म बलबीरा, माता से कर जोर रह्यौ।
पिता दरस हमही कर आवै, गयौ सकल फिर आंन कह्यौ।
पिता मिले हमकु वर दीनो, अष्टंगी सब जान लयो।
साहबराम झूठ कह्यौ ब्रह्मा, झूठो ही संसार भयौ।४२
तमगुनन ते त्रिपुरारि शंकर, कर जोरे हर अर्ज करै।
कहां मात अरू कंवन पिता है, कहां उरै अरू कहां परै।
एक शब्द से सब कुछ कीन्हा, कुन मारे अरु काहा मरै।
साहबराम मात वर दीन्हो, तुम कोप्यां त्रिलोकी जरै।४३
महतत मोटो गुन भाई, इन ते मोटी वस्तु करी।
काम क्रोध मद लोभ इन्द्री दस, च्यार खान खुरसान धरी।
त्रिविधि अहंकार भय सुख दूख, हरष शोक होय घरी घरी।
साहबराम सतगुरु क्रिया ते, जगकर्ता की जान परी।४४
अध्यात्म अधिदेव अधियज्ञ, कारण कारज क्रिया कर्म।

पांच तत पचीस प्रकृति, ईश माया सत अस्ति भ्रम।
ज्ञाता ज्ञानदेय ध्येयादिक, ध्याता ध्यान अधमां धर्म।
भयो एक ते सकल सचेतन, भव पंथ रच्यौ साहब कर श्रम।४५
-:इदव छन्द:-
शब्द श्रुति अष्टंगी अभिभूत, मन निरंजन नाह बनाऐ।
अष्ट अमीतंत सप्त सजीवन, हंस सवा लक्ष बीज खिनाऐ।
अष्ट धातु लिंग नख भगा, जोग भये त्रिय पुत्र जनाऐ।
साहबराम मन मकरी समाना, सो पेट काजै जाल तनाऐ।४६
ऐक अनामि सार सुं सिंभु, बहुत बनो यह बुधि विचारी।
ताहि समैं इक इण्ड बन्यो, बहु पिण्ड बनावन की मन धारी।
संत रजोगुन तापस तीनो, आंन खरे सब करतब कारी।
पांच पचीस मिली संग माया, साहब सब जग सिरजन हारी।४७
माया तै सुक्ष्म शुन्य बनी एक, तत आकाश तन्यो त्रिलोकी।
घट मठादिक शुन्य सुं व्यापक, श्रवन नासिका मुखलूं जोकी।
जोजन कोट पचासक पूर्ण, शुन्य म्हाशुन्य सीयहु चोखी।
भग रच्यौ भगवान भए प्रभु, साहब सत द्वार दियो रोकी।४८
शुन्य में शब्द प्रान भऐ प्रगट, वाय तत की बनी है विकृती।
वाही वाय जाय सब घट घट, कीट पतंग ब्रह्म लग फिरती।
वाय तत ते जल तत भयो प्रगट, एक ही तेज ताहां लग पृथ्वी।
साहबराम सांस ही ते जीवन, सांस मिटे जब सबहु की मरती।४९
वास रू तेज अकास अखंडत, पंडत जानत है सब कोई।
तीनों तत अदृष्ट बने भइया, दृष्ट भऐ बिन सृष्ट न होई।
सृष्ट बनावन कूं जल कीनो, अष्ट धात को बीज बोही।
साहबराम जोनि सब जल की, सार शब्द में राखे है गोई।५०
जल बन्यो जगदीस निरंजन, थल विन्या थिरता नहि पावै।
पांच तत ते पोच बनी यहु, धरम धाम रच ख्याल बनावै।
एक असंखा हि भेष बन्यौ, षट सार च्यार इस आठूहि गावै।
साहबराम तार मति तोड़ो, पार गये फिर वार न आवै।५१
-:छप्पय छन्द:-
पुरुष पुत्र लख च्यार, जोजन कछु उरै रहाई।
नाम निरंजन ताहि, वेद वैराट बताही।

सत रज तम त्रिये पुत्र, सीस पर वसे सदाई।
भुज दिसपति कटि मध, पांव पाताल बसाई।
अष्ट अस्त सपहूं ऊदर, अष्टादस रोमंच।
रवि ससि नैन नखत्र नख, साहबराम सत अंस।५२
ईस अंस महतंत, महामाया संग ध्यावै।
च्यार खान त्रिय थान, लोक दस च्यार बनावे।
ब्रह्मा विसन महेश, पाले घट घड़ै नसावै।
श्रुति सिमरती साख, स्वरस्वती नित प्रति ध्यावै।
धर्मराय कै धाम लूं, सब कोई आवै जाय।
साहबराम सतगुरू बिन सृष्टि, खपर मांहि खपाय।५३
धर्मराय धर्मात्मां, कहै धर्म की बात।
राव रंक सुर असुर, मिल सब ताह पै जात।
ऐसो डंड कठोर है, लगत होत होत पवि पात।
ताको दरसन करत ही, रोम रोम थररात।
पाप पुन्य की सासना, सुरग नर्क भोगाय।
साहबराम मस्त गुरु विनास, लख चोरासी जाय।५४
भूतहूं पित्रम हरजन, तप सत ध्रुव लोक।
जनबो मरबो एक सम, सुख दुख हर्ष रू शोक।
इतल वितल सुतल तलातल, न्यारे न्यारे औक।
रसातल महातल पाताल, शेष अन्त सब थोक।
एक निरंजन मूल है, गुलर ज्युं ब्रह्मंड।
साहबराम फल जंतु ज्यूं, सप्त दीप नव खण्ड।५५
निरजब अंगुल एक, अंगुल त्रिय गृह गनीजै।
नव गृह हाथ हमेस, हाथ चहुं धनुष भणीजै।
उभय सैंस धन कोस, कोस चहुं जोजन जानो।
सो जोजन को देश, देश सो मंडल मानो।
सो मंडल को खण्ड है, नव खण्ड खार मंझार।
भरत खण्ड में साहबराम, हरी हंस अवतार।५६

-:पवंगम छन्द:-

आदि श्रुति नहतंती माया, अमी पुरुष अष्टंगी मान।
ईश्वर श्रुति अव्याकृत माया, शिव श्रुति प्रकृति जान।

तीन देव की त्रिधा माया, स्वेद उद्‌र्ध जर इण्डा खान।
साहबराम इह लख चौरासी, त्रिजग धर्मराय को धान।५७
अष्टंगी सूं अज्ञा ले, अब तीनूं देव तियार भऐ।
सिष्ट रचन की श्रुति संभाली, सत रज तम त्रिय एक ठऐ।
विश्व व्यापि विश्वेश्वर, विष्णु जल जाजम पर सोय गऐ।
नार नांमे जल ही को साहब, नारायन सो नाम कहे।५८
त्रिगुनी श्रुति स्यांम उर धारी, सोवत बीते बहु काला।
नाभ कमल में ब्रह्मा उपजे, अष्ट भुजा चहूं मुख वाला।
कोह कोन कांहा तै आयो, पिता दरस गऐ वाहि नाला।
बहू जुग खोज उलट आयो ब्रह्मा, साहब श्रुति चढी भाला।५९
तप कर शब्दध ब्रह्म उर उपज्यौ, तपकर ताली लाग गई।
जुग छतीसां बीत गऐ तब, अदुभूत बानी आन भई।
गुह्य ज्ञान दीनो तब विष्णु, अस्त सत सब जान लई।
ब्रह्मा ध्यान भृकुटी शिव प्रगटे, साहब तमगुन श्याम सही।६०
तीन देव त्रिभवन उपजावन, श्रुति से संसार रचे।
नारदादि मन ते कछु कीन्हे, सिष्ट बने नहीं बहुत पचै।
शिव सिष्टे वेताल गनादिक, जोगन भूत प्रेत नचै।
साहब कहे विष्णु सुन ब्रह्मा, खाली खेती नांहि जचै।६१

-:दोहा:-

त्रिगुनि त्रिपुटी त्रिविधि सुधि, सिष्ट रची सुरलोक।
एक निरंजन मुल है, भिन्न भऐ असंखा थोक।६२
भयो निरंजन नाम ते, सोई तूं नाम संभाल।
साहबराम तुंहि सत्य है, तुंहि सबन को काल।६३
शब्द शिष्ट एकै कही, श्रुति शिष्ट भई दोय।
साहबराम माया वहि, त्रिगुनि त्रिप्टी होय।६४
सो माया है आद की, ईश्वर इंछिया जान।
साहबराम त्रिय देव लूं, सुक्ष्म थूल सब खान।६५

-:पवंगम छन्द:-

ब्रह्मा वचन मान विष्णु को, सवा लक्ष की उरधारी।
सजे कर सिंभू मनु कीन्हो, बांवे सत्रूपा प्यारी।
पारस पाय परस परसंगी, शब्द पुरुष श्रुति नारी।

स्वालख बीज धरे जल साहब, सकल जगत की महतारी।६६
मिथनी सृष्टि संवारी ब्रह्मा, जून रचि चवरासी लाख।
इक लख मरै सवा लख उपजै, आगम निगम पुकारे साख।
निराकार को हार बन्यौ यहु, गल मिल माटी जल बल राख।
साहबराम देव दनुजादिक, मानुष जोन सकल को नाक।६७
मानुष रहै वर्ष छ वीसी, स्वांस बांनवै कोड़ धरे।
संहस इकीसां छह सै उपर, रात दिवस के जाय हरे।
जो कोइ मरै अकाल मौत से, भूत होय करि भोग करे।
पीछै काल कृतांत पिछाड़ै, साहब पासी डाल गरे।६८
मानुष जोन फेरि नहि पावै, लख चौरासी डार दियो।
अगले मरै पिछले उपजै, भोगै अपनो कर्म कियो।
माया जाल सकल जग उरझियो, वेद बन्ध में बांध लियो।
एक लख जाय सवा लख आवै, बिन साहब नही सार पियो।६९
ब्रह्म अण्ड को कियो वाड़ियो, ब्रह्म खेती खूब खड़े।
विष्णु पालै शिव संघारै, अगले भाने और घड़े।
लख चवरासी अन उपाऐ, माया भींत जड़ाव जड़े।
मुख निरंजन ओदी साहब, हंसा मृघा आन पड़े।७०

-:छप्पय छन्द:-

भरत खण्ड भूलोक मनुष तन, कर्म बीज को खेत।
जीव जमी को माल जोते, निपजै सो लुण लेत।
गोहूं चावल मोठ बाजरी, जव अरू चिणा जवार।
स्वर्ग नर्क पाताल अस्वर, चोरासी अन्न अपार।
कल्प अंत प्रलै में पोढ़ै, सृष्ट आदि वोही काम।
साहबराम सतगुरु के बालक, ब्रह्म मांहि विश्राम।७१
श्रुत विन्या सुमरन क्या करियै, काठ अरू हाथ घसावै।
पात्र विनां पुन्य कहा भाई, द्रब खोय पछितावै।
जप बिन जोग भाव बिन पूजा, फल बिन तीर्थ न्हावै।
गुरु बिन ज्ञान ध्यान बिन धीरज, तप बिन तत न पावै।
भरथ खंड बिन सत संगत ना, संगत विन्या न सार
साहबराम सतगुरु बिन सागर, कून उतारे पार।७२
सब जीवन की एह जुगत, भवसागर भरमाय।

अर्द शेष के लोक लूं, उद्‌र्ध निरंजन राय।
पाप नरक डुबे कहै, तिरे सुर्ग सुख पाय।
ब्रह्म ज्ञान जान्या विन्या, सब सागर सम भाय।
शब्द इयाज श्रुति पवन, सतगुरू खेवन हार।
साहबराम हंसा चढ़े, ते उतरै भव पार।७३
जीव पलट ईश्वर हुय जावै, पावै संगत सार।
पलटै कीट भृंग होइ भारी, सुनै शब्द गुंजार।
ईश्वर संग तै ईश्वर होई, करै अविद्‌या नास।
काठ पलट चंनण होय जावै, लगै चंनण की वास।
लोह हेम आत्म हरि मानो, पारस संगत पाय।
आत्म ईश सदा कर जानो, साहबराम सत भाय।७४
ब्रह्म सृष्टि में तीन संजीवन, पीवे सो अमर होय।
जो पीवै सोई सुख पावै, और न जाने कोय।
इन्द्र लोक मां इमृत कहिये, दुणागर मां बूटी।
इमृत पी अमर सुर सारे, लिछमण लियो जिवाय।
सार शब्द पियो जन साहब, जनम मरन मिट जाय।७५
जनम मरन ज्यांको मिट जावे, घट मठ झूटे जान।
आत्म सुध भयो तब निरमल, भयो अनात्म भान।
श्रुत डोर सरड़क संवराई, चढ़ गये हंस विवान।
तब गढ़ तोड़ दसो दर छेदे, गये निरंजन थान।
गुरु गम कूंची बजे ताल पे, दिये कपाट उघार।
साहबराम सतगुरू कृपा ते, गये बड़े दरबार।७६
निराकार अरू सत सींव पै, हंसा उतरते जाय।
भितर भेद जनायो संख धुन, सतलोक हरखाय।
सप्त सुरनि रागनि छतीसूं, अनहद शब्द घुराय।
च्यार धाम के हंस मिले तब, लीनो कंठ लगाय।
गाय बजाय मिलाय पुरुष पै, भेटे षोड़ष खान।
साहबराम ता पुरुष रोम में, लजत कोटक भान।७७
श्रुति कूं सांसै भई, कहो कठन कहा जोन।
नव दर पुर एकि न रच्यौ, कहा हमारौ भौन।
मन नायक नहचौ कियो, कठन मानखा देह।

लख चौरासी जोन में, मानख तन मम ग्रेह।
ताते ब्रह्म शीलता धर्म, भक्ते ज्ञान विज्ञान।
आत्म लखबो अति कठिन, सो सतगुरु तै जान।
सतगुरु मिलबो कठन है, मिलै सो मुक्ति होय।
साहबराम सांसै मिटी, ऐक अंश देह होय।७८
आंकुरी इम ओचरे, कहो सतगुरू सेन।
सृष्ट रचै सो कौन है, सौ न होत सुख चैन।
सतगुरु शब्द सजीवन मंत्र, पर उपकारी बात।
अद्‌र्ध उर्ध कै बीच अजन्मा, श्रुति रहै तां साथ।
श्रुत रचैया सृष्ट कुं, पल मां कोट ब्रह्मण्ड।
सातूं समंद सुमेर नाग नग, सप्त दीप नव खण्ड।
मन माया श्रुति मिली, रचैऊ पाद अनेक।
साहबराम सांसे मिटी, तब कारज कारण एक।७९
आद शब्द अनहद अखण्डी, सब तै परै अनंत।
शिव ब्रह्मादिक सुर नहीं जानै, जांनै कोई एक संत।
श्रुति विचारी भई संसारी, माया मन की दासी।
सो आत्म कूं कही उपाधि, यह जड़ वह अविनासी।
रवि संग तेज ससी संग शीतल, पुष संग जिमी छांही।
श्रुत शब्द के सदा समीपि, प्रतिवाद कछु नांही।
धुप सीत छायां अरू श्रुति, इनको वेग अपार।
साहबराम शब्द की साजत, श्रुति रचै संसार।८०
यो संसार समंद बिन पानी, गहरो बहुत गंभीर।
सप्त पताल सेस लुं सागर, षष्ट सर्ग तहां तीर।
आशा तिसनां नदियां गहरी, बहै करारी धार।
बड़े बड़े ब्रह्मचारी बह गऐ, डुबो सब संसार।
अणुमां महिमां गरिमां तां, लघुमां प्राप्त आहि।
वसिकरण ईस तां क्रिया, अष्ट ग्राह मिल ज्याय।
भक्ति ज्ञान धर्म के बेड़े, चड़ै सो करै उपाय।
साहबराम भ्रम बिन सतगुरु, पड़े भंवर में जाय।८१
भंवर जाल संसार चक्र है, मगरमछ अहंकार।
सुरग नरक पाताल असुर सुर, स्यांभर सिंघ सियार।

मेष श्वान ससा सूर ग्रध्वा, उष्ट भैंस गो गाय।
लख ईकीस जोन ऐ, जर की भोग इण्ड मां जाय।
चील ग्रिद्ध गोमायु बगला, ईण्डा जोनि अनेक।
चमगुदड़ गुगु अरू वागल, खान जान दर एक।
लख इकीस स्वेद जोनि के, जूं जमि जोख अपार।
उद्र्ध खान इकीस कटै लख, साहबराम तत सार।८२
पांच तत पचीस प्रकृति, माया रच्यौ मसान।
लिंग लपेटो लग्यो जीव कै, आत्म भयो अजान।
जड़ देही जमराज संघारै, नव तत है नहतंत।
दोऊ देही सदा न ऐही, प्रलय काल प्रजंत।
नव तत नास भले प्रलै में, कर माया में वास।
सिष्ट समै पचीस प्रकासै, आत्म सदा उदास।
जनम मरन को पार न पावै, करमा तणा कमोद।
साहब सतगुरू बिन मानुष तन, कदै न पावै बोध।८३
च्यार जुगन की चोकड़ी, वर्ष तैंयालीस लक्ष।
बीस संहस तां संग मिलै, पंगति एह परतक्ष।
भाग बहत्तर इन्द्र एक, आठ बीस मर ज्यात।
ब्रह्मा किया जगत में, एक दिवस एक रात।
ब्रह्मा मरे हजार तब, विष्णु घड़ी उद्योत।
विष्णु द्वादस लख गऐ, रूद्र उभै पल होत।८४
रूद्र एकादस गऐ, सक्ति सिणगार भणिजे।
सक्ति संहस होय ज्याय, इसकी निमष गिणिजै।
ईश्वर संहस वदत कलप एक, भेद जु कहिये।
आदि पुरुष को ध्यान, एक असी विधि लहियै।
आदि पुरुष सत वर्ष को, सत तेज मां मिल रहै।
साहबराम सोई पुरुष मिल, महा कल्प ताकूं कहै।८५
प्रलय च्यार प्रसिद्ध जगत में, काल करै सब क्षीन।
नित प्रलय नींद ब्रह्मद की, निमत नास कह दीन।
अतत आठ आवरण क्षय, महा प्रलय क्षय काल।
शब्द सपरस रूप रस गंधा, सब माया कर जाल।
तीन लोक चवदै भवन, सप्त दीप नव खण्ड।

साहबराम सत लोक बिन, मारे काल प्रचण्ड।८६
अनावृष्ट सत वर्ष, वर्ष सत मेघ प्रलय पर।
द्वादस दिनकर तपत, वर्ष सत सेस झैर झर।
ब्रह्मा कीट पतंग, नाग नग थिर चरत तर्जर।
चलै पवन उनचास, वर्ष सत खपर खाख भर।
जो दिखै सो नार है, सब कछु होत विणास।
साहबराम सत शब्द बिन, सब माया में वास।८७
माया श्रुति सबद की, पुरुष छांह प्रवान।
अन इछत कै आसरै, सब जीवन की खान।
जीव नांव प्रलई रह्यो, लिये अविद्या संग।
सिष्ट आद माया रचै, प्रथम रूप सोई रंग।
असेई आवा जान में, ब्रह्मा कीट समान।
सत लोक गए बाहुड़े, साहबराम बिन ज्ञान।८८
सत लोक महा मुक्ति है, आठों पहर अनंद।
जनम मरन जाकूं नहीं, नहीं काल करे फंद।
इक ते करे अनेक, वे बनै असंखा एक।
कृष्ट न आवै मुष्ट गहि, नां कछु रूप न रेख।
काम किरोध मद लोभ भय, सुख दुख हर्ष न शोक।
सांस शब्द श्रुति ब्रह्म, साहबराम यहि मोक्ष।८९
कहा कहूं सतपुरूष की, मो पै कही न जाय।
कोई जल गंगा मिलै, सोई गंग होय जाय।
मिलते ही निरमल भयो, सकल मैल दिये खोय।
नदी गंधिली ना रही, सब गंगोदिक होय।
पुरुष परस पांचू वरन, आश्रम च्यार अखंड।
जम सिर पग दे जात है, कंपे काल प्रचंड।
माया छाया में मिली, काया गई विलाय।
साहबराम सांसे मिटी, श्रुत शब्द समाय।९०

-:दोहा:-

चार वेद को भेद है, अष्ट जोग सिद्धान्त।
निज गीता के प्रांन है, सुने होत सुख शांत।९१
सार शब्द श्रवन करै, सीखै चित लगाय।

साहबराम जीवन मुक्ति, निश्चय होय ज्याय।९२
धर्म किया धन खोय दिया, रेती रली रसाण।
साहबराम सतगुरू बिना, मर मर भये मसाण।९३
कर्म किया कर बंध गया, नट मरकट की रीत।
साहबराम तज करम कूं, तूं सुख भर सोय नचित।९४

-:पवंगम छन्द:-

धर्म धर्म कर धन माने, धर्म नहि अधर्मा है।
गोरवै मुतलब क्रोध ईरषा, लिया करै भई सरमा है।
जो कोई धर्म करै सोई भोगै, जून जून जीव भरमा है।
हरि अरपण संतन बिन साहेब, करै सो सभी कुकरमा है।९५
कर्म कर्म कर करतब मांने, कर्म काल माहैं खोटी।
कर्म करै सोई जीव कहावै, कर्म भ्रम ईश्वर कोटी।
सप्त पताल सर्ग सातों में, पटकै काल पकड़ चोटी।
कर्म धर्म तज कुसूम कली गहि, साहब साख सबद मोटी।९६
भक्ति कर कर जगत भुलानां, भक्ति भाव कोई नहिं जानै।
काठ पखांन जले जीव उरीझिया, मोटा भ्रम कवन भानै।
हिन्दु मुसलमान जख जोगन, पीर पकंबर सब मानै।
साहब जगत भक्ति कर भूल्या, वो तो एक सदा छाने।९७
ज्ञान ज्ञान कर गर्भे गजबी, ज्ञान ध्यान सब ते न्यारो।
पढ़ पढ़ वेद प्राण उचारे, यो म्हारो अरू यो थारो।
बिगड़े आप बिगाड़े सब कूं, कहि इमृत पावै पारो।
दुभध्या द्वैत मिटे बिन साहब, करणी कचर कियो गारो।९८
विज्ञानी बण अणभै मान, अणभै चणमे भेद घणौं।
अणभै नांव कोई भय नांही, भय भाज्ञो संसार तणौं।
पढ़ पढ़ साख ना कबहु खांचै, तेउ न पावै तत कणौं।
साहबराम तजो दूमाना, सब घट व्यापी ऐक जणौं।९९
ब्राह्मण ब्रह्म तेज में भूल्या, ब्रह्म वस्त बहु दूर रहे।
पढ़ पढ़ पोथी बातां थोथी, पेट काज नित झूठ कहे।
कुल अभमाना गर्भ गुमाना, सार भूलाना पार चहे।
ले कोटिक बंदा नरक निकंदा, कहे साहब जम की मार सहै।१००
क्षत्रि जाति कलू न पांति, प्रजा लूट भऐ राजा।

कर्मे न जानैं जिगन ठाने, खोसै लोक करै काजा।
प्रजा दूखे सब जग कुकै, ऐसै बोलै मुख ताजा।
साहबराम कहै कहां छत्री, जिनकै धर्म नहिं लाजा।१०१
वैश जात विश्व में नांही, वैशपण सब दर गया।
वैस नाम विणजि को वस्कत, सचे दस्कत वैश कह्‌या।
बहुत ठगोरा बोलै कोरा, झूठे वोरा चोर भया।
वे विसवासी गुंथे पासी, साहब जम डंड सीस सह्‌या।१०२
सुद्र जाति सबके भ्रांति, तीन वरण के सेवै चरणा।
माता पिता सम सब संसारा, आश्रमी च्यारूं वर्णा।
कल कठोरा बोलै कोरा, अस्ती चोरा ने जरणा।
राखो समता मारो ममता, साहब भूलो मत मरणा।१०३
हाथी हिम एक ब्रह्म वस्त, संसार वणी में नही पावै।
च्यार वर्ण आश्रमी च्यारूं, खोज लिया दसुं दिस ध्यावै।
हाथी खोजां खोज मिलै इम, ब्रह्म वस्त में सब मावै।
हाथी बना ब्रह्म घट घट में, साहब सबकूं समझावै।१०४
सिसै मृग के खोज समाना, आन देव के ओका है।
मईषि गाय अस्वे के खुर जिम, देव लोक सब चोखा है।
उसट गरुड़ गैंडे की तद्‌वत, ब्रह्म विष्णु सिव लोका है।
साहब शब्द खोज गज की सम, वोही एक अशोका है।१०५
पटु में सूत सूत सब पटु है, असे ब्रह्म ववेका है।
घट में ब्रह्म ब्रह्म सब घट है, ओत प्रोत दोउं ऐका है।
जल में तरंग तरंग बहू जल है, कोइ न दूसरा भेखा है।
साहब शब्द शब्द सब सिष्टि, चसमां देकर देखा है।१०६
सबन की सुने सबन की देखै, सबका पोषन हारा है।
सबसे दूर सबन ते नेड़ा, मिल्या सबन ते न्यारा है।
सब घटवासी सबै उदासी, सबसे प्रित न प्यारा है।
फल में बीज बीज में फल है, ओत प्रोत उर झारा है।१०७
जिन यो जगत विरछ उपजायो, मूल कंवल आधारा है।
काम कंवल परै नाभ कंवल है, हिरदै कंवल विस्तारा है।
कंठ कंवल पर तरबीणी जांहा, दोय दल कंवल अखारा है।
ताकै उपर अधर सिंघासण, कोइ न पावै पारा है।१०८

पांच तत पचीस प्रकृति, पांन फूल फल डारा है।
सुषम थूल नखां सिख व्यापी, चहुं चक्र जांका चारा है।
सब जग सृजत मरण विवजरत, सब जीवन आधारा है।
साहबराम सबद घट खोजै, सोई रूप हमारा है।१०९
न अक्षिर अक्षिर क्षिर सोई, वोहि एक आकारा है।
पांच कोष गुण तीन वाय दस, नव पंचीकृत न्यारा है।
सप्त दीप नव खण्ड चतुर्दश, त्रिजग जोन पसारा है।
साहबराम सबद का डंका, घट घट घुरे नगारा है।११०
पानी आन परियौ पहमि पर, उपज्या बीज असंखा है।
दोय दल इण्ड पिण्ड जर जुगता, खुर नख चंचा पंखा है।
काया कोट पवन का पहरा, थिर चर रावा रंका है।
साहबराम सबद की घाई, लगे नगारे डंका है।१११
मात पिता के रज वीरज तै, जल की बुंद जमानी है।
नाभ कमल में नाल पसारिया, पुष्ट भया बहै पानी है।
कृमी खान खाख की ढेरी, सींचै सबै अजानी है।
साहबराम सींच सतगुरु कूं, मांहि खड़ा मस्तानी है।११२
जीव जीव कर जगत भुलाना, जीव नहीं मर ज्याना है।
जीव वस्तु कूं कोईयन जानै, ना कौ ठौड़ ठिकाना है।
च्यार वेद में सब जग उलझिया, होय रहि खांचो ताना है।
साहबराम सकल तेरे में, तुं कहि गया न आना है।११३
जाया जाया नाम धराया, जाया है सो जावैगा।
रंग रंगीले सदा संगिले, सो कहिं गया न आवेगा।
पंछी पंथ मीन का मारग, विरला विरला पावैगा।
साहबराम थाल का ठणका, थाली मांहि समावैगा।११४
चोधर कर कर चाल गया सब, रंक रह्या नहिं राणा है।
माता पिता सुत तिमियां त्यागै, डेरा होय मुसाणां है।
बूर बाल ढिग ढेरी ल्यावै, उपर मुंठी दाणा है।
साहबराम समझ कर चालो, जम के हाथ बिकाणा है।११५
परा पसंती मधमां मोजी, कंठ कमल में आया है।
मुख में भई वैखरी बांणी, च्यार वेद निरताया है।
अपने अपने पख की फांसी, आंटा खुब लगाया है।

साहबराम सबद कै सोटै, बंधन तोड़ बगाया है।११६
देही कोट दुरगढ़ नाना, मन मस्तानूं राजा है।
कांम क्रोध मद लोभ मुसदी, करै आपनै काजा है।
पांचू रानी सदा सयानी, भोग रही सब साजा है।
साहब सच्चा मिलका बच्चा, सबद सबे सिरताजा है।११७
मुवां मुक्ति सभी कोइ माने, मुवां मुक्ति न है कोई।
मूवां माटी खाख मुसाणे, भागो भाग मिलै भाई।
जैसे पान पकै विरछन का, रूत आयां सब झर ज्याई।
साहबराम शब्द में सिष्टि, एसैइ होय रवि नस ज्याई।११८
जगत जगत कर सब जन भूल्या, जगत नहीं सब सोवे है।
मिनखा देही माणक पायो, विषै काच ले खोवै है।
निंद्या चुगली करै पराई, पर पातक सब धोवै है।
साहिबराम यहु श्वास गए ते, जनम जनम फिर रोवै है।११९
मेरी मेरी सब कोई कर रह्या, मेर मनां ते मानी है।
झूठी माया झूठी काया, सो साची कर जांनी है।
सुपनै सुख ज्यूं विषै सुख है, अंत दुखादि खानी है।
साहबराम समझकर चालो, नहिं माने अभिमांनी है।१२०

-:दोहा:-

मन माने सोई भलो, कोइयन करे विचार।
गहि गुंजा तज मोतियां, साहिब फेंके वार।१२१
हृदै उपनी सत्य है, नांहीं देखा देख।
साहिबराम रहै आलसू, वे गऐ बणांवट भेख।१२२
साहबराम सब सिष्टि में, देखो नैन पसार।
अपनो कर्ता कौन है, वारम वार विचार।१२३
साहबराम सोधन कियो, कर्ता मिल्यो न कोय।
दुबध्या दारी दल मली, आपे आपै होय।१२४

-:सवैया:-

साचो हूं सयानो हूं, मैं पंडत पुरानो हूं, वेद सार जानी हूं।
काल हूं को महाकाल जगत गुरु जोम, मैं हकिम तो हजारो हूं।
रूज देहादि न्यारो हूं, मुक्ति को द्वारो हूं।
षटशास्त्र को ताज प्रज, तत वस्तादि तो मैं गुनि बे गुमांनि हूं।

जोगी जति ध्यानी हूं, ब्रहम वेता ज्ञानी हूं।
रेख रंग रहिता, माया हूं न मोमे।
आद हुं न अंत मेरो, शिव ब्रिहम नहिं विष्णु वेरो।
हद ना वेहद हेरो, साहब साखी रमंताराम सत सार सो मैं।१२५
प्रितम हूं न प्यारो हूं, जती हुं न जारो हूं।
मिल्यो हूं न न्यारो हूं, सुर्ग हुं न नर्क मोमै।
मघा हूं न कासी हं, आनंद को अखारो हूं।
तेज पुंज तारो हूं, आनंद को नगारो हूं।
पाप हूं न पुन मोमे, दुख हुं न उदासी हूं।
सुक्ष्म हूं न थूल हूं, वृछ हूं न मूल हूं।
भ्रम हूं न भूल हूं, सुख न दुख मोमे, आनन्द की रासी हूं।
आरज हूं न अनार्ज हूं सिष हूं न आचारज हूं।
कारण हूं कारज हूं दोनो दीन इष्ट साहब सतसार सो मैं।१२६
माया हूं न मन हू मैं, जीव हूं न तन हूं, दुखी ना प्रसन हूं।
अक्षय अनादि अज, करता न अकरता हूं।
महतत हूं न सत हूं, रज न तम तत हुं जोग हूं न जत हूं।
मोर तोर मैं तुं नांही, भूत भव्य भ्रता हूं।
शब्द हों न गगन हूं, सप्रस हूं न पवन हूं, रूप हूं न अग्नि हूं।
वार हू न पार मेरो, डरता न अडरता हूं।
रस हूं न जल हुं गंद हूं न मल हुं हल हूं न चल।
में तो अक्षय अनादि अज, मरता न अमरता हूं।१२७
प्रकृति न प्रान हूं मैं, ससि हूं न भांन हूं, कोष हूं न खान हूं।
पूरक कुम्भक रेचकादिक, याहूं ते मैं पार हूं।
पिंगला न इड़ा हूं मैं, सुखमनां न झिड़ा हूं दूर हूं न निड़ा हूं।
सबहु ते न्यारो नित, सबहि सबहि संसार हूं।
वाक हूं न वैन हूं मैं, नाशा हूं न नैन हूं, तुचा न श्रवने हूं।
कोई नहिं जाने मैं तो, नर हूं की नारी हूं।
सम हुं कि जम हुं मैं नेम हूं कि दम हूं, जादा हूं न कम हूं।
साहब सुं सत सार, ब्रहम निरधार हूं।१२८
राव हूं न रंक हूं एक न असंख हूं अक्षर हूं न अंक हूं।
माया ते अलिप्त सदा, माया हूं को फंद हूं।

काल हूं न कर्म हूं, भूल हूं न भ्रम हूं, हाड़ हूं न चर्म हूं।
सम न असम मैं तो, सत चित आनन्द हूं।
भगि ना अभगि हूं साह हूं कि ठग हूं।
सुख हूं न दुख, मैं तो आनन्द को कंद हूं।
पुन्य हूं न पाप हूं अजप्या सुं जाप हूं आत्मा सुं आप हूं।
साहब प्रकाश रवि, साखी जैसे चंद हूं।१२९

-:मनोहर छन्द:-

माया तो मलिन सत्य मह ततादि हूं में रत,
तीनू गुन पांचू तत, प्रकृति प्रवानिये।
जाग्रत सुपन सुषोपत तुरिया, विश्व प्रागज तेजस तुरिया,
सूक्ष्म थूल ईश जीव, माया यहूं जानिये।
श्वेदज उद्र्धज जरा इण्ड होनी, लख चोरासी जिया जोनी,
संखउ असंखा ख्यौनी, माया कर मानिये।
जनम मरन भेद सुर्ग नर्क विधि निषेध, भक्ति मुक्ति गावै वेद,
साहिब सकल माया, विरथा भ्रम भानिये।१३०
च्यारूं वेद माया जान, षट शास्त्र माया खान, माया हि अठारै पुरान।
श्रुति जो सिमृति साख, माया की मसाल है।
वेद कहै हम सत, षट शास्त्र की काहा पत,
पुराण की मांनो मति, आपस में ईरषा सुं, तातै माया जाल है।
ज्ञान ध्यान माया रूप, जप तप माया भूप, जोग जगि माया कूप,
पुन दान माया फल फूल पत्र डाल है।
साज्योज्यादि मौक्ष च्यार, माया है मुक्ति को द्वार,
ब्रह्म विज्ञ माया धार, साहब तुं सत सार, कालहु को काल है।१३१
सांसै हूं कूं सांसे भई, श्रुति प्रति पूछ रही, सत वाक कहो सही,
कोयलो सपेत करि, कहो कैसे होत है।
दुधां धोरो हुते स्याही, साबू ते न सेत भाई, कोट जो करो उपाई,
संगी हूं कौ स्याह करै, पलट न गोत है।
अग्नि तै अलग भयो, ताहिं ते खियो कह्यौ, उलट वामे डार दयो,
पलटियो पलक मांहि, सुध स्वेत जोत है।
साहब तूं शब्द एक, माया ते असंखा भेष, कर्मन की कारी रेख,
जीव सोई सीव सत, ज्ञान के उद्योत है।१३२

चक्रवर्ती भूप कहि, बाग मध्ये हेरो कियो।
शहर में ढिंढोरो दियो, चाहै सोई लीजिये।
कोड़ि रूछि दाम धेलो, पईसो रूपावली सुं,
रजत अस्रपी हीरा, पना मोती दीजिये।
कौड़ी हूं तै आदि अंत, अस्रपि आनन्द भयौ।
राव की गरज कांहा, द्रब पाय रीझिये।
साहब सुं सूरवीर, धीर मीर कोउ जन,
सर्वे द्रब त्याग जाग, राग रस पीजिये।१३३
चेतन सूं चक्रवर्ती, मांनखो संसार शहर,
कोड़ि रूछि दाम विषय, लूटै सब लोग है।
धेलो पईसो राज पद, पावली पताल सुख,
राज पितरादि सुर, भोग रहे भोग है।
अस्रपि इन्द्रादि, दिसपाल लूट लेके,
बैठे कणकार कादी, कल्प अंत लूं आरोग्य है।
साहब सुं त्यागी संत, राणी नहिं काहू पद,
सर्व द्रब भोग तज, भयौ राजा जोग है।१३४
संत जो सयानो एक, शहर के दरवाजे बैठो,
लोहै केरि डिबियां में, पारस पखांन है।
देवे साधू ज्ञानवान, लेवै सोई धनवांन,
संब्र जन लियौ चाहै, सबहि सुजान है।
लैन सारो शहर गयो, देख डिबी सोच भयो,
कोई नहि लायो जांन्यो, झुठोई अलान है।
मूरख वे जाति नीच, डिबिया उठाय लायो,
साहब सुं सर्वोपरि, भयो धनवांन है।१३५
साधु संत गुरु मान, डिबिया सुं देहि जांन,
पारस परम ज्ञान, शहर सारो लोग है।
सेवा बिन दियो चाहै, वे विसवासी कैसे पावै,
सुजानतां ऐहि जानो, सम्प्रदाई रोग है।
देह के व्यवहार मंद, देखत अज्ञानी अंध,
पारस न पायो कद, अहंकारी अजोग्य है।
नीच निस प्रेमी कह्यौ, मुरख ममोक्षि भयो,

बेजाती विज्ञान साहब, सर्व सुख भोग है।१३६
प्रिथी पति पातस्या सुं, रूको लिखी दिल्ली भेज्यौ,
जलस कै जोड़ सम, गेरियो चर जाय कै।
तीसरी तारीक लेके, रंक अवनिस आवै,
देस कोष राज साजे, देउगो वजाय के।
राजशाह क्रोड़ि लक्षि, उत्तम मधम नीच,
लियो नहि रूको कोई, मिले नहिं आय कै।
साहब कुचील कठियारो, रूको लेकै गयो।
बोल तन कीब आगै, ले गयो बधाय कै।१३७
प्रिथीपति पातस्या सुं, परमें ईश्वर मानो,
कोट कोट ब्रह्मंड, रोम रोम गाऐ है।
दिली कौ बाजार खण्ड, जल सो मानुष जोन,
रूको सार शब्द सूं, गुरु चर लाऐ है।
ज्ञानी राजे भक्ति साह, क्रोड़ि लक्षि धर्म धुज,
उत्तम मध्यम नीच, कर्मी नहिं आऐ है।
साहब कुचील चीलो, संसार सुं न्यारो नित,
कठियारो कर्म तज, परम पद पाऐ है।१३८
जनम मरण भोग, राग रंग सम है।
कांम क्रोध लोभ मोह, देह के व्यौहार सम,
लेन देन खान पान, मो ते कहा कम है।
चितैरै कै चित्र खांने, जाय कोउ जन कहै,
नख सिख मुरत, उतारो जैसे हम है।
साहब चितेरे हिरदे, दर्पन मूर्त बनि,
देखत असंखा लोक, ताकूं काहा गंम है।१३९
मृग तिरसना को जल, दिखत दरियाव सम।
चवदै चमा* चले, डुबण सुं डरे है।
निकसै नग्न होय, जोड़ी भई दोय दोय,
कपड़े उतार सारे, सीस पर धरे है।
उतर किनारे गऐ, आपस में गिन रहे,
ऐक डूबो तेरे भऐ, रोय रोय मरे है।
साहब सुगुर विन, भूले भगवान भाले,

साखी समझाऐ सब, गिन पुरे करे है।१४०
सिंघ केरो छोना मिल, भेड़ा मध भेड़ भयौ,
बोलै डोलै डरे चरे, भेड़ होय रह्यो है।
देह कै संजोग सिंघ, सिंघनी सुं आय गए,
अपनो सु अंश जान, ताकुं घेर लयो है।
सिंघ समझियौ तुं तो, भेड़ नही तिनुं काल,
मार के पछाड़ भेड़, सारदुल भयो है।
आत्मा अखंड सोई, जीव भाव गयो है।१४१
वन जो अपार तांमे, सुगंध सदाई आवै,
मृग मन असै भाई, ताकूं ढूंढ लीजिये।
वन वन पेड़ पेड़, बूंटी बूंटी डोल्यो फिरे,
सुगन्धी को सांसो सदा, कहो कहा कीजिये।
एक दिन भोलै भूल, नाभि हूं में नाक दियौ,
वन को अभाव भयो, मेरे मध चीजिये।
साहब सुकर्म धर्म, नेम जम देव वन,
तज भज आत्मा सुं, प्रेम रस पीजिये।१४२
आंकुरी अजांन पुछै, कहो सतगुरू सेन,
ऐसी पूजा आखिये, सो जनमूं ना मरि हूं।
कहै सतगुरू सुंनो, मूर्ख ममोखि जन,
आप ते अधिक देखो, ताकी पूजा करिहूं।
भैरू कूं अधिक जांन, बिल्ली हूं की पूजा करी,
स्वान कुं अधिक जान्यौ, काहूं ते न डरे हूं।
श्री कूं अधिक जांन, आपहूं हि पूजा करी,
साहबराम अखण्ड पूजा, करि गयो तरि हूं।१४३
चांपो नाम चगड़सु, फोगसी फलोदी रहै,
तन पर जट जाल, मुख की न ठोर है।
सनबंधी आए जांन, नाई को निहोरो कियो,
नींद में वदन मुंडियो, ताकौ कहा जोर है।
जाग कै अचंभो भयो, चांपो आज केथ गयो,
कंबली कुठारी लाठी, ऐतो नहीं और है।
चांपो दोर घर गयो, आंगन में हेलो दयो,

साहब सुश्री कह्यौ, तूंहि पत मोर है।१४४
सिंघ जो अजान एक, कूवै कै संमीप गयो,
कुवै मध देखिय तो, ऐसो एक और है।
सिंघ नै उठायौ हाथ, कुवै मध वाहि बात,
गरज्यौ गर्व कर, तसौ ताकौ सौर है।
आपनों भ्रम भयो, कुवै मधे कूद गयौ,
विन्यां मोत मर रह्यौ, जाको कहा जोर है।
साहब सकल लोक, आत्मां कूं और जानै।
आपस में वैर ठांनै, विन्यां पूंछ ढोर है।१४५
-:छंद चतुर पादः-
औ संसार अनेक जु गौवल वास है।
छोड़ दियो निज देश पिछोकड़ वास है।
बाल तरूण जुवादि वृधपन भास है।
बीत गई बरसात जुं च्यारूं मास है।१४६
कोड़ बाणवे खर्च खाये सब श्वास है।
हाकम मांगत डाण चराई घास है।
अहदी आऐ च्यार देत बहु त्रास है।
पकड़ लियो पड़धान डार गल पास है।१४७
कर बदलै लई देह जु भयो निरास है।
सरबस लीनो छीन जू दयौ निकास है।
लूटत च्यारूं ओड़ खजाने खास है।
पर मात पिता सुत नार दूलेनी दास है।१४८
राव रंक एक राह हाड अरू मांस है।
धरन अगन को भाग भयो जर नास है।
काठ जलै जिम हाड केश जिम घास है।
पड़ रही कुक पुकार जुं खाली श्वास है।१४९
मर्द गर्द मिल ज्याय जु मिटे उजास है।
घृत लियो जब काढ विगुति छाछ है।
पवनां पाणी जाय जु धरन आकास है।
अग्न मग्न हुय ज्याय तेज प्रकास है।१५०
ब्रह्मा विष्णु महेश जु डिगत केलास है।

चर अचर पर खेचर सब करे नास है।
जम घर पकड़ै जाय सबन गल फांस है।
लोका लोकी जाय सुमेर विलास है।१५१
सप्त दीप नव खण्ड चतुर दस भाग है।
असम अष्ट कुल जाय नउं कुल नाग है।
सुर असुरा नर किनर अपछ्रा त्याग है।
गरूड़ अद नस ज्याय भसुंडि काग है।१५२
नदियां नाले जाय जु समंद अथाघ है।
वनी अठारै भार बगीचे बाग है।
ज्ञानी ध्यानी जाय जु भक्ति वैराग है।
पुनी दानी जाय जोग जप त्याग है।१५३
नगरी सगरी जाय जु घघरी पाग है।
छपन बाजे जाय छतीसूं राग है।
काल बड़ो वरियाल खरो लियां खाग है।१५४
प्रबल पवन नस जाय बुद बुदा झाग है।
छिन में करै संघार रोके सब माघ है।
नर तन नश्वर जान जू कच्चा धाग है।
सतगुरू लोकां ने भरम सब भाग है।१५५
प्रलय उदिध पुलकावलि प्रेम प्रयाग है।
वट मुनि हरि त्रिय जीव खेल रहे फाग है।
पथर कलां परमात्म आत्म आग है।
साहब श्रुति गई पार निसाणे लाग है।१५६
कलु करम वन बहु भांत अज्ञान पाहार है।
विषै पटल वरषात बूंद दुख मार है।
बिजली बे विसवास चुगली चंमकार है।
काम क्रोथ मद लोभ मची बहू मार है।१५७
नदियां च्यारूं खांन जोन जल धार है।
पापां भरियो पयोधन वारा पार है।
आसा पुरि न वेल जु त्रिसनां सिवार है।
कंवल पुष्प चहुं रंग अवस्त्या च्यार है।१५८
नींद झाग अरू फैन छयो जगवार है।

चिंत्या अगन अपार भयो जरबार है।
मन भई तरंग अनेक जु लहर अपार है।
मांन मद होय मछ मगर अहंकार है।१५९
लख चौरासी जंतु मीन नर नार है।
झींवर है जमराज पसारियो जार है।
पुत्र तीनुं देव पौत्र अवतार है।
जवन बबरची जांन सकल संसार है।१६०
स्वालख छोरे जीव लक्ष भंगार है।
मुगद्र पासी हाथ सदा यहूंकार है।
भजन करे सब जंत बचे नही मार है।
कुबध करद बहि जाय दुतिये दोय धार है।१६१
बिन मारे मर ज्याय टरे नहीं टार है।
अंदर बैठो आप नित एहि विचार है।
कोऊ कोऊ संत सुजान सोई साहुकार है।
देत दाम उपदेस छुड़ावन हार है।१६२
अष्टादस षट सार पुकार पुकार है।
कुवे पड़ गई भांग न सुने गिंवार है।
पूरी संजमनी सहर जो तीन बाजार है।
विषम वाटिका दोय डगर दस च्यार है।१६३
पाप पुन्य तुल ज्याय तराजू त्यार है।
जवर काल कृतांत सोई पलेदार है।
अष्टादस वड़ खास भरत भण्डार है।
अंन जीव गल जाय न निकसै बहार है।१६४
ताहि संमुद्र में हंस चुगत घन सार है।
देख जल उठ बैठ किनारै डार है।
सोहं हंस उड जाय जुं पंख सार है।
श्रुति माघ संवार ऊं तत तार है।१६५
उदिध अंत एक नगर बड़ो दरबार है।
हंसा पहुंचे पार नहीं संसार है।
राई मेरू समाय वड़ी एक भार है।
साहब शब्द समाय ज्युं ठणको थार है।१६६

सुन्य बचे एक शब्द अंगी अवतंश है।
नहतंती निजर कूप निजानंद हंस है।
घट घट व्यापक ब्रह्मा सदा निरसंस है।
तत तुम अस्मि आप ज्यूं ठंणको कंस है।१६७
पुरुष प्रतात्म स्व निरंजन अंश है।
विष्णु महेश ताहि को वंश है।
देवा अरू उपदेव फूल फल पात है।
लख चौरासी जोन यांहि की जात है।१६८
जो कोई सींचै मुल हरे होय जात है।
ज्ञान उदै रवि होय मिटे सब रात है।
जनम मरन मिट जाय एहि वड घात है।
जीव अमर हुय ज्याय बहुर नहीं आत है।१६९
मानुष घट कृत जोन कमाई खात है।
कोट बानवे गए बहुर पिछतात है।
ऊं सोहं एको अंस तात नहीं मात है।
आयो तैसे ही जाय कोउ नहीं साथ है।१७०
चर अरू अचर पाहार आत्मा धात है।
मरमी संत सुजान मिले समझात है।
साहब सतगुर मिले देवी सतवात है।
शब्दो शब्द मिलाय प्रवाना हाथ है।१७१
सार शब्द गुंजार गुह्या मत ज्ञान है।
च्यार वेद को भेद ततन को छान है।
पण्डित कूं प्रिय बहुत मूरख दुख मान है।
मन श्रुति मिल रच्यौ सरोवर मान है।१७२
विषई काग बलाक नहिं पहचान है।
हंसा को नित चूगन मुक्ति अस्थान है।
प्रकरण कहियत पांच रतन की खांन है।
सब शास्त्रन में सार नरन जस कांन है।१७३
समझै सुनै विचार करै कोउ ध्यान है।
हिरदै ध्वांत कुं हरत उदै भयो भान है।
संत लोक को संग पांन परवांन है।

निर आसा नर जाय जुं सांस विवांन है।१७४
हंस चढ़ै हरखाय श्रुति रथवांन है।
घट वारै पै जाय मच्यो घमसान है।
पांच पचीस निवार तीन नव हान है।
मलकूंती तन त्याग भयो निरवान है।१७५
नहतंती नर नार सप्त सुर गान है।
अनहद को घन घोर जु घुरत निशान है।
रंग के उठत तरंग तरल तया तांन है।
सहे सर सुरि को तेज बे रूप निधान है।१७६
दरस परस के भोग भग की आन है।
हिल मिल हंसा भेट भयौ ता समान है।
तेज पुंज तन पाय पियो पय पान है।
साहब शब्द होय जाय न आवा जांन है।१७७

-:दोहा:-

करी खरी मनि सुं करी, सीपी वैसी श्याल।
थांक नीक साहब सजै, सो वैजंती माल।१७८

-:कुंडलियां:-

कवत छन्द केइ जात के, दोहा दलन दुरास।
षष्ट रतन गुंजावली, सत उपर पचास।
सत उपर पचास, बतीसी ताहि समाना।
दोहा पांच पुंनीत, हंस के पान प्रवाना।
साहब सीड़ी मुक्त की, सत्यासी सो सार।
पाठ करै ते पग धरे चढ़ै सौ करे विचार।१७९

-:दोहा:-

इरषा त्रिय ताप गुन, ताहि न व्यापे कोय।
साहब गुरु परताप ते, आत्म दरसी होय।१८०
आत्म सो प्रमात्मा, यामे भाव न भेद।
अष्टादस षट साहबराम, नित दिन गावै वेद।१८१
परमात्म पूर्ण सकल, निरमल परम अनूप।
लगती जगती देह की, साहब शब्द सरूप।१८२
कंचन पारो पड़त ही, लगती रही न लेश।

ज्ञान अगन जगती करी, साहब सत्य असेश।१८३

-:सार बतीसी:- (42 छंद)

-:दोहा:-

जिस तिस कूं नहिं दीजिये, मोती मलिन शरीर।
हंसा कुं नित नीरियै, सत्य लोक सूं सीर।१
हंस होय मोती चुगै, मान सरोवर थांन।
बगुला काग कुमांणसा, विष रस जीव समान।२

-:इन्दव छन्द:-

सतगुर सेन दई जो कृपा कर, पूर्ण पक्ष कही मत ऐका।
जल तरंग अरू फेन हीवालो, गढ़ तव सत व्रिथा भ्रम भेखा।
मेंधा मठा घट कुलड़ी कूर जो, तत ऐक अकाश नही जो अनेका।
पांच पचीस त्रिय दोय नवन्ही, साहबराम विचार विवेका।३
रूई सूत तूल तन्तु तानी, ऐक कपास अनेक ठन्यो है।
दरी दरेस छींट दरियाई, रूई सदा थिर वोहि वन्यो है।
धोती रू छींट गजी अरू गाढो, पाग रू पेचिनां सूत सन्यौ है।
साहबराम ऐ नांव उपाधि, आदरू अंत कपास गन्यौ है।४
तेज को एक भंडार भरियो, कछू आगे आयो तत आग कहायो।
धुंई को आग भटी भयो प्रगट, चूल कै आग सु दियो जगायो।
घर घर आग अनेक अखण्डत, जर तर आग तिणों दर्श सायो।
साहबराम समेटक सारोई, ढेर में गेर दे नांव ने नशायो।५
माटी कुलाल सुधार लई कर, चक्रधरी मन बुध विचारी।
मटकी माट मूंण घट चाकी, पत्र पिरात केबी रू थारी।
कूंडी कड़ाई दठो अराई, दीयो सराई पारी रू झारी।
साहबराम सदा ऐक माटी है, आद में मध में अंत अनारी।६
कंचन कोट खचाय रच्यौ, ऐक कंचन महल वने चहुं फेरा।
कंचन थंभ कड़ी रू लटायन, कंचन के है किरंजा घनेरा।
सोने कि सुंजवनी अत सुन्दर, कंचन इंट लगायो ढेरा।
साहबराम ज्ञान रवि कंचन, नाम अनित अज्ञांन अंधेरा।७

-:मनोहर छन्द:-

जेवरी में सर्प तत जांन्यौ है अज्ञानी अंध,

दीयो कर देखियै तो विरथा भरंम भाख्यो है।
ऐसै सुध आत्मा में मांन्यो है अनेक जीव,
ज्ञान की चराक जोऐ द्वेत भ्रम नास्यौ है।
ग्रभ की रीतु रंग रवि की रस्म संग,
ताल के प्रसंग जल जांनै मृघ तास्यौ है।
कहैत साहबराम ऐहि जीवजल नांम,
दृष्ट के भरम ग्राम गंद्रफ प्रकास्यौ है।८
सुक्ता में रज.सत भरंम भयो भोरे भाय,
सुन्य मधि स्यांम सेत पीरो रंग पेखिये।
बांझ केरो बालक सिकार खेलै सारो दिन,
ससांहू के सींग पै निशानो पाड़ै टेक ऐ।
रवि अरू ससि कूं अलोप कहै अंध लोक,
चक्षुनि कि पटल पै वदरू की रेख ये।
कहत साहबराम अस्त को सत नांम,
आत्मा अद्वैत सोई अनात्मां देखिये।९
नैन के नजीक ऐक आंगुरी लगाय देखो,
दोय सभी देखिय तो उहां असो तत है।
झियाज पर बैठे देखै चलत सकल वन,
सयाने लोक देखो बात सत है।
कहत साहबराम च्यारूं चूके आठों जांम,
आत्मा अखण्ड भूले माया मधि रत है।१०
जैसे ऐक आदमी कूं दिसा को भ्रम भयो,
पुरब कूं पछिम जरूर कर जाने है।
ऐसै सुध आत्मा में देह को अभ्यास रह्यो,
सुख दुख मुवो जायो देह संग जाने है।
सुपन में सीस कटियो देखिये साक्षात्कार,
जागै नही जोलूं वोतो परियो वैरी पांने है।
साहब सकल लोक माया में मगन रहे,
काया के करम भोगे कून भ्रम भांने हैं।११
बाजीगर जेवरी को सरप देखाय देत,
मारकर मनुष जिवावे केसो ख्याल है।

चतुर सयाने लोक खुब खरे ख्यांत करे,
धूर कैरो धन मोहर हीरा पना लाल है।
जीव की जुक्ति देखो कोई न जान सकै,
ईश्वर की अनेक कला रच्यो माया जाल है।
हाथ की चलाकी माहि भूल कै भ्रम भयो,
साहब न भुलै संत बाजीगर बाल है।१२
जीवन मुक्ति ऐह माने नही मेरी देह,
जड़लुं जगति रहे मूक कहे सबही।
घर हूं न बार कोय नर हुं न नार दोय,
ब्रिहा इकसार तार पार जांने सबही।
काम हूं न क्रोध जाकै लोभ हूं न मोह वांके,
विषे बैरी जीत के मैदान कियो जबही।
कोहं कोए सुधि नांहि भरंम हू कि बुधि नांही,
साहब सरूप थूल ऐक ब्रह्मा अबही।१३
रिषभ से सिद्‌ध आदि शुन्य में सदा समांवि,
कदरज सोम येही खबर न तन की।
जड़ जन मार देत गारियां पुकार देत,
भिछ्या धूर डार देत गंम नहि अंन की।
शुक सनकादि जड़ भरथ संमाद यहि,
घर हूं की बुधि नांहि, सुधि हु नि वन की।
देहि दैव भौतक सो ताप त्रियै नास किये,
साहब सकल फोज मार डारी मनकी।१४
केवल विदेह एह कर्म न की जाने देह,
गत वेग संस्कार भोगे निराधार सै।
मकरीघ सिकारी गऊ स्रकरा नारी कार,
कैरे चुगै चरे तो जीतत बीज तार से।
हीर पंना मोती म्होर मोल तै कदेनि जात,
रथ्या गोहा स्याही सेडो लिपटानि गार सै।
साहब सहकामी कर्म नहकांमी ते नेह नांहि,
कुंजर सिनांन सुरति लाग रहि सार सैं।१५
जनक विदेही जोगी राज षटसार कहै,

नारी महषी प्यारी ग्रिह राजकाज करे है।
रिष जो वशिष्ठ जाकै शिष त्रिलोकी नाथ,
ज्ञान मां गर्क श्री उद्धर्ती धरे है।
राम ऊंकार ततसार वेद पार ब्रिह्म,
ज्यांन की हरन काज संव नांसै लरे है।
सौलै कला साहब सो कृष्ण अखण्ड अज्ञ.
सोले शेंष सत आठ जारी ते न डरे है।१६
कामना ते ज्ञानगत जोपै कभि जांनिये तो,
ठाम ठाम गोपि श्याम कुंज अवरेखिये।
क्रोध हूं ते ज्ञान गयो माने मति मंदलोक,
दुरवासा क्रोध भरी मुरत सो पेखिये।
लोभ हुंते ज्ञान भंग भयो कहे भोदू लोक,
बल कूं छलनि कियो बांवनां को भेष ये।
मोह ते मलिन मति ज्ञान केरो नांस जांनै,
कहे साहबराम सीता वन वन देखिये।१७

-:छप्पय छंद:-

काहां गनपति को ग्रेह, कहो कहां ब्रिह्या नारायन।
शिव सक्ति कहां वसै, शशी कहां जोति धरायन।
कहां शुन्य की सेज, पवन की पंख बतावो।
कहां गनका द्वार, भंवर किहिं कंवल जतावौ।
के पांखी का कंवल है, भुंवर करत रस पांन।
साहिब पूछै पंडिता, कही लेज पुंज अस्थांन।१८
मूल कवंल गन ग्रेह, नाभ तल ब्रह्म नाभ हरि।
हरि हृदय शसी कंठ मुंह, मधि जोति अग्र भरि।
त्रिकुटि सुन्य की सेज अजब अति, श्रुति पंवन की पांख।
बह्म इंद्र गगन का द्वार है, खोल हृदय की आंख।
सहंस दलन का कंवल है भंवर होत लवलीन।
निरत सुरति कर अलख अज, साहबराम लवलीन।१९
मूल काम दल नाभ, हृदय दल भिन्न भिन्न भाखो।
कंठ त्रिकुटि शुन्य कंवल, पंखड़ी कितनी आखो।
देव रंग अरू जाप, कहो नित करिये जाको।

अनहद की गम कहो, रात दिन लागत डाको।
के प्रकार अनहद बजे, साहिब कहो सुनाय।
शुन्य मंडल के महल में, जोगी केसे जाय।२०
मूल च्यार षट काम, नाभ दस हृदये द्वादस।
षोड़स कंठ दोय त्रिकुटी, संहस दल शुन्य सदावश।
लाल पीत नील स्वेत शसि , जोत अग्न तेज पुंज जस।
षट सत सहेंस्र धाम, च्यार जप तीन सहेंस।
त्रिय धाम रस गनपति, ब्रह्म विसनु शिव शसि सूर षट वास।
लंघै साहब सतगुर मिले, तेज पुंज प्रकास।२१
भंवर संख मिड़दंग, तल घंटा छिब छाजे।
मूरली बजै अनूप,भेर धुन अदभुत गाजै।
दुंदुभी सिन्धु समान, घुघरू रिमझिम बाजै।
संत सुने धुन कांन, मोक्ष मुक्ती कै काजे।
दस प्रकार अनहद बजे, इन्द्री मन थक ज्याय।
साहिबराम जोगी सुने, निरत सुरत लिवलाय।२२
-:पोमावती छन्द:-
तीन बंध नव नाटक साधो, दसवाई कूं सोध लई।
प्रांन अपान समांन उद्यान हुं, व्यान किरकला नाम सही।
कुर्म नाग धनंजय देवदत, दस प्रकार की वाय कही।
इड़ा पिंगला सुखमन साहब, नव द्वारा कूं रोक रही।२३
करते प्राणायाम प्रीत सूं, तिर गऐ पतित अनेका है।
अनहद धुन के बीच अखण्डी, निरखे शब्द अदेखा है।
पूरक पूरे कूंभक रोके, रेचक पड़दा छेका है।
शुष्म अहार करे जन साहब, पावे पुरुष अलेखा है।२४
मुरची बंध लगावो मनवा, दस वाई कूं रोक रहो।
मस्तक प्रांन चढावो तनवा, तब ही अमरपुर भोग गहो।
पांचू मुद्रा साधो संतो, पिण्ड ब्रिह्मण्डी भेद लहो।
नाड़ी सक्त चढ़ावो साहिब, षट चक्र कूं छेद जहो।२५
जोग जुक्त कर संजम करियै, अजपा जाप जपो प्यारे।
आपा आप विचारो मन में, तत वन्यों है तुं सारे।
शुद्र वेश्य खत्री ब्राहमण, जात वर्ण ते हो न्यारे।

बूढ़ा बाल तरूण तूं नांही, साहिब सबके रखवारे।२६
काया माया झूठी जांनो, ब्रह्म जीव सब ऐका है।
पाप पुन्य की आशा त्यागो, मांन अपमान न टेका है।
आपै बांध्यौ आप भुलान्यौ, आप वन्यो बहु भेखा है।
अजप्या जाप जपो नित साहब, तुं ही आप अलेखा है।२७
आसा तिसनां इंछियां दूई, प्रारलबद कुं परै धरो।
मरणौं तिरणौं भक्ति मुक्ति, ऐ झूठो जंजाल खरो।
तुं तो जीवन मुक्ति कहावै, मुक्ति जुक्ती दूर करो।
साहिब शब्द शिष्ट को साक्षी, नां जनमें फिर नांहि मरो।२८
शब्द भेद कु समझियौ चाहै, विन सतगुर नहि पाइये जी।
आसण संजम सुरता साधो, दृष्टि स्वास में लाइये जी।
तत भेद त्रिकुटी तन खोजो, आसण पदम लगाइये जी।
बैठै लैटे बोलै डोलै, साहिब शब्द समाइये जी।२९
ऊं तन सोहं सूं मनवा, निह अक्षर सूं शाशा जी।
त्रिडंडी तृगुन की उत्पत, घट घट कर रह्यौ वासा जी।
क्षिर अक्षर निह अक्षिर ऐको, दुबध्या कीजियै नाशाजी।
साहब शब्द विरछ घट जोनी, पान फूल प्रकाशा जी।३०
स्वासा है सोहं की आदि, आदि सोहं ऊंकार वन्यौ।
ऊं ररंकार घट सारा, ताने पेटै एक तन्यौ।
उलटे आवो सिमट समावो, पिता मात सोई पूत जन्यो।
षट शास्त्र निगमागम गीता, सब में साहब एक गन्यौ।३१
जोग ध्यान की ताली एही, सब सिधन को सार कह्यौ।
ब्रह्म ज्ञान को जाप अजप्पा, सुखानन्द भंडार भरियो।
मेर डंड कूं सूधो करले, नाभि नासिका राह परियौ।
सोहं शब्द उचारियो साहब, काल क्रम ते नाहि डरियो।३२

-:छप्पय छन्द:-

लख चौरासी जोन, जीव जम किंकर लीनौ जांन।
नरतन जीवन मुक्त भई, घट भींतर ब्रिह्म पिछांन।
सार श्रुत रथ शब्द हंस, चढ मक्रि तार उनमांन।
पांच पटन अरू पांच ठिकाने, भेदे दस अस्थांन।
क्षिर अक्षिर नहि अक्षिर एको, भेठे विन भग लोग।

कोट काम वरसे सुख परसे, साहबराम सत जोग।३३
पृथ्वी अप तेज अरू वाय, अकाश मुर्दा दाट है।
तन मात्रा होय जाय जू, विषमां वाट है।
मन बुध चित्त अहंकार, जु कठन निराठ है।
जीतै सो लंघ ज्याय जु, अवघट घाट है।
पांच ठिकाणे पांच पुर, तोड़े तीनूं मार है।
साहब शब्द के भेद में, पाय गये तत सार है।३४

-:दोहा:-

अज अजया जाप, अखण्ड है सोहं सोहं नाम।
नांभ कंवल ने जु लगी, सींचे साहबराम।३५
नेना दल रहि ढीकली, वणा कह्या न जाय।
प्रेम पदम पोखत भयो, साहब शब्द समाय।३६
अमल राज अंग्रेज का, हासी अरू हंसार।
पछिम उत्र नांदड़ी, विष्णु कुल सुख सार।३७
गुंनीसे बतीस मां, चेत मास रविवार।
साहबराम सत बात यहू, पढ़े सु उतरै पार।३८
सार बतीसी सार है, या सम और न कोय।
साहबराम सब ग्रन्थन को, लीन्हों सार निचोय।३९
इहै जू षष्ट रतनावली, जंभसार को सार।
जो अधिकारी जंभ को, प्रथम याहि विचार।४०
सार शब्द गुंजार जो, सार बत्तीसी देख।
जंभसार को अर्थ हिय, आवत तुरंत विशेष।४१
प्रथम पढ़ै रतनावली, जंभसार फिर देख।
जंभसार ताकूं फुरै, सतगुरु नैनां देख।४२

-:अमर चालीसी:- (44 कुंडलियां)

बावन अंगुरी बुधि है, गई दसवें द्‌वार।
लगी लात ब्रह्मण्ड में, भई गंगा अणभ धार।
भई गंगा अणंभ धार, मति ब्रह्मां परिपातर।
उलट चढ़ी गिरि मेर, आय निकसी मुख अवनितर।
तीन वडेरे तिन किये, पहुंची जाय उदिध।

कोट वडेरे एहि किये, साहब ब्रह्म विरूद्‌ध।१
पुरूष पुत्र एक हंस है, नह अक्षर निज सार।
तेज पुज आनन्द घंन, वर्षत नूर अपार।
वर्षत नूर अपार, कीरण जिमिं रोम प्रकासै।
रोम रोम प्रति बिन्दु, औस कन तैसै भासै।
बिंदि बिंदि प्रति ब्रिह्मण्ड है, आद पुरष कहै ताहि।
साहबराम झरै रोम तै, सो परलै होय जाय।२
ऊं अक्षर अनाद को, सोहं हंस सोई जीव।
ऊं ते सिष्टि वनी, विसर गयो निज पीव।
विसर गयो निज पीव, तीन गुन माया धारी।
च्यार खान रच करम, भ्रम वश बुद्‌ध विसारी।
संगी जीया जुण को, सुरग नरक सब पाय।
साहबराम सतगुरु विन्यां, जनमें रू मरि जाय।३
ऐ अक्षर है आद कौ, रै अ मैत्रिय ऐक।
छतीसूं बिंजन बरने, कवित अर छन्द अनेक।
कवित रू छन्द अनेक, वेद च्यारूं षट शास्त्र।
और अठारै पुराण, सिमरती श्रुति सब कर।
तीनूं गुंन यातें वंने, लख चौरासी जोन।
अंकी सकल उपाथि है, साहब बरनै कुन।४
कका किर्तब ब्रह्म के, कंकूं ब्रिह्म कहंत।
ब्रिह्म निरंजन कूं कहै, या सिष्टि के संत।
या सिष्टि के संत, महंत मिल असै भाखै।
अहं ऐक बहु भयो, वेद में असै आखै।
ब्रिह्म निरंजन मांनियें, भयो हंस प्रसेद।
हंस पिता सत साहबराम, ता नहिं जानत वेद।५
खखा खाली इण्ड में, खरो निरंजण ऐक।
तप तप तप त्रिय वचन, जो बांनी सुंनी विशेष।
बांनी सुंनी विशेष, तभी तप करनें लागो।
जुग छतीसां जोग, ध्यान निदरा ते जाग्यौ।
तीन वचन श्रवन सुने, कियो कर्म किरतार।
साहब कोरम सिर हने, रच लियो निज दरबार।६

गंगा गोदस इन्दरिये, अन्त: करण भए च्यार।
शब्द स्पर्श रूप रस, गंधहू लीनी धार।
गन्ध हूं लीनी धार, पांच तत यामे आए।
पचीसी प्रकृति सकल, मिल बुत रचाऐ।
काम क्रोध मद लोभ, मिल दस देवन कियो धाम।
साहब नव द्वारा पुरी, काया माया नांम।७
घघा घर घर तरणी रची, तरनी भइ तियार।
असटंगी अव नासनी, बहु सुन्दरी प्रिय नार।
बहु सुन्दरी प्रिय नार, भोग की अंछिया धारी।
अष्ट धात को लिंग, नखां भग लियो संवारी।
मन माया लीला रची चोषट जुग लग कीन।
साहब ब्रिह्मा विसन शिव, पुत्र जनमे तीन।८
रड़ा रूड़ी रचनां रची, ब्रह्मा विसनुं महेश।
चांद सूरज तारा रचे, इन्द्र कूंमेर अरू शेष।
इन्द्र कुंमेर अरू शेष, शैष सिर रचे सुमेरा।
सपत दीप नव खण्ड, मेर कै रचे चोफेरा।
सात समंद चवदा भवन, लोका लोकी फेरा।
साहब अपणै हाथ हरी, राखे मेह अरू मोत।९
चचा चोकस चातुरी, विसनु समांन न कोय।
तीन लोक रचना रची, पी लीने गुन दोय।
पी लीने गुन दोय, सिलिल पर सेज संवारी।
नारायन निज नांव, नार सुख कियो विहारी
नाभ कंवल ब्रिह्मां रच्यौ, ब्रिह्मां कै भयो ईश।
साहब सुरग पताल मध्य, तीनुं भऐ अधीश।१०
छछा छव थानक रचे, ता पर देव विराज।
मूल कंवल गंनपत रच्यौ, लिंग ब्रिह्मां कौ राज।
लिंग ब्रिह्मां कौ राज, नाभ बिसनु छिब छाजै।
हर हरदै शसी कंठ, मुंह सधे जोते विराजै।
ता उपर सत लोक है, अविगत अलख अखण्ड।
साहब निज तन खोजियै, पिंडे सौ ब्रिह्मण्ड।११
जजा जगत की आद में, ब्रह्मां कियो विचार।

सिष्टि रचूं तिष्टै नही, कर दोनो कुच धार।
कर दोनों कुच धार, मिथन कुच कियो विधाता।
ऐक पुत्र ऐक पुत्री, जग ते पित अरू मात।
सिथन सिष्ट इन ते बनी, देव दनुज सब जात।
साहब स्वालख हंस हरि, सूंपे इनके हाथ।१२
झझा झींणी आत्मा, झीणो लिंग शरीर।
झींणी सुक्ष्म वासना, हिरदै गांठ गंभीर।
हरदै गांठ गंभीर, बुधि खोवण कुं बैठी।
अविद्या अंधियार, दिवस निस उरझते सैठी।
ज्ञांन रवि के विन उऐ, कीजे कौट उपाय।
साहबराम सतगुर विनां, अधिक अधिक उरझाय।१३
त्रत्रा त्रविधि जीव जो, सर्व जाय जम द्वार।
करमें बंधी सब आतमा, कोइ न छोडावण हार।
कोई न छोड़ावण हार, नरक भोगै दुख भारी
लख चवरासी जूण, फेर जम द्वारो त्यारी।
रज कन जल सीकर गनैं, जन्म गीने नहिं जोय।
साहब भूली आत्मां, जनम जनम मर ज्याय।१४
टटा टको एक ही, अंत मिलेगो आय।
कोड़ी अरबा खरब लुं, संग कछु नहिं जाय।
संग कछू नहि जाय, हंस जब करे पयाणों।
सोभंगी लै जाय संग, घक चलै न दांणो।
रंक एकसार से, सिर पापन की पौट।
साहब रहै न झूंपड़ी, खौस लैत गढ कोट।१५
ठठा ठग सब सिष्टि है, पूरो ठग परिवार।
जर जोरू जमां जमीन घर, ऐह पांचू हथियार।
ऐह पांचू हथियार, मात पित चोट चलावे।
बाल पवणैं से बांध, अतलूं मार गिरावे।
साहब पासी प्रेम की, सिर कर्मन की मार।
नर्क भाखसी में धरे, कदै न निकसे बार।१६
डडा दोय डाकण डसै, वस किने सब लोग।
ता संग दोय साकणी बसै, निसदिम मांगत भोग।

निसदिन मांगत भोग, लोग कंपै भय भारी।
सबर को करै संघार, लाल वृधा नर नारी।
तीन लोक ता चक्र में, जां जांवे तहां खाय।
ता भख तै भिन्न होती ही, साहब सब मर ज्याय।१७
ढढा ढबी आत्मा, बैढबी सब लोग।
रबी रगड़ो लग रह्यौ, नारी पुरुष संजोग।
नारी पुरूष संजोग, अनादि असैं ही आवे।
नदी नीर छ़ल ज्याय, भरी तसैं दरसावे।
दीप सखा सम ब औसत्या, रस रस असै जाय।
साहब पाणी बुलबुला, पाणी मांहि समाय।१८
रणा जु रिण लेण देण कूं, आवत है संसार।
ले दै कै सब उठ चले, मात पिता सुत नार।
मात पिता सुत नार, लियो सो आन उगावै।
जो देणै यौ जीवता, सधर खूब कमावै।
लैन दैन क बजै करे, जब ही जो मर ज्याय।
साहब बदलै ब्याज के, रोय रोय पछिताय।१९
तता मारग तीन जो, सत्य लोक कूं जाय।
ऐक करम ऐक भक्त है, तीजो ग्यान उपाय।
तीजों ग्यान उपाय, भेद सतगुरू ते पावे।
न्यारै न्यारै पंथ, अंत ऐको घर जावे।
ऐक गाड़ी ऐक रथ है, ऐक रेल सर साय।
साहब पहुंचे सकल में, शब्दौ शब्दे समाय।२०
थथा थानक साधले, माणक सो मन होय।
बाणक राखो ब्रह्म सुं, दुभद्या दीजै खोय।
दुभद्या दीजै खोय, होय जब ब्रह्म गियाना।
चक डोली सुख पाल, चड़न नहि चहियै म्यांना।
आत्म सो हंसा भयौ, चढ़ै सुरत के तार।
साहब सतगुरू स्वारथी, करे पलक मां पारे।२१
ददा दवन दश इंद्रि को, करकै करो विचार।
फिरता कुं थिरता करो, पैठो दसवें द्वार।
पेठो दसवें द्वार, अमरता ताहां रची अटारी।

ताहां बैठे त्रिभवन नाथ, नाच रहि सुखमनि नारी।
दस प्रकार अनहद बजे, थथा थेई तातेई ताल।
साहबराम सतगुर कृपा, घट में मिले गोपाल।२२
धधा धन धन जे जनां, जिने जान्यौं भव कुप।
कर्म कटे सब जीव के, पायो आत्म रूप।
पायो आत्मरूप, प्रेम का फिरै पियाला।
जो पीवै नर नार, छिनक में होये निहाला।
भग द्वारै तै भिन्न भयो, टलै जमां के जुत।
साहब मल कुंती मिटियो, मिल्यौ पिता सै पूत।२३
नना नगरी नैंन सै, निरख देख नर देह।
कून कून यामै वसै, कहो कुंना के ग्रेह।
कहो कुनां के ग्रेह, कूंन नगरी को राजा।
कितने नेह नर देव, कहो कितने को कूंप।
भिन्न भिन्न समझाईये, साहब सुनबै चूंप।२४
पपा परमात्म धनी, आंत्म नगरी नाथ।
जीव नगर जुवराज है, कुंची मन के हाथ।
कुंची मन के हाथ, नगर में घर उनसटा।
चबदै चोकीदार, खड़े दरवान सुभटा।
च्यार पोल बूदी रहै, कूप त्रविणी द्वार।
साहब इस विध ऊजडै, कै सरपणी अहार।२५
फफा फोजा काल की, लूटै नगर बजार।
रात दिवस फिरण बोकरै, जोधा जालम च्यार।
जोधा जालम च्यार, भूख तिस निंदरा घेरे।
जुरा विरधपन आय, नगर के लगे चोफेरे।
स्वेत देखाई देत है, करत काल प्रहार।
साहब फूंके नगर नै, जीव लेजै जम द्वार।२६
बबा बारी ऐक जो, नव नाला की आद।
इड़ा पिंगला सुखमनां, साधै कोई एक साध।
साधे कोई एक साध, नाद नव नाला भेदे।
करे अमर पुर वास, काल को मस्तक छेदे।
साहब नगरी नित नई, करे जु प्रत्याहार।

ताको शत्रु क्या करे, असि चलै शब्द चौधार।१७
भभा भूली आत्मां, भूलो सब संसार।
कबहुक सुरग पताल में, कबहुक भग जम द्वार।
कबहुक भग जम द्वार, ज़ीव जुग जुग दुख पावे।
युं परलै होय ज्याय, फेर चोरासी आवे।
जन्म जन्म मरवो करे, ऐह जीवन के हाल।
साहब सतगुरू विन मिले, कदेन छोड़े काल।२८
ममा मन मोजी भयो, खोजी मिल्यो न कोय।
तौजी तोड़ी ब्रह्म से, सरबस दिनी खोय।
सरबस दिनी खोय, भयौ जीव पर आधीना।
सूख नलनि वस भयौ, मांजै गिल कंपै मीना।
कर में कांटो लगत ही, तन में व्यापै पीर।
काल कटारो कंठ में, साहब सहे सरीर।१९
यया या विधि योग्य है, खोज लिजिये सार।
अपनौ करता कवन है, वारम वार विचार।
वारम वार विचार, कवन मैं कहां ते आयो।
कीन दीन्ही या देह, कहौ किन मोहि बनायो।
काहा चीज को मैं वन्यौ, कवन हमारो रूप।
साहब नगरी उजड़े, जब कांहा जायबो भूप।३९
ररा रंगीलो रम रह्यौ, रोम रोम में रांम।
निरगुंण तै तीन गुंण भयौ, घट घट में निज धाम।
घट घट में निज धाम, पोहप में प्रमल जैसै।
जु तिलन में तेल, मही में माखन तेसे।
निज इंछिया ते तूं वन्यो, तूं ही तेरो रूप।
अग्न चिंगारी एक है, साहब ज्यूं रवि धूप।३१
लला लाग्यो ब्रह्म में, भाग्यो सकल भरम।
जाग्यो जोग संमाद मै, काटियो काल करम।
काटियो काल करम, भयो जब ज्ञान प्रकाशा।
अणभै भयो उदोत, अविद्या निस भई नासा।
कांम क्रोध मद लोभ जू, अलू बागल जांण।
साहब करम कुमोदनी, इनके आई हांण।३२

ववा तूं ही ब्रह्म हैं, तेरे नांही उपाध।
रोग रंज सब देह के, तुंतो है विन व्याध।
तुंतो है विन व्याध, कृत कर अपने जाने।
तुं अन्वय वितरेक, तंतु सोई पेटे ताने।
ब्रह्म सता सोई वृछ है, पांन फूल फल देह।
विनसै अरू फिर उपजै, साहब समझो ऐह।३३
ससा सेरी सांकड़ी, वांका वंक द्वार।
झांखी झीणीं अजब है, तहां मावै मकरी तार।
तहां मांवै मकरी तार, गयो फिर बहुर न आवै।
गुर गंभ ते चढ़ जाय, गुरां विन कूंन छुडावै।
असी झांकी आठ है, सोध लेत नव नाल।
नूर मिलै निज तेज मां, साहब जीतै काल।३४
षषा खरतर झोलियां, खरतर कंथा भेख।
खरतर चिरगट कान में, खरतर करै अलेख।
खरतर करै अलेख, भेख लेवणे भंडेला।
गोरख शिव गुरू होय, ऐक दिन वणै न चेला।
जोग जुगत जाने नहीं, सीखै तो सरमाय।
साहब असी आत्मा, सीधी जमपुर जाय।३५
ससा साधन कीजियै, कदे न करियै रीस।
जो कछु कह्यौं सौ लीजियै, सीखो विसवा वीस।
सीखो विसवा वीस, रीस रंडी कूं जारो।
कांम क्रोध मद लोभ, मौह सीर जूता मारो।
शांत छिमा सत साधिये, कदे न करियै दंभ।
साहब कूं सतगुर मिले, जोगिन के गुर जंभ।३६
हहा हदी जगत है, बेहदी सब साध।
जो हद में हांडत फिरै, नहीं बिन्द नहीं साध।
नहीं बिन्द नहीं साध, ग्रिहस्त में है गुंन भारी।
दया धरम पुंन खोय, भगत विन भयो खुवारी।
जोग जुगत पाई नहीं, करी नहीं सत संग।
साहब काली उंन के, कदै न लागै रंग।३७
लल्या चल्या जात है, धूंवे का लहलूर।

अद्‌यनी स्थिर होय रही, सब काष्ट भरपूर।
सब काष्ट भरपूर, काष्ट कोइ थिर न रहंदा।
यूं नर देही जांन, आत्मा सदा अनंदा।
काष्ट देही गर जरै, जोती जीव अरूप।
साहब साहब मिल गये, आत्म ब्रह्म अनूप।३८
क्षक्ष्या झक्ष्या ब्रिथा है, वक्या च्यारं वेद।
रक्ष्या आत्म ऐक ही, लक्ष्या किनहु के भेद।
लक्ष्या किंनहु के भेद, आदि मधि विनांहि विशेषा।
दुध दही महि माखणां, घृत रस अवरन होय।
साहब सब घट ऐक तूं, कदे न दूजा कोय।३९
ज्ञज्ञा ठेज्ञा सब जगत, मन माया निरधार।
लज्ञा लालच लोभ में, सवज्ञा भाग द्‌वार।
सवज्ञा भाग द्‌वार, ईस अवतार अनेका।
कोहै बपरे आन कुं, कुन कवि करहे लेखा।
या माया कै जाल में, उरझै जीव असंख।
साहब देव दनुज नर किनर, काहां राव काहां रंक।४०
त्रत्रा अत्रा चल गया, जत्रा रज कन सार।
कत्रा पत्रा लिख गया, किनहू न पाया पार।
किनहूं न पाया पार, उलट न अपनां पेखो।
ब्रह्म न जांनो दूर, आत्म अपनां देखो।
आत्म ब्रह्म अनाद अज, सुक्ष्म सेरी ऐह।
साहब सतगुरु मिलत ही, मुक्ति भई निज देह।४१
ब्रह्म ज्ञान अरू जोग जप, भक्ति अरू बैराग।
जो इन की इंछिया करै, सो सीखै बड भाग।
सो सीखे वड भाग, जतन विन सबही पावै।
म्हा गुढ यहु ज्ञान, गुरु विन कून बतावै।
गुरु शब्द कूं कहत है, अणभै शब्द सरूप।
साहब सीखै पठन करै, मिलै ब्रह्म सुर भूप।४२
कोट कवि आगे भऐ, बालमिक शिव व्यास।
अणभै सब ही कर गऐ, जैसी हियै हुलास।
जैसी हियै हुलास, हरी गुन सब ही गाऐ।

तैसे ही साहबराम, गाय मन आप रिझाए।
नगर नांदड़ी में रहै, विसनु कुल सतसार।
चेला गोविन्दराम का, गुरू मिले जंभ दरबार।४३
ऐह चंवालीस अमर है, जो नर सीखै कोय।
अमर होय या देह सूं, बहुर जनम नहि होय।
बहुर जनम नहिं होय, अमर अद्भुत सुह पेहे।
नव माला कूं भेद, छेद दस द्वारे जेहे।
सांसा के संबध तै, पावत पद निरबाण।
साहब गोला ज्ञान का, मार करै मैदान।४४

-:महामाया की स्तुति:- (44 छंद)

-:दोहा:-

महामाया श्रुति शब्द की, चाली चादर ओढ़।
पुरष जगाणे प्रीत सूं, रहे सु सेझियां पोढ़।१
पुरष परस आगे चली, गई निरंजन लोक।
सप्त दीप नव खण्ड चतुर्दश, रच दिये भिन्न थोक।२

-:रागणी मार्फत भैरवी:-

धिमि धिमि धिमि धिमि धन धन, जै जै माया मस्तांनी।
छिवि छिमि छिमि छिमि छनन, छा छवि तनक तेज तरसै प्रांनी।
ग्रिदि घनन घन पग वजत, घुंघरू जीत लिये जन मुनि ज्ञानी।
तृया तनन तातेई ताल अखण्डी, अजा अनांम राज रानी।
ठगी ठुम ठुम ठगत जगत, मईया तेरे भक्त के भय भांनीं।
साहबराम सतगुर के बालक, कृपा करो माया मस्तांनी।३।टेक।
देव निरंजन जग के करता, कोरम के त्रिये सिर कूं हरता।
तू भई त्रिया वही भए भरता, जै ज्वाला मईया जग जांनी।
सतलोक ते भिन्न भऐ माई, तेरे छल कहो किन लहे।
दियो सुर्ग लोक बनी पटरानी, धिमि धिमि धन धन बानी।४
तीनूं देव तुम्हारे अंशा, तीनन के भई भिन्न भिन्न संशा।
जै ज्वाला माया जग जानी, सुर्ग लोक तै उरै रहाई।
अपनी अपनी सिष्ट रचाई, मल कूंती मन रह्यौ उरझाई।
किये मृत लोक के अस्थानी, धिमि धिमि धन धन रानी।५

विशनु ऐक पलक में जीते, नव अवतार भऐ तब ही ते।
पल पल फिरत पूकारत सीते, जै ज्वाला मइया जग जीते।
गोपियन कै कर माखन खाऐ, जालन्धर घर बाल खिलाऐ।
छल विन्द्रा जारी करवाऐ, चढ़ी शीस नही अलसानी।६
ब्रिह्मा भयो वेद इधकारा, छिन में मिट गऐ धरम विचारा।
देख पुत्री मन भयो विकारा, जै ज्वाला मईया जग जांनी।
इत उत हेर चहूं मुख चीन्हा, उंडी अकास सुखर मुख कीन्हां।
शिव शंकर भयो क्रोध प्रवीनां, मार शक्ति दियो सिर भांनी।७
शंकर जीते नेजा धारी, वंन में देखी किन्या भारी।
भरी अंक गिर परे मुरारी, जै ज्वाला मईया जग जांनी।
भयौ ज्ञान तब मिट गई माया, तब शंकर मन में पछिताया।
बीरज ताल कूप भरवाया, हाटक नदी भरी पानी।८
सुर असुरा मिल उदम कीन्हा, मथ्यौ उदिध बड बली प्रबीन्हा।
चवदा रतन जतन कर लीन्हां, जै ज्वाला मईया जग जांनी।
अमी काज तहां भई लराई, तहां तूं माया छलबे आई।
मार असुर सुर दिये जिताई, मोहे बल मिष्ट बांनीं।९
रिष उद्यालक वन में मोहे, सोभन मारचि मन कूं खोऐ।
श्री नगर में नारद रोऐ, जै ज्वाला मईया जग जांनी।
ऋषि इक्यांसी मुंनि जन नागा, छोड़ ज्ञान तेरे मध लागा।
मिट गई ममता उल्टे भागा, सब सिर लात खूब लानी।१०
सींगी रिष भींडी ऋष भारी, तेरै भय रहे वनां मंझारी।
नगर छोड़ होय गऐ ब्रिह्मचारी, जै ज्वाला मईया जग जांनी।
षष्ट मास जिभ्या कर जोगा, छोले ब्रछ रस कियो संजोगा।
पांचू इन्द्रि भिन्न भिन्न भोगा, कोइयन रह्यौ जगत मांनी।
अगनी तपै सहै जल धारा, उर्ध आसन नख जटा वधारा।
गिरि कन्दर में गुफा सुंवारा, जै ज्वाला मईया जग जानी।
भूख भूतनी मन भरमावै, त्रिस्नां त्रिया तांहां संतावै।
सुपने बिरज पात हूय जावे, सब सिर ताल तमक तांनी।१२
राख लगायै दिगंबर भिषा, भूखे रहै खाख में केशा।
नगर छोड कियौ ताल प्रवेशा, जै ज्वाला मइया जग जांनी।
तीन्यूं संध्या संख बजावै, देख नगर नैं ध्यान लगावै।

कर उपदेश लियो कछु चाहै, मधुर मधुर पृय मुलकानी।१३
घर छोडे वैराग बधावै, तिलक करै पूजा पधरावै।
भोग लगाय आप सब खावै, जै ज्वाला मईया जग जानी।
आसण चौरासी मन मोहा, सूल जड़ाय काठ पर सौवा।
मांडे हाथ जगत मुख जोवा, मिलै न धन मुख विलखांनी।
कान चिराय वन्यौ अभधूता, छाडियौ नगर पाल प्रसूता।
ज्यूं घुररावै त्यूं कोई कुत्ता, जै ज्वाला मईया जग जानी।
छोडियौ एक लाऐ दस झगड़ा, सुलफा भांग लगावै रगड़ा।
धन हित धूड़ खुवावे धगड़ा, म्हा मुरख जड़ अज्ञानी।१५
घर छोडे विद्या कूं ध्यावै, कासी जाय रू पढ़ पढावे।
वांचे वेद जगंत भ्रमावे, जै ज्वाला मईया जग जानी।
पालै पेट करे बकवादा, तांमै नां कछु लावन स्वादा।
मरते देखे बाप अरू दादी, तबहुं न चेते अभमाना।१६
अमरा मार किये मैदाना, तै घर घर घाल्यौ घमसाना।
कोइयन जीती देवे जाना, जै ज्वाला मईया जग जानी।
षट द्रसनी वर्ण आश्रमा, तीरथ व्रत जोग जिग्य करमा।
विन सतगुर नहीं पावे भ्रमां, मरम विन्या बुधि भ्रमानी।१७
सपत दीप नव खण्ड चतुर्दश, तीनूं लोक किये तेरे वस।
घट घट भोग रही तुंही रस, जै ज्वाला मईया जग जानी।
ईश्वर असुर देव सब हारे, राव रंक सब दास तुम्हारे।
जीव जन्त कहा गनूं विचारे, त्रिलोकी तोहे त्रसानी।१८
छत्री कुल में बन गई सीता, जनक जग्य में सब दल जीता।
रांमचन्द्र से भई प्रतीता, जै जै ज्वाला मईया जग जानी।
वन में गई क्रोध कर भारी, खर दुसन त्रिसरादि संघारी।
लंका फूंक लंकपति मारी, खनन खाग लिया खपरानी।१९
वृषभान घर बन गई राधा, कैसी कंस असूर सब साधा।
सतरा छोहन दल तै खाधा, जै ज्वाला मइया जग जानी।
भीष्म घर रुकमन बन आई, शिशपालै संग करी सगाई।
छोहन निंनानवै दल खाई, चलै कृपान गंदा पानी।२०
दस अवतार भऐ वड जोधा, कोइयक शांति कोई वड क्रोधा।
कर उपदेश जगत प्रमोधा, जै ज्वाला मइया जग जानी।

अपनी अपनी वार बजाई, कहि ब्याह कहि करी सगाई।
तूं घर घर में बनी लुगाई, गये सकल तूं थिर थानी।२१
तूं माया सबसे वरीयाई, धूंमी रिष से धूम मचाई।
पुत्री भोग कियो मनु भाई, जे ज्वाला मईया जग जानी।
सोई व्यास देव की माता, शांतल कुल कूं भई दुख दाता।
भीष्म करे मरे दोय भ्राता, तूं मन में नहि पसतानी।२२
चक्रवर्ति है राव अनेका, भोगन भई भाज्या भेखा।
मारे सकल वंच्यो नहि ऐका, जै ज्वाला मईया जग जानी।
कैरव पाण्डव दोय दल भारा, भई द्रोपदा सकल संघारा।
पीछे गई कृष्ण की द्वारा, छपन कोट करि छानी।२३
गढ मढा पर गरज करे माई, चंद सूरज तोहे अर्ज करे।
तिहूं लोक तेरी करद फिरे, जै ज्वाला मईया जग जानी।
ऐके करधर वीणा सोहे, दूजै अमी कमण्ड मोहे।
तीजै पुस्तक नेणा जोवे, ठनन थाल करि ठनकानी।२४
कर फ्रसी त्रिसूल झलके, केसर तिलक ललाट भलके।
कट पर खूला केश खलके, जे ज्वाला मईया जग जानी।
सिंघ चढी रन में ललकारे, भैरू हनुमान भभकारे।
चोषट जोगन वीर संघारे, कहि उजड़ कहि रहे स्थांनी।२५
घोड़ा ऊंठ पिछाड़े हाथी, रन में लड़े उघाड़ी छाती।
चाबै होठ सकल दल खाती, जै ज्वाला मईया जग जानी।
संचे रूद्र भरे भंडारा, चहूं चक में चले तिधारा।
पीवे खुन भरे हूंकारा, कहिं गरीब कहिं गसतानी।२६
गिही ग्रिहिस्त कर रोला, पुन्य दाम कर होय गए बोला।
माया जाल में लेतऊ कोला, जै ज्वाला मइया जग जानी।
ब्रिह्म चिरज करि वनै उदासी, वानप्रस्त वन में सन्यासी।
परंम हंस गल माया पासी, कर उपदेश शिख खांनी।२७
पंथी बन्धे राह के रसै, जोगी बन्धे भांग के नशे।
माया पासी बन बहू वसे, जे ज्वाला मइया जग जानी।
पढ विद्या अभिमांन बधावै, ज्ञानी ग्रभ मांहि गर जावे।
ध्यानी मान मांही मर जावे, तूंही ठगनी तुंही ठुकरानी।३८
कलजुग अंत क्रित जुग आवै, तब कालंगो धूम मचावे।

निकलंक नांम पुरिष प्रगटावै, जै ज्वाला मइया जग जांनी।
पापी एक प्रलक में मारे, वे मरजाद जगत संघारे।
संत रहै माई सरण तुम्हारे, त्रिली तिल तूंही घांनी।२९
चहूं जुग चौक बहत्र बीते, तब तूं जाय मधवा घर जीते।
अष्टा बीस इन्द्र होय रीते, जै ज्वाला मइया जग जानी।
मास वर्ष सत वीर्त साला, तव ब्रिह्मादिक लोक विहाला।
संकर हरे मरे द्रगपाला, देव दनुज तेरे दानी।३०
मंना विचारी परलै करनी, रवि शशि पवन ते जल धरनी।
तैरे संत कूं तूं भइ तरनी, जै ज्वाला मईया जग जानी।
तव सत वर्ष न वर्ष जलधर, हाथी सूंड पड़ै जल घर घर।
तेज तपै अहि मुख निकसी झर, जन तन भून किये घानी।३१
पांच तत पचीस प्रकृति, नव सथरा जारै एहि रीती।
कोइयन जग में जावे जीती, जे ज्वाला मइया जग जानी।
इंड कटाक्ष भऐ जर छारा, जाहां ताहां देखुं तेज तुम्हारा।
मार निरंजन कियो हुंकारा, जग रहे नैन जगत खानी।३२
दत्त गोरख हरिदास कबीरा, जंभेश्वर केई अरू संत धीरा।
साहब तीरे मिले गुरु पीरा, जै ज्वाला मइया जग जांनी।
खुल गए नैन भयो उजियारा, साहब गावै चरत तुम्हारा।
सत्य लोक दियो मरण निवारा, काम क्रोध मद की हानी।३३
ग्रिदि घन्नन घंन पग वजत घुंघरू, जीत लिये जन मुंनि ज्ञानी।
त्रियां तन्नन तातेई ताल अखंडी, अजा अनाम राज रानी।
ठगि ठुम ठुम ठगत जगत, मइया तैरे भक्ति के भय भांनी।
साहबराम सतगुर के बालक, कृपा करो मईया महारांनी।३४

-:दोहा:-

महामाया चैतावनी, पष्ट सरग प्रवान।
तीस चरन ततसार है, होत पुरष पहचांन।३५
पुरष सोई परमात्मा, वैहि आत्म निराधार।
भूले शुद्ध सरूप कूं, उरझै माया जाल।३६
ब्रिह्मण्डे सौ पिण्ड में, संतों करो विचार।
पांच पचीस तीन दसवस करि, खोलो ब्रज किंवार।३७
ताली लावो प्रेम की, अजरा अमरा झंड।

पांचू मुद्रा पेच लगावौ, तब भेदो ब्रिह्मण्ड।३८
जो याकूं गावै सुंनै, वांचै करै विचार।
साहबराम करणी विन्यां, पावै मोक्ष द्‌वार।३९
महामाया चेतावनी, सष्ट सर्ग सुख देत।
तीस रतन सैंतीस कंण, समाप्त भवेत।४०
षष्ट सर्ग चेतावनी, याके चरन जु तीस।
तर पर दोहा सात है, कण पुरे चालीस।४१

-:मनोहर छन्द:-

कुकरै को छेड़िये तो, काट बाढ तोड़े खाय।
मंगतै से मांगिये तो, झट नट जात है।
सूकरै को छेड़िये तो, आवत दुर्गन्धी अति।
गधैड़ै को छेड़िये तो, मारै कूद लात है।
चुगल को छेड़िये तो, चुगली करत नित।
निन्दक को छेड़े, निंद करे दिन रात है।
साहब सुजान नर, इन ते अलग रहो।
इनको न छेड़े जामै, बड़ी करामात है।४२
द्रोही की संगत करे, द्रोह उपजत नित।
मोहि की संगत करे, मोह में मसूल है।
क्रोही की संगत करै, जरियौ बरे निस दिन।
रोही की संगत करै, दसों दिसा भूल है।
कोही की संगत सेती, नित फोह फोह करे।
खोही की संगत किया, मानखे ते खुल है।
साहब चतुर नर, इन तै अलग रहै।
इनकी संगत करे, सोई नामा कुल है।४३
कामी हूं को संग करे, कामना बढ़त नित।
करोधी हूं को संग करै, क्रोध अधिकात है।
लोभी हूं को संग करै, लोभ जो बधत नित।
मोही की संगत करै, मौह में समात है।
चोरहूं की संग सेती, चोरियां करत नित।
जार की संगत जारी, करे दिन रात है।
कहत साहब जन, सकल विचार देखो।

झूठ नहीं रत्ती यामे, बड़ी सच्ची बात है।४४

-:साखी-01:- (5 छंदों की)

परम भगत प्रहलाद, हिरणाकुस दुख ही दियो।
घोल हलाहल जहर, उण पायो इण पी लियो।
उण पायो इण पी लियो नै, महा विष्णु को नांव।
मुलताने मेलो मंडियो, देखे सारो गांव।
दैतां कुल इचरज भयो, मारियौ मरै न बाल।
हिरणाकुस हिरदे डरै, आय गयो मुझ काल।
पुत्र नहीं कोई देव है।१
फोजां लिवि बुलाय, मार मार मुख ओचरे।
तोपां दई झुकाय, ओलां ज्यूं गोला पड़े।
ओलां ज्यूं गोला पड़े नै, तीर तुपक तरवार।
फरसी परध अरगला, मुगदर बोहती मार।
छुरी कटारी गुप्ती चालै, लागे नहीं लिगार।
हरि भगतां संग रम रह्यौ, जाणैं नहीं गिंवार।
भगतां कै साची टेव है।२
मरै नहीं प्रहलाद, हिरणाकुश हिरदै डरै।
गई भूख अरु प्यास, रात दिवस सांसो करै।
रात दिवस सांसो करै नैं, कोट चिण्यो कर रीस।
करोड़ साध किया कैद मैं, तीनां ऊपर तीस।
सो जोजन ऊंचो चिण्यो, अन जल कबहुं न दीस।
रवि दवादस गढ रा कांगरा, तपै जो बिसवा बीस।
भगत आधीन सदा रहै, ऐसा प्रभू जगदीस।
जाणै नहीं तां भेव है।३
हरि रा आडा हाथ, बादल नित वरसा करै।
छप्पन भोग सब तैयार, रिध सिध सब साथे फिरे।
रिध सिध सब साथे फिरे नै, मेवादि मिसटान।
और इच्छा कुछ है नहीं, धरै विष्णु को ध्यान।
कुलफ खोल देखैं दुनीं, बीतां बारै मास।
संता रे सुख अनंत है, दुष्ट भया उदास।

सिध करे सब देव है।४
खड़ग लियो उण हाथ, पांच करोड परलै किया।
पकड़ लियो प्रहलाद, साध सकल मन में डरिया।
साध सकल मन में डरिया नै, भागा अठारा और बीस।
कंठ पकड़ियो प्रहलाद को, कहां तेरो जगदीस।
विष्णु खड़ग खंभ के मांहि, तब उठियो बबकार।
पकड पछाड़ियो पोल में, जाणै सब संसार।
साहब सतगुरु सेव है।५

-:साखी-02:- (5 छंदों की)
नरसिंह नर मुलतान, सतजुग में साको कियो।
मारियौ दैत दिवान, प्रहलाद भक्त गोदी लियो।
प्रहलाद भक्त गोदी लियो नैं, सिर पर दोनों हाथ।
शिव ब्रह्म आया सही, सुर तेतीसूं साथ।
लक्ष्मी हुं लारे लुके, तूं माग वचन प्रहलाद।
बाड़े हूंता बिछड़िया, ते आण मिलाओ साध।
कर जोड़ियां ऐसे कही।१
कह हरि महाराज, दूर पड़े टोली टलै।
सांसो मत कर साध, चहुं पहरा चौकस मिलै।
चहुं पहरा चौकस मिलै नैं ,चार जामै जुगचार।
हरिचन्द पांडवा अंस तब, नंद लोहट अवतार।
पांच सात नव कोड़ बारां, बहुरि मिलैगे आण।
नह तंती नर लोक में, आवै जंभ सुजाण।
दुख मेटण मोटो दई।२
तारियो जन प्रहलाद, हिरणाकुश मारियौ हरी।
असरां लागी आंच, देख दुनी सारी डरी।
देख दुनी सारी डरी नैं, गह्या धर्म उनतीस।
अग्नि की पूजा करै, आय निवावे शीश।
असुर बुधि अलगी भई, करै शौच सिनान।
पाहल ले प्रसन्न भया, अरु माने गुरु की आण।
दिल की दुबध्या सब गई।३

जब का बिछड़िया जीव, बिन खोजी पावे नहीं।
गया समुन्दरां तीर, बिन लाया आवे नहीं।
बिन लाया आवे नहीं नैं, कलजुग बहे करुर।
भक्ति हमारी कवण करै, यूं जाण्यो विष्णु जरुर।
महाविष्णु को तप कियो, निरंजन निज देश।
प्रहलाद कृष्ण के कवल से, आये जंभ नरेस।
घट घट व्यापक जंभ वही।४
लोहट है नन्दराय, जसोदा हांसा भई।
मारुस्थल बृजभोम, पींपासर बृज है सई।
पीपासर बृज है सई ने, वचन के प्रतिपाल।
कृष्ण कवल के कारणै, गुरु जंभ लियो अवतार।
सत्य लोक को छोड के, गुरु किया भगवां भेष।
जेठ बदि नौमि दिने, गुरु कियो नंद उपदेश।
साहब सतगुरु है सही।५

-:भजन-01:-

जंभगुरू जगदीस प्रभू, मो पर किरपा कीजिये।टेर।
जनम जनम के दास तुम्हारै, हम तुम्हारै आधीन।१
पाप धरम गुनतीस बतायो, हम पालत गुनईस।२
मात पिता हि तुं बंधु हमारे, सतगुरू बिस्वा बीस।३
किरपानिधान सवा सुख, संपत मत राखो तुंम रीस।४
साहबराम सरण सतगुरू की, थारै चरणा में हमारो सीस।५

-:भजन-02:-

तुम कुं मनाउं गणपत लाडला, गढ रणतभंवर का।टेर।
स्याम बदन लंबोदर देवा, सुंदर देह विशाला।
रवि ससि सम दोउ दंत विराजै, गल फूल दी माला।१
सूंड सुंडाला दुंद दुंदाला, महतक मोटा बिंदा।
सब देवन में देव कहीजै, ज्यूं तारन में चंदा।२
पाव धाफड़ा लचकत पोगी, काम करी सम चाला।
सुंदर तिलक बणियो अति सुंदर, पल पल पलकत भाला।३

लटकत लुंगी लाल लपेटो, लग रही जरद किनारी।
मोदक भोग लगावौ मेरे प्रभुजी, चाड़ो लूंग सोपारी।४
मूसा वाहन कर घर परसो, ढलक रही दोय ढाला।
गणेश गावै पार लंघावै, कदै न आवै जमकाला।५

-:हरजस-01:- (5 छंदों का)

जो नर जांभोलाव, जम्भसागर में न्हावै।
पाप नै परले करावै, प्रेम पद पावै।टेर।
पांडु सराप दियो कुंती कैहो कवन दीस जावै।
देस फलोधी कपल कुटी जांहां, करण रीसी तप कर जावै।१
पांडव जिगन रच्यौ जी, भोमी सो थलसिध कहावै।
पाप सराप न्हाय कटजै है, माटी जाय कढावै।२
पाप निनारा झरी जावै, मिलने के मन भावै।
चैती चवदस बीज भादवै, अठसठ तीर्थ आवै।३
माटी गैर परकमा दैवै, जो कोई सुत फिरावै।
पैड़ी नहावै भज प्रसर, भक्त मुक्त फल पावै।४
कोट गउ पुंन करै ग्रहन में, सोने सुं सींग मंढावै।
पग पग पुन मिले जातरी कुं, साहब गाये सुनावै।५

-:हरजस-02:- (8 छंदों का)

जै जै जम्भगुरू चरण उजियारा।
अस नर सरण सदा सुख दाता, निरधारा आधारा।टेर।
मिंदर बणियौ महा अति सुंदर, चौक बणियौ चोसारा।
सतलोक सुख छोड़ सतगुरू, अवनी आप पधारा।१
नंद जसोदा के हितकारी, वचन के प्रतपारा।
पींपासर में भगत बसत है, लोहट जी पुंवारा।२
सतलोक के वासी सतगुरू, आंन लियो अवतारा।
धन धन लोहट धन धन हांसा, धन धन भाग हमारा।३
मथुरा छोड़ आय रहै संभरा, त्याग दई पुरी वरा।
सतगुरू बांनि अति सुर झानि, आनंद कर अखरा।४
देस देस के आवै जात्री, संतन के सिरदारा।

जो कोई आवै नव निध पावै, माया मोह निवारा।५
जो विसनोई आवै कोई, कोट पाप अघ जां टारा।
संत सयाने मन हरखांनै, अति आनंद बढियो अपारा।६
हरी गुण गावै महा सुख पावै, त्रिविध ताप निवारा।
मरजी रा मनसीज जिब लाजै, झांझन के झनकारा।७
जो कोई गुण गावै बहु रीत आवै, होत पलक में पारा।
साहबराम सतगुरू कृपा तै, पावे मोख दवारा।८

-:आरती-01:-

कुंकुं केरा चरण पधारो गुरू जंभ देव, साधु जो भगत थारी आरती करै।
जंभ गुरू ध्यावै सोही सरब सिद्धि पावै, संता जनम कैरा पातक झरे।टेक।
हिरदै जो हवेली मांही रेहौ प्रभु रात दिन, मोतियन की प्रभू माला जु गरै।
कांना विच कुंडल सीस पर टोपी, नैना मानौ दोय मशाल जरै।१
सोनै रा सिंघासन प्रभू रेसंम केरी गादियां, फुलां हंदी सेज्या प्रभु बैस्यां ई सरै।
प्रेम रा प्याला थांनै पावै थारा साधु जन, मुकट छत्र सिर चंवर झुरै।२
शंख जो सुरनई बाजै झांझ करै झनन, भेर जो नगारा बाजै नोपतां घुरै।
कंचन को थाल कपूर कैरी बातियां, अगर को धुप रवि इंद्र जो दुरै।३
मंजीरा टंकोरा झालर घंटा करे घंननन, सबद सुन्या सुं सारा पातक झड़ै।
सेस से सेवग थारै सिव से भंडारी सौहै, ब्रह्म से खजांनची सो जगत धरै।४
आरती मां आवै आय सीस जो निवावै, निस जागरन सुंन्यां जंमराज जुं डरै।
साहब सुनावै गावै नव निध पावै, सीधो मुकत सीधावै काल करम जुं टरै।५

-:आरती-02:-

जै जै जंभ गुरू जगदीसा।
दूर ते दूर निकट तै नेड़ो, परमपर परमेसा।टेर।
काम क्रोध मद लोभ, मोह तज निद्रा त्रिसना रीसा।
और गुरू उनईसा अठारा, सतगुरू बिस्वा बीसा।१
जंभ गुरू को छिन भर सिंवरै, आन देव कोट वरीसा।
आन देव सुख दुख के दायक, हरि सुमरिया अघ खीसा।२

जंभ गुरू को ध्यान धरत है, सिव सिनकादि अहीसा।
म्रतलोक मा चरन पुजावै, सत लोक हरी सीसा।३
जो विशनोई गुरू मुख होई, गहै धरम उनतीसा।
जो गुरू नै धारै जम नहीं मारै, साहबराम के ईसा।४

-:जंभसार ग्रंथ का परिचय:-

जंभसार ग्रंथ साहबरामजी की कीर्ति का मुख्य आधार है। इसके प्रमुख छंद दोहा, चौपाई है। श्री रामदास जी ने 'श्री जंभसार' पुस्तक की भुमिका में लिखा है:- विक्रम संवत् 1908 में इन्होंने इसकी रचना आरंभ की थी किन्तु रामड़ावास में वील्होजी के मन्दिर बनवाने में प्रवृत होने से लिखना स्थगित कर दिया। पुन: संवत् 1922 में लिखना आरम्भ करके इसको दो साल में पूर्ण किया। इन्होंने इस विशाल ग्रंथ की तीन प्रतिलिपियां तैयार की थी। इसका उल्लेख करते हुए साहबराम जी के बेटे श्री लक्ष्मीनारायण जी राहड़ का कहना है:- 'महात्माजी अपणी उमर में तीन जंभसार लिखे है। प्रथम जम्भसार लिखा जका गुटका जिल्द समेत गणेसराम के पास है। दूसरा जम्भसार विलायत एक अंगरेज ले गया था जो महात्माजी का प्रिय शिष्य था। तीसरा जम्भसार यो लक्ष्मीनारायण के पांती आया है।' गणेशराम जी और लक्ष्मीनारायणजी वाली दोनों प्रतियों के पाठ मिलान करने पर पता चलता है कि कवि ने अन्तिम रचना (संस्करण) में अनेक स्थलों पर पर्याप्त परिवद्र्धन और परिष्कार किया है। श्री रामदासजी द्वारा प्रकाशित 'श्री जंभसार' पुस्तक और लक्ष्मीनारायण जी राहड़ द्वारा प्रकाशित 'सार शब्द गुंजार' की भुमिका में लिखा है:- जंभसार का आधार हजूरी सिद्ध 'रणधीरजी के हाथ की लिखी हुई, नागौर के काजियों से प्राप्त एक पुस्तक', अनेक स्थानों पर प्रचलित जनश्रुति और लोक प्रसिद्धि, विशनोई कवियों की अनेक रचनाएं तथा सबदवाणी के विभिन्न प्रसंग है। इसमे राव लूणकरण, अल्लुजी चारण, ऊदोजी नैण, वील्होजी, केसोजी गोदारा, सुरजनजी पुनियां, गोकलजी, मयारामदासजी, ऊदोजी अडिग आदि अनेक ज्ञात और अज्ञात कवियों की रचनाओं का भी समावेश किया गया है। श्री लक्ष्मीनारायण जी राहड़ ने 'सार शब्द गुंजार' पुस्तक की भुमिका में लिखा है कि 'पुराने साधुओं की लिखी हुई 24 कथाओं आदि को संग्रह करके इसमें लिख दिया गया है'।

-:जंभसार के विषयवस्तु का संक्षिप्त नामोल्लेख:-

-:प्रकरण-01:- (वंशावली वर्णन)

सबद महिमा, सतगुरू महिमा और ब्रह्मा वर्णन, संत ईश्वर होना, ईश्वर जीव होना, वेदांत मत खंडन, ब्रह्मास्थान वर्णन, तत्वों की वृति, मन माया समाधि, कच्छप कथा वर्णन।

-:प्रकरण-02:- (प्रहलाद चरित्र आख्यान)

अमर कथा वर्णन, सनकादिक जन्म वर्णन, जंभ हंस अवतरण, मनु अवतार, भागवत दस लक्षण, विष्णुपुरी वर्णन, पोर में विष्णु आगमन, विष्णु स्तुति, विष्णु वाक्य, जय विजय शाप वर्णन, जय विजय गर्भ आगमन, जंभ शूकर अवतार वर्णन, पृथ्वी सप्त भाग वर्णन, हिरण्यकशिपु, शोक वर्णन, प्रहलाद जन्म, प्रहलाद विद्या पठन आगमन, सहपाठियों का प्रहलाद से प्रश्न, उसका उनको उपदेश, हिरण्यकशिपु का पुत्र से प्रश्न और क्रोध, हिरण्यकशिपु के प्रति होली का कथन, असुरों का चिता सम्भालने जाना, प्रहलाद का सत्यलोक से आगमन, उनतीस धरम नियम कथन, हिरण्यकशिपु का गढ़ में सहपाठियों को मारना, उसका कोप, जम्भ कला नृसिंह अवतार, प्रहलाद की स्तुति, उसका वर मांगना, देव स्तुति।

-:प्रकरण-03:- (सनत्कुमार चरित्र कथा)

बहलोचन कथा, त्रिशंकु कथा, हरिशचन्द्र कथा, जम्भ का महा विष्णु रूप में अवतार, शांतनु कथा, वेदव्यास अवतार, पाण्डव जन्म वर्णन, सिद्धथल जम्भसार का नाम है, युधिष्ठिर जन्म, नकुल सहदेव माद्रीपुत्र, जम्भ कृष्ण अवतार, परीक्षित कथा, कलियुग वर्णन।

-:प्रकरण-04:- (अवतार स्तुति)

सनातन लोहट हुए, कृष्ण द्वारा नंद यशोदा को दिए गए वचन का उल्लेख, लोहट केसर की कथा, इक्कीस ब्रह्मांड, सोलह सुत वर्णन, सत्यलोक से जम्भेश्वर का आगमन, जम्भ अवतार वर्णन, लोहट स्तुति, जम्भ देवों से मिलने गए (परचा-1), देव स्तुति।

-:प्रकरण-05:- (अवतार चरित्र ग्रंथ)

वेद स्तुति, माता हांसा स्तुति , जाम्भोजी का हंस कर दो भुजाएं दिखाना (परचा-2), लोहट स्तुति, पुनः लोहट स्तुति, 'घुंटी' देते समय स्त्रियों को जाम्भोजी के सब और मुंह ही मुंह है दिखाई देना (परचा-3)।

-:प्रकरण-06:- (बाल चरित्र कथा)

शिवजी का हांसा लोहट से मिलना, जाम्भोजी का बाहर जाते हुए बछड़े को रस्सी पकड़ कर खींचना (परचा-4), पलन से न उठना (परचा-5), कान वेध (परचा-6,7), विद्या पढाने और जनेऊ देने के लिए आए ब्राह्मण को चतुर्भुज रूप दिखाना (परचा-8), बालकों को सिंह रूप में दिखाई देना (परचा-9), गौचारण (परचा -10), लुकमिचोनी (परचा-11,12), शेष स्तुति (परचा-13), बोलना (परचा-14), पहला सबद कथन, सांड (ऊंटनियां) छुड़ाना (परचा-15), जल बरसाना (परवा-16), हल बाहना (परला-17), दूदाजी मेड़तिया को परचा (परचा-18), उनका कोशिश करने पर भी जाम्भोजी से पीछे रहना (परचा-19), दूदा को राज देना (परवा-20), घोडी लेने का कहना (परचा-21), काठ की मुठ की तलवार देना (परचा-22)।

-:प्रकरण-07:- (सिंकदर बादशाह प्रतिबोध नाम)

पूल्होजी पंवार को परचा (23), धरती दाग कथन, मुहम्मदखां को परचा (24), लूणकरण मुहम्मदखां में विवाद, सोभे सारण, अजै सियाक, वीरां चारणी, हासिम कासिम दर्जी, ऊदोजी नेण, बरसिंह, गुणावती के तेली की कथाएं, विशनोईन दामा के प्रश्न, अनेक देशों में सबद उपदेश, सात छोत कथन, आठ पाप वर्जन, नील तमाखू भांग निषेध, काजियों को परचा (25), काच महल परचा (26), संदूक परचा (27), सेफनखां परचा (28), शाह परचा (29), दिल्ली बादशाह सभा परचा (30)।

-:प्रकरण-08:- (विशनोई पंथ स्थापना)

रणधीरजी को सातों द्वीप दिखाना, काला पीला सफेद और भगवां चार प्रकार का वेश एक-एक हजार व्यक्तियों ने लिया, पंथ चलाना कलश स्थापन, बापेउ कथा, उनतीस धर्म नियम और बत्तीस आखड़ी उपदेश, गुगलिये ऊंट की कथा (परचा-31,32,33)।

-:प्रकरण-09:- (भक्त विरूदावली)

सबद कुंची का, रामू सुराणा जोगियों गुंसाई लोहापांगल कन्नोज के राजा के पांच सिद्धों तथा अन्य एक जोगी के विभिन्न प्रश्न, अमावस्या के दिन कलश स्थापन, गुरु ज्ञानोपदेश, रूपो महन्त का क्रोध कर कपड़े जलाना, जमात का सुपात्र के लक्षण पुछना, गायणा पुरोहित भाट थापन, जाम्भोजी के उत्तर, अजै का वेश प्रसंग, भाट कुल, साधु गुरब स्थापना, थापन सेखो का प्रसंग, सैंसो राठौड़ की कथा, भिक्षा पात्र फोड़ना, सैंसोजी को स्वर्ग।

-:प्रकरण-10:- (राज उपदेश)

जमात प्रश्न, जाम्भोजी का राम समय की बात कहना, चित्तौड़ की कथा, भींयो लुहार तथा रणधीर खींयो साहुकार सैंसो दुर्जो के प्रसंग, झाली राणी की जम्भ अराधना और उसकी स्तुति, राणा सांगा को परचा (34), राव जैतसी लुणकरणोत का प्रश्न, नेतसी की कथा, चेतन कथा, गुरु महिमा।

-:प्रकरण-11:- (जोगी उपदेश)

बीदे जोधावत का प्रसंग, नारियल परचा (35), पानी से दुध करना (36), खली से नारियल गिरी करना (37), आकों के आम लगाना (38), बादल से पानी बरसाना (39), जल से घृत करना (40), जल से 'खाटा' करना (41), छाणों के खोपरे करना (42), 'मींगणों' के लड्डु बनाना (43), 'बेलु' रेत से बुरा बनाना (44), दो 'मतीरे' (45) और 500 'पूंख' देना (46), घोड़ी से घोड़ा (47), जांडी से पलाश (48), और सहस्र रूप करना (49), परीक्षा समय कपड़ा न उतरना (50), जमात तथा मल्लूखां के प्रश्न, गुरू महिमा, गुरु लक्षण कथन, पुनः मल्लूखां और राव सांतल के प्रश्न, पुरबिए ब्राह्मण कासीदास की कथा, एक जोगी के 'सिला' हिलाने पर प्रश्न, बालनाथ कंवलनाथ के प्रसंग, बालनाथ तथा जोगियों के प्रश्न और जाम्भोजी के उत्तर, कन्नोजी विशनोइयों का मखमल का बिछौना लाना, धूपालिया गांव से एक पाखंडी साधु को जाम्भोजी के सम्मुख लाना, जाट और जोगियों के प्रश्न तथा जाम्भोजी के उत्तर।

-:प्रकरण-12:- (रावल प्रबोध)

कथा धर्मचरी, कथा जोधो जाट की, साथरियों का सबद और प्रश्न पूछना, ज्ञानचरी कथन, ढोसी जाते हुए राव लूणकरण को जाम्भोजी की वर्जना, जीत का अर्थ बताना, रावल जैतसी की कथा, जाम्भोजी से चारणों का प्रश्न, गौ हत्यादि पाप वर्जन, 'दसबंद' धर्म को सर्वोत्तम बताना, 'कड़ाव टोकणा' शुद्ध करना, विशनोइयों को अकर करना, रावल को वर, मंत्रावली, मंत्र माहात्म्य, रावल जैतमी का स्नान धर्म पूछना, मत में मिलाने और टालने का माहात्म्य, साधारण धर्म, जाम्भोलाव माहात्म्य, रावल जैतसी का वहां सूत फिराना।

-:प्रकरण-13:- (नव राजेन्द्र उपदेश)

सहजां जाटणी, बाजो तरड़ की कथा, इन लक्षणों से ब्राह्मण चाण्डाल, यज्ञ

कर्ता के आठ अवगुण, साधु लक्षण, कथा मलेरकोटला की, बाजो तरड़ का प्रश्न और जाम्भोजी का उत्तर, रोटू राजधानी की कथा, 'अगम' का सबद कथन, रजपूतसिंह की कथा, फलौदी के राव हम्मीर को 'चेड़ो' के दृष्टान्त, कलियुग के पांच पाखण्ड।

-:प्रकरण-14:- (जम्भसागर माहात्म्प वर्णन)

जोगी का प्रश्न, मूलो पुरोहित और मालदेव के प्रश्न और जांभोजी के उत्तर, मूले को तीन 'परचे' देना, गोपीचन्द भरथरी और गोरखनाथ के प्रश्न और उनके उत्तर, गंगाजी का जम्भसागर में समावेश, इसलिए उसका सिद्धथल कहलाना, श्रीचंद सेठ, ऋषि करणमाल, राजा रायसिंह, करणमाल विवाह, हरिनंद, बाई जैता हांसन, करणमाल बेमाता, अणची धोबिन, चिड़े चिड़ी, कर्ण संयोग, राजा पाण्डु, कुन्ती माद्री, पाण्डु मृत्यु, कुन्ती वर, जम्भसागर माहात्म्य, आसा राणी, सुखनो थोरी, नींबो थटवाल, सिको अली की कथाएं। तीर्थ पर जागीर देने की महिमा, जम्भसागर माहात्म्य, ब्राह्मण और छोत लक्षण, जम्भ अवतार के पांच निमित्त, जातरी महिमा, अल्लू, तेजो, कोल और कान्हो चारण की कथाएं।

-:प्रकरण-15:- (भूत पलटना, देव कृत्य)

रावल जैतसी की कथा, गोरी शाह की जैसलमेर पर चढाई, रावल जैतसी की स्तुति, लक्ष्मण पांडु साध के दर्शन जांभोजी के दर्शन, गोखनाथ भरथरी गोपीचंद को जाम्भोजी का वर, रोटू की नौरंगी की कथा, राजा के प्रश्न, सकूरण बनिये की कथा, सुपात्र ब्राह्मण उल्लेख, 'अगमवाणी' उच्चारण, अमावस्या कथा, भूत प्रेत कथा, भूत गति करना, आनदेव पूजने पर सप्तकुली का नरक वास।

-:प्रकरण-16:- (महा प्रलय)

धने बिच्छू का अपनी गति पूछना और यज्ञ दीक्षा लेना, खिलेरी बूढोजी की कथा, विष्णु नाम माहात्म्य, मूलो ब्राह्माण स्वाती शाह नवाब के प्रसंग, बिजनोरिये साहू का सोना चढ़ाना, रावण गोयन्द झोरड़ कथा, राजा मालदेव का आदि उत्पति और प्रलय सम्बन्धी बात पूछना।

-:प्रकरण-17:- (जोगी उपाख्यान)

राव दूदा का जाम्भोजी को भेंस देना, गोरी शाह के पुत्र की दूदोजी पर चढाई, टोडा के नेतसी की कथा, बारह जोधों में राव सांतल का कथन, रणसीसर के रावल की कथा, जाम्भोजी के 'हज काबे' जाने का प्रसंग,

काबुल जाने का प्रसंग, मुल्तान के वैरागी लालदास, हिमटसर की रूपां मांझू की कथा, जाट विवारे का प्रश्न, अनेक लोगों को प्रतिवोध कराना, पूरबिये मिश्र काजी महलूखां और नूरा मिलाके राजा की राणी, झाली राणी की कथाएं, मुल्ला सधारी और जाटों के प्रश्न, लांबा के सेरो जाट को परचा, मृघीनाथ, लोहजड़नाथ, पीतलजड़नाथ के प्रश्न और इनकी कथाएं, अनेक अन्य मतावलम्बियो का विशनोई होना।

-:प्रकरण-18:- (वेद विभाग)

भटियारी अमरी ढाकी, मोनी ऋषि, ऊदै अतली, रतनो राहड़ की कथाएं, जमातियों के चार युगों के धर्म, षट शास्त्र, पुराण मत, अग्नि पूजा, पूजा विधि, रवि मास से सम्बन्धित प्रश्न और जाम्भोजी के उत्तर, मत्र कथन।

-:प्रकरण-19:- (जम्भ भ्रमण)

राजा प्रतापसिंह के प्रश्न, आगे राज किसका होगा, युग-युग के कौन से धर्म है का जाम्भोजी द्वारा उत्तर, प्रलय रीति कथन, जाम्भोजी का सब देशों में भ्रमणार्थ जाना, नगीना की कथा, कुलचंद, चेलोजी की स्तुति, फजले का हाथ दिखाना, सुरगुण भंवरे की स्तुति, कुलचंद का चारों युगों में जन्म सम्बन्धी, स्त्री पुरुष में पहले मृत्यु संबधी बातें पूछना, चेलोजी का ब्रह्मा की आयु पूछना, जाम्भोजी के उत्तर, साधू संगति करना, लोदीगढ मागोल अवरईयां की कथाएं, कुष्ठियों का जंभसागर के जल से अच्छा होना, दारानगर राजा ऋषि खड़गसिंह कालपी कानपुर लखनऊ मेवाड, पुर पट्टण, थापन खाटमजी और समेलगढ की कथाएं।

-:प्रकरण-20:- (भवत गिंणत प्रकाश)

मेड़ते मनाणे, रामड़ावास लोहावट मूंजासर की कथाएं, पड़ियाल आना, जंभसागर पहुंचना, ज्ञान कथन, 100 प्रश्नों का उत्तर देना, रणसीसर किनासर अलाय होते हुए पींपासर पहुंचना।

-:प्रकरण-21:- (जम्मों माहात्म्य वर्णन)

तीन रजवाड़ों का गढ़ों की उत्पत्ति पूछना, राजा गुण कथन, प्रतापसिंह जैतसी और दूदोजी के प्रश्नों के उत्तर देना, संतों को महन्ती देना, अंगूठी देना, साथरियों के प्रश्नों के उत्तर देना, पूजा विधि, 'जम्मे' का माहात्म्य वर्णन, भंडारी महन्तों को बुलाना।

-:प्रकरण-22:- (जाम्भोजी का महाप्रस्थान, मंदिर आख्यान)

सोलह साथरियो और आठ धामों के महन्त नियुक्त करना, चार तम्बू, चार

चांदणी आठों धामों में देना, बचा हुआ धन भंडारों में भेजना, बिछुड़ते समय सब राजाओं का विसुरना, संत वचन, जमात वचन, जाम्भोजी के वचन, उस रात्रि को सनकादिकों की स्तुति करना, देवों का मिलने आना, संभराथल से लालासर पधारना, रेवाड़ी में वीठल के जन्म की कथा, जाम्भोजी वील्होजी को एक मानना, शून्य से संदूक आना, बारह कोटि जीवों का स्वर्ग सिधारना, जाम्भोजी का सत्यलोक जाना, उनके 'कमल' को लेकर संतों का चलना, मंदिर (मुकाम) की नींव देना, रणधीरजी की मृत्यु, वीठल का आना, 'भेख' देना, जम्भसागर में पत्थर पर पाल लगवाना, मंदिर बनवाना।

-:प्रकरण-23:-

वील्होजी का जोधपुर जाना, राजा के मांगने पर परचे देना, राजा के प्रश्न और तम्बू सरायचा खूंटो और कोरड़ो देना, किसी का रूड़कली में जाम्भोजी की उपस्थिति बताना, ज्ञानो उत्थापन कथा, फूलकंवर पदमावती कथा, वील्होजी का भ्रमण, समाधि, वील्होजी के समाधि मंदिर पर प्रतिष्ठा के समय साहबरामजी को जाम्भोजी और वील्होजी के दर्शन होना, वील्ह स्तुति, संत कुल वर्णन, सुरजनजी का राजा को 'परचा' देना, दुरगदास को परचा देना, परवाना लेना, विशनोइयों का पांचवां हिस्सा देना, दांण (चुंगी), बेगार, पान चराई, चंवरी की माफी, सुरजनजी के बैलों को रोकना और उनका परचा देना, केसवजी का प्रसंग, नौरंगशाह (औरंगजेब) की कथा, थापन काजियों का भागना, आलम रायचन्द हीरानन्द तिलवासणी खींवणी रामू खोड़ धवा खेजड़ली की कथाएं, परवाना, बुचोजी की कथा, मेड़ता का परवाना।

-:प्रकरण-24:- (नीति, धर्म माहात्म्य संयुक्त)

संतकुल वर्णन, हरिचन्दजी हीरोजी तारोजी कृष्णोजी की कथाएं, हिंगोरी गदर के भक्तों की, चींधड़ सदलपुर सीसवाल में हुए युद्धों की कथाएं, विशनोईयों के धर्म, धूपमंत्र, दस प्रकार के ब्राह्मण, दो सो नुक्से परमात्मा, माता पिता, सतगुरू महिमा, मनुष्य धर्म, निरोग लक्षण, समय बलवान, मतलबी, पांच लोगों के गाली देने पर क्रोध न करना, उम्र भर नांव न निकालने वाले माता पिता को धिक्कार, इनसे बचे वह चतुर, इनकी संगति नही करनी, औरत ऐब, नित्य नई बात सीखनी चाहिए, बात कम करना, मूर्ख लक्षण, इनसे दूर रहना, ठट्ठा न करना, मनुष्य में इतने गुण, इनसे

चीज न लेनी, पांच बहादुरी चाहिए, इतनी जगह गाफिल नहीं रहना, तमाशगीर की नारी द्रव्य सब जाएंगे, इनका भरोसा नहीं करना, ऐबदारा के ऐब, इनके बैठे सलाह नहीं करनी, इतनी जगह स्त्री की और ध्यान न दें, इतनों के लक्ष्मी आवे, इन घर लक्ष्मी जावे, बंद मकान में नहीं घुसना, गाडी बहली कुदने की विधि, गति मुक्ति के प्रश्न, सतगुरू के उत्तर, कर्मों से ऊंचे जन नीची पदवी पाते हैं, मनुष्य का एक लहजा मिलना कठिन, अफलातून की कथा, एक खच्चर की कथा, सीधी गाय का बुरी की संगति करना, मूसा उद्यम दृष्टान्त, हेमे उकील की कथा, दुनिया को सराय सब कोई कहते हैं, हिन्दुस्थान कम अक्ल है, दूसरे कीमियागर की कथा, अकड़वेग मिरजे की कथा, उज्जैन के सेठ की कथा, मनुष्य के साधारण धर्म, जीव पलट कर ब्रहमा हो जाता है, जम्भसार माहात्म्य।

-:जंभसार का विवेचन:-

जम्भसार में सब जगह एकान्विति, तारतम्य और प्रसंगो का पूर्वापर संबध नहीं पाया जाता। प्रबंधात्मकता का उसमें अभाव है। साहबरामजी को जितनी भी विशनोई रचनाएं और सबदवाणी प्रसंग उपलब्ध हुए, उनको उन्होंने जम्भसार में अवसर अनअवसर दे दिया है। बहुत सी रचनाओं के कवियों का नामोल्लेख भी नहीं है। अनेक अन्य रचनाओं के बीच बीच में उन्होंने स्वरचित छंद भी रखे हैं और उनमें वर्णित प्रसंगों को भी बढा चढा कर लिखा है। प्रायः प्रत्येक स्थल पर अतिशयोक्ति देखने को मिलती है। यह बढोतरी दो क्षेत्रों में है- (1) नवीन प्रसंगोद्भावना और वर्णनों में तथा (2) कार्य, विवरण और घटनाओं की संख्यां में। इन कारणों से इसमें सन्निविष्ट रचनाओं के स्वतंत्र रूप से प्राप्त हुए बिना उनको जम्भसार में खोज निकालना दुष्कर कार्य है। परमानंदजी द्वारा लिपिकृत ग्रंथाक 201 इनको उपलब्ध नहीं हो सकी थी। इन्होंने जिन प्रतियों से ये रचनाए ग्रहण की उनमें पर्याप्त मिश्रण और पाठ भेद था। इस कारण उनमें जो पाठ सम्बन्धी भूलें थी वे यहां भी है। ग्रंथाक 201 और अन्य प्रतियों के पाठों का तुलनात्मक अध्ययन करने पर इस बात की पुष्टि होती है।

साहबरामजी के कथनो में ऐतिहासिक असंगतिया भी हैं, जो दन्तकथाओं को आधार बनाने के कारण हुई प्रतीत होती है। कहीं कहीं तो विभिन्न दंतकथाओं में भी मिश्रण हो गया लगता है। ध्यातव्य है कि साहबरामजी

का मूल उद्देश्य जम्भसार को विशनोई पंथ में महापुराण के रूप में प्रतिष्ठित करना था, जिसकी पीठीका और पद्धति के संदर्भ में ये सब बातें गौण थी। स्थान-स्थान पर उन्होंने प्रकारान्तर से परोक्ष या अपरोक्ष रूप में ऐसे संकेत भी किए है। साहबरामजी के ध्यान में भी इसकी उपयुक्त त्रुटियां अवश्य थी और वे इसके चौथी रचना (संस्करण) में सुधार करना चाहते थे, किन्तु मृत्यु ने ऐसा होने नहीं दिया। श्री लक्ष्मीनारायण जी राहड़ ने सार शब्द गुंजार पुस्तक की भुमिका में लिखा है:- यह ग्रंथ लिखने के थोड़े ही दिन पीछे उनका देहान्त हो गया, नहीं तो इसको कुछ और भी संशोधन करते।

-:जंभसार में मौजुद मुख्य ऐतिहासिक असंगति:-

जंभसार में कई ऐतिहासिक त्रुटियां है इनमें से प्रमुख त्रुटि है लोहट जी पंवार को क्षत्रिय बताना। साहबरामजी से पूर्व के जांभाणी साहित्य में किसी भी जांभाणी कवि ने लोहट जी को क्षत्रिय, राजपूत या ठाकुर नहीं लिखा था। साहबराम जी ने जांभाणी साहित्य के इतिहास में पहली बार उनके लिए क्षत्रिय शब्द का प्रयोग किया, फिर उत्तरकालीन कवियों एवं लेखकों ने इस ग्रंथ को आधार बनाकर लोहट जी के परिवार को हर जगह क्षत्रिय, राजपुत व ठाकुर लिखना शुरू कर दिया। बही भाटों ने तो एक कदम आगे बढते हुए अपनी बहियों में उन्हें उमट पंवार के वंशज तक लिख डाला। हालंकि समस्त हस्तलिखित प्रतियों में जो वंशावली दी हुई है उनमें उमट पंवार का कहीं नाम नहीं है। बही भाटों के सामने यह समस्या आई कि माता हंसा की खिलेरी गौत्र व गुरू जाम्भोजी के फुंफाजी महीपाल जी की ईशरवाल गौत्र को राजपूत कैसे साबित करें ? क्योंकि पंवार गौत्र तो जाटों व राजपुतों दोनों में है जबकि खिलेरी व ईशरवाल गौत्र केवल जाटों में ही है राजपूतों में नहीं है। तब उन्होंने नख के आधार पर खिलेरियों को भाटी तथा ईशरवालों को चौहान बताना शुरू कर दिया। इतनी बड़ी ऐतिहासिक त्रुटि पर विशनोई समाज के प्रबुद्धजनों को पुनर्विचार करने की आवश्यकता है।

34. बिहारीदास जी

-:बिहारीदास जी (वि.सं.1870-1950):-

बिहारीदासजी कालपी के निवासी और रतनदास जी के शिष्य थे:-

सतगुरू सत सरूप, जो देत लखाय अरूप।
रतनदास गुरू सरन बिन, परिउ अघ भ्रम कूप।

इन्होंने जंभाष्टक के प्रथम दोहे में भी अपने गुरू का उल्लेख किया है:-

नमो जंभगुरू देव को, नमो निरंजण आस।
रतनदास गुरू को नमो, नमो हरी दास।

बिहारीदास द्वारा लिपिकृत दो हस्तलिखित प्रतियां उपलब्ध है। विक्रम संवत् 1903 को कालपी में 'ग्रंथांक 228' और संवत् 1915 को कालपी में 'ग्रंथांक 389' लिपिकृत किया था। इन प्रतियों में स्वयं की रचनाएं लिपिबद्ध है।

-:बिहारीदासजी की रचनाएं:-

1. फुटकर छंद
2. जंभसरोवर स्तुति- 10 छंद
3. जंभाष्टक- 10 छंद

-:फुटकर छंद:-

-:दोहा:-

सतगुरू सत सरूप, जो देत लखाय अरूप।
रतनदास गुरू सरन बिन, परिउ अघ भ्रम कूप।१

-:सवैया:-

दीनन के त्राता बुधि दाता सिधि दाता।
जाहि ध्यावत विधाता, सिव संकट निवारी है।
नाम के लियै तै, सकल संकट पराहि जाहि।
ध्यान के धरे ते, करत बुध उजियारी है।
चन्द्रमा लिलार जाको, फरसा हथियार ऐसो।

सिव को कुमार जौन, सुरनर सुखकारी है।
कहत बिहारी अरज सुनियौ हमारी।
जाकी मूसक सवारी, सो हमारो रखवारो है।१

-:जंभ सरोवर स्तुति:- (10 छंद)
ज्यौं पीपासर आय कै, दूधाजी के पास।
साधू परच्यौ पाय कै, करी निरंजण आस।१
पायस मैं पहिलाद कौ, जांभेस्वर करतार।
बारह क्रोड़ी तारि कै, पूरन किया विचार।२
पूरन किया विचार, आय कै तन कौ धारौ।
रतनदास गुरू भये, सर्व जीवन निस्तारो।
दास बिहारी की सुनी, दया करी चितलाय।
सिध कांमना सब भई, मुक्त रूप पद पाय।३
गुरू जांभेस्वर आय कै, हांसा लोहट धांम।
जीव उबारन के लियै, आसन किया मुकाम।
जांभेस्वर सतगुरू सिरै, रतनदास वसै नैन।
कंठ बैठ हरीदास जी, अग्या दीन्ही ऐन।४
कासी वस बुध तन तजहि, चित्रकुट चित सोय।
मथुरा विंद्रावन करै, और अजुध्या जोय।
पुहकर तीर्थ अवंतिका, गया पिंड दै जाय।
सो फल पावै तुरंत ही, जंभ सरोवर नहाय।५
बद्रीपत जे द्वारिका, हरद्वार केदार।
कांची और अमरावती, सप्त पुरी लौ झार।
प्राग नीम कुरछेत्र जौ, जनक सभा बेठाय।
सौ फल पावै तुरंत ही, जंभ सरोवर न्हाय।६
रोहनी कुंड सेत गंगा जू, और महेंदर दीठ।
कपिल देव गंगासर संगम, लछमन कुंवर बसीठ।
पंचवटी पंपासर रिकमुक, गोदावरी गराय।
सो फल पावै तुरंत ही, जंभ सरोवर न्हाय।७
तोतादरी मल्लार रंगजी, रामनांथ सौ सेत।
हर बोला की खाडी, उतरे राम महोला हेत।

धनुक तीर्थ रतनांगर, सागर जंगजीत जो धाय।
सो फल पावै तुरंत ही, जंभ सरोवर न्हाय।८
चलपल राईल धायिल मायिल, पंचवीर वरजोर।
गढ गिरनार प्रभास विंदुसर, पांडव ताल तमोर।
नारायण सरगोप तलाई, हिंगलाज जो माय।
सो फल पावै तुरंत ही, जंभ सरोवर न्हाय।९
नरसिंह फरहरू गौमति, जमना चक्र तीर्थ के हेत।
मनीकरण त्रैलोक नाथ रौ, हाल रामसर खेत।
मुक्त नाथ और मानसरोवर, मांन तलाई भाय।
सो फल पावै तुरंत ही, जंभ सरोवर न्हाय।१०

-:जंभाष्टक:- (10 छंद)

नमो जंभगुरू देव को, नमो निरंजण आस।
रतनदास गुरू को नमो, नमो हरी दास।१
नमो सते सुर वेद उचार, नमो कते सुर रूप उदार।
नमो वाराह हिरनाक्ष हरौ, नमो गुरू जंभ सहाय करो।२
नमो नरसिंह अनंत सु तेजु, नमो श्री बावन पावन भेजु।
नमो परसराम भुंव भार हरौ, नमो गुरू जंभ सहाय करौ।३
नमो श्री राम सनूप अपार, नमो श्री कृष्ण जसै विस्तार।
नमो श्री बौध सरूप धरौ, नमो गुरू जंभ सहाय करौ।४
नमो निकलंकी अस्व सनूप, दत्यतिरई जोगी अवधुत।
नमो श्री व्यास पुरान वरौ, नमो गुरू जंभ सहाय करौ।५
नमो प्रथुराज दुहीत्ति तमाय, नमो हरहंस सनूप वनाय।
नमो मनवंतर रूप नुरौ, नमो गुरू जंभ सहाय करौ।६
नमो श्री जज्ञपुरस भगवान, नमो हयग्रीव सनूप महान।
नमो श्री ध्रुव सिर छत्र धरो, नमो गुरू जंभ सहाय करौ।७
नमो सुर धैन धनंतर रूप, नमो वद्रीपत रूप अनूप।
नमो श्री कपिल और सनक सरौ, नमो गुरू जंभ सहाय करौ।८
अस्तुति प्रात: पढै चितलाय, बढै धन धांन्य सकरत अघाय।
दास बिहारी द्वार परो, नमो गुरू जंभ सहाय करौ।९
अस्तुति सतगुरू की करै, हाथ जोड़ सिर नवाय।
दुख दालिद्र कलेस को, टारै मूल नै जाय।१०

35. लिछमणदास जी सियोल

-:लिछमणदास जी सियोल (वि.सं.1875-1955):-

सियोल गौत्र के जाट उदल जी के पुत्र गंगाराम उर्फ किशनारामजी ने विश्नोई पंथ अपनाकर जांगलु गांव में निवास किया। जिनके वंश में क्रमश: दलोजी, सुजोजी, दावदजी हुए। दावदजी के पुत्र हरदासजी व देदोजी थे। हरदासजी अपने पुत्र किशनोजी सहित विक्रम संवत् 1787 को खेजड़ली खड़ाणे में शहीद हो गए। तथा देदोजी के वंश में क्रमशः लालोजी, नाथोजी, गुमानोजी हुए। जांगलू गांव में गुमानोजी के पुत्र आसोजी व मूलोजी हुए। मूलोजी पीलवा गांव में तथा आसोजी पड़ियाल गांव में बसे। आसोजी के सात पुत्र हुकमोजी, बिशनोजी, गिरधारीजी, लिछमणजी, हरखोजी, गजोजी, डूंगरजी थे। जिनमें सबसे छोटे लिछमण जी थे। लिछमणजी के पुत्र रामचंद्ररामजी और गणेशजी हुए। लिछमणजी के दूसरे सभी भाई अन्य गांवों में बस गए पर लिछमणजी पड़ियाल में ही रहे।लिछमणदास जी सियोल द्वारा पड़ियाल गांव में विक्रम संवत् 1935 को लिपिकृत हस्तलिखित प्रति 'ग्रंथांक 234' के आधार पर इनका कालक्रम संवत् 1875-1955 अनुमित है।

-:लिछमणदास जी सियोल की रचनाएं:-

1. साखी- 01

-:साखी-01:- (5 छंदों की)

सतगुरु किरपा करी मेरा जीयो, केवल ज्ञान बतायो।
तां दिन भेद लहै मेरा जीयो, ब्रह्म ज्ञान सुधा पायो।
ब्रह्म ज्ञान पायो मन दिढायो, तजो विषय अरू वासना।
भगती चाहूं मोक्ष पाऊं, और कछु नहिं आसना।
आन देव कुं नांय धोकूं, नांव निज हिरदे धरूं।
तां दिन आतम ज्ञान पायो, किरपा करी जंभ गुरु।१

भंवर गुंजार ध्यान धारो मेरा जीयो, प्रगटे दीपक माला।
अणभै ज्ञान भयो मेरा जीयो, हिरदै भया उजाला।
भयो घट में ज्ञान दीपक, जाग सुरता देखिये।
ठाम ठाम सब वस्तु दरसे, अलख पड़दे पेखिये।
रतन पदार्थ गांह लाधो, हिरदै कंवल दरसावणा।
भंवर भमंग गुंजार मांही, हुयो हिरदै चानणा।२
नाभी सूं नाड़ी चली मेरा जीयो, वंक एक नाड़ बखाणी।
ऊंची गिगन गई मेरा जीयो, भेद कोई विरला जाणी
भेद बिरला संत जाणे, चढियो गिगन अटारियां।
निरत सूरत को ख्याल देख्यो, चंद सूर दोय नाड़ियां।
नजदीक नैणां लाल झांई, जोत दरस लिव लावणा।
बायें अंग बंक नाड़ि पिंगला, बंक नाड़ी रस चवणा।३
बिना पग बिना कर मेरा जीयो, कर बिन ताल बजावे।
अनहद बाजा गिगन बाजे, ब्रह्म रूप हो पूगे।
त्रिवेणी तट हंस अधार बैठो, अमोलक मोती चुगे।
जोत झिलमिल इमी बरसे, तड़ तड़ चमक बादल बिना
बिना पांव नटवा निरत नाचे, ररंकार धुन बिना।४
जीवत मुक्ति भई मेरा जीयो, मिट गई त्रिविध वासा
जामण मरण मिटा मेरो जीयो, निर्भय भयो निराशा।
भयो निर्भय सुण सतगुरु की, काल प्रबल ते ना डरूं।
द्वार दसवें गगन चढ़ कर, सोह सिकर डेरा करूं।
सत चित आनंद भेव निरगुण, धुंध मंडल पावई।
लिछमण पद सायुज्य पायो, मुक्ति जीवत ही भई।५

36. स्वामी ईश्वरानंद जी गिरी

-:स्वामी ईश्वरानंद जी गिरी (वि.सं. 1891-1955):-

स्वामी ईश्वरानंदजी गिरी द्वारा विक्रम संवत् 1955 में प्रकाशित 'जंभ संहिता' में स्वयं को रोहतक से आठ कोस पश्चिम में स्थित बहुमोखरा गांव के निवासी खेमोजी जाट के पांचवे पुत्र और स्वामी सरयुगिरी का शिष्य वर्णित किया है। इनके चार भाई आसो, गंगाराम, तुलाराम व विष्णु थे। विक्रम संवत् 2000 में प्रकाशित 'श्री जंभसार: साखी संग्रह' के अनुसार ये वेद, व्याकरण, धर्मशास्त्र के प्रकांड पंडित थे। वेद और व्याकरण इन्होंने स्वामी दयानंद से पढे थे। विक्रम संवत् 1971 में प्रकाशित स्वामी ब्रह्मानंद जी कृत विशनोई धर्म विवेक के द्वितिय संस्करण में श्री रामदासजी के कथनानुसार विशनोई समाज में इन्होंने बहुत वर्षों तक ज्ञानोपदेश किया। ज्ञान विषयक कई बातों में इनका आर्य समाज से कुछ विरोध भी हो गया था। 65 साल की आयु में संवत् 1955 में मुरादाबाद में इनका स्वर्गवास हुआ था। सबदवाणी की सर्वप्रथम टीका समेत प्रकाशित करने तथा मंत्रों और 29 धर्मनियमों को जंभसंहिता के रूप में वेद और धर्मशास्त्र विहित सिद्ध करने के कारण स्वामीजी का महत्व है। उन्होंने विशनोई पंथ को गहन पांडित्य और ठोस तर्कों से आर्य समाजी विचारधारा के अनुरूप वेद सम्मत शास्त्रीय धरातल पर प्रतिष्ठित करने का प्रयास किया। काव्य क्षेत्र में शिक्षा दर्पण के नीति संबधी कथन विशेष ध्यान आकृष्ट करते है।

-:स्वामी ईश्वरानंद जी गिरी की रचनाएं:-

1. श्री जंभसागर (सबदवाणी पर शब्दार्थ दिपिका टीका)
2. सबदवाणी अर्थात जंभसागर
3. श्री जंभ संहिता
4. ब्राह्मण वर्ण व्यवस्था
5. शिक्षा दर्पण

-:श्री जंभसागर:-

यह शब्दवाणी की प्रथम और प्राचीनतम प्रकाशित पुस्तक है जो लीथो में मुंशी प्यारेलाल के प्रबंध से हिंदु प्रेस देहली में संवत् 1949 में छापी गई थी। इसमें गद्य प्रसंग युक्त 117 शब्द है, जिन पर स्वामीजी ने टीका की है। प्रसंग और टीका खड़ी बोली हिन्दी में है।

-:सबदवाणी अर्थात जंभसागर:-

विक्रम संवत् 1955 में इसको पुन: धार्मिक यन्त्रालय प्रयाग में छपवाकर प्रकाशित किया, जिसका पंडित जगन्नाथ तिवारी (घसियारी टोला) प्रयाग निवासी ने संशोधन किया था। इसमें पद्य प्रसंग सहित 151 सबद है। श्री तिवारी के संक्षिप्त विवरण से पता चलता है कि स्वामीजी को नगीना से प्राप्त मूल हस्तलिखित प्रति में 119 सबद थे। संशोधनकर्ता ने बाबा चन्द्रनाथ जसनाथी से प्राप्त 151 सबदों के एक गुटके के आधार पर इनमें जो कुछ कम थे, (लगभग 32 शब्द) वे लिखकर दिये और मध्य में जहां गड़बड़ी थी, ठीक और शुद्ध करके मुद्रित कराया। उल्लेखनीय है कि इन 151 शब्दों में प्रक्षिप्त सबदों के अतिरिक्त मंत्र भी शामिल है। पहले जो पुस्तक प्रकाशित करवाई थी वो और इनमें दोनों पुस्तकों में प्राप्त पाठों में यत्र तत्र परस्पर भेद और घट बढ है। उल्लिखित 119 सबदों के मध्य में क्या और किस प्रकार की गड़बड़ी थी तथा संशोधनकर्ता श्री तिवारी ने कितना और किस रूप में शुद्ध किया, यह जानने का हमारे पास कोई साधन नहीं है। जहां तक ईश्वरानंदजी कृत गद्य टीका का संबध है, वह कदापि संतोषजनक नहीं कही जा सकती है। उसमें मनमाने ढंग से जोड़ तोड़ कर अर्थ संगति बैठाने का प्रयास मात्र है। मूल पाठ अशुद्ध होने के कारण भी ऐसा हुआ है।

-:श्री जंभसंहिता:-

यह पुस्तक भी संवत् 1955 में प्रकाशित की गई थी। इसमें विभिन्न मंत्रों और 29 धर्मनियमों पर विशद पांडित्यपुर्ण टीका है। अपने पक्ष मंडन और पुष्टि में प्रत्येक स्थल पर संबंधित वेद मंत्रों और धर्मशास्त्रों के प्रभूत उद्धरण दिए गए है। इन पर आर्य समाजी विचारधारा का पर्याप्त प्रभाव

है। पंथ में इसका बहुत मान और प्रचार हुआ है। तत्संबधी व्याख्या विवेचन के लिए इसको प्रामाणिक ग्रंथ माना जाता रहा है। यह इसी से स्पष्ट है कि परवर्ती सबदवाणी विषयक ग्रंथों में इसका ज्यों का त्यों सन्निवेश कर लिया गया। विक्रम संवत् 1985 में स्वामी भोलाराम महंत पीपलगट्टा हरदा होशंगाबाद द्वारा प्रकाशित 'श्री जंभगीता (भाषा-भाष्य)' 'भाष्यकार स्वामी सच्चिदानन्द' ने भी ऐसा ही किया, इनकी पुस्तक पर विक्रम संवत् 1986 में प्रकाशित 'रावण गोयंद का जीवन चरित्र' में श्रीरामदास जी ने अपना क्षोभ और दुख भी प्रकट किया था। विक्रम संवत् 2011 में प्रकाशित जंभसागर के टीकाकार स्वामी रामानंदजी गिरी विशनोई सभा हिसार ने भी पुर्ण सहमति प्रकट की।

-:ब्राह्मण वर्ण व्यवस्था:-

विक्रम संवत् 1975 में इस पुस्तक का द्वितिय संस्करण प्रकाशित किया गया जिसके मुखपृष्ठ पर श्री रामदासजी का वक्तव्य है कि इस पुस्तक में मनु आदि अनेक धर्मशास्त्री के वचन संग्रहित है, जिनमें किन कर्मों के प्रभाव से मनुष्य की ब्राह्मण संज्ञा हो सकती है और कौन से कर्मों के द्वारा ब्राह्मण शुद्र से भी अधम श्रेणी में मानने योग्य हो जाता है, यह अत्यंत शुद्ध तथा पुष्ट प्रमाण और अनेक उदाहरणों द्वारा पूर्णरीति से यथोचित दर्शाया है।

-:शिक्षा दर्पण:-

इस पुस्तक में स्वामीजी ने नीति और अध्यात्म विषयक दोहा, इंदव, मनहर, दुर्मिल, छप्पय और कवित्त आदि कुल 58 फुटकर छंदों का संकलन है। विक्रम संवत् 1974 में प्रकाशित शिक्षा दर्पण के मुखपृष्ठ पर श्रीरामदासजी का वक्तव्य है कि इसमें सांसारिक कुरीतियों का खंडन और परमार्थिक मार्ग का यथोचित मंडन अत्यंत उत्तमता से किया है।

---

37. शीतल जी

-:शीतल जी (वि.सं.1900-1975):-

विक्रम संवत् 1950 में शीतल द्वारा लिपिकृत प्रति 'ग्रंथांक 179' में स्वयं की रचनाएं लिपिबद्ध है। इस हस्तलिखित प्रति के लिपिकाल के आधार पर इनका कालक्रम वि.सं. 1900-1975 अनुमित है।

-:शीतल जी की रचनाएं:-

-:लावनी:- (4 पद)

सोतों को जगा अरू, बजा धर्म नक्कारे।
गये जंभगुरू परलोक, दिव्य तनु धारै।टेक।१
लख देश दशा हुये, दिल के बीच दुखारी।
बालापन से ही, उदासीन व्रत धारी।
सब तजा अन्न जल, आदि योग विधि धारी।
जात रये विपन में, छोडे महल अटारी।२
गौओं का लिया प्रतिपाल, दुख सहे भारी।
था लोध सिकंदर यवन यहां का स्वामी।
अति कुटिल हठी था मूढ महा खल कांमी।
लाखों ही रिषी सुत किये जब्र इस्लामी।३
जैनी पौराणिक मत थे नाना वामी।
मतलब थे छाये पाप गगन भये कारे।
सच्चा प्यारा विशनोई धर्म सिखाया।
शीतल कहे फिर से वेद मार्ग विस्तारे।४

38. स्वामी ब्रह्मानन्द जी

-:स्वामी ब्रह्मानन्द जी (वि.सं.1910-1985):-

स्वामी ब्रह्मनंदजी ने विक्रम संवत् 1950 में 'ग्रंथांक 171' और संवत् 1958 में 'ग्रंथांक 336 व 339' लिपिकृत किए। ब्रह्मानंद जी द्वारा लिपिकृत एक हस्तलिखित प्रति में स्वयं को नगीना निवासी बताया है:- 'दस्तखत साधु ब्रह्मनंद के हैंगे, उमर 26 वर्ष की, रहने वाला नगीने का'। विक्रम संवत् 2000 में प्रकाशित श्री जंभसार साखी संग्रह के सम्पादक स्वामी श्रीरामदासजी कोलायत ने इसमें वर्णित किया है कि इनका जन्म गंगापार विशनोई के घर का था। कुछ पढाई श्री स्वामी दयानंदजी के पास की। अष्टाध्यायी महाभाष्य पंडित देवदत्त शास्त्री के पास पुर्ण किया। जंभदेव चरित्र भानु के अनुसार ये विल्होजी की शिष्य परंपरा में स्वामी रामदासजी के शिष्य थे। गुरू जांभोजी के जीवन चरित संबधी जानकारी के लिए संवत् 1946 में इनका साहबरामजी राहड़ से गांव हरीपुरा में मिलना और तद विषयक बात पर दोनों में मनमुटाव होने का उल्लेख भी मिलता है। इस बारे में लक्ष्मीनारायण जी राहड़ ने लिखा है कि 'इसी साल (संवत् 1946) ब्रह्मानंद साधु साहबरामजी के पास जंभेश्वरजी का जीवन चरित्र लिखणे वास्ते वार्ता पुछण के खातिर पहले नांधड़ी आये थे फेर नांधड़ी में महात्माजी (साहबरामजी) नहीं मिले। तब हरीपुर आये और अंदाजन चार महीना साहबरामजी के पास रहे और बहुत सी बात जांभेजी की पुछते और लिखते रहे और एक दिन प्रश्नोत्तर के बखत कुछ जंभेश्वर को स्वामी ब्रह्मनंदजी ने अपसबद कह दिया तब महात्माजी ने कहा- मैं जंभेश्वर को ईश्वर तुल्य मानता हूं तुम उनके वास्ते अपसब्द मत कहो। इस बात पर ब्रह्मानंदजी रूष्ट होकर चले गये। अपसबद ये था- स्वामीजी ने कहा (एक शब्द के ऊपर)- ये जाम्भेजी महाराज गपोड़ा मार दिया। बस इतनी बात पर साहबरामजी की और ब्रह्मानंदजी का जुबानी दुख हो गया था। ये मेरी आंखे देखी बात है'। स्वामी ईश्वरानंदजी की भांति ये भी वेद, व्याकरण और धर्मशास्त्रों के बहुत बड़े विद्वान थे। प्रकाशित ग्रंथों के द्वारा इन्होंने

गुरू जाम्भोजी, विशनोई पंथ और साहित्य संबधी यत्किंचित ही सही, पांडित्यपुर्ण और शोध समन्वित महत्वपूर्ण जानकारी प्रदान की है। इतने व्यापक रूप में इनका सर्वप्रथम परिचय इन्होने ही दिया है। सभी ग्रंथ पर्याप्त खोज और अध्ययन के फलस्वरूप लिखे गए है। जंभदेव चरित्र भानु इनकी ख्याति का प्रमुख आधार है, अनेक अंसगतियों और भुलों के बावजूद भी इसका ऐतिहासिक मूल्य और महत्व है। एक विद्वान गद्य लेखक के रूप में ही इनकी मान्यता है, कवि के रूप में नहीं।

-:स्वामी ब्रह्मानंदजी की रचनाए:-

1. श्री जंभदेव चरित्र भानु
2. साखी संग्रह प्रकाश
3. मृतक संस्कार निर्णय
4. श्री वील्होजी का जीवन चरित्र
5. विशनोई धर्म विवेक
6. विद्या और अविद्या पर व्याखान
7. गोत्राचार विधि
8. भाषण
9. आरती, भजन

-:श्री जंभदेव चरित्र भानु:-

इस पुस्तक को स्वामी द्वारा विक्रम संवत् 1958 में प्रकाशित करवाया गया, इसमें गुरू जाम्भोजी का जीवन चरित्र वर्णन किया गया है।

-:साखी संग्रह प्रकाश:-

इस पुस्तक को स्वामीजी द्वारा विक्रम संवत् 1971 में प्रकाशित करवाया गया, इसमें यत्र तत्र टिप्पणियों सहित कतिपय जांभाणी साखियों का संकलन है।

-:मृतक संस्कार निर्णय:-

इस पुस्तक का दि्वतिय संस्करण विक्रम संवत् 1969 में प्रकाशित हुआ, इसमें अनेक प्रमाणों और तर्कों द्वारा शव को भुमि में गाड़ने की पुष्टि की

गई है।

-:श्री वील्होजी का जीवन चरित्र:-

यह पुस्तक विक्रम संवत् 1970 को प्रकाशित हुई, इस पुस्तक में वील्होजी का जीवन चरित्र और उनका संक्षिप्त वृतांत है।

-:विशनोई धर्म विवेक:-

यह पुस्तक विक्रम संवत् 1971 को प्रकाशित हुई, इसमें प्रश्नोत्तर रूप में विशनोई धर्म की मुख्य मुख्य बातों का स्पष्टीकरण दिया गया है।

-:विद्या और अविद्या पर व्याख्यान:-

यह पुस्तक विक्रम संवत् 1972 को प्रकाशित हुई।

-:गौत्राचार विधि:-

यह विक्रम संवत् 1973 में प्रकाशित हुई।

-:भाषण:-

स्वामी द्वारा अखिल भारतवर्षीय विशनोई महासभा कानपुर के तृतीय अधिवेशन के सभापति पद से दिए गए भाषण को स्वयं प्रकाशित कराया था।

-:भजन-01:-

रघुवर आपको अवतार, अरे मन चेतिये बारंबार।टेक।
पहलादजी के वाचा कारण, द्वादश कोटि जीव उद्धारण।
लोहट हांसा के काज संवारण, घर विष्णु अवतार।१
ब्राह्मण को प्रभु भरम मिटायो, काचै घट प्रभु जल रखवायो।
जल ही से प्रभु दीप जगायो, कहि करि वाणी सार।२
बरस प्रभु खेल रचाई, बीस सात वरष गऊ चराई।
ईक्यावन वरस प्रभु वांणी गाई, संभराथलि हि पधार।३
बोह विधि के प्रभु चरित दिखाये, खोटै कर्मान सै प्रभू टारै।
चुण चुण के प्रभु जीव उद्धारे, पंथ चलायो सार।४

पंथ चलायो सत कर जांणौ, अनेक जीवां को भरम मिटायो।
विष्णु विष्णु जाप जपाणौ, आवागवण निवार।५
भवसागर में परियो ज बेरो, अब के प्रभुजी करो नवेरो।
ब्रह्मनंद प्रभु तुमरो चेरो, चरित्र अपरपार।६

-:आरती-01:-

आरती हो जी समराथल देव, विष्णु हर की आरती जय।
थारी करे हो हांसलदे माय, थारी करे हो भक्त लिव लाय।१
सुर तेतीसों सेवक जांके, इन्द्रादिक सब देव।
ज्येति स्वरूपी आप निरंजन, कई एक जानत भेव।२
पूर्ण सिद्ध जम्भ गुरू स्वामी, अवतरे केवल्य एक।
अन्धकार नाशन के कारण हुए, हुए आप अलेख।३
समराथल हरि आन विराजे, तिमिर भयो सब दूर।
सांगा राणा और नरेशा आये, आये सकल हजूर।४
समराथल की अदुभूत शोभा, वरणी न जात अपार।
सन्त मण्डली निकट विराजे, निर्गुग शब्द उचार।५
वर्ष इक्यावन देव दया कर, कीन्हो पर उपकार।
ज्ञान ध्यान के शब्द सुनाये, तारण भव जल पार।६
पंथ जाम्भाणों सत्य कर जाणों, यह खांडे की धार।
सत प्रीत सों करो कीर्तन, इच्छा फल दातार।७
आन पंथ को चित से टारो, जम्भेश्वर उर ध्यान।
होम जाप शुद्ध भाव सों कीजो, पावो पद निर्वाण।८
भक्त उद्धारण काज संवारण, श्री जम्भगुरू निज नाम।
विघ्न निवारण शरण तुम्हारी, मंगल के सुख धाम।९
लोहट नन्दन दुष्ट निकन्दन, श्री जम्भगुरू अवतार।
ब्रह्मानन्द शरण सतगुरू की, आवागवण निवार।१०

-:आरती-02:-

जय गुरू देव दया निधि, दीनन के हितकारी।
जय जय मोह विनाशक, भव बंधन हारी।टेर।१
ब्रह्मा विष्णु सदा शिव, गुरू मुर्त धारी।

वेद पुराण बखानत गुरु, महिमा अंति भारी।२
जप तप तीर्थ संयम, दान विविध दीन्हे।
गुरू बिन ज्ञान न होवे, कोटि यत्न कीन्हे।३
माया मोह नदी जल, जीव बहै सारे।
नाम जहाज बिठाकर, गुरू पल में तारे।४
काम क्रोध मद मत्सर, चोर बड़े भारे।
ज्ञान खड़ग ले कर में, गुरू सब संहारे।५
नाना पंथ जगत में, निज निज गुण गावे।
सब का सार बताकर, गुरू मारग लावे।६
गुरू चरणामृत निर्मल सब पातक हारी।
वचन सुनत तम नाशे, सब संशय टारी।७
तन मन धन सब अर्पण, गुरू चरणन कीजे।
ब्रह्मानन्द परम पद, मोक्ष गति दीजे।८

39. हिम्मतराय जी गायणा

-:हिम्मतराय जी गायणा (वि.सं.1900-1980):-

ये गांव आदमपुर (हिसार) के निवासी थे। इनकी फुटकर रचनाओं में जंभ महिमा तथा राव दूदा, पुल्होजी, राव हम्मीर, राव मालदेव, रणधीरजी बाबल, लोहापांगल आदि से संबंधित प्रसंगो का उल्लेख है।

-:हिम्मतराय जी गायणा की रचनाएं:-

1. फुटकर छंद

-:फुटकर छंद:-

वाद कियो बीदै जोधावत, मरगो भूप रजा करके।
मरगै ऊंट हुवो बणिये गो, टूटी टांग पड़ियो करके।
खोड़ो ऊंट फिरै जंगल में, सरण आयो संभराथल के।
हिम्मतराय हरी गुण गावत, कट गयो पाप रजा करके।१
दूदाजी महाराज आये चल के, तुरंग चढे पीछे हर के।
भाजत भाजत हार गये, जद साफा बांध लिया कर के।
हिम्मतराय हरि गुण गाय, गुरू मिलग्या सांम दया कर के।२

40. मुंशी किशोरीलाल गुप्त

-:मुंशी किशोरीलाल गुप्त (वि.सं. की 20वीं सदी उत्तरार्ध्द):-
ये फलावदा के निवासी थे। इन्होनें गुरू जाम्भोजी के अवतार तथा कतिपय अन्य फुटकर भक्ति भाव विषयक छंद लिखे है। श्रीरामदासजी प्रेमदासजी कोलायत द्वारा विक्रम संवत् 1998 में प्रकाशित 'भजन जंभदेव चरित्र भानु' में किशोरीलाल जी की 'श्री जंभदेवजी महाराज की अवतार कथा' भी प्रकाशित है:-

(हांसा के कथन रूप में भजन)

सुरत देख के तेरी मैं तो कैसे बांधु धीर।
जिन नौ मास गरभ में पाला, अब तक कुछ ना देखा भाला।
उसको छोड़ हुआ तू लाला, कैसै आज फकीर।
सुरत देख के तेरी मैं तो कैसे बांधु धीर।
रोती होगी वैरन मैया, ज्यूं बच्छ बिन तड़फे गइया।
कोई न उसका धीर धरैबा, फूट गई तकदीर।
सुरत देख के तेरी मै तो कैसे बांधु धीर।
अगर कोई होता पुत्र हमारे, खुशी के बजवाते नगारे।
कहे किशोरी इस विधि प्यारे, नैनन बरसे नीर।
सुरत देख के तेरी मैं तो कैसे बांधु धीर।

----

41. माधवानंद जी

-:माधवानंद जी (वि.सं.1850-1915):-

खिंदरोजी की शिष्य परम्परा में तिलोकदासजी हुए, जो माधोजी के गुरू थे। जिनका उल्लेख उनके द्वारा संवत् 1882 में लिपिकृत हस्तलिखित प्रति 'ग्रंथांक 111' में किया गया है। माधोदासजी के शिष्य मनरूपदासजी व रामदासजी थे। रामदास जी ने संवत् 1881 में 'ग्रंथांक 246' लिपिबद्ध किया था। ये भ्रमणशील विशनोई साधु थे और प्राय: पींपासर साथरी में ठहरा करते थे। गुरू जाम्भोजी, हरि महिमा और समाज सुधार संबधी इनके 13 भजन उपलब्ध है।

-:भजन-01:-

-:दोहा:-

कलिमल हरण अरू सुख करण, मंगल मुरति रूप।
दुष्ट दलन मनमथ मथन, जंभ गुरू सूर भूप।

-:भजन:-

जम्भेश्वर धर्म बताए हमारे, विघन विदारण जी।टेर।
तीस दिन सूतक पालो, पांच रजस्वला रालो।
सुबह उठ जल्दी नहालो, शील चित धारो।
बोवो संतोष का बीज, सारे पाप जावै छीज।
असी पवित्रता चीज, करो संध्या चित धारण जी।१
संध्या आरती को करणा, चित दईज जरणा।
लेवो गुरूजी का सरणा, बनो हितकारी।
बोलो प्रिय सब बाणी, पियो शुद्ध कर पाणी।
दुध समिधा लो छाणी, क्षमा दया सुख का कारण जी।२
चोरी चित्त से निकालो, निंदा त्यागकर चालो।
झूठ वाद स बचालो, करो सतसंगति।
अमावस धारो, लोक विष्णु के सिधारो।

सारो जीव दया पारो, रूंख लीला करो टारण जी।३
थाट अमर रखावो, बीज बैल का ना घावो।
जरो अजर, भोजन हाथ कर पावो।
रखो उतमाई, अमल तमाखु भांग।
लील को ना लावो अंग, मद मास छोड़ो संग।
कह माधव कर जोड़ के, करो धर्म का पालन जी।४

-:भजन-02:-

-:दोहा:-

हे जग जननी अंबिका हिरदै रहो, सब सुखों की खान।
दीन जान अनुचर मुझे, हिरदे दे तुं ग्यान।१
हिरदै दे तुं ग्यान, सरण में तेरी आया।
सकल विघ्न कर दूर, ध्यान तेरे से आज लगाया।२
जो जिसने रचना रची, प्रथम तुम्ही को ध्याया।
मेरे विघ्न कर दूर, माय सरण मैं तेरी आया।३
दो घड़ी कर दे मग की जी, लाज रख ले इस खल की जी।
देर मत ना कर पल की, शरण पड़ा हूं आय।४
माय आज रख लाज, आज धंगल की।
इष्ट देव महाराज की, सुनो कथा चितलाय।
च्यार पदार्थ पाय के, तीन ताप मिट जाय।५

-:भजन:-

श्री जम्भेश्वर महाराज, काज भलो के सारे जी।टेर।
मुरधर मारू देश, भगवे कर भेष भये अवतारी।
भक्त के सारै काज, मनुष्य तन धारी।
पीपासर सुर गाम, जंभगुरू धाम धारणा धारी।
लोहट घर लिया अवतार, बाल ब्रह्मचारी।

-:छंद:-

जंभगुरू माया रूप लिना था, धर ध्यान योग कीना था।
दर्शन रिषियों को दीना था, भेद ना लोगों ने चीन्हा था।

-:दोहा:-

प्रथम परचा जो दिया गरू, ब्राह्मण को परचाय।

गुरू ग्यान शिक्षा दिवी, पापीक नेम छुड़ाय।
बछे गउ संग में चरतै जी, देख दुदा मन हरखे जी।
शक्ति सां कैसे परखे जी, आदर दिल में भर के जी।
-:संगति:-
गउ बछे टोल गरू संग, लिये ग्वाल बाल।
घोड़ी पे सवार होके पवन वेग चाली चाल।
अंति सोचिया ग्यो नाही दुर दिखे नंदलाल।
आखिर हैरान होके हिरदै विच किया ख्याल।
नीचे उतर हाथ जोड़ करूणा करी कराल।
आंख खोल आगे देख मुरती खड़ी विशाल।
मन की जाणी बात जंभगुरू तात जगत विख्यात।
मेड़तो दियो उबार जी।
गऊ चराते आप, जपते नित जाप।
वन में विचरत जान, ग्वालों को दे ग्यान।
ध्यान गुरू धरते खिच्यासर के पास, बैठे गुरू खास।
तीर जो मारा जल निकला, दूध समान गंग की धारा।
परचा देख सभी डरते थे, गुरू चरण शीश धरते थे।
दुष्टों का मान हरते थे, निज ग्यान तत्व भरते थे।
दोहा:-
बालापन गउ रक्षा में दीना, गुरू की ताप फिर दुनिया पेच्याना।
हो भये अभधूत जाय, छोड़ घर वन को ध्याये जी।
पास गुरू गोरख आये जी, प्रसन्न हो दर्शन पाये जी।
वचन ऐसे फुरमाये जी।
-:संगति:-
सतयुग में प्रहलाद भक्त नाम के रहा आधार।
तुरंत आय रक्षा कीवी दुष्ट हिरणाकस को मार।
खंभ में प्रगट होया नरसिंह देह धार।
भक्त को वरदान दीना प्रसन्न हो श्री भगवान।
बारहा करोड़ जीव तारूं कलियुग में आन।
धर्म प्रचार बड़े दुष्ट सब मान कान।
भक्त वचन के काज आप महाराज बने सरताज।

भक्तों के भये दुलारे जी समरथल कैलास बैठे गुरू खास।
शब्द नित बोल कहै अगम विगम की बात भेद सब खोल।
अग्नि पुजा करे ध्यान नित धरै समाधि ना डोल।
आव घृत गुगल महकार पवन के झोल।
भक्त सब जपै उचार हिरदै गुरू वाणी की धार।
साधु संत हरि के प्यारे देते ग्यान कष्ट कटे सार।

-:दोहा:-

जोत जगमग झिलमिल मुरधर मारू देश।
भगत नित करूणा करे हो अखिलेश दिनेश।
तेज मय मुरति चमक देखे विद्या विसंक जी।
पीताम्बर चोला भलकै जी, भगवी टोपी सिर चमके जी।

-:संगति:-

समरथल की सोभा वरणु सुणो सजन करके गौर।
कोयल पपैया दादुर मधुरी वाणी बोलव होर।
और चमकत है हरियाली आली भंवरे कर रहे है शोर।
जगमग जोत झलक रही सुंदर संत जन करे जैकोर।
शब्द करे भगत संत रिषी मुनि संतन धरते उठ भोर।
योगेस्वर पंडित गुनी लिला सिधी लेवे और।
अपरंपार कलु मंझधार मनुष्य तन धार मान दुष्टों के मारे जी।
प्रगट में अवतार लिये हरि धार भक्त हित कारण।
हुए बाराह रूप महाराज पृथ्वी सिर धारण।
कछ रूप को धरा मथन जल का करा पीठ गिरी धाया।
देवो को अमी पिलाया, दुष्टों को मारिया।
मध हुय संखासुर मारा था, भक्त हित नरसिंह रूप धारा था।
बावन बाली वसुधा हारा था, फरसा हुय छत्रीपन सारा था।
रघुकुल भुषण दुष्ट दलन, श्रीरामचंद्र भगवान।
सठ रावण को मारकर, दिया विभिषण को मान।
कृष्ण होय कंस को मारा, नख पे प्रभु गिरवर को धारा।
नाग जा नाथ लिया कालिया, मान दुष्टों का मारा था।

-:संगति:-

बुध रूप गयासुर मार, अहिंसा धर्म कहै।

धर्महित अवतार नव, दसवें श्री जंभ भये।
बारा क्रोड़ जीव तार, भक्त ले स्वर्ग गये।
विशनोई चलाया पंथ, सत्य धर्म दिया ग्यान।
भ्रम छोडो धर्म पालो, वचन गुरू के मान।
समरथल गुरू समाधि, स्वर्ग की निसानी जान।
कहता माधवनंद होय आनंद।
कटै जमफंद मुक्ति पावो गुरूद्वारे जी।

-:भजन-03:-

-:दोहा:-

नंद घर अवतार ले, कृष्ण चंद्र महाराज।
भगतों की रक्षा कीवी, दुष्टों का भय निकाज।

-:भजन:-

द्वापुर में कृष्ण मुरार दैत्यन से आन लड़े जी।टेक।
हरि भगतों के काज आप महाराज मनुष्य तन धारा।
द्वापुर युग के बीच बंसरी वारा।
गउओं की करी प्रतिपाल आप नंदलाल दुष्ट संहारा।
फिर मथुरा नगरी जाय कंस को मारा।
जा जीते आप अखाड़े, चांडव मुष्टक मल पछाड़े।
गज दोऊ दंत उखाड़े, मारे दुष्ट भक्त बचे सारे।

-:दोहा:-

कुब्जया दासी निज करी, कृष्ण चंद्र रणधीर।
ओर कथा आगे सुनो, सारी सभा सुधीर।

-:छंद:-

बालपने बाछड़े गउ चारी, गोपिका संग लिवी सारी
धर्म की तालिम दे डारी, कथा यह पुराणों में जानी।
बाललीला करी कृष्ण पायो ना किसी ने पार।
गवरधन पुजाय मान इंद्र हूं को दिया मार।
कोप करके बरज रोने लगी जार जार।
गिरवर उठाय प्रभु अंगुली पे लियो धार।
रात दिन झड़ी लाई आखिर इंद्र गयो हार।

करते स्तुति देव अपार, सब चरनन बीच पड़े जी।१
जरासिध सा वीर बड़ा रणधीर युद्‌ध मैं वै कर सुनाया।
देवे ताल फौजी त मानी दिल संका, ले सैन्या को संग चलाया।
नाश यदुवन का आज, मथुरा के मैदान वजाया।
देक लड़ने वीर सबी रण ध्याये, ले कृष्ण बलदेउ आये।
दोनु दल भिड़ने पाये, तीनों देख घबराये।

-:दोहा:-

या तो दल को कर जीतेंगे नंदलाल।
सोर मचा तिंहु लोक में या होगा प्रलय काल।
भिड़ गये योधा सुभट भारी, चड़े धनुष बाण धारी।
लड़ै डट कृष्ण चक्र धारी, नष्ट की सैन्या सारी।

-:संगति:-

ब्रजभोमी छोड़ प्रभु द्‌वारका बसाई जाय।
भोमासुर को मार सोलह सहस्र कन्या लिवी ब्याय।
देवपुरी की सोभा नहीं वरणी जाय।
तान मान गान सुन इंद्र झड़ी रही लाय।
सुसे लेछ तासो बाजै देव मिल रहे आय।
नगर की सोभा को देख देव रहे है ललचाय।
देख सोभा पुर की अपार, सब सुर नर आन खड़े जी।
दखण देश सम्राट बड़े अति थाट भिषम रजधानी।
वहां लक्ष्मी का अवतार रूखमनी आनी।
राजा कहि सुनाय नहीं परणै यदुराय नहीं यह मानी।
गढ चंदेरी के बीच ब्याव की ठानी।
वो लक्ष्मी हर की अरधंग्या माया व्याहन ओर को न पाया।
शीशपाल जान ले आया नृप यादुवंसी बुलवाया।

-:दोहा:-

एकही घर के बीच में आई दो दो जान जी।
एक बगीचा बीच में एक खड़ी असमान जी।
प्रभु आये व्याव क दुष्टों को मारण, व्याव का नहीं था कारण।
प्रभु है भक्त तरण तारण, लड़ा शीशुपाल काल हारण।

-:संगति:-

दोनु दल भिड़ै है जब लोक में मचा है शोर।
गरदिश प्रलय का जोर, इंद्र जैसै बरस लगे घटा घोर।
सुरवीर बंकै छत्री, मरनै लगै ठोर ठोर।
बरछी भाला शैल चलै, तीर तुपक तलवार जोर।
हलधर को हल मुसल चालै, विचरण करता ठोर ठोर।
सिसुपाल भाजै पाछै, परण गयो नंद किशोर।
सैन्या कर दी वाहर वहां हुई दुष्टों की हार।
सब चरनन बीच पड़ै जी।
भक्तों की राखी लाज कृष्ण महाराज काज संवारे।
फिर महाभारत के बीच, असुर कौ मारै।
अर्जुन उद्धव को दे ग्यान, कृष्ण भगवान सुरलोक सिधारे।
निज माय को बतलाय भू भार उतारे।
प्रभु तेरी माया अपंरपारा, कहै षट शास्त्र वेद चारा।
भयै के रिषि मुनि तपधारी, सबसे माया तेरी न्यारी।
दीन बंधु दुख हरण, प्रभु लीला करी अनेक।
भू भार के कारज, कह नहीं सके विवेक।
असंख्य अवतार हरि धारे, युग युग में असुरों को मारे।
भक्त अति लागत प्यारे, मोर मुकुट बंसरी वारे।
-:संगति:-
आपकी माया प्रभु बहै रहे भरपुर।
कोन की चलाई वहै बड़े बड़े बंके सुर।
रावण अरू दुर्योधन जैसै, योद्धा हुए चकनाचुर।
बड़े बड़े बंके बली, माया ने मिलाये धुर।
माया रूप प्रगट भये, कलयुग में जम्भ भगवान।
अवतार पुष्टी भयो गीता को प्रमाण।
सूर्य सा जलै सुरीला, हाथ जोड़ कहै छंद माधोराम।
किया कथन कृष्ण अवतार लीला, सुन हरख बड़ै जी।

-:भजन-04:-
प्राणों की परवा नाय, बने भारत के दानी रे।टेर।
भया हरिचन्द दानी, चले संग तीनो प्राणी।

बेची कासी बीच रानी, अति दुखदाई।
सही धर्म ही की आस, छोड़ी ममला की आस।
मिले प्रभु आन खास, दिण निज पद निरवाणी रे।
हुये मोरधज वीर लीवी हाथ समसीर, दिया पुत्रहुं चीर।
धीर दिल धारा दिया सिध आग गल नहीं किया कछु।
घर आये नंदलाल बोले अमृत वाणी रे।
हुआ दानवीर करण, रहते अतिथि शरण।
जिससे कंपे धरण, वीर था बंका करण।
भारत के मैदान लगै अर्जुन के बाण।
जब छुटण लागा प्राण, पास आये भगवांन,
मांगा सुवरण का दान, दान हित चुंपै भानी रै।
नृप नृग से भूपाल, करते दान की प्रतिपाल।
करके देखो ख्याल, कैसा बिगड़ रहा हाल।
छोड़ी दानियों की चाल, अति निच ताई।
दान की प्रनाली छोड़, करण लागै पुण्य दान।
गौ विप्र सत्य धर्म, छोड़ दी गुरों की कान।
पुत्रियों को बेचन लगे, टके ले खुले मैदान
गुरू वाणी शास्तर का, छोड़ दिया ग्यान।
गुरू शिष्य भाव गया, मुरखता छोड़ महान।
बने नर सब अग्यानी रे।

-:भजन-05:-

इन सब धर्मों को छोड़ के, क्यों अन्य धर्म को चाहते हो।टेर।
निज धर्म कहे उनतीस, ये तत्व वेदों के जानों।
एक जाम्भोलाव बताय दिया, सब तीर्थ उसको मानो।
व्रत अमावस मान को पालना, ना व्रत और कोई ठानो।
मेला जो धाम मुकाम है, अड़सठ तीरथ कर मानो।
मिल संत भक्ति अति प्रेम से, गुरूद्वारे शीश निवावो।१
निज गुरूवाणी को छोड़ के, क्यों आन देव ध्यावो।
गुरू धर्मो पे विश्ववास कर, चित धर्म काम में लावो।
पैसै की चिंता छोड़ दो, कुछ खौफ गुरू का खावो।

पैसै पै धर्म को छोड़ कै, क्यों झुठे दिखापन जावो।
साखी शब्दों को छोड़, क्यों गजलें ताजी गावो।२
गुरू जंभेसर को छोड़ के, ढोढो को धोक लगाते हो।
नीचों को लाचार वहां के, मुक्ति का जो चाहते हो।
मांगे जो ठोढ वहां चुरमा, जल्दी से आने खिलाते हो।
नीचों करो भ्रष्ट वहां होय के, धकै घर को आते हो।
कुकर्म में पैसा डाल के, मन फिर खुब फुलाते हो।३
पहले विशनोई गुरूदेव के, निज धर्मो को माना था।
गुरू जंभेस्वर को मान के, उन स्वर्ग धाम जाना था।
पुजा आरती की मान के, तत्व वेदों को जाना था।
कुरस्ता गुरू जी छुड़ाय के, सुब रस्ता पे लाना था।
माधव कहे सुन गुरू ग्यान को।
श्री जंभेसर गुण गाते थे, समाधि ध्याते थे।४

-:भजन-06:-

सत्य वचन महाराज, अब क्यों भुले जाते हो।टेर।
नो बीस तो नेम बतावे, धर्म मान विशनोई कहाये।
पांखड छुडाय सब, रस्ते पर लाये।
कुकर्म को तोड़ा गाज कै, अब फिर क्यों डुले जाते हो।१
लोदी सकंदर भया मुसला, बना के मुसले भजाता अला।
धर्म हुए सब सटल मटला, लोगों पे अत्याचार थे राज के।
सब मुसले बन जाते हो।२
जंभ गुरू जब प्रगट भये, हिंदु मुसले होते रहे है।
शिष्य वाद सा आप भये है, मानै धर्म सिरताज जकै।
शुभ रस्ता पै लगाते हो।३
संपति थी उनके अति भारी, हुए धर्म के पकतल नर नारी।
छोड़े धर्म अभी वे सारी, भुले रस्ता महाराजे।
नित माधव न्युं गात हो।४

-:भजन-07:-

गुरूजी भगतों के कारण आये।

कर संतो का निस्तार, सार उनतीस धर्म बतलाय।टेर।
बाल अवस्था गुरू बछे जो चराई गाय।
दुदे भक्त परचो पायो, पींपासर गाम में आय।
किया जो उपदेश गुरू, दुदाजी के आया भाय।
पहलो भगत दुदो भयो, गुरू की शिक्षा पाय।
दुजो जो पाखंडी परच, चरणे पड़ियो आय।
गुरू ग्यान दीक्षा दिया, सत्य धर्म दिया बताय।
किया सत्य उपदेश गुरूजी, पापिक नेम छुड़ाय।१
पींपासर से चले गुरू, समरथल चल आये।
गुरू गोरख नाथ प्रसन्न होके दर्शन पाये
ईश्वर अंसा अवतार, आप ही पधार आये।
राम कृष्ण नाम छोड़, जम्भेश्वर नाम कहाये।
जब जब धर्म नष्ट हुआ, तब तब हरि उठ ध्याये।
उधार करो भगतों का गुरू ये वचन फुरमाये।
ऐसी आग्या पाय भगत प्रहलाद के वचन सम्माये।२
वील्हदेव के सब आदि संत हुए बड़े भारी।
अग्नि ही की पुजा मान वेदोंक्ती शिक्षा धारी।
बड़े राजा परचे गुरूजी की शिक्षा भारी।
मुसले से बचाय गुरू हिंदवो की विपति टारी।
रखी है धर्म की लाज ऐसे भये उपकारी।
आया सब चरण पड़िया पोप लीला नष्ट कर डारी।
प्रगट होय महाराज साज सब वेदोक्त धर्म बताये।३
बतलाये उनतीस नेम वेदों के तत्व जान।
धर्म की करी प्रतिपाल दुष्टे सब मानी कान।
कही राम कही कृष्ण कही भये जंभेसेवर आन।
घोर कलि काल मांही प्रगट भये जैसै भान।
रिषि मुनियों ने माना व्याख्या जो करे पुरान।
भक्तों की रक्षा के लिए अवतारा धारा भगवांन।
भई किरपा श्री जंभेस्वर की माधव न्यु करै बखान।४

-:भजन-08:-

कलयुग कृष्ण मुरार प्रगट भये जी।टेर।
रक्षा करी प्रहलाद भक्त की, नरसिंह रूप प्रभू धरे।
देख सब चकित भये जी, विष्णु पंथ प्रगट करे।
कलयुग में अवतार , भक्त ले स्वर्ग गये।
सतयुग त्रेता द्वापर कलयुग लीला कीवी अपार, सार तत्व कहै जी।
माधवानंद कहै कर जोरी, कलिकाल मझधार जंभगुरू तारे जी।

-:भजन-09:-

देखो मित्रो भारत की दशा।टेर।
हुआ धर्म करम नष्ट अधर्म बढै, अच्छी बाणी को छोड़ कहानी पढै।१
पहले गउ के बदले हिंदु मरते, अब मुसले गउओ पर करद धरते।२
पहले हिंदु धर्म बड़ा प्रबल था, आज वोही धर्म निर्बल हो रहा।३
भुलै आपस में मिल जुल के रहना, बनते मुसले ईसाई धर्म सहना।४
दुनिया कहती बड़े, बड़ै वो नही, होके धन वालै धर्मी कहाते नहीं।५
नहीं मोट नान मर्याद, सारे काहां गये, हैला देता है माधो धर्म नास है।६

-:भजन-10:-

इस धर्म की धमकी भारत में मुलकादि देव जम्भेश्वर ने।टेर।
ओउम विष्णु विष्णु बताय दिया सब को गुरूदेव जम्भेश्वर ने।
गया धर्म रसातल को, जबही प्रगटे श्री कृष्ण चन्द्र।
तबही घबराय उठे पापी सबही, दी धर्म की धमकी ईस्वर ने।
वेदोक्ति अधिकार सभी को दिया, और पाप जाल को नष्ट किया।
सब जग का तिमर जो दूर किया बतलाया रस्ता रिषेस्वर ने।२
वह समय भयंकर ऐसा था, चमक थी जग में मुस्लिमी।
इस मरज के रोगी सारे थे, दी ओषधि आय के सुरेस्वर ने।३
धर्म कर्म जो सब लुप्त जो थे होती थी कतले वेदी गुना।
इस आपत में मजबुरी चमकाया धर्म धरेस्वर ने।४
आपत जब धर्म पे आती है, धरै रूप नरसिंह नै।
कह माधव सुन लो ईश्वर का उपकार जगत में नित करनै।५

-:भजन-11:-

उठ चलना मुसाफिर रहना नही।टेर।
नगरी सब चोर ठगो की कहलावे, टिक न पावे कोई।
आवे सो जावे जल्दी चल यहां से बहु देर भई।
सामान रख कर लुटे रे बहुत है, जात अकेला होय।
ना संग तेरे होवे साथ, न तैरे कुटुम्ब कही।
संसार माया झुठी माया का जाल है होवगा ना खरी।
हीरा सा लाल नहीं चेता, मफत में उमरिया गई।
काहै को भुलाना नर झुठी माया है पछतावे पीछै देख ने।
खाली जा खाली आया है, कहता माधव गरभ गुमानी गई।

-:भजन-12:-

-:दोहा:-

माया मोह की धार में, बह्यो जात संसार।
भजन करो अविनासी का, तब उतरो भवपार।

-:भजन:-

सुनलो ध्यान लगाय, ये सब झुठी माया।टेर।
भाई बंधु कुटम कबीलो, संग न तेरे जाय।१
धन तन मन अभिमान भरियो है, छिन में नष्ट हो जाय।२
प्रीती कर प्रितम प्यारे से, सब जग रह्यो रमाय।३
माधवदास ध्यान धर हर का, काहे रह्यो ललचाय।४

-:भजन-13:-

लगा कलु का दाव मति घबराई जी।टेर।
जब से यह बैरी कलयुग आया, सबको सब ध्यान भुला भुलाया।
सब के दिल पाप बसाय, जमी थर थरराई जी।१
कलजुग ने जाल फैलाया, दुनिया को ध्यान भुलाया।
पड़ि पाप की छाया देखो, दया रही नाही जी।२
कलयुग ने वस में कीना, सब धर्म कार्य को छीना।
रहे नर पाप रंग में, मिनखा गति ना पाई जी।३
अपरंपार कलियुग की माया, नहीं भेद किसी ने पाया।
कैसा क्रुर जमाना आया, माधव भज भाई जी।४

42. अमलख जी

-:अमलख जी (वि.सं. की 20वीं सदी):-

-:रचनाएं:-

1. साखी- 01

-:साखी-01:- (5 छंदों की)

सतगुरु कृपा करी मेरा जीयो, कटजे जम का जाला।
अणभे ज्ञान भयो मेरा जीयो, हिरदे भयो उजाला।
भयो उजाला घट मांय रे जीव, निरभै सतगुरु धियाइये।
तीन गुण अरू ताप तीनों, तीनुंहि काल मिटाइये।
तीन दासी तीन फांसी, तीनो की प्रतिपाल ही।
जंभगुरु की हुवै कृपा, उजालो भयो घट मांय ही।१
जामण मरण मिटै मेरा जीयो, लख चोरासी फेरा।
आवागवण मिटै मेरा जीयो, छूटे कर्म कुफेरा।
कर्म कुफेरा मेट रे जीव, निरभै हरि गुण गावही।
गोविंद गिरधर गाय जीव, अलख पड़दे पावही।
च्यार खाणी च्यार वाणी, बेअंगा जुग च्यारही
कर्म कुफेरा मेट तेरा, जंभ गुरु नै ध्यावही।२
जीवत मुक्त हुवै मेरा जीयो, तज मुक्ति की आसा।
घट में दरस हुवै मेरा जीयो, निरभै भया निरासा।
भयो निराश आस गुरु की, सांस सुमरण कीजिये।
पांच तत्व बीसे पांचो, पांच ससतर लीजिये।
पांच आत्म पांच कोष, पांच मुद्रा सार ही।
जीवत मुक्ति हूवै तेरी, तज मुक्ति की आस ही।
सुखमण धियान धरो मेरा जीयो, सोहं शब्द उचारो।
अजपा जाप जपो मेरा जीयो, निराकार ओंकारो।
निराकार ओंकार जपले, ज्ञान ससतर धारही।

आठ तो कर्म कीट काटो, आठ उन घर नारही।
सात सखी और दस पवना, दसूं काल उचारही।
निराकार ओंकार जपले, ज्ञान ससतर धारही।४
दोय पर पंछी उडै मेरा जीयो, जां सें दिल दीदारा।
जल थल जीव रच्या मेरा जीयो, सतगुरु सिरजनहारा।
सिरजन सतगुरु स्वामी, विसंभर जग पेखिये।
रतन काया सुरग लाभे, सहजै सतगुरु देखिये।
रतन रूपी गुरु जंभराजा, पुन पूरबले भेटिये।
कर जोड़ अमोलख कथे साखी, जनम मरण दुख मेटिये।५

43. बद्रीदास जी

-:बद्रीदास जी (वि.सं. की 20वीं सदी का उतराद्‌र्ध):-

-:भजन-01:-

-:दोहा:-

पुलै है परचो पावियो, दीनो दीन दयाल।
सुरग है दिखायो स्यामजी, संता की प्रतपाल।

-:भजन:-

संता कारण आये देवजी, लोहट के अवतारा जी।
पुलैजी नै परचो दीनो, सुरग तणा विसतारा।१
पुलैजी तो वरणन सुणावे, भाई बंद सुणै सारा।
पुर के सारा लोग लुगाई, सुण पायै जन सारा।२
पींपासर का लोग लुगाई, अपनो भाग सरावै।
विष्णु आये पीपासर में, सारा के मन भावै।३
ऐसी लीलाधर हर की शोभा, घर घर सारा गाई।
चरण कंवल तो राख हिये में, विष्णु का गुण गाई।४
ऐसी बातां घर घर सोई, हांसलदे सुण पाई।
हांसलदे तो पुछण लागी, सारा सुं बतलाई।५
सारी बिदुटी मिल कर आई, हांसल सुं बतलाई।
धिन धिन माता भाग तुमारो, ऐसो पुत्र सोई।६
तीन लोक को नाथ कहीजै, तेरो बालक सोई।
ऐसी लीला बालक भारी, सुण ली माता सोई।७
तीन लोक अवतारी माता, तेरो बालक भारी।
पिता लोहट ने ईमरत पायो, बुठो ईमरत धारी।८
बिन बादल तो पाणी बुठो, आभे अमी झुराई।
ऐसो परचो लोहट पायो, संभराथल पे सोई।९
पुलैजी ने सुरग दिखायो, गुवाल बाल संग सोई।

आय पुलैजी सारी बरणी, माने दीन सुना सुनाई।१०
ऐसी लीला माता सुण ली, चरण कंवल चित आनी।
बदरीदास विष्णु के सरणे, माता के मन मानी।११

-:भजन-02:-

-:दोहा:-

सुरग है दिखायो स्यामजी, वन वन चारत गाय।
सांझ है समै सब साथ ले, पुर में आई जी गाय।

-:भजन:-

अब सुर सो गाय चरावे, सांझ समे घर आवे।
सारे पुर के लोग लुगाई, दरसण करण आवे।१
सारा जन तो दरसण पावे, बोहोत भांत सुख पावै।
लोचण लावा लुटै सारा, रंक परो धन पावै।२
समै जाण कर सारा जनह, अपणे घर कु जावै।
चरण कमल तो राख हिये में, घर लीला गावै।३
आप हरीजी घरे सिधावै, मात पिता मन भावै।
मात पिता के प्रीत घणेरी, हरी भाव मन लावै।४
हिरदै भाव राख हिये में, चरण में चित लावै।
ऐसे माता प्रीत भाव सुं, माखण मिसरी खिलावै।५
माखण रोटी हरजी पावै, रूच रूच भोग लगावै।
प्रीत भाव सुं भोजन कियो, पलंगे जाय पोढावै।६
ऐसी हरजी लीला ठानी, मात पिता मन मानी।
सात बरस हरी बालक लीला, पीपासर में ठानी।७
पीपासर में बालक लीला, कीनी सो मन मानी।
बिरदीदास तो लीला गाई, संतो के मन मानी।८

-:भजन-03:-

-:दोहा:-

रात है समे हर सोवता, इंछिया कीवी जी आप।
पीपा है सर की बारता, संता मैटै संताप।

-:भजन:-

पीपासर का लोग लुगाई, सारा जन है मेरा।
जलम मरन की त्रास मिटा ने, पाप पुन्य सुं न्यारा।१
वैकुंठा में देउ बसेरा, मेरा संत उबारूं।
भगतां ने मैं सरणे राखुं, त्रिय ताप निवारूं।२
बरस बाईस गउवां चारी, मात पिता मन मानी।
मात पिता की आसा पुरी, पुतर भाव मन जानी।३
मात पिता तो सात जलम का, भगत भाव मन आनी।
जलम जलम का भगत हमारा, चरण कंवल चित आनी।४
आभ तासु उण नाही, बार बार मन मानी।
मात पिता की आऊ खुटी, सात दीना में आनी।५
सात दिना में गउलोक में, वैकुंठा में सोई।
वैकुंठा में वासो देउ, मात पिता कुं दोई।६
पींपासर में काम नहीं है, संभराथल पे जाऊं।
सारा जन तो वेग उबारूं, मेरे संग में लाऊं।७
पहलादे सुं वाचां दिनी, वाचां वेग निबाऊं।
मात पिता सुं वाचां दीनी, नवे मास मैं आऊं।८
सो तो वाचा पुरा किया, पीपासर निज गाऊं।
सात दिना में सारी बाता, अब ना झेर लगाऊं।९
ऐसी ईंछिया जंभेसर की, रैन समै सो आनी।
बद्रीदास हर लीला गाई, संता के मन मानी।१०

-:भजन-04:-

-:दोहा:-

भोर ही भयो हर सोवता, नैना खोली जी नींद।
प्रात है किरिया सादे के, मात पिता सुख सींद।

-:भजन:-

मात पिता की माया सारी, हरजी लिया दीन निवारी।
अपणी भगती मात पिता के, हिये में विसतारी।१
भगती आई मात पिता के, चरण कंवल चित आनी।
पुतर भाव तो भूल गया है, नर नारायण जानी।२
मात पिता तो अरज सुनाई, सुण लो सारंग प्राणी।

कांम न क्रोध न हिय मारे, पुतर भाव में जाणी।३
नर नारायण आया मेरे, भगत हेत अवतारी।
भोमि भार उतारो स्वामी, वन वन गाया चारी।४
पुरन रूपन रेखा आप निरंजन, आप भये अवतारी।
भगवे बाने वाचां दीनी, पीपासर अवतारी।५
चरण सरण मो राख स्वामी, मुगती मांगु मारी।
अन धन लिछमी सारी झुठी, अरज सुणो बनवारी।६
गउवां तो भोमि सारी, पाप मूल समूल तां बिसारी।
हरजी हेत है प्रण सारी, लोहट गी धेनु चारी।७
पाप तणो मन सो मारो, झुटी बात बटोरी।
बद्रीदास विष्णु के सरणे, लोहट गी धेनु चारी।८

-:भजन-05:-

-:दोहा:-

अरज है करी हर आप सुं, चरण सीस निवाय।
अब है उबारो देवजी, आवागुवण निवार।

-:भजन:-

अबके आप उबारो देवा, चरण कंवल चित लाउं।
आवागुवण निवारो स्वामी, वास वैकुंठे पांउ।१
काया काल कदै ना कांपै, मुक्ति पद मैं पांऊ।
ऐसी आसा मेरी पुरो, ऐसी पदवी पांउ।२
ऐसा वचन लोहटजी बौलै, हरजी सूं हित लावै।
पुतर भाव तो मन सूं भुला, हरि भाव मन आवै।३
लोहटजी तो विष्णु जाणै, तीन लोक अवतारी।
बार बार तो काया धारै, भोमी भार उतारी।४
नर नारायण आये स्वामी, पीपासर अवतारी।
मेरो आसा पुरो स्वामी, आप लियो अवतारी।५
अब सो अरज सुणी गिरधारी, भगती पाऊं थारी।
अनूपावनी भगती दीजै, ऐसी अरज हमारी।६
ऐसो सुण जंभेसर बोले, सुण लो पिता हमारी।
जो वर मांगो सोई दीनो, ...।७

44. जगमालदास जी

-:जगमालदास जी (वि.सं. की 20वीं सदी उतरादृर्ध):-

भींयासर साथरी के महंत श्री ब्रह्मदास जी डारा के अनुसार जगमालदास जी द्वारा रचित 8 पंक्तियों की आरती का रचनाकाल संवत् 1950-60 के मध्य है।

-:जगमालदास जी की रचनाएं:-

-:आरती-01:-

ओम जै श्री जंभ ओंकारा, ब्रह्मा सिव सनकादिक,
गावत है सारा, हरि हरी जंभ देवा।टेर।
कानन कुंडल सुभ कानन ही राचे,
गरूड़ासन सिंहासन लक्ष्मी संग छाजै।१
चारू आयुध चारू चतुर भुज वीच सोहे,
विष्णु रूप निरख प्रभुता जन मोहे।२
जनमाला ज्ञानमाला सुभमाला धारी,
असुरारी मुरारी कर कमडंल धारी।३
पीतांबर तडितांबर ही राजत अंगे,
ब्रह्मदिक सनकादिक भरतादिक संगे।४
कर मध्य चक्र विराजत जन रक्षा धरता,
जन पोषत जग पालक जग अनंद करता।५
अंतर धरता हरी हर परभु के गुण गावै,
सो भव सागर तीर जावै।६
निरगुण ब्रह्म सदा दासन ही तब उधरता,
मार असुर सुर कारज सांई ते जन अनंद करता।७
जंभ गुरू की आरती जो नर गावै,
कहत है जगमालदास मन वांछित फल पावै।८

45. श्रीरामदास जी गोदारा

-:श्रीरामदास जी गोदारा (वि.सं.1920-2010):-

ये जांभोलाव के साधु आसारामजी के शिष्य थे। विक्रम संवत् 1944 में ये 'स्वामी' थे और विशनोई मंदिर कालपी में रहते थे। विक्रम संवत् 1944 में रामदासजी द्वारा लिपिबद्ध एक हस्तलिखित प्रति में इसका उल्लेख है:- "श्रीरामदासजी स्वामी मन्दर कालपी, आषाढ शुक्ला 13 संवत् 1944 रविवार"। इस समय ये 24-25 साल के साधु रहे होंगे। विक्रम संवत् 2000 में प्रकाशित 'जंभसार साखी संग्रह' के अनुसार इनको संस्कृत का ज्ञान था जो उन्होंने स्वामी ब्रह्मानंद जी से सीखा था। ये बहुश्रुत, अनुभव ज्ञानी, निर्भीक तथा सत्य और स्पष्ट वक्ता थे। इनका भ्रमण व्यापक था। जिस किसी भी बड़े स्थान पर जाते या रहते, वहां से कोई न कोई पुस्तक अवश्य छपवाते। इनकी प्रेरणा से अनेक स्थानों पर विशनोई मंदिर भी बनाए गए। विक्रम संवत् 1975 में प्रकाशित 'ब्राह्मण वर्ण व्यवस्था' पुस्तक के अनुसार 'गाडरवारा में श्रीरामदासजी ने मंदिर श्री जंभेश्वर महाराज का स्थापित कर हवन किया'। इन्होने बहुत से मंदिर साथरियों का जीर्णोद्धार करवाया और समाज सुधार संबधी अनेक कार्य किए। विक्रम संवत् 1975 में प्रकाशित 'श्री वील्हाजी कृत वाणी' में श्री रामदास जी ने लिखा है 'मुकाम गुरूद्वारा के बकरों की थाट का प्रबंध जरूर करना चाहिए क्योंकि थापन लोग कुंभकर्ण की निद्रा में सोते पड़े है'। आधुनिक काल में विशनोई साहित्य को चाहे वह अल्पांश में ही हो, प्रमाणिक रूप से प्रकाश में लाने वाले यही एकमात्र साधु थे। संवत् 1967-68 से 2007 इन चालीस साल तक ये यह कार्य करते रहे और छोटी-छोटी 24 पुस्तकें प्रकाशित की। इनमें स्थान-स्थान पर दिया गया हस्तलिखित प्रतियों का हवाला तत्संबधी प्रमाणिकता का द्योतक है। इनके अतिरिक्त इनकी लिखी लघु भुमिकाएं और टिप्पणियां बहुत उपादेय है। ध्यातव्य है कि विशनोई पंथ संबधी कथनों में इन्होने अधिकांश में लोक प्रचलित परम्परा का आधार लिया है, प्राचीन प्रतियों का नहीं। इनसे विशनोई पंथ, समाज, साहित्य और इनके

प्रति जनरूचि संबधी उल्लेखनीय जानकारी मिलती है। कुल मिलाकर इनका यह कार्य एतद विषयक शोधकर्ता के लिए एक आधार भूमि प्रदान करता है। जन साधारण भी इनसे इनके विषय में सम्यक ज्ञान प्राप्त कर सकता है जो अन्यथा एक साथ सुलभ नहीं है। यही इनकी साहित्य सेवा है और इसी कारण इनका महत्व है। स्वामी ईश्वरानंदजी गिरि और अपने गुरू ब्रह्मानन्द जी के प्रति इनका विशेष लगाव तथा आदर भाव था। यही कारण है कि इन्होने स्व संकलित पुस्तकों के अतिरिक्त इन दोनों की कई पुस्तकें भी प्रकाशित की।

-:श्रीरामदासजी द्वारा प्रकाशित पुस्तकें:-

1. जंभाष्टक प्रकाश:- विक्रम संवत् 1968 में मेरठ से प्रकाशित इस पुस्तक में गोविंदराम जी बागड़िया कृत जंभाष्टक दिया गया है।

2. मृतक संस्कार निर्णय:- ब्रह्मानंदजी कृत इस पुस्तक का द्वितिय संस्करण रामदासजी द्वारा द्वितिय संस्करण विक्रम संवत् 1969 को कानपुर से प्रकाशित करवाया था।

3. जंभदेव लघु चरित्र:- विक्रम संवत् 1969 को कानपुर से प्रकाशित।

4. श्री वील्होजी का जीवन चरित्र:- ब्रह्मानंदजी कृत इस पुस्तक को श्रीरामदासजी ने विक्रम संवत् 1970 में कानपुर से प्रकाशित करवाया था।

5. विशनोई धर्म विवेक:- ब्रह्मानंदजी कृत इस पुस्तक का द्वितिय संस्करण विक्रम संवत् 1971 में कानपुर से प्रकाशित।

6. विद्या और अविद्या पर व्याख्यान:- ब्रह्मानंदजी कृत इस पुस्तक को विक्रम संवत् 1972 में कानपुर से प्रकाशित करवाया।

7. गौत्राचार विधि:- ब्रह्मानन्दजी कृत इस पुस्तक को विक्रम संवत् 1973 में कानपुर से प्रकाशित करवाया।

8. शिक्षा दर्पण:- ईश्वरानंदजी गिरि कृत इस पुस्तक को विक्रम संवत् 1974 में अजमेर से प्रकाशित करवाया।

9. श्री स्वामी वील्हाजी कृत वाणी:- विक्रम संवत् 1975 में नरसिंहपुर से प्रकाशित।

10. ब्राह्माण वर्ण व्यवस्था:- ईश्वरानंदजी गिरि कृत इस पुस्तक का द्वितिय संस्करण विक्रम संवत् 1975 में नरसिंहपुर से प्रकाशित।

11. शब्दवाणी:- जंभसागर का द्वितिय संस्करण विक्रम संवत् 1976 को

प्रयाग से प्रकाशित।

12. जंभसार:- विक्रम संवत् 1978 को प्रयाग से साहबराम जी कृत जंभसार के 24 प्रकरणों में से 18 प्रकरण (1-9, 12, 14, 17-23) आंशिक रूप में प्रकाशित।

13. ऊदोजी का कवित्त:- विक्रम संवत् 1978 को प्रयाग से प्रकाशित।

14. श्री स्वामी वील्हाजी कृत कक्का सैंतीसी:- प्रथम संस्करण विक्रम संवत् 1979 को जोधपुर से प्रकाशित तथा दि्वतिय संस्करण विक्रम संवत् 2003 को बीकानेर से प्रकाशित।

15. श्री 108 श्री जंभदेव जीवन चरित्र:- श्री जंभसार का दशम प्रकरण विक्रम संवत् 1979 में बीकानेर से प्रकाशित।

16. श्री 108 श्री जंभेश्वर धर्म दिवाकर:- विक्रम संवत् 1984 को जोधपुर से प्रकाशित।

17. श्री जंभसार:- श्री जंभसार का 24वां प्रकरण व साखी संग्रह विक्रम संवत् 1985 में अजमेर से प्रकाशित।

18. रावण गोयंद का जीवन चरित्र:- वील्होजी कृत रचना पर आधारित विक्रम संवत् 1986 को कानपुर से प्रकाशित।

19. श्री जंभसागर:- जंभगीता का शुदि्धपत्र विक्रम संवत् 1989 में बीकानेर से प्रकाशित।

20. श्री जम्भेश धर्म दीपावली:- विक्रम संवत् 1993 को लाहौर से प्रकाशित।

21. श्री वील्हाजी कृत भजन दीपावली:- प्रेमदासजी के साथ विक्रम संवत् 1997 में बीकानेर से प्रकाशित।

22. भजन जंभदेव चरित्र भानु:- प्रेमदास के साथ किशोरीलालजी कृत तथा श्री जंभसागर का शुद्धा-शुदि्ध पत्र विक्रम संवत् 1998 को बीकानेर से प्रकाशित।

23. श्री जंभसार:- साखी संग्रह विक्रम संवत् 2000 में जोधपुर से प्रकाशित।

24. श्री 108 श्री जांभाजी महाराज का जीवन चरित्र (महात्मा सुरजनजी रचित):- श्री महीराम जी धारणिया के सहयोग से विक्रम संवत् 2007 में बीकानेर से प्रकाशित।

---

46. कुंभाराम जी पुनियां

-:कुंभाराम जी पुनियां (वि.सं.1937-1995):-

ये जेगला गांव के निवासी थे। इन्होने विक्रम संवत् 1967 में डाबला के साधु हरिनारायण जी भादू से मुकाम में दीक्षा लेकर सन्यास ग्रहण किया था। संवत् 1973 के जेठ बदि अमावस्या को ये अबोहर से हरिद्वार की ओर चले गए थे। वहां लगभग 32 वर्ष तक हरि भजन और योगाभ्यास करते रहे। इनका स्वर्गवास संवत् 1995 के लगभग हुआ।

-:कुंभाराम जी पुनियां की पुस्तकें एवं रचनाएं:-

1. निर्वेद ज्ञान प्रकाश:- यह पुस्तक महराणा के नंबरदार मामराज जी द्वारा विक्रम संवत् 1969 में प्रकाशित करवाई गई। इस पुस्तक में अध्यात्म, आत्मानुभूति और ज्ञान विषयक अनेक भजन है, जो दो प्रकार से अभिव्यक्त किए गए है- (1) पखवाड़े के भजन जिसमें अमावस्या से आरम्भ कर 15 तिथियों पर क्रमश: प्रासंगिक भजन रचे गए है। (2) प्रश्नोत्तर रूप में।

2. पंच यज्ञ प्रश्नोत्तर मणि भाषा- यह पुस्तक भी महराणा के नंबरदार मामराज जी द्वारा ही विक्रम संवत् 1972 में प्रकाशित करवाई गई। इसमें उल्लिखित विषयों से संबंधित अनेक बातों को खड़ी बोली गद्य में प्रश्नोतर रूप में स्पष्ट किया है। इन पर आर्य समाज आंदोलन का भी प्रभाव लक्षित होता है।

3. साखी- 02, 4. हरजस- 01

-:साखी-01:- (13 पंक्तियों की)

सुण मन भाई कहूं समझाई, कोप न कीजे भाई१
जन्म मरण नित भोगे चौरासी, डरै नहीं कदाई।२
लख चौरासी दुख बहु भांति, मुख सैं बरण्यो न जाई।३
आयो दाव गमावै क्यूं मूरख, फेर मिलै न सदाई।४
सतसंग कर काटो जम फांसी, ब्रहम ज्ञान चित लाई५

सुत वित नारी मित्र सब बंधू, तुमकूं रह्या बिलमाई।६
ये सब हैं मतलब के प्यारे, अंत तजेंगे भाई।७
शत्रु लख इनकूं अब तजिये, ब्रह्म ध्यान नित लाई।८
स्वासो स्वास जप जाप अजप्या, भूलो मत ना भाई।९
अनहद बाजा बाजै गिगन मां, मन कूं तहां लगाई।१०
अनंत भान सम तहां उजियाला, महिमा वरणी न जाई।११
सर्व देव ब्रह्मांड है तन में, सतसंग कर गम पाई।१२
हरिहर कूंभा एक भये, अब दि्वतीया दूर बहाई।१३

-:साखी-02:- (12 पंक्तियों की)

आतम गंग में न्हावों भाई, जा सूं सर्व पाप कट जाई।१
भूल्या जीव भटकत है बाहर, भटक भटक मर जाई।२
अडसठ तीर्थ है तन मांही, गुरु बिन लख्या न जाई।३
गंगा जमुना चलै सरस्वती, त्रिवेणी इकठाई।४
तन में तीर्थ न्हाय जुगत से, सतगुरु शरणै जाई।५
कार जप दान गिणिजै, मोक्ष मुक्ति फल पाई।६
जो कोई चावै मुक्ति अपनी, तो न्हावो तन मांही।७
संचित आगामि करम मिटै सब, बहुरि जन्म नहीं आही।८
इस विध न्हाय लहो तन तीर्थ, पाप मिटै छिन माहीं।९
कर सतसंग न्हाय नित हित से, कहै संत समझाई।१०
कूंभाराम त्रिवेणी न्हाई, सतगुरु विधि बताई।११
अनंत जन्म का पाप धोय के, जीवन मुक्ति पाई।१२

-:हरजस-01:-

साधो भाई ऐसा देश हमारा, जहां नहीं काल का सारा। टेर।
स्वयंप्रकाश एक जोत विराजै, नहीं चंद नही तारा।१
अग्नि सूरज वहां नहीं पहुंचे, बिना भान उजियारा।२
जन्म मरण दुख वहां नहीं पहुंचे, अजर अमर सुखारा।३
संत रज तम गुण वहां नहीं पहुंचे, मूल माया से पारा।४
ऐसे देश संत पहुंच बिरला, जिन लिया संतां का सहारा५
अगम देश की अदभूत रचना, पुकार कहै संत सारा।६
अद्भुत महिमा ताकी वरणी न जावै, वेद संत सब हारा।७
जांभो कूंभो हरि दि्वतीया नाहीं, ब्रह्मा जोत इकसारा।८

47. साधु जगदीशराम जी

-:साधु जगदीशराम जी (वि.सं.1960-2005):-

ये भींयासर साथरी के महंत भोलाराम जी के शिष्य थे। इनका स्वर्गवास संवत् 2005 में रावतखेड़ा में हुआ। 20वीं सदी के उतराद्र्ध के ये श्रेष्ठ कवि थे। इनके द्वारा संवत् 2000 में 'ग्रंथांक 342, 344, 345' और 2003 में 'ग्रंथांक 343' लिपिबद्ध किया गया था।

-:साधु जगदीशराम जी की रचनाएं:-

1. साखी-03
2. भजन-04
3. छंद

-:साखी-01:-

मुख से लीजै जंभेस्वर रो नाम, जमो सुणने जावियो।
अन्तस करण सुध होय जाये, ग्यान सरोवर नहावियो।१
जमे में संत विराजे, उसको गुरू बनावियो।
गुरू जी माने दीजो ग्यान बताय, भवसागर लंघावियो।२
लख चोरासी चौचक वार, बहुतेरो भरमावियो।
आयो रे पंथ जांभाणी माये, सुभ जलम पावियो।३
धर्म को बड़ो विचार, भवसागर तिर जावियो।
संता को निवत जिमाये, दसवत टलावियो।४
गौ घी लीजो रे छाण, होम ज करावियो।
ईंद्र प्रसन्न होयो जाये, मेह बरसावियो।५
गऊवा है भारत की माये, इनकु पालियो।
पींपासर गुरू लीयो अवतार, वचन पालन आवियो।६
नरसिंह रूप बनाये, प्रहलाद बचावियो।
राम रूप कहाये, रावण खे करावियो।७

नामदेव किसान से जाय, तुंबा में हिरा लगावियो।
नरसीले को भांत भराये, मान बढावियो।८
दुरयोधन को मान घटाये, चाल विदुर के जावियो।
जगदीश गुरूजी आगी करे पुकार, पार लगावियो।९

-:साखी-02:-

आवो मिलो साधो मोमणो, देखो जुमले की लोय जे।
जाग्रत का स्थुल है, विश्वे नेत्र जोय जे।१
बेखरी बाणी रीगवेद की, ब्रह्मा देव पिछाण जे।
क्रिया शक्ति मानियो, आकार मात्रा जान जे।२
स्वपने में सुक्ष्म कहो, तेजस कंठ रहाये जे।
मध्यमा बाणी युजरवेद की, विष्णु देव मन भाये जे।३
ज्ञान की शक्ति जानिये, ऊंकार मात्रा परवाण जे।
त्रिपुरी लख लइये सही, ऊगसी भाण जे।४
कारण की सुषोपति, ह्रदय प्राज्ञ निहार जे।
पसनति बानी सामवेद की, शिव देव समझले सार जे।५
द्रवे ये शक्ति मानिये, मकार मात्रा धर ध्यान जे।
तीनों की उपाधि तीन है, स्थुल सुक्ष्म अज्ञान जे।६
तुरीया में तीनु नहीं, आत्म देव अपार जे।
पराबाणी है अर्थवेद की, अचल देव निजधार जे।७
रजोगुण बेखरी जानिये, मध्यमा संतो पहचान जे।
तमोगुण पसन्ती वानिये, बाणी सुध सतोगुण परा की जान जे।८
अनुभव आत्म जानियो, इनमें लाव ने लेस जे।
जगदीशराम निज आत्मा, व्यापक है निरदेस जे।९

-:साखी-03:-

-:छंद-

जाम्भोलाव को जान ले, पींपासर पहचान।
मुकाम तो मेलो मंडे, समराथल सुख ध्यान।
लोहावट को देखकर, लोदीपुर को जान।
जांगलू को मित्या भणे, लालासर अधिष्ठान।

दस स्थान को विचार, लख रोटू अरू रामड़ावास।
जगदीशराम सतगुरू मिले, हुवे ब्रह्मा में बास।१

-:साखी:-

सही धाम ईस पंथ, जांभोलाव मुकाम जे।
ता ऊपर बाईस है, चोबीस समझलो नाम जे।
ईन को असली विचार ले, पावे आत्मज्ञान जे।
जन्म मरण दुख मेट के, मिट जा खिंचातान जे।
पींपासर पंच कोस है, जा जन्मे सीरजन हार जे।
वृति तो हांसा कही, शब्द ही लोहट विचार जे।
जांभोलाव को जाग्रत भट्टी, समझ लेय जे।
लोहावट मन जीत ले, लोदीपुर बुद्धि जान जे।
रामरास बो रम रहो, पिंड ब्रह्मांड में पहचान जे।
जांगलू यह जगत है, जिस को समझे आसार जे।
रोटू रखले निरणे कर, जीव ब्रह्म निरधार जे।

-:छंद:-

दस धाम सोध लो, नास हुवे सब पाप।
जगदीशराम खुद देख लो, घर ही में गुरू आप।२

-:भजन-01:-

बिना भजन के प्रताप, मोक्ष पद कैसे पावे रे।टेर।
भजन किया न दान, होया मानखा जलम तेरा विरखा खोया।
अपणा रस्ता कु ना जोया, उमर थारी विती जाव रे।१
पांच सात मिल बैठा भाया, संता की निंदा खुब चलाया।
गियान पुछन हरी गाया, साध तु कैसै होया रे।२
आज काल बन बैठी माया, चालै ना धर्म की छाया।
रीतुकाल में भोजन बनाया, नर जिमिया अवगति जावो रे।३
जल छाण ना सुची लाया, नातणा धोती का पाया।
जगदीस ने यह भजन बनाया, नर हरी गुण गावो रे।४

-:भजन-02:-

थे तो दरसण दीजो माने आय, गुरूजी माने तारो नी।टेर।

जम्भ गुण गावता रे, चरण रह्या लिपटाय।
ध्यान धरूं मैं सांझ सवेरे, दरसन दीजो मोय आय।१
पींपासर प्रकासिया, चौचक हुवो उजास।
बारे क्रोड़ जीवा के कारण, आप कलि में आये।२
समराथल गुरू आविया रे, तिमर भयो सब दूर।
सांगा राणा और नरेसा, आये सकल हजूर।३
सुध मन होय कर होम कीजै, शब्द दिजो उचार।
कहते जगदीस सुणो भाई साधो, शब्दां ले सुध विचार।४

-:भजन-03:-

द्‌वार आए सरण तुमारे, किरपा मो पर कीजो रे।
गुरू था अपरम पारा, जीव तारिया क्रोड़ बारा।
आके रूप भगवा धारा, हिरदै में ग्यान दीजो रे।
समराथल धोरा कैलास पर्वत से पिरोय ...।
यहां पर गुरू जी मुंडा था साध, बैकुंठ इनकु मान लीजो रे।
कातिक बदी बयालीसो जमाना, लीना सबने पाहल पाना।
वे निजगुरू करके जाना, हांजी माने मोक्ष दीजो।
गुरूजी भगत सब तारा, अबके तारक विसनोई सारा।
कहत जगदीस लिया जंभेसर का सहारा, किरपा मो पर कीजो।

-:भजन-04:-

रे मन मेरा कर लिया वेरा, इच्छा चार बताई।
सुभ इच्छा सो वहे सुध मारग, अपणा खोज विचारे।
निरगुण गहे गुण तीनु त्यागे, सो सब काज सुधारे।
ज्ञान भक्ति वैराग जोग कर, मन आपन को मारे।
वेद गुरू ईश्वर कृपा कर, ज्ञान हिरदै में धारे।२
पर इच्छा परमारथ माने, आप सवारथ मेटे।
पोषे जीव ज्ञान दे पुरा, से सत सायब भैंटे।
मल विशेष आवरण कर दुरा, वै सदा सुख से लेटे।
सत चित आनंद मिले हजुरा, गुरू गोदी में बैठे।३
अन ईच्छा सोई ब्रह्मा स्वरूपी, सर्वज्ञ सकल पसारा।

पाप पुन्य दुख मुख नहीं दरसे, नहीं कोई जीतन हारा।
इच्छा त्याग जागे मन मेरा, झुठा सकल संसारा।
जगदीशराम सैन अब जानी, होयो भवसागरिये पारा।४

-:छंद:-

भले तत्व का ज्ञान ध्यान खुब खोलिये।
सत्य ग्रथ आगे धर कर कांटे तोलिये।
सुभ कर्म करने से मल पाप कटता है।
सेवा साधन करने से विक्षेप हटता है।
ज्ञान से अज्ञान रूपी पड़दा फटता है।
गुरू के वचन सेती अमृत गरता है।
तीन दोष दुर करके पाप धोलिये।

----

48. अज्ञात कवि

-:अज्ञात कवि (रचनाकाल वि.सं.1750):-

-:भजन-01:- (5 पंक्तियों का भजन)

आछो लागैजी महाराज, दरसण जांभैजी को।टेक।
जोजन धुन सबदन की सुनियै, घट परमल की वास।१
चोउं दिस सनमुख पीठ न दीसै, कोट भाण प्रकास।२
चालत खोज खेह नहीं खटको, न दीसै तन छाय।३
तिसना भूख नींद नहीं आवे, कांम किरोध घट नाय।४
भगवीं चोपी भगवों चोलो, भलो सुरंगो भेख।५

-:कवि अज्ञात (रचनाकाल वि.सं. 1875):-

-:भुल को लछन:- (6 पंक्तियों का भजन)

जंभू भूला तेरा विसनोई, भूला तेरा साधु।१
सुगरापणो साधै नहीं कोई, थोथा करै उपाधु।२
धरम नेम तो भूल गया, जंभू तेरा विसनोई।३
सील संतोष का पता नहीं, रीत भांत डबोई।४
ऐसा मीजला विसनोई, घर घर स्वान कहावै।५
नाक आपका बडै, दाद कांहा नहीं पावै।६

-:कवि अज्ञात (वि.सं.1900-1950):-

-:गावण की कथा:- (5 छंदों का भजन)

गावण की काथा वरणन करूं, ना कोई करियो सा।टेक।
गुरू बण जावै पाहल करावै, ऐसा जुलम कुमाते हो।
डुब गये लुगाड़े गावण, फेर भी मुख दिखलाते हो।१
जु पाखंड रचावै करम छोडावै, जोखे री झांझ बजाते हो।
डुब गये लुगाड़े गावण, फेर भी मुख दिखलाते हो।२
उज्जवल वस्त्र बांधै शस्त्र, गुरू के करम कुमाते हो।

डूब गए लुगाड़े गावण, फेर भी मुख दिखलाते हो।३
जुलोय र मांगै लड़कर लागै, गावण नाम धराते हो।
डूब गये लुगाड़े गावण, फेर भी मुख दिखलाते हो।४
आण'र बेचे टकै रूपयै, कुकरम रसते लगातै हो।
डुब गए लुगाड़ै गावण, फेर भी मुख दिखलाते हो।५

-:रचना परिचय:-

'गावण की कथा' नामक इस रचना के संबध में हीरालाल जी माहेश्वरी का कथन है कि "विक्रम संवत् 1925 के आसपास से गायणों ने साधुओं और विशेषकर थापनों के संस्कार संबधी कार्यों को अपने हाथ में लेने का यत्न करते हुए उनके स्थानाप्न बनने की चेष्टा आरम्भ की थी। विशनोई पंथ में मान्य और प्रचलित प्रत्येक कर्मकांड थापन द्वारा सम्पन्न किये जाने की परम्परा और पद्धति रही है। गायणे जब थापनों की प्रतिस्पर्धा करने लगे, तो इसकी प्रतिक्रिया होनी स्वाभाविक थी। प्रस्तुत रचना इसी का परिणाम है जिसमें गायणों की, उनके द्वारा अपनाए और किये जाने वाले सांस्कारिक कार्यों का उल्लेख करते हुए आक्रोश युक्त भर्त्सना की गई है।"

-:कवि अज्ञात (वि.सं. की 19वीं सदी):-

-:जांभेजी रै भक्तां री भक्तमाल:- (25 छंद)

-:दोहा:-

विष्णु को अवतार है, श्री जांभेस्वर राय।
सिव ब्रह्मा इंद्रादि देव, निस दिन ध्यांन धराय।१
दूदै ऊपर कोपियो, जोधाणा को राय।
मेड़तिया सारा चल्या, दुदो गवन कराय।२

-:चौपाई:-

सबही भक्त कहूं विस्तार, जा ऊपर रीझियौ करतार।
विष्णु भगत दूदोजी भयौ, जांभेसर तब खांडो दियो।
भक्त आपको लोहट जांण, हंसा भक्त करी निरबांण।
करता लेय खिलायो गोद, हीयै घणो बढ़ायो मोद।
नवरंगी कीयो निज जाप, लिया माहेरो आया आप।
विष्णु भक्त श्रीयां जो भई, देव दया करि मुक्ति दई।५
झीमां सिंवरियो निस दिन सार, सुरग मुक्त कीवी करतार।

रूपां रूप जप्यौ हरि स्यांम, करता दीन्हौं अपनो धाम।६
विरियां धरियो विसन को ध्यांन, जांभेसर को पायो ज्ञान।
पूरबै प्रीत हरि हिरदै धरी, भलो करियो जांभेसर हरी।७
लाछा लछण जाण्या आप, हिरदै धरियो विसन को जाप।
लोहापांगल अलख पिछांण, तबही लोह झड़ियो हर जांण।८
तांतू कियौ भतीजो भाय, भक्त मुक्त दीन्हीं सुरराय।
नायकी कीयौ हरि सूं हेत, भक्ति मुक्त कमायो खेत।९
अजियां सेव करी चित लाय, लीयो हरजी हियै रिझाय।
लोल सभीरी भक्ति करी, हिरदै धरियौ विसन हर हरी।१०
सांगो राणो भयो चितोड़, झाली रांणी ताकै माय।
जांभेसर की भक्ति जांण, विसनोयां नै छोड़ियौ दांण।११
लोचां लीयौ विसन पिछांण, गोरां हरि सूं कीवी जांण।
मघू धरियो विसन को ध्यांन, पूलोजी हूवौ सुज्ञान।१२
ऊदो अतली चल्या विचार, जिन पायौ मुक्ति दरबार।
टोवाजी ठुकराजी भया, जांभेसरजी कीवी दया।१३
केलणजी वरसंगजी हुवा, विसन भक्त के मारग बुवा।
भीयौ पंडित बडो सुजांण, जांभेसर नै लियौ जांण।१४
गोइंदजी रावणजी भाय, जांभेसरजी हूवा सहाय।
लखमण पांडु भाई भया, जांभेसर की भक्ति लया।१५
मोतीये मेघ जप्यौ जंभराय, अली चारण आयो भाय।
अलू तेजो कानो आय, जांभेसर के लागा पाय।१६
भक्त हुवौ बाबल रणधीर, विसन भक्त सूं कियौ सीर।
सहंसोजी साल्होजी ध्याय, जांभेसरजी आया भाय।१७
खींयो नाथो डूमो ध्याय, विसन चरण सूं लिया लगाय।
लूणा काजा सायर जांण, जांभेसर नै लियो पिछांण।१८
पूल्हो वूढ़ो जीयू देख, ध्यायौ हिरदै आप अलेख।
धना वछू सुरगण सोय, हियै विसनजी लियौ पोय।१९
चेला अर कुलचंद सुथार, जांभेसर ध्यायौ निरधार।
लीयां पइसा गयौ पुलाय, मरती गऊ छुड़ाई जाय।२०
खेतो धारू जोखा जांण, ध्यायौ विसन मिटाया मांण।
रेड़ोजी पुन हुवौ मंगोल, भक्ती केरो बजायो ढ़ोल।२१

हासम कासम दरजी किया, विष्णु भक्त का मारग लिया।
ऊदो अरू रावल जैतसी, विष्णु भक्त मैं मनसा धसी।२२
लूंको मालदे महमंदखांन, मुला सधारी आयो मांण।
साह सकंदर दिली हुवौ, तुरकाणी मारग ते जुवौ।२३
सूजो सुरजन हुवा सुजांण, ध्यायौ विसन मिटाया मांण।
केसौ आलम किया बखांण, कथा कीरतन गाया जांण।२४
पचायण जसा रायचंद, जिन ध्यायौ विष्णु गोविन्द।
हीरानंद मिठुजी जोय, ध्यायौ विसन जंभै गु.....।२५

-:भक्तमाल सार:-

इस भक्तमाल में निम्नांकित भक्तों का नामोल्लेख हुआ है:- दुदोजी राठोड़, नवरंगी भादु, सिरियां, झीमां पुनिया, रूपां मांजू, विरियां गोदारा, पुरबोजी खिलेरी, लाछां, लोहापांगल (रूपारामजी सिंवर), तांतू पंवार, नायकी पंवार, अजिया गोदारा, सवीरी लोल, सांगा राणा, झाली राणी (रतनकुंवरी झाला), लोचां मंडा, गौरां बागड़िया, मघु, पूल्होजी पंवार, ऊदोजी पंवार, अतली कासणिया, टोहोजी राहड़, ठुकरोजी राहड़, केल्हणजी खदाव, वरसिंघजी खदाव, भींयोंजी लोहार, रावणजी झोरड़, गोयंदजी झोरड़, लखमणजी गोदारा, पांडूजी गोदारा, मोती मेघवाल, रणधीरजी बाबल, अली झोधकण, कान्होजी बारहट, तेजोजी चारण, अलूजी कविया, रणधीर बाबल, सैंसोजी कस्वां, साल्होजी बागड़िया, खिंयोजी मांझु, नाथोजी सांवक, डूमोजी भादू, लूणां, काजोजी, सायरजी गोदारा, पुल्होजी, बूढोजी खिलेरी, जीयो, धना अग्रवाल, बछु अग्रवाल, सुरगणी, चेला अग्रवाल, कुलचंद अग्रवाल, खेतोजी, धारूजी, जोखोजी भादू, मंगोलजी जाणी, रेड़ोजी सांवक, हासम दर्जी, कासम दर्जी, ऊदोदास तापस, रावल जैतसी, लूंका पोकरणा, मालदे राठौड़, महमदखां नागौरी, मुला सधारी, सिकंदर लोदी, सूजाजी, सूरजनजी पुनियां, आलमजी अग्रवाल, केसोजी गोदारा, रायचंदजी सुथार, जसोजी पंवार, पंचायणजी, हीरानंदजी, मिठुजी।

-:कवि अज्ञात (वि.सं. की 19वीं सदी):-

-:साखी-01:- (12 छंदों की, राग गौड़ी)

सेवगां सतगुरु बूझियो, तीर्थ कता कहावे।
कवण तीर्थ जाय न्हाइये, जासूं पाप दुरावे।

पाप दुरावे सो किसो तीर्थ, गंगा यमुना अरू सरस्वती।
प्रयाग काशी अवधा मथुरा, सेतुबंद द्वारावती।
जगन्नाथ केदार बद्री, और पुष्कर न्हाइये।
मुक्त हुवै सो किसो तीर्थ, सतगुरु हमें बताइये।१
जंभेश्वर यूं भाखियो, तीर्थ कहूं बखाणो।
अड़सठ तीर्थ है सही, जामे फेर न जाणो।
जामे फेर न जाणो, हिरदै तीर्थ न्हाइये।
दाम दीजे देह छीजे, फिर फिर पांव घसाइये
अड़सठ महातम मिले इत ही, शुभ धाम प्रसाद सूं।
देश फलोदी मंझ तीर्थ, बागड़ मांय बताव सूं।२
किस विध पावन भोमका, सतगुरु भेद बतावो।
इण भोमि से कोई जीव तिरियो, तहां को भेद बतावो।
भेद बतावो कुण पार पहुंच्यो, कोई जीव स्वर्गे गयो।
आ भोम सिधां कही तुम ही, और प्रगट किणी न कह्यो।
वेद पुराण में नहीं संख्या, रिषेश्वरां छाने क्यों रही।
चार युगा में नहीं चावी, भोम पावन किस विध भई।३
ब्रह्म सरोदक तीर्थ हूवतो, सातवें कल्प के माहीं।
वहां ब्रह्मा ने यज्ञ रच्यो, पावन रिज तकी छाहीं।
संहस अठियासी रिषिवर आए, मारकंडेव दत लोमियो।
षट मास तक यज्ञ रच्यो, वेदी परनाले घी होमियो।
देव महेश सुरपति आए, आए विष्णु साथ ही।
ब्रह्म सरोदक तीर्थ हुंवतो, सातवें कल्प की बात कही।
होमायत दस मास भई दुजे जिग, सुरपति देव तणां ब्योहारा।
होमें घृत भगवान तिरपत, होम्यां ही घृत अपारा।
होमे घृत अपार जिग में, देव मुनि जय जय करै।
शख ध्वनि सुर पुष्प वर्षा, गन्धर्व गुण गायन करै।
कलश कंचन चौक पुरियो, ब्रह्मा भेद विचारियो।
शुद्ध भोम भेद विचार, सतगुरु शंकर यज्ञ रचावियो।५
तीजो जिग पंडवां कियो, किवी सामग्री त्यारी।
सुर नर सुरपति आविया, आयो कृष्ण मुरारी।
कृष्ण आये जिग थाए, होम विद वेदी रची।

ब्रह्मा धुनि मुख वेद उचारे, वेद व्यास श्रीमद वची।
मास अठारह भई होमायत, तीन लोक तीरपत भए।
पंचायन श्रकृष्ण पुरियो, पंडवां जिग पूर्ण भए।६
एक ही कल्प तीनों भए, दत्तात्रेय भगवान भणीजै।
एक ही कल्प सनकादिक, अरू कपिलदेव कल्प गिणीजै।
कल्प एक कपिल गिणीजै, ये तीनों एक कल्प।
ऐसे दो कल्प भए, तीजा वर्तमान कल्प।
चार कल्प तक रह्यो ऊजड़, ये सात कल्प मानियो।
वेद पुराण को भेद नाहीं, भेद सतगुरु जानियो।७
इन कल्प के वर्तमान में, सतजुग बात संभारियो।
सरस्वती आवत देख, बह्मा कुदृष्टि निहारियो।
कुदृष्टि निहारियो हर चक्र मारियो, विधि मस्तक शंकर हन्यो।
तां पाप से कर चक्र लाग्यो, ब्रह्महत्या पराछित बन्यो।
विचरत शिव इन भोम आए, खोद भोम आसन करियो।
रिज पावन लगी करसे, शंकर कर चक्र झड़ियो।८
रजपूत बसे पड़ियाल में, कलजुग कथा संभारियो
उनकी क्रिया दुशीलनी, जिन कंथ कटारी मारियो।
मार कंत संग और धाई, जिन छोड़ियो चित्रे ताल में।
कर छै ही खावमुण कीनो, बैठी दुख हवाल में।
जेठ बदी की बीज वृहस्पति, भई वर्षा भारिया।
रिज पावन लगी करसे, कर सूं झड़ी कटारिया।
छले नाडे नार न्हाई, गोधो गऊ शुभ जल पियो।
देह छूटी मुक्त पहुंच्या, तीनूं ही जीव स्वर्ग वासो लियो।९
कियो मनोरथ उत्तम भोम कूं, रथ चढ जंभ पधारे।
एक संहस और सात सौ, साधु संत जन सारे।
साधां संत गुरु गवन कीनो, खींदासर वासो लियो।
दिन दुजे इन भोम संता, आय तट डेरो कियो।
षटमास तक रह्यो आसन, वहां थापी सतगुरु साथरी।
नर नारी माटी सब ही काढे,जुड़यि जमाति जातरी।१०
सेवगां सतगुरु बुझियो, इण तीर्थ जल क्यों खारो।
जंभेश्वर यूं भाखियो, इनको इनको सुणो विचारो।

सुणो विचार जद समंद मथियो, शेष नाग नेतो गह्यो।
चवदे रतन काढ लिया, समंद जल खारो भयो।
मंथन करतां नीर उछळ्यो, कई जोजन अलगो गयो।
जहां पड़ियो तहां खार प्रगटियो, जल खारो यूं भयो।११
पनरासौ कै छयासठे, अगहन पक्ष अंधारा।
पुख नक्षत्र और पंचमी, वृहस्पति वार सुवारा।
तां दिन नींव तलाब तीर्थ, देव हुकम ओदी दई।
ओ धाम ऐसो मुक्त पावो, श्री जंभेश्वर यूं कही।
हवन प्रतिष्ठा करि पूजन, गोप प्रगट यूं दाखियो।
ताथ विगत तालाब महातम, वील्हाजी से केशव सुन भाखियो।१२

-:साखी-02:-

तुम बिन मनवो क्यों रहे, म्हारो पूरबलो संजोह।
ऊधो माधो यूं कहे, कांय दिखालो छोह।टेर।
मंगसिर श्रीरंग मेल्हिया, सब सहियां रो साथ।
द्वारामती वासो कियो, गोविंद गोपियां हाथ।१
पोस मास पेख्यो नहीं, मुखो न भावै अन्न।
पान फूल राधा तज्या, माधवजी सूं मन।२
माह मासे मन मांहिलो, चित मां व्याकुल थाय।
सूपनै जागै राधिका, पोढिया जादम राय।३
फागण मास सूहावणो, बाजै चंग मृदंग।
खेलै सभी गुवालिया, संग नहीं गोविंद।४
चैत मासि चित चालियो, मेल्ह गयो निरधार।
ज्यों जल बिछुड़ा माछला, कदि मेलो करतार।५
वैसाख बजे वाव वाहली, नी हाले परदेस।
आंसू भीजै कांचवो, विरहणि बालै वेस।६
जेठ मास धरती तपे, हरि नुं तपति ज थाय
चंदण घसूं प्रीति सूं, चरचू जादम राय।७
आसाढ़े घण ऊनम्यो, गहरा गरजै मेह।
पपीहो पीव पीव करै, दूधे वूठा मेह।८
सावण मास सुहावणो, बरसै घोर अंधार।

चहुं दिस चमकै दामणी, मेह अखंड धार।९
भादूवो भलां गरजियो, नदी बहै असराल।
राधा भीजै एकली, घरे नही गोपाल।१०
आंसू पाणी निरमलो, स्वाति उपजै हीर।
आवो प्रीतम पीजिये, सीतल होय सरीर।११
काती कंत पधारिया, सीधा वंछत काज।
घर आंगण दीवो बालियो, हूवा आणंद आज।१२

-:अज्ञात कवि (संवत् की 19वीं सदी):-

-:हरजस-01:- (6 छंदों का)

साध सुखी हो राजा भरथरी, महा दुखी संसार।
पर उपगारी हरि के साधवा, भव दुख मेटण हार।१।टेक।
कौण दुखां हो राजा थे निसरिया, अन धन भरिया भंडार।
हस्ती घोड़ा है घणां, लक्ष्मी अनंत अपार।२
राणी होती राजा थांहरै, पिंगला मुखड़ै लाल समोल।
बदन करती लेपनूं, केसर करती खोल।३
रामचंद्र बन को चलिया, सीता लीन्ही लार।
तुम बन में हम रणवास में, कुंन सहै सिर भार।४
रामचंद्र त्यागी नहीं, हम लियौ बैराग।
जो तुम कूं संग ले चले, पड़ै जोग में दाग।५
कर डीबी गल गूदड़ी, धरियो भिखारी भेष।
नाथ निरंजण कारणै, गुरू गोरख दिया उपदेस।६

-:हरजस-02:- (22 पंक्तियों का, राग धनाश्री)

आज नगर में एक जोगी देख्यो, गोपीचंद की उणहार रे लो।टेक।
इसड़ा तो जोगी नै जाण न दीजै, आंगण मंढी बधाये रे लो।१
सोना तो रूपा की जोगी नीवी देराऊं, मोतीड़ा खोल भराऊं रे लो।२
सोनां तो रूपा बाई घर रा छाडिया, हीरा अनंत अपारा रे लो।३
हस्ती तो घोड़ा म्हारै अणगिण होता, समझ रू माया त्यागी रे लो।४
कुंण दुखां रे जोगी तै कांन फड़ाया, किण दुख मुंदरा पहरी रे लो।५
किण दुख रे जोगी तै देसड़लो त्यागो, किण दुख त्यागी नारी रे लो।६
गुरू का तो सबदां बाई कांन फड़ाया, द्रष्ण मुंदरा पहरी रे लो।७

माता का सबदां बाई देसड़लो त्याग्यो, अमर हवंण नै नारी रे लो।८
कुण रे जोगी थांरे पिता भणीजै, कुंण भणीजै माता रे लो।९
कीण नगर को राज करंतो, कुंण बहन रा भाई रे लो।१०
राजा बहलोचन पिता भणीजै, और मैणावती माई रे लो।११
देस बंगाला रो राज करंतो, तुम बहन हम भाई रे लो।१२
काटूं रे बाढ़ूं जोगी जीभ तुमारी, बीरो जोगी क्युं होसी रे लो।१३
माता मैणावती रै पुत्र अकेलो, और न बंधु भाई रे लो।१४
उठो हे दासी राव बुलावो, पल होत मेरी काया रे लो।१५
देस बंगाला खबरि मंगायो, एक जोगी देग्यो वाहा रे लो।१६
देस बंगाले सांढ्यो जाय पहुंतो, धोलागढ बिलखांणो रे लो।१७
नर नारी सब फिरै उदासा, माता कै मन चाहो रे लो।१८
उभी उभी राण्यां करै विसूरणां, हथलेवा क्यूं जोड़िया रे लो।१९
हूं जाणूं जे जोगी बीर हमारो, आंगण मंढी बंधाऊं रे लो।२०
भाव भक्ति सों भोजन देती, नित्य उठि द्रसन करती रे लो।२१
जलंधरी प्रसादे राजा गोपीचंद बोलै, हम तुम यह बिछोहा रे लो।२२

-:अज्ञात कवि (रचनाकाल वि.सं. 1875):-

-:पत्री:- (गद्य पद्य मिश्रित)

श्री जांभूजी सीहाय छै जी।

प्रथम सति श्री स्वामी, आदू ग्यान भगति जिन तै लही।
आदु गुरू र संतन कै सरनै आए, भ्रम क्रम ततकाल मिटाए।१
तिन चरनन की वंदन करि कै, पत्री लिखी प्रीती उर धरि कै।
सिध श्री सर्ब वोपमां राजै, मंगल मूरति संत विराजै।२
माहा त्यागी ब्रह्मा अज्ञान, उर का ज्ञांन ध्यान।
दीप्ति अति जुक्ता पूर्ण भगति, ज्ञान भंडारा इंद्रीअ जीति।३
हिरदै मन मारा धीरवत सब नम रंजन, पटल अतिसै बिरम अंजन।
सीतल रूप ध्यान हरि धारन, निर्मल जस अतसै विस्तारन।४
निर्मल विमल अमल अति राजत, गुण धन मन जन उपर गाजत।
सीलवंत त्यागी जु बैरागी, जिनकी मति हरि सुं अनुरागी।५
बह्मा सरूप भेद कछु नाही, ऐक मेक पूरन मिली माही।
धृति मूति संमृत बीजर धारी, काम क्रोध ममता सब जारी।६

ब्रह्मा नंदी ध्यान निति करणां, तिन कौ नही जनमा मरणां।
सब गुण पुण कुणी नाही, ब्रह्म रूप मिलै ब्रह्मा समाही।७
जीवनी मुक्ति व देह विराजै, ज्ञानानंद ज्ञान में छाजै।
ब्रह्मा अरू सनकादि, सिव नारद मुनिये सेस दून कौ।८
अस कौ पार नाहि, मम मति कौ न जुलै।
स श्रब वोपमां जो योग्य हो, बिराज मांम त्रुम मांहि।९
कथा कीर्तन होत नित, गावत संत सुजान।
हंस ज्ञान हिरदै लिये, करै ब्रह्म बखांन।१०
त्रुमति महमा अनंत है, कही जात नही मोहि।
बकसत सुत अपराध कौं, अति अग्यान जे होई।११
त्रुम्ह गुनसागर संत हो, बार पार नहीं छेह।
मेरी बुधि उनमान कछु लखी वोपमां त्रुम जो येह।१२
जेती जग में बोपमां वरण गये सब संत।
तेती सब त्रुम योग्य हो, मैं कर जोरि कहंत।१३

इत्यादिक अनेक बोपमां परि सोभित सो बाबाजी महाराजि श्री 108 महंतजी तुलछीदास जी बाबाजी दयारामजी भगतरामजी बकसीरामजी को सतराम नूण प्रणाम सहत बांचज्यौ जी और आपकी क्रपा सूं आनंद है, आपका सदा आनंद चाहिजी और क्रपा म्हरबानी गी राखो तिनसूं बसेष राखज्यौ जी और स्वामी जी ईगशाय नम ऊं नम सिधं।

-:रचयिता अज्ञात (वि.सं.1900-1942):-

'श्री जांभोलाव महातम' के लिपिकार के अनुसार यह 'श्री देवदासजी कृत श्री जंभसरोवर महातम पुस्तक से सरल भाषा में लिखा' गया है। इससे इसके मूल रचयिता तो देवदासजी सिद्ध होते है किन्तु मूल रचना की भाषा और उसकी 'सरल भाषा में' लिखने में अज्ञात लेखक ने कितना परिवर्तन संशोधन किया है, यह जानने का साधन नहीं है। ये देवदासजी और सुरतरामजी महाराज के एक शिष्य देवदास दोनों अभिन्न होने चाहिये। सुरतरामजी का स्वर्गवास संवत् 1887 में हुआ था। मूल महात्म का रचनाकाल इसी के आसपास होना चाहिए। दुसरी ओर इसकी हस्तलिखित प्रति से स्पष्ट है कि प्रस्तुत रचना संवत् 1942 के जेठ दि्वतिय वदि 11 से पूर्व लिपिबद्ध कर ली गई थी। इस प्रकार बीसवीं सदी के आरम्भिक

वर्षों में इनका रचनाकाल होना अनुमित है। इसमें पौराणिक पद्धति पर खड़ी बोली में जांभोलाव का माहात्म्य वर्णित है। इसके वक्ता सुरजनजी है जो गुरू जाम्भोजी के समय में घटित और उनके द्वारा कथित एतद विषयक कथा को सुनाते है।

-:श्री जांभोलाव महातम:- (गद्य में)

-:आरम्भिक अंश:-

एक समै श्री सूरजंनजी महाराज जहां तहां उपदेश करते हुए दर्शन के लिए पछम (पश्चिम) तीर्थ जम्भसरोवर अर्थात जांभोलाव तलाब को गए। वहां पोहोच विधि पूरवक होम जाप स्नान धियान करके मिट्टी काटते हुवे। सुरजनजी का बरताव देखकर चेत्र की अमावसया पर आये जो जातरी लोग कहते तथा भींयासर मूंजासर के चाखु चमीना आदि के सरदार लोग बुझते हुवे कि हे महात्माजी हम सब को कृपा करके जाम्भोलाव का महात्म्य सुनावो कि क्या महात्म है बुझत हैं जिसके प्रभाव से आप भी तपसी ध्यानी वैरागवान होने पर इस जांभोलाव की बड़ी पूजा करते हो। श्री सुरजनजी ने कहा कि हे सरदार और विष्णु भक्तों तुमने बहोत अच्छा बुझा कि यह संसार के कल्याण का मार्ग है और यही बात येक बार जैसलमेर के राजा श्री रावल जैतसी राजा और श्री रणधीरजी ने बुझी थी, श्री जम्भेश्वर जी महाराज संभराथल पर विराजमान थे।

-:अंतिम अंश:-

फिर ऐसा परम तीर्थ एक तो यज्ञ भूमि द्वितिय कपिल देव का आसन तृतीय गौ आदि तृण चारक जीवों के जल पीने का घर ऐसा जो परम मानवीय सर्व तीर्थों में शिरोमणि तीर्थ की अपार महिमा है। उस गुप्त तीर्थ में स्नान करने और मट्टी काढने से धर्मात्मा जन और वह जो परिश्रम करके सुप्रसिद्ध करेंगे वो राजा महाराजा अमीर गरीब अपने कर्मानुसार इस कलेवर को त्याग कर उत्तम पद को प्राप्त होंगे। यह बात सुनकर जैतसिंह महाराज ने प्रार्थना की- हे भगवन् कृपा कर आज्ञा दें, यह गुप्त तीर्थ प्रगट किया जावे। दो परम तीर्थ गुप्त हो गया है, आप वहां चल के कृपा के साथ बता दें। तब भगवन् श्री जंभेश्वर जी महाराज ने समस्त श्रोता वृन्द और संत मंडली को कहा- फलौधी नगर से 7 कोस उत्तर जंगल में ऊसर भूमि के समान कुछ पीली मृतिका और काली पुरत्री देखो, ठहर जाना और वहां पहुंच स्मरण करोगे तब तत्काल देखोगे। श्री सुरजन ने कही- हे

श्रोतागणो यह कथा मैने श्री गुरूजी से सुनी, वैसी आप सब भक्तों को सुनाई।

-:रचयिता अज्ञात (रचनाकाल वि.सं.1920):-

-:चेलोजी की कथा:-

यह खड़ी बोली गद्य में लिखित रचना है, दुतारांवाली गांव के श्री धोंकलरामजी राहड़ के अनुसार संवत् 1920 की लिखी हुई एक हस्तलिखित प्रति से नकल की गई थी।

-:मूल कथांश:-

(सात दिन तक ससुराल में अपमानित होने पर चेला अपने घर में अपनी पत्नि शान्ति को समझाता है)

"इस यज्ञ महोत्सव में जितना आनंद आया, मेरे तो जीवन भर में इससे पूर्व इतना आनंद कभी नहीं आया था। इन सात दिनों में आत्मोन्नति का सुअवसर था और सेवा धर्म करके मैं तो कृतार्थ हो गया। मेरे पर प्यारे बिच्छू ने मेरी आत्मोन्नति में समय समय पर अवसर दे मुझे कृतार्थ किया। प्रभु जम्भदेव से प्रसन्न और सच्चे दिल से प्रार्थना करता हुं ईश्वर उनका भला करे। आनंद के रहस्य को तुम नहीं समझती, प्यारी। शारीरिक सुख का नाम ही क्या आनंद होता है ? आनंद तो आत्मा की तृप्ति का नाम है। रिषि मुनि लोग तो उस आनंद के लिए जप तप वृत सब करते है। शरीर रहे चाहे जाय, इसकी चिंता किये बिना आत्मिक आनंद के लिए हंसते हंसते विष के प्याले पिये, शूली पर चढे तथा सर्पों से खेलते रहे, उन महात्माओं के आनंद के रहस्य को क्या थोड़े से ही दुख में ही भुल गई ? हमारे सबसे बड़े प्रहलाद भक्त, राजा हरिश्चंद्र, राजा युधिष्ठिर आदि पुरूष और सती शिरोमणी सीता, दमयंती, तारा, सावित्री, अनुसुया आदि देवियों ने कष्ट सहे परन्तु क्रोध को निकट न आने दिया। तुम दूर क्युं जाती हो ? आजकल के ही दिनों में गुरूजी महाराज का थोड़े से ही उपदेश श्रवण करने से तुम्हारे ही स्त्री जाति की देवी श्री मीराबाई का जीवन देखो। अनेक प्रकार अपमान और कष्ट सहने पर भी सब सहन करके हंसते हुए सब कष्ट सहकर क्रोध को जीत लिया"।

-:कथा सारांश:-

नगीना के नि:संतान धनाढ्य सेठ कुलचंद के जाम्भोजी के आशीर्वाद से

चार पुत्र पुत्रियां- शान्ति, धन्ना, बिच्छु, और इमरती हुई। किसी समय एक विसनोई युवक रामलाल (अपरनाम भंवरा भक्त) अपनी पत्नी सुगणी सहित सेठ के यहां नौकरी की तलाश में आया। वह मुनीमी का काम और सुगणी घर की देखभाल करने लगी। सुगणी अत्यंत रूपवती थी। सेठ उसकी ओर आकर्षित होने लगा। एक दिन मौका पाकर सकुचाते हुए उसने उससे अपना प्रेम निवेदन किया। इस पर पति परायण सुगणी ने उसको बहुत फटकारा। दोनों काम छोड़कर वहां के एक 18 वर्षीय धर्म प्रिय विशनोई युवक 'चेले' के घर आए और उसके अनुरोध पर वहीं रहने लगे। चेला फेरी लगाकर कपड़ा बेचता और एक रुपये की आमदनी होते ही वापस घर आकर शेष समय भगवत् भजन में बिताता। कुलचंद अपने व्यवहार पर बहुत लज्जित हुआ। परिस्थिति समझ कर उसकी पत्नी रामप्यारी ने उसको सात्वना दी और समस्त दोष अपने सिर लिया। प्रायश्चित स्वरूप ये सब लोग समराथल पर जाम्भोजी के दर्शनार्थ आए और उनसे क्षमायाचना की। उन्होने क्षमा करते हुए धर्म नियमों पर दृढ रहने का आदेश दिया। रामलाल पुन: उसके यहां मुनिमी करने लगा। कुलचंद ने अपनी पुत्री शान्ति के लिए वर के विषय में पुछा तो जाम्भोजी ने चेले का नाम लिया। उसकी निर्धनता देखते हुए वह बहुत हिचकिचाया किन्तु जाम्भोजी के कथन और पत्नी के अनुरोध से विवाह कर दिया। दहेज में उसने कुछ भी नहीं दिया। उसने दोनों पुत्रों के भी विवाह कर दिए। कुलचंद की वृद्घावस्था को देखते हुए जाम्भोजी ने उसको समराथल पर न आने और नगीना में ही अपने रूप 'चेले' के दर्शन करने का आदेश दिया। चेलोजी को जाम्भोजी का रूप समझना उसको नहीं जमा और उसकी परीक्षा करने का निश्चय किया। अपनी लड़की इमरती के विवाह में चेले को क्रोध दिलाने के विचार से उसने बिच्छू को तैयार किया। बिच्छू ने उसको भुखे रखते हुए मौके बेमौके हर प्रकार से अपमानित किया, किन्तु क्रुद्ध तो वह हुआ ही नही, उल्टे उसने बिच्छू की प्रशंसा की। परीक्षा में वह खरा उतरा। प्रायश्चित की अग्नि में जलते हुए कुलचंद परिवार ने उइस कार्य के लिए जाम्भोजी से क्षमा याचना की। बैकुंठवास से पूर्व जाम्भोजी भी नगीना में अंतिम बार अपने भक्तों को धर्मोपदेश करने गए थे।

-:विभिन्न मंत्र:-

-:वृहत नवण/वृहन्नवण:-

विसन विसन तू भणि रे प्राणी, साधां भगतां उधरणो।
देवला सह दानू दास्यब दानूं, मदसुदानूं महमहणो।
चेतो चित जांणी सारंग पांणी, नादे वेदे निज रहंणो।
आदि विसंन वाराहू, दाढांपति धर उधरणों।
लिछमीनारांयण निहचल थांणों, थिर रहणो।
निमोह निपाप निरजंण सांमी, भंणि गोपालू त्रभुवण तारूं।
भणतां गुणतां पाप खयो, तिह तुठे मोख मुगति ज लाभे।
अवचल राजू खाफर खानू खै गुवणो, चीते दीठे म्रघ तरासे।
बाघा रोले गऊ तरासे, तीर पुलि गुण बांण हयो।
तपति बुझे धाराहर बुठे, यों विसन जपतां पाप खयो।
ज्यों भुख को पालंण अन अहारूं, विष को पालण गुरड़ दवारूं।
कांही कांही पंखेरवां सिंचाण त्रासे, यौं विसन जपतां पाप विणासे।
विसन ही मन विसन भणीजे, विसन ही मन विसन रहियो।
इकवीस कोड़ि वेकुंठ पहुंता, साचे सतगुरू का मंत्र कहियो।

-:नवण का परिचय:-

सबदवाणी के गद्य प्रसंगों में वर्णित है कि तांतू ने गुरू जाम्भोजी से पुछा कि कोई आरती करते है, कोई नमाज पढते है। इनमें ज्यादा फायदा किसमें है ? गुरू जाम्भोजी ने कहा कि ज्यादा फायदा नुवण करने में है। फिर गुरू जाम्भोजी ने यह वृहत नुवण तांतू को सुनाई। तब तांतू ने कहा कि इसमें अक्षर ज्यादा है याद नहीं रहेगा। फिर गुरू जाम्भोजी ने उन्हें यह छोटी नुवण सुनाई:-

-:छोटी नुवण:-

विसन विसन तुं भणि रे प्राणी, विसन भणंता अनंत गुणो।
आसा सांस निरास भईलो, पाइये मोख दवार खिणो।
विसन विसन तुं भणि रे प्राणी, पैंके लाख उपाजे।
रतन काया वेकुंठे वासो, जुरा मरण भोव भाजे।

इस प्रकार बड़ी नवण (वृहत नवण/ वृहन्नवण) और छोटी नवण प्रचलित हुई। छोटी नुवण सुनने के बाद तांतू ने कहा कि दिन में कितने समय और कितनी बार नुवण करनी चाहिए। तब गुरू जाम्भोजी ने कहा कि दिन में

पांच समय और चालीस बार नुवण करनी चाहिए:-

1. फजर की नुवण (सुर्यादय से पूर्व)- 04 बार
2. दोपरी की नुवण (सुर्य सिर के उपर हो)- 10 बार
3. असर की नुवण (दोपरी व मगरिब के बीच)- 08 बार
4. मगरिब की नुवण (सुर्यास्त से ठीक पहले)- 05 बार
5. इसां की नुवण (सोने से ठीक पहले)- 13 बार

इस प्रकार नुवण दिन में पांच समय की जाती थी, जो विल्होजी के समयकाल के पश्चात तीन काल की हो गई और वर्तमान में इसे संध्या मंत्र बनाकर द्विकाल कर दिया गया।

-:कलश पुजा मंत्र:-

औं अकल रूप मनसा उपराजो, तामा पांच तत्व होय राजो।
आकाश वायु तेज जल धरणी, तामा सकल सृष्टि की करणी।
तां समरथ को सुणो बखाण, सप्त दीप नवखण्ड प्रमाण।
पांच तत्व मिल ईण्ड उपायो, विगस्यो ईण्ड धरण ठहरायो।
ईण्ड मध्ये जल उपनो, जल मां विसन रूप उरगनो।
तां विष्णु को नाभ कंवल विगसानो, तामां ब्रह्मा बीज ठहरानो।
तां ब्रह्मा की उतपति होई, भांजै घड़े संवारे सोई।
कुलाल कर्म करत है सोई, पृथ्वी लेखा केतक होई।
आदि कुम्भ जहां उपनो, सदा कुम्भ प्रवर्तते।
कुम्भ की पूजा जे नर करते, ते ज काया भौ खण्डते।
अलील रूप निरंजनो।
जांके न थे माता न थे पिता, न थे कुटूम्ब सहोदर।
जे करे तांकि सेवा, तांका पाप दोष ख्यो जायते।
आदि कुम्भ कंवल की घड़ी, अनादि पुरूष ले आगे धरी।
बैठा ब्रह्मा बैठा इन्द्र, बैठा सहंस कला रवि चंद।
बैठा ईसर दोय कर जोड़ि, बैठा सुर तेतीसुं कोड़ि।
बैठी गंगा जमना सरसती, थरपना थापी बाले निरंजन गोरख जती।
सतरै लाख अठाइस हजार, सत जुग प्रमाण।
सत जुग के पहरे मां, सोने को घाट सोने को पाट।
सोने को कलश, सोने को टको।

पांच कोड़ियां के मुखी, गुरू पहलाद कलश थाप्यो।
वेह कलश जस धरम हुवे, सो इंह कलश हुइयो।
सुख सुवायंत करी, दुख दुवायंत पासै टाली।
तेरी रजा करी सैतान की वेरजा करी, आई बलाय दफै करी।१
बारह लाख छाणवे हजार, त्रेता जुग प्रमाण।
त्रेता जुग के पहरे मां रूपे को घाट, रूपे को पाट।
रूपे को कलश, सोने को टको।
सातां कोड़ियां को मुखी, राजा हरिचंद तारादे रोहितास कलश थाप्यो।
वैह कलश जस धर्म हुवे, सो इंह कलश हुइयो।
सुख सुवायंत करी, दुख दुवायंत पासै टाली।
तेरी रजा करी सैतान की वेरजा करी, आई बलाय दफै करी।२
आठ लाख चौसठ हजार, द्वापर जुग प्रमाण।
द्वापर के पहरे मां तांबे को घाट, तांबे को पाट।
तांबे को कलश, रूपे को टको।
नवां कोड़ियां को मुखी, राजा दहूठल माता कुन्ती द्रोपदी पांचे पाण्डवे कलश थाप्यो।
वैह कलश जस धर्म हुए, सो इंह कलश हुइयो।
सुख सुवायंत करी, दुख दुवायंत पासै टाली।
तेरी रजा करी सैतान की वेरजा करी, आई बलाय दफै करी।३
चार लाख बत्तीस हजार, कलि जुग प्रमाण।
कलि जुग के पहरे मां माटी को घाट, माटी को पाट।
माटी को कलश, तांबे को टको।
अनंत कोड़ियां के मुखी, गुरू जांभेसर कलश थाप्यो।
वैह कलश जस धर्म हुआ, सो इंह कलश हुइयो।
सुख सुवायंत करी, दुख दुवायंत पासै टाली।
तेरी रजा करी सैतान की वेरजा करी, आई बलाय दफै करी।४

-:मंत्र परिचय:-

यह पाहल वाले कलश (घड़ा) से संबंधित है। मंत्रानुसार पाहल बनाने हेतु गुरू जाम्भोजी ने मिट्टी के घाट, मिट्टी के पाट, मिट्टी के कलश और तांबे के टके (मुद्रा) का इस्तेमाल किया था।

-:पाहल मंत्र:-

ओं नमो स्वामी शुभ करतार निरतार।
भवतार धर्म धार, पूर्व एकाकार।
साधु नांव दरसणे सनमुखे पाप नासणे।
जनम फिरंता को मिले, संतोषी सुविचार।
आप सुवार्थ न करै, पर पिंड पोषणहार।
पर पिंड पोषै जीवत मरै, पावै मोख द्‌वार।
एह स पाहल भाईयो, साधे लिवी विचार।
एह स पाहल भाईयो, थुले मेल्हि हार।
एह स पाहल भाईयो, रिखां सिधां काज।
एह स पाहल भाईयो, उधरियो पहराज।
तेतीस कोड़ि देवां कुली, लाधो पाहल बंद।
एह स पाहल भाईयो, उधरियो हरीचंद।
पाहल लियो माता कुंता, होती करणी सार।
साधु एहा भेंटिये, लाभे मोख मुकति दीदार।
आओ पांचो पांडवा, गुरु की पाहल ल्योह।
पाहल सार न जानही, तिस पाहल न द्‌योह।
पाहल गति गंगा तणी, जे करि जाणे कोय।
पाप शरीरां झड़ पड़े, पुन्य बहोता होय।
नेम तलाई नेम जल, नेम का जीमो पाहल।
कायम राजा आईयो, बैठो पांव पखाल।
रिख थाप्या गति उधरे, दैतां दिए पंयाल।
वन वन चंदन न अगरण, सर सर कंवल न फूल।
एकाएकी होय जपो, ज्यूं भांजै भ्रम भूल।
अठसठि तीर्थ कांय फिरो, न ईण पाहल सम तूल।
गोवल गोवल को को धवल, सहजे खंचै भार।
आसति है तिंहु लोक में, सब वसता दातार।
हक साच सदा जीमो, पाहल एह विचार।
सतगुरु बोले भाईयो, संत सिधां सुचियार।
मछ की पाहल, कछ की पाहल, वराह की पाहल।

नरसिंघ की पाहल, बावन की पाहल।
परसराम की पाहल, राम लछमण की पाहल।
कान्ह की पाहल, बुध की पाहल।
निकलंक की पाहल, जांभोजी की पाहल।

-:विष्णु मंत्र:-

ओं शब्द सोहं आप, अन्तर जपे अजप्या जाप।
सत्य शब्द ले लंघे घाट, बहुरी न आवे जोनि वाट।
परसे विष्णु अमीरस पीवै, जरा न व्यापे, युग युग जीवै।
विष्णु मंत्र है प्राण अधार, जो जपै सो उतरे पार।
ओं विष्णु सोहं विष्णु, तत सरूपी तारक विष्णु।

-:तारक मंत्र:-

ओं शब्द गुरु सुरत चेला, पांच तत्व में है अकेला।
सहजे जोगी शून्य में वास, पांच तत्व में लियो प्रकाश।
ना मेरे माई ना मेरे बाप, अलख निरंजन आप ही आप।
गंगा जमुना बहे सरसती, कोई कोई न्हावे बिरला जती।
तारग मंत्र पार गिरांय, गुरु बतायो नहचल ठांय।
जो कोई सुमिरै उतरे पार, बहुरि न आवे मैली धार।

-:बालक मंत्र:-

ओं शब्द देव निरंजण, ता इच्छा से भये अंजण।
पांच तत में जोत प्रसनु, हरि दिल मिल्या हुकम विष्णु।
हरि के हाथ पिता के पिष्ट, विष्णु माया उपजी सिस्ट।
सप्त धात को उपज्यो पिण्ड, दस मास बालो अघोर कुण्ड।
अरध मुख ता उरध चरण हुतास, हरि हुकम ते भयो खलास।
जल से न्हाये त्यागे मल, विष्णु नाम सदा निरमल।
विष्णु मंत्र कान जल छूवा, गुरु फुरमाण विशनोई हुवा।

-:मंत्र परिचय:-

उपरोक्त तीनो मंत्र विशनोई बनाने के है। 'विष्णु मंत्र' से सन्यासी को और 'तारक मंत्र' से गृहस्थ को विशनोई बनाया जाता था। तथा विशनोई के घर जन्म लेने वाले बालक को विशनोई बनाने हेतु 'बालक मंत्र' प्रचलित है।

-:धुप मंत्र:- (विवरस)

ओं नमो सांमी सिस्ट करता निरतार ले कासिब सार।
सतिगुरू सहदेव वार गुरु थट मालवे आसोप देस गुजरात।
जंबु दीपे भरथ खंडे थांन मुकांम।
ओह निज तीर्थ तालवौ विवरस एह विचारणी।
दया तां धर्म, भाव तां भगति, हेत तां प्रीत।
जोग तां जुगति, छिमां तां तप, सील तां संतोष।
नहीं छै जुग पंचम, ग्यारवों नहीं अवतार।
बारे पुरूष न ओलख्या गया जलमंतर हार।
सीखिया सुधारियो भार धोरी ज्यूं झले।
मंन का भांणा मनहठी फिटा पंचां मांहि।
कायम राजा वाड़ी वाही सींच्यो सतगुरु नुर।
विनतड़ी जके हाजरि सिंवरे सत सुकरत का सुर।
एक ज मोमिण सावो वरणां ते दीदार लहांय।
झूठे झगड़ौ साहियो, गाफिल दोरे ठांय।
एक ज धरमी धर्म करे, एक पापी वरजांय।
देखत अंधा सुणता बहरा, पंथ ने दोस दिवांय।
पंथ न खोटा वही खोटा, आप मुरादा सहिसें तोटा।
भूला जाहिं स जाहिं जाहिं, चोईसां के पह पेड़े जांहि।
हलति को मारग छाडि के, पलति को ले जांहि।
तेरवों गुरु पापी पाखंडी, ठग चोर चोईसां को साथी।
सांई राजा हेत कियो, हेत करि सत पंथ बतायो।
सत पंथ बताय पोह दावंण लायो।
पोह दावण छोडि हुवा अणचारी, जलम गमायो जीती हारि।
लिखता लिखो क्यों लिखो लिखावो।
द्योह ल्योह क्यों करण कुमावो, जीते जमवारे हारि मत जावो।
हरि मुख दीठा ते जीता भाई, गढ सुरगापुरी हुई बधाई।
जीये पिंडे काया काची, आपण वाचा नहीं साची।
गुरु चेले मिल सिध उपाई, सिध विचार करत निपाई।
करतब पढे सो गति विचारे, आछा होई मिले पियारे।

आछा हुइये विवरस वांकी, आप मुरादा काढो छाकि।
आवौ मोमिणो करो सुभाव, भेंटो गुरु तेतीस को राव।
हरि मुख दीठा हुआ दीदारी, अवचल वाचा जीव निसतारी।
भणे सतगुरु वाचा सारी, एक मुरत तीन देवा, ब्रह्मा विष्णु महेसर।
ब्रह्मा हुवा वैद रूपा, महादेव हुवा ध्यान रूपी, विसन हुवा अवतार रूपी।

-:सुजीवण मंत्र:-

ओउंकारे निराकार अपार पार मूल न डाल।
तत मन भेद विसन सुधारण कासी छेत्र बानारसी।
तारग मंत्र विसन समान तलि धरती उपरि असमान।
ओ सोदत डिगंबर, मन मां आसा परहरि सांसा।
सुरग भोंवण की करो आसा, नासिका अगर भूमंडले वासा।
खोजिले तत्त सरीरा जणणी न जणीबा।
ओदरे न आयबा, न पीयबा खीरूं।

-:ध्यान मंत्र:-

ग्याने तुं ध्याने तुं सीले सबदे तूं आचारे विचारे तुं।
गिगन गहीरे तुं चवदा भवणे तुं त्यौंह त्रिलोके तूं।
नादे वेदे तूं जंबू दीपे तूं सपत पयाले तूं गाजे वाजे तूं।
दामोदर तुं कृष्ण तूं बाहर तुं भीतर तूं सरब निरंतर तूं।
आदि तुं जगादि तुं, निरंजण निराकार जोति सरूपी।
घणी थे जिसी घणाय करी, व्रख जिसो छाया करी।
पुरूष थे जिसो महरि करी, आई बलाय दफै करी।
बुरे वालियो बुरे चींतियो, तिसके चक्र मारी।
त्रिलोकीनाथ भलो हुवे स करी।

-:चौईसां को लूरो:-

1.रायचन्द सुथार 2.लालचन्द नाई 3.ऊदो ढाढणिया
4.कांधल मोहिल 5.रायसल हुड्डा 6.दुर्जण माल
7.गोगो तरड़ 8.अली ब्राह्मण 9.ठुकरो राहड़
10.सधारण नैण 11.गोयंद झोरड़ 12.रावण झोरड़

13.घड़ूको सारण 14.करणो पंवार 15.तेजो चारण
16.अल्लू चारण 17.कान्हो चारण 18.साल्हो बागड़िया
19.आसनो भाट 20.खींयो मांझू 21.सीसारो राठौड़
22.लूंको पोहकरणा 23.भींयो लुहार 24.पांडू गोदारा

-:27 लुगाईयां की पुन्ह:-

1.खेतू भादू 2.ओरमी पंवार 3.नायकी पंवार
4.तांतू पंवार 5.वीरां एचरा 6.अजायबदे गोदारा
7.अली बैनिवाल 8.जैती बैनिवाल 9.सवीरी लोल
10.सीको सुथार 11.झीमा पूनिया 12.गोरा बागड़िया
13.अतली कासणिया 14.सरिया जांणी 15.लोचा मंडा
16.मरियम पठाण 17.वीरां गोदारा 18. आल्ही जांगू
19.चोखी सोहू 20.लाहण वरां 21.पेमासाही थापन
22.देउ सेवदा 23.राजी मातवा 24.टांकू नफरी
25.गींदू नफरी 26.मोल्ही नफरी 27.साल्ही नफरी

-:35 की पुन्ह:-

1.डूमो भादू 2.बूढ़ो खिलेरी 3.रावल जाणी
4.पूरो जाणी 5.खेतो जाणी 6.पूरब जाणी
7.मंगोल जाणी 8.तोलो 9.जोखो भादू
10.वीरम भादू 11.रेड़ो सांवक 12.नाथो सांवक
13.लखमण गोदारा 14.पांडू गोदारा 15.वरसिंह खदाव
16.केलण खदाव 17.सायर गोदारा 18.सायर गुरसेर
19.दूदो गोदारा 20.जोखो कस्वां 21.सैंसो कस्वां
22.विरियाम साहू 23.विसल पंवार 24.दणियर पंवार
25.राणो गोदारा 26.वाल्हो खिलेरी 27.आल्हो झोधगण
28.ऊदो नैण 29.धन्नो शाह 30.बिच्छू शाह
31.चेलो शाह 32.कुलचन्दराय अग्रवाल
33.रिणधीर बाबल 34.टोहो सुथार 35.पालो वाड़ेटा

-:गुरू जांभोजी की वंशावली:-

विभिन्न कालखंडो में लिपिकृत समस्त हस्तलिखित प्रतियों में आदि विष्णु से गुरू जाम्भोजी तक की यही वंशावली लिपिबद्ध है।

1. प्रथम आदि विष्णु।
2. विष्णु के पुत्र ब्रह्मा।
3. ब्रह्मा के मरीचि।
4. मरीचि की पत्नी कर्दम की बेटी कजा जिनके दो पुत्र कश्यप और पुर्णमान।
5. कश्यप की पत्नी अदिति का इंद्र।
6. इंद्र की पत्नी सची के जयंत सोई शापवशात गंद्रफसेन।

(कई हस्तलिखित प्रतियों में इंद्र के उदियाचंद और उदियाचंद के गंद्रफसेन लिखा हुआ है।)

7. गंद्रफसेन की पत्नी अभैचंद राजा की बेटी सुरेरवा जिनके दो पुत्र भरथरी और विक्रमाजीत।
8. विक्रमाजीत की पत्नी राजमति का विक्रमचिरत।
9. विक्रमचिरत की पत्नी नरायणदास की सुता सलामति जिनके पुत्र अजीत।
10. अजीत की पत्नी सुधर्मा का महीपाल।
11. महीपाल की पत्नी सोम्य सुता सरजी जिनके सिंधलसेन।
12. सिंधलसेन की पत्नी भवना का पुत्र भोज।
13. भोज की पत्नी भानमति का सहदेवायच।
14. सहदेवायच के महायच।
15. महायच के महीचंद।
16. महीचंद के कुलचंद।
17. कुलचंद के कालु।
18. कालु के वरड़।
19. वरड़ के तांतल।
20. तांतल के हरिसेन।
21. हरिसेन के सांवल।
22. सांवल के थेलप।

23. थेलप के जालप।
24. जालप के सेतराम।
25. सेतराम के रोलोजी।
26. रोलेजी के लोहटजी।
27. लोहटजी के जाम्भोजी।

-:साध वंशावली:- (विल्होजी की परम्परा)

1. गुरू जांभोजी के शिष्य रेड़ोजी।
2. रेड़ेजी का चेला नाथोजी।
3. नाथेजी के दस चेले खिंदरजी, विल्होजी आदि।
4. वील्हेजी का चेला धनुजी, दसुंधीजी, लालोजी, जसोजी, उधवदासजी, केशोजी, सुजोजी।
5. धनेजी का चेला नेतोजी।
6. नेतेजी का चेला दामुजी, केशोजी कालीपोस, स्याहीजी, सुरताणजी।
7. दामेजी का चेला रासोजी, गोयंदजी, जसोजी, मुकनुजी।
8. रासेजी का चेला सुखुजी, परमानंदजी, दरवेसीजी, गंगारामजी बुणागर, सुजाणजी, खैरातीजी।
9. सुखुजी का चेला मोजोजी, जीवणजी।
10. जीवणजी का चेला नाथोजी।

-:साध वंशावली:- (खिंदरोजी की परम्परा)

1. गुरू जांभोजी के शिष्य रेड़ोजी।
2. रेड़ेजी का चेला नाथोजी।
3. नाथेजी के दस चेले खिंदरजी, विल्होजी आदि।
4. खिंदरजी का चेला मनीरामजी, मोहणजी, सुरजनजी, दलोजी।
5. मनीरामजी का चेला धनुजी।
6. धनेजी का चेला मेहोजी।
7. मेहेजी का चेला रामचंदजी।
8. रामचंदजी का चेला साजनजी।
9. साजनजी का चेला पुरोजी, देवोजी, किशनुजी, दीपोजी।
10. पुरेजी का चेला सरूपोजी, पुरणजी, ताजोजी, आसोजी, ईशरजी,

अमरोजी।

11. सरूपेजी का चेला लालोजी, हरिकिशनजी, कानोजी।

12. लालेजी का चेला विष्णुदासजी।

13. विष्णुदासजी का चेला पीतांबरदासजी, नारायणदासजी।

14. पीतांबरदासजी का चेला दयारामजी, मोतीरामजी, जगरामजी, पदमुंजी, मनसारामजी, खेमदासजी।

15. खेमदासजी का चेला जगरामजी, जीवणदासजी, हरीदासजी, भुरारामजी, बिहारीदासजी, जानकीदासजी।

16. जगरामदासजी का चेला रमणीकदासजी, रतीरामजी, जीयारामजी, लाधुरामजी, अरजनदासजी।

-:अन्य प्रकाशित पुस्तकें:-

हस्तलिखित ग्रंथों से सम्पुर्ण जांभाणी साहित्य संकलित करके तीन भागों में प्रकाशित करा दिया गया है। यह तीनों पुस्तकें अमेजॉन व फ्लिपकार्ट पर उपलब्ध है। इन पुस्तकों का परिचय आगे दिया जा रहा है:-

01. जंभकाल का साहित्य

02. विल्हकाल का साहित्य

03. उत्तरकाल का साहित्य

----

01. जंभकाल का साहित्य (वि.सं.1500-1600)

इस पुस्तक में निम्नलिखित कवियों की रचनाएं उनके जीवन परिचय सहित दी गई है:-

1. तेजो जी चारण (वि.सं.1480-1575)
2. समसदीन जी (वि.सं.1490-1550)
3. डेल्हो जी (वि.सं.1490-1550)
4. आछरो जी (वि.सं.1500-1550)
5. पदम भगत (वि.सं.1500-1555)
6. कील्हो जी चारण (वि.सं.1500-1560)
7. सुरजन जी (वि.सं.1500-1570)
8. सिवदास जी (वि.सं.1500-1570)
9. एक जी (वि.सं.1500-1570)

10. अमियादीन जी (वि.सं.1500-1570)
11. जोधो जी राईका (वि.सं.1500-1570)
12. केसो जी देहड़ू (वि.सं.1500-1580)
13. लालचन्द जी (वि.सं.1500-1580)
14. कान्हो जी बारहट (वि.सं.1500-1580)
15. आसनो जी भाट (वि.सं.1500-1600)
16. कोल्हो जी चारण (वि.सं.की 16वीं सदी)
17. ऊदो जी नैण (वि.सं.1505-1593)
18. अल्लूजी कविया (वि.सं.1520-1620)
19. दीन महमद (वि.सं.1525-1600)
20. रायचन्द जी सुथार (वि.सं.1525-1610)
21. कुलचंदराय अग्रवाल (वि.सं.1505-1593)
22. राव लुणकरण (वि.सं.1526-1583)
23. रेड़ो जी सांवक (वि.सं.1530-1620)
24. वाजिद जी (वि.सं.1530-1600)
25. लखमण जी गोदारा (वि.सं.1530-1593)
26. आलम जी अग्रवाल (वि.सं.1530-1610)
27. रविदास जी धतरवाल (वि.सं.1530-1600)
28. भींवराज जी (वि.सं.1530-1600
29. सुंदरदीन जी (वि.सं.1535-1600)
30. मेहो जी गोदारा (वि.सं.1540-1601)
31. रहमत जी (वि.सं.1550-1625)
32. गुणदास जी (वि.सं.1560-1640)
33. लाखू जी (वि.सं.1560-1640)
34. अज्ञात कवि (वि.सं. की 16वीं सदी)

---

02. विल्हकाल का साहित्य (वि.सं.1600-1750)

इस पुस्तक में निम्नलिखित कवियों की रचनाएं उनके जीवन परिचय सहित दी गई है:-

1. विल्हो जी (वि.सं.1589-1673)
2. दसुधीदास जी (वि.सं. की 17वीं सदी)

3. आनन्द जी (वि.सं. की 17वीं सदी)
4. नानिग जी (वि.सं. की 17वीं सदी)
5. लालो जी (वि.सं. की 17वीं सदी)
6. गोपाल जी (वि.सं. की 17वीं सदी)
7. हरीराम जी (वि.सं. की 17वीं सदी)
8. दुरगदास जी (वि.सं.1600-1680)
9. किशोर जी (वि.सं.1630-1730)
10. कालू जी (वि.सं.1630-1730)
11. केसो जी गोदारा (वि.सं.1630-1736)
12. सुरजन जी पुनियां (वि.सं.1640-1748)
13. मिठुदास जी (वि.सं.1650-1750)
14. माखन जी (वि.सं.1650-1750)
15. रामू जी खोड़ (वि.सं.1675-1700)
16. रूपो जी बैनिवाल (वि.सं.1680-1750)
17. दामो जी बैनिवाल (वि.सं.1680-1768)
18. अज्ञात कवि (वि.सं. की 17वीं सदी)

---

03. उत्तरकाल का साहित्य (वि.सं. 1700-2000)

इस पुस्तक में निम्नलिखित कवियों की रचनाएं उनके जीवन परिचय सहित दी गई है:-

1. हरिनंद जी (वि.सं. 1700-1780)
2. गोकल जी बैनिवाल (वि.सं. 1700-1790)
3. रासानंद जी थापन (वि.सं. 1700-1800)
4. मुकन जी (वि.सं. 1710-1790)
5. सेवादास जी गोदारा (वि.सं. 1720-1780)
6. चतरदास जी (वि.सं. 1700-1800)
7. सुदामा जी (वि.सं. 1700-1800)
8. हीरानंद जी (वि.सं. 1750-1800)
9. देवो जी (वि.सं. 1750-1830)
10. हरजी बैनिवाल (वि.सं. 1745-1835)
11. परमानंद जी बैनिवाल (वि.सं. 1750-1845)

12. गोविंदराम जी बागड़िया (वि.सं. 1750-1850
13. दीपोजी (वि.सं. 1750-1830)
14. रामलला जी (वि.सं. 1775-1850)
15. हरचंद जी डऊकिया (वि.सं. 1775-1860)
16. गंगाराम जी (वि.सं. 1783-1883)
17. सूरतराम जी (वि.सं. 1787-1887)
18. मयाराम जी (वि.सं. 1800-1879)
19. खेरातीराम मेरठी (वि.सं. 1800-1860)
20. विष्णुदास जी (वि.सं. 1800-1885)
21. हरिकिशन जी (वि.सं. 1800-1899)
22. पोकरदास जी (वि.सं. 1800-1850)
23. ऊदो जी अडीग (वि.सं. 1818-1933)
24. प्रीतम (वि.सं. 1830-1905)
25. मोतीराम जी (वि.सं. 1850-1925)
26. लीलकंठ (वेचुव) (वि.सं. 1840-1925)
27. गोविन्दराम जी गोदारा (वि.सं. 1860-1950)
28. खेमदास जी जाखड़ (वि.सं. 1835-1951)
29. साधु मुरलीदास जी (वि.सं. की 19वीं सदी)
30. पीताम्बरदास जी (वि.सं. की 19वीं सदी)
31. परसराम जी (वि.सं. की 19वीं सदी)
32. केसो जी सिंवर (वि.सं. की 19वीं सदी)
33. साहबराम जी राहड़ (वि.सं. 1871-1948)
34. बिहारीदास जी (वि.सं. 1870-1950)
35. लिछमणदास जी सियोल (वि.सं. 1875-1955)
36. स्वामी ईश्वरानंद जी गिरी (वि.सं. 1891-1955)
37. शीतल जी (वि.सं. 1900-1975)
38. स्वामी ब्राह्मनंद जी (वि.सं. 1910-1985)
39. हिम्मतराय जी (वि.सं. 1900-1980)
40. मुंशी किशोरीलाल गुप्त (वि.सं. की 20वीं सदी)
41. माधवानंद जी (वि.सं. 1925-1975)
42. अमोलख जी (वि.सं. की 20वीं सदी)

43. बद्रीदास जी (वि.सं. 1950)
44. जगमालदास जी (वि.सं. 1960)
45. श्रीरामदास जी गोदारा (वि.सं. 1920-2010)
46. कुम्भाराम जी पुनियां (वि.सं. 1937-1995)
47. साधु जगदीशराम जी (वि.सं. 1960-2005)
48. अज्ञात कवि (वि.सं. की 19वीं व 20वीं सदी)
